Jürgen Markstahler

Die französische Kongo-Affäre 1905/1906

Beiträge zur Kolonial- und Überseegeschichte
herausgegeben von
Rudolf von Albertini

Band 33

Jürgen Markstahler

Die französische Kongo-Affäre 1905/1906

Ein Mittel in der imperialistischen
Konkurrenz der Kolonialmächte

Steiner

CIP-Kurztitelaufnahme der Deutschen Bibliothek

Markstahler, Jürgen:
Die französische Kongo-Affäre 1905, 1906 :
e. Mittel in d. imperialist. Konkurrenz d.
Kolonialmächte / Jürgen Markstahler. –
Stuttgart : Steiner-Verlag-Wiesbaden-GmbH,
1986.
  (Beiträge zur Kolonial- und Überseegeschichte ;
  Bd. 33)
  ISBN 3-515-04605-4
NE: GT

Alle Rechte vorbehalten
Ohne ausdrückliche Genehmigung des Verlages ist es auch nicht gestattet, das Werk oder einzelne Teile daraus nachzudrucken oder auf photomechanischem Wege (Photokopie, Mikrokopie usw.) zu vervielfältigen. © 1986 by Franz Steiner Verlag Wiesbaden GmbH, Sitz Stuttgart.
Printed in Germany

VORBEMERKUNG

Die vorliegende Arbeit geht auf eine vor langer Zeit ausgesprochene Anregung Professor von Albertinis zurück, der, seinerzeit in Heidelberg lehrend, Mitte der 60er Jahre begann, in Vorlesungen und Seminaren "Aspekte der Kolonialpolitik" zu behandeln, wie er seinen damaligen Forschungsschwerpunkt später selbst umschrieben hat (Albertini 1976, S. 7). Diese thematische Orientierung, die das Lehrangebot des Heidelberger Historischen Seminars um eine interessante Variante bereicherte, sowie die für die damalige Ordinarienuniversität keineswegs generell übliche offene, kritikfreudige Atmosphäre seiner Seminare machten die Beschäftigung mit den von Albertini behandelten Fragen für viele seiner Studenten besonders attraktiv. Aus diesem Zusammenhang ergab sich ursprünglich das Interesse für das hier behandelte Thema, das seinerzeit allerdings nicht abschließend bearbeitet werden konnte. Nach langjähriger Unterbrechung konnte die Arbeit nunmehr im Rahmen des Fachbereichs Gesellschaftswissenschaften der Universität Frankfurt am Main, von dem sie im Sommer 1985 als Dissertation angenommen wurde, zu Ende geführt werden.

Herr Professor von Albertini und Herr Professor Andreas Buro, der die Betreuung der Arbeit bereitwillig übernahm, haben deren Fertigstellung durch ermunternden Zuspruch und wertvolle kritische Hinweise gefördert. Ihnen danke ich ebenso wie Frau Elisabeth Rabut von den Archives Nationales, Section Outre-Mer in Paris, die mich bei den Archivarbeiten freundlich unterstützte.

Frankfurt, im Herbst 1985   Jürgen Markstahler

INHALT

TEIL I: EINLEITUNG ... 1

1. Kapitel: Anmerkungen zur Interpretation formeller Kolonialherrschaft in der traditionellen Geschichtsschreibung ... 1

2. Kapitel: Bisherige Erklärungsversuche zur französischen Kongoaffäre von 1905/1906 ... 8
   1. Ältere Deutungsversuche ... 8
   2. Kritische Stellungnahme ... 15
   3. Vorläufige Bemerkungen zu einem neueren Erklärungsansatz ... 25

3. Kapitel: Erläuterungen zum nachfolgenden Untersuchungsgang ... 28

TEIL II: DIE INSZENIERUNG DES SKANDALS ... 32

1. Kapitel: Zu den Gründen der Skandalauslösung: Unstimmigkeiten im vorliegenden neueren Erklärungsansatz ... 32

2. Kapitel: Anlaß und zentraler Gegenstand des Skandals: Die sogenannte Gaud-Toqué-Affäre – ein planmäßig angelegtes Ablenkungsmanöver ... 50
   1. Einführung ... 50
   2. Die Situation im Ober-Schari-Gebiet als Hintergrund der Affäre ... 55
   3. Der Aufhänger: eine spektakuläre Gewalttat und ihre besonderen Umstände ... 66
   4. Das Kolonialministerium fädelt den Skandal ein ... 74

3. Kapitel:	Der Skandal wird ausgelöst: Die Pressekampagne vom 15. bis 28. Februar 1905	101
1.	Hinweise zur Abfolge der anschließenden Untersuchungsschritte	101
2.	Die Präsentation des Skandals in den Massenblättern	102
3.	Manipulative Eingriffe des Kolonialministeriums	123
	a) Verdeckte Lenkungsmanöver	123
	b) Offene Intervention und gezielte Schuldzuweisung	135
4.	Die Opfer der Kampagne erheben ohnmächtigen Protest	148
5.	Die außenpolitische Dimension der Skandalinszenierung rückt ins Blickfeld	152
4. Kapitel:	Ein Strafprozeß als ein Akt politischer Demonstration	160
1.	Zur politischen Funktion der Prozeßinszenierung	160
2.	Absonderlichkeiten des Prozeßverlaufs	165
3.	Zur Erklärung des Prozeßverlaufs	179
5. Kapitel:	Hinter den Kulissen der Prozeßinszenierung: ein terroristisches System administrativer Zwangsarbeit	193
6. Kapitel:	Zwischenresümee: Der vorliegende neuere Erklärungsansatz erweist sich definitiv als Irrweg	210
TEIL III:	DIE INTERNATIONALE KONGOAFFÄRE ALS URSACHE DER SKANDALINSZENIERUNG	236
1. Kapitel:	Der spezifische koloniale Status des Kongobeckens: Freihandel und Zivilisation	236
1.	Historischer Hintergrund und Vorgeschichte	236
2.	Die völkerrechtlichen Vereinbarungen über den Kongostatus	252
2. Kapitel:	Systematische Verletzung des Kongostatus - Frankreich folgt dem belgischen Beispiel	264
1.	Monopolistische Ausbeutung im Kongostaat	264

	2.	Frankreich übernimmt das System des Kongostaates	269
	3.	Die Verdrängung der ausländischen Konkurrenz aus Französisch-Kongo	282
	4.	Zwangsarbeit und Terror statt Freihandel und Zivilisation	286

3. Kapitel: Die englische Gegenattacke   291

       1. Einführung   291

       2. "Humanitätsintervention" als politisches Druckmittel   295

4. Kapitel: Frankreichs Kongopolitik in der Defensive   312

5. Kapitel: Höhepunkt und Ende der Affäre   332

       1. Die Skandalinszenierung erreicht ihre entscheidende Phase: eine Untersuchungsdelegation im Dienste einer Desinformationskampagne   332

       2. Das Unternehmen scheitert   356

       3. Die sozialistische Kritik   367

       4. Die Beendigung der Affäre   380

Thesenhafte Zusammenfassung   388

Abkürzungen   400

Anmerkungen   401

Quellen- und Literaturverzeichnis   465

TEIL I: EINLEITUNG

1. Kapitel: Anmerkungen zur Interpretation formeller
            Kolonialherrschaft in der traditionellen
            Geschichtsschreibung

Der spektakuläre Vorgang aus der "klassischen" Periode des
europäischen Imperialismus, mit dem sich die vorliegende Untersuchung beschäftigen wird, findet als ein Musterbeispiel
eines Kolonialskandals in der einschlägigen Literatur häufig
Erwähnung. Die dabei beobachtbaren Deutungsversuche und Erklärungsansätze folgen, ungeachtet dieser oder jener Abweichungen im Detail, letztlich alle jenen Interpretationslinien,
die sich in der traditionellen Geschichtsschreibung bei der
Darstellung der kolonialen Expansionsbewegung und ihrer Folgen in unterschiedlicher Ausprägung durchgehend verfolgen
lassen.

Bis in die gegenwärtige Diskussion hinein hält die traditionelle Geschichtsschreibung bekanntlich an der Kernthese von
den letztlich progressiven Folgewirkungen des Kolonialismus
fest. Die koloniale Penetration sogenannter traditioneller
Gesellschaften, so läßt sich jene These grob umreißen, sei,
unbeschadet ihrer destruierenden Auswirkungen auf die kolonisierten Gesellschaften, in weltgeschichtlicher Perspektive
nicht nur unvermeidbar, sondern auch notwendig gewesen, weil
nur auf diesem Wege der erforderliche externe Anstoß zur Integration in die "civilisation universelle" (Brunschwig) und
damit zugleich der Anschluß an den technischen Fortschritt
erfolgen konnte, weil anders der "Durchbruch in die Moderne"
(Albertini) von den vorkolonialen Gesellschaften nicht hätte
vollzogen werden können. Wenngleich die vom Kolonialismus
durchdrungenen Gesellschaften für den ihnen durch einen partiell zerstörerischen "Kulturkontakt" (Albertini) von außen

aufgezwungenen Modernisierungsprozeß einen "hohen Preis" (Duignan/Gann) zu entrichten gehabt hätten, so habe dieses, trotz gewisser Einschränkungen, insgesamt gesehen durchaus als Entwicklungsvorgang zu begreifende Geschehen im Sinne einer besonderen "Dialektik der kolonialen Situation" (Bade) letztlich gleichwohl eine progressive Funktion gehabt, weil auf diese Weise die Grundlagen für die Emanzipation der kolonisierten Gesellschaften aus der Abhängigkeit der Kolonialherrschaft geschaffen und damit zugleich der von den Metropolen idealtypisch vorgezeichnete Weg für eine eigenständige Entwicklung bereitet worden sei.

Die hier nur mit wenigen Strichen grob skizzierten und an dieser Stelle im einzelnen auch nicht weiter zu diskutierenden modernisierungstheoretischen Prämissen, auf die sich die traditionellen Darstellungen der kolonialen Expansions- und Penetrationsprozesse - von der bemerkenswerten Ausnahme Albertinis abgesehen - zumeist eher implizit als explizit beziehen, ohne daß dabei die innerhalb der modernisierungstheoretischen Diskussion angestellten selbstkritischen Reflexionen in jedem Fall erkennbar berücksichtigt würden[1], sind in den vergangenen Jahren bekanntlich in eine ernste Krise geraten. Nachdem sich im Verlauf der letzten beiden Jahrzehnte das Scheitern einer modernisierungstheoretisch orientierten Entwicklungspraxis immer deutlicher abgezeichnet hat, konnte es nicht ausbleiben, daß die modernisierungstheoretischen Grundannahmen selbst zunehmend an Überzeugungskraft einbüßten. Demgegenüber vermochte sich der dependenzanalytische Erklärungsansatz, auf den hier nicht weiter eingegangen werden kann[2], mehr und mehr Geltung zu verschaffen und hat seit einigen Jahren auch in der unter Historikern über die Ursachen und Folgen kolonialer Expansion geführten Diskussion zunehmend Beachtung gefunden[3], ohne freilich die in der traditionellen Geschichtsschreibung fest verwurzelte modernisierungstheoretische Orientierung wesentlich beeinflussen zu können. So nimmt eine auf die okzidentalen Industriegesellschaften als Vorbild fixierte, unilineare Evolutionsvorstellung in den Darstellungen zur Kolonialgeschichte nach wie vor breiten Raum ein, ungeachtet der Tatsache, daß die Modernisierungsthese im eben erwähnten Diskussionszusammenhang von Samir Amin am Beispiel Afrikas von Grund auf in Frage gestellt wurde. Den über mehrere historische Etappen als abhängige, deformierte und ausgebeutete Peripherien in das von den kapitalistischen Zentren beherrschte, arbeitsteilige Weltwirtschaftssystem eingegliederten Gesellschaften Afrikas, so die Kernthese seiner Argumentation, seien eigenständige Entwicklungswege versperrt, sei jede Aussicht auf eine breit angelegte und tiefgreifende Modernisierung genommen worden[4].

Neben dieser hier nur knapp angedeuteten Kritik an dem modernisierungstheoretischen Erklärungsmustern verpflichteten Grundverständnis traditioneller Kolonialgeschichtsschreibung, die für unsere Zwecke nicht weiter ausgeführt werden muß, ist auf einen zweiten Aspekt hinzuweisen, der für das hier zu behandelnde Thema von besonderem Interesse ist. Den Modernisierungstheorien ist vorgehalten worden, sie vernachlässigten die Frage nach den sozialen und individuellen Kosten sogenannter Modernisierungsprozesse und verhielten sich somit "gleichgültig gegenüber den Opfern einer sich als Entwicklungspolitik verstehenden Umwälzung[5]". So besteht vor allem auch Buro in dem von ihm vorgetragenen Plädoyer für "autozentrierte Entwicklung durch Demokratisierung" auf der Forderung, daß nicht allein das angestrebte ökonomische Ergebnis als Maßstab für die Beurteilung von Entwicklungswegen gelten kann, sondern die dabei entstehenden sozialen und humanen Kosten jeweils in die Betrachtung einzubeziehen seien (Buro 1981, S.20).

Auch in dieser Hinsicht richtet sich die gegen die Modernisierungstheorien vorgebrachte Kritik in gleicher Weise gegen die von ihr wesentlich beeinflußte traditionelle Geschichtsschreibung, soweit sie sich mit der Untersuchung des Kolonialismus befaßt. Auch bei dieser werden weder die sozialen, noch die humanen Kosten der kolonialen Expansion zum ernsthaften Prüfstein für die These vom letztinstanzlich progressiven Effekt kolonialer Herrschaft. Zwar wird der Zwangscharakter des kolonialen Durchdringungsprozesses nicht geleugnet, zugleich aber im Sinne der behaupteten Modernisierungseffekte als unvermeidliche Begleiterscheinung eines erzieherischen Durchgangsstadiums interpretiert. Die in einer solchen Betrachtungsweise implizierte Gleichgültigkeit gegenüber den Opfern eines derartigen "Erziehungsprogramms" tritt in vereinzelten Formulierungen, die sich nur als zynisch charakterisieren lassen, offen zutage. So glaubt etwa einer der oben bereits zitierten Autoren, die im Zuge deutscher Kolonialherrschaft verübten brutalen Vernichtungsaktionen als einen für die betroffenen Afrikaner "blutigen Lernprozeß" umschreiben zu können[6].

Angesichts einer derartigen Betrachtungsweise kann es nicht verwundern, daß die gewaltsamen Methoden europäischer Kolonialherrschaft und die dadurch verursachten sozialen und humanen Kosten im Rahmen der hier diskutierten Geschichtsschreibung keinen eigenen Interessenschwerpunkt bilden, sondern in ihren konkreten Ausdrucksformen nur dann eigens - zumeist freilich nur flüchtig - in den Blick geraten, wenn sie als sogenannte Pazifizierungsaktionen mit unübersehbaren, weil von seiten der Kolonisierten auf breiter Front und nachdrücklich geführten Widerstandsaktionen verbunden waren und wenn sie aus solchen oder anderen konkreten Anlässen heraus in den Metropolen selbst schon zum Gegenstand mehr oder weniger heftig geführter öffentlicher Debatten geworden waren. Die dabei beobachtbare Darstellungsweise fügt sich nahtlos in das oben bereits skizzierte interpretatorische Grundmuster ein. So erscheint der gewaltsame Eingriff der Kolonialmächte in die sozial-ökonomischen Lebenszusammenhänge der unterworfenen Bevölkerung entweder als Ausdruck eines, wie schon erwähnt, weltgeschichtlich unvermeidlichen "Kulturschocks", als von außen aufgezwungener Modernisierungsimpuls, oder aber, je nach den Umständen, als Manifestation bestimmter Mißstände, die ihrerseits auf ein zeitweiliges Abweichen vom Weg in die Moderne zurückgeführt werden. Ob es sich nun um Beispiele aus dem Bereich der französischen, belgischen, portugiesischen oder deutschen Kolonialherrschaft handelt, stets wird dabei ein von Fall zu Fall zwar variiertes, grundsätzlich aber gleiches Interpretationsschema erkennbar.

Soweit der Einsatz direkter Gewalt nicht als unumgängliche Maßnahme zur Überwindung sogenannter "postprimärer" (Albertini), d.h. im Interesse etablierter traditioneller Gesellschaftsordnungen, gegen die Einleitung sozialer Veränderungsprozesse entwickelter Widerstandsbewegungen dargestellt wird - wobei Form und Ausmaß derartiger Gewaltmaßnahmen durchaus auf Kritik stoßen, wenngleich diese eher verhalten ausfällt -, werden von seiten der Kolonialmächte nach erfolgter Okkupation rücksichtslos angewandte Zwangs- und Repressionsmethoden nicht etwa als besonders markanter Ausdruck eines gewaltsamen Deformationsprozesses begriffen, sondern lediglich als Kulminationspunkte temporärer krisenhafter Fehlentwicklungen erklärt, die von den jeweiligen Metropolen früher oder später zur Kenntnis genommen und - sei es aus eigenem Antrieb, sei es nach Protesten anderer Kolonialmächte - kurzfristig oder auch mit manchmal langandauernder zeitlicher Verzögerung, mehr oder minder konsequent korrigiert worden seien. Die innerhalb der Metropolen von Parlament und Presse aufgegriffenen "Mißstände" seien jeweils durch die Einleitung von Reformmaßnahmen zumindest abgemildert worden und hätten zu einer Neuorientierung der Kolonialpraxis geführt. Auf diese Weise habe sich, wenn auch von Kolonie zu Kolonie mit unterschiedlichem Tempo und in unterschiedlichem Ausmaß, ungeachtet unleugbarer "Mißstände" und "Übergriffe", generell ein sozialer Erneuerungsprozeß in Richtung auf Modernisierung durchgesetzt[7].

Die einem solchen Deutungsschema - ob beabsichtigt oder nicht - innewohnende apologetische Grundtendenz ist unschwer zu erkennen. In seiner zur Geschichte des portugiesischen Kolonialismus jüngst vorgelegten Studie hat Ronald Daus den ideologischen Charakter solcher Darstellungsmuster, die sich im Lichte seiner Ausführungen in eine Tradition kolonialer bzw. - auf den hier diskutierten Sachverhalt bezogen - postkolonialer Selbstkritik einordnen lassen, wenn auch eher holzschnittartig, so doch jedenfalls anschaulich ins Blickfeld gerückt:

> "Der Kolonialismus profitierte von der Kritik auch dadurch, daß sie ihm als ein Alibi dienen konnte. Die Tatsache, daß in Europa nie eine Kolonialmacht versucht hatte, rigoros gegen jede Kritik am Kolonialismus vorzugehen, verschaffte ein ungetrübtes gutes Gewissen. Wurde man in bestimmten Fällen von Außereuropa her für Ungerechtigkeiten, Exzesse und rücksichtslose Ausbeutung verantwortlich gemacht, und wurde die Empörung in den Kolonien zu stark, als daß man sie auf normalem, repressivem Weg ausschalten konnte, so verwies man stolz auf die heimischen Stimmen derer, die diesen Stein des Anstoßes auch schon wahrgenommen hatten. Der antikoloniale Stoß traf dann nicht mehr den Kolonialismus insgesamt, sondern nur den Teil, 'der, wie wir selbst erkannt haben, nicht richtig funktioniert hat'" (Daus 1983, S. 273).

Diese ideologisch-apologetische Grundlage habe es den Metropolen politisch erleichtert, ihre dominierende Position gegenüber den Peripherien auch nach deren formeller Unabhängigkeit aufrechtzuerhalten und im Zeichen angeblicher partnerschaftlicher Kooperation weiter zu festigen (ebd.).

Wenngleich das politische Gewicht solcher ideologischer Orientierungsmuster im Vergleich zu anderen Strategien nachkolonialer Dependenzsicherung gewiß nicht überschätzt werden darf, so ist doch andererseits, gerade was den Fall Frankreich betrifft, nicht von der Hand zu weisen, daß die in den vorhergehenden Ausführungen aufgezeigten Grundmuster zur Interpretation kolonialer Herrschaft im Rahmen einer nicht zuletzt auch mit massiver kultureller Einflußnahme verbundenen und auf Integration in das eigene, metropolitane Wertesystem abzielenden neokolonialistischen Dominanzstrategie eine nicht zu vernachlässigende funktionale Bedeutung haben können[8].

2. Kapitel: Bisherige Erklärungsversuche zur französischen Kongoaffäre von 1905/1906

1. Ältere Deutungsversuche

Nach den bisherigen Darlegungen kann es nicht verwundern, wenn auch die hier zu untersuchende französische Kolonialaffäre in der vorliegenden wissenschaftlichen Literatur, die sich allerdings mit der im dritten Abschnitt dieses Kapitels zu präsentierenden Ausnahme einer etwas eingehenderen Erörterung nur sehr kursorisch mit dem Fall beschäftigt, bis in die jüngste Zeit hinein nach Art der oben aufgezeigten Erklärungsmuster interpretiert wird. Dabei können zwei Hauptvarianten unterschieden werden, auf die jetzt anschließend jeweils im einzelnen eingegangen werden soll.

Als Grundlage für die nachfolgende Auseinandersetzung ist zunächst einmal der Skandalverlauf, so wie er sich aus der zur ersten Hauptvariante vorliegenden Literatur rekonstruieren läßt, in seinen Grundzügen zu umreißen. Eigens belegt werden im Zuge dieser vorläufigen Skandalschilderung nur solche Einzelangaben, die im weiteren Gang der Untersuchung nicht noch einmal ausdrücklich erwähnt werden. Nachdem die in der Literatur beobachtbaren älteren Deutungsversuche der hier behandelten Kongoaffäre einer kritischen Überprüfung unterzogen worden sind, soll dann im nachfolgenden Abschnitt des vorliegenden Kapitels die zweite Hauptvariante der bisher vorliegenden Interpretationsansätze vorgestellt werden.

Der französische Kongoskandal wurde im Februar des Jahres 1905 ausgelöst und weitete sich in der Folge zu einer politischen Affäre aus, die über den ursprünglichen Anlaß weit hinausging. Er begann mit einer mehrtägigen Artikelserie der Zeitung "Le Matin" und anderer Pariser Tagesblätter.

Am 16. Februar 1905 publizierte "Le Matin" einen Bericht, dem in der Literatur eine erhebliche Wirkung zugeschrieben wird: "(l'article)éclatait comme une bombe"[9]. In diesem und weiteren Artikeln sei berichtet worden, betrunkene Kolonialfunktionäre hätten aus Anlaß des französischen Nationalfeiertages am 14. Juli 1903 - also bereits eineinhalb Jahre vor Erscheinen entsprechender Pressemeldungen - einen jungen Afrikaner durch eine Dynamitpatrone exekutiert. Der Getötete sei beschuldigt worden, eine Einheit der kolonialen Miliz in einen vorbereiteten Hinterhalt geführt zu haben. Ein anderer Afrikaner sei enthauptet worden, um aus seinem Schädel eine Bouillon zu kochen, die seinen Verwandten und Freunden anschließend zum Verzehr angeboten worden sei. Die sensationell wirkenden Meldungen seien in fast allen Zeitungen nachgedruckt worden; beigefügte Karikaturen hätten den makabren Gesamteindruck der Presseberichte unterstrichen[10]. Diese Berichte sollen in der französischen Öffentlichkeit für erhebliche Unruhe gesorgt haben - so spricht Julien (1979, S. 192) zum Beispiel von einer "opinion française traumatisée"-, war doch vom Grundschulalter an in den Massen die Überzeugung weit verbreitet"que les coloniaux portaient avec eux la civilisation française[10a]".

Eine im Auftrag des Kolonialministers zusammengestellte Untersuchungsdelegation reiste Anfang April in die Kolonie ab und kehrte im September desselben Jahres nach Frankreich zurück. Bei ihren Nachforschungen wurde die Delegation von der Kolonialbürokratie massiv behindert. Bereits vor ihrer Abreise in die Kolonie verweigerte das Kolonialministerium jede Kooperation. In der Kolonie selbst stießen die Bemühungen der Delegationsmitglieder auf den fast einhelligen Widerstand der lokalen Verwaltung und der übrigen Kolonisten. Nach Beendigung ihrer Tätigkeit war die Delegation zudem den vehementen Angriffen der Tageszeitungen "La Dépêche Coloniale" und "La Lanterne" ausgesetzt, welche die Interessen der im Kongo etablierten großen Landgesellschaften verteidigten[11].

Auch in der übrigen Presse weitete sich die Berichterstattung
nach Rückkehr der Delegation zu einer heftig und kontrovers
geführten Kampagne aus, in der das gesamte politische Spektrum
vertreten war. In der Kolonialpresse und den rechts orientierten Tageszeitungen wurde die Arbeit der Untersuchungsdelegation grundsätzlich in Frage gestellt mit dem Ziel, die ermittelten Ergebnisse von vornherein zu diskreditieren. Eine Zeitung wie "Le Temps" ließ zwar ein Mitglied der Untersuchungsdelegation zu Wort kommen, richtete aber zugleich scharfe Angriffe gegen einen sozialistischen Abgeordneten, der die Politik des Kolonialministeriums kritisierte, sowie auch gegen
die sozialistische Tageszeitung "L'Humanité" und warf beiden
vor, ihnen gehe es bei ihrer Kritik lediglich darum, wieder
einmal ihre grundsätzliche Abneigung gegen die Kolonisation
zum Ausdruck zu bringen (Jaugeon 1961, S. 413).

Von den damals zahlreichen Pariser Tageszeitungen nahm während der hier erwähnten Pressekampagne lediglich die eben genannte sozialistische "Humanité" Partei für die Untersuchungsdelegation. Unter der Überschrift "La barbarie coloniale" informierte sie ihre Leser in einer mehrwöchigen Artikelserie
von September bis Oktober 1905 über die von der Untersuchungsdelegation zusammengetragenen Ergebnisse. Gegen die von den
Konzessionsgesellschaften mit Duldung der Kolonialbürokratie
inszenierte Pressekampagne waren dies indes nur bescheidene
Ansätze einer Gegenöffentlichkeit.

Unterdessen hatte der Kolonialminister eine Kommission ernannt,
die sich aus hohen Repräsentanten des Ministeriums und der Kolonialadministration zusammensetzte und von einem ehemaligen
Minister geleitet wurde. Diese Kommission tagte vom Oktober
bis zum Dezember 1905 und hatte den Auftrag, die von der Untersuchungsdelegation aus dem Kongo mitgebrachten Dokumente
zu überprüfen und zu einem abschließenden Bericht zu verarbeiten.

Weder dieser Bericht, der lediglich von vier Parlamentsabgeordneten zur Kenntnis genommen wurde (ebd., S. 415), noch die Originaldokumente der Untersuchungsdelegation wurden je der Öffentlichkeit zugänglich gemacht. Nach einer dreitägigen Parlamentsdebatte im Februar 1906 lehnte es die Mehrheit der Abgeordnetenkammer ab, einer von den Sozialisten erhobenen Forderung zuzustimmen, die Originaldokumente zu publizieren, um den gesamten Sachverhalt auf dieser Grundlage einer erneuten parlamentarischen Behandlung zuzuführen. Auf Intervention des Außenministeriums unterblieb schließlich auch die vom Kolonialminister im Parlament in Aussicht gestellte Veröffentlichung des von der erwähnten ministeriellen Kommission redigierten offiziellen Abschlußberichtes.

Damit hatte der Skandal seinen äußeren Abschluß gefunden, ohne daß die in der Presse und im Parlament geführte Auseinandersetzung grundlegende Konsequenzen nach sich gezogen hätte. Abgesehen von zwei unmittelbar betroffenen, rangniederen Beamten blieben auch personelle Konsequenzen aus. Einige vom Kolonialminister bereits im Vorfeld der Parlamentsdebatte, mithin ohne Beteiligung der Abgeordnetenkammer erlassene Reformdekrete hatten keine tiefgreifende Wirkung, weil sie die im Kongo etablierten Kolonialstrukturen unangetastet ließen. -

Ausgehend von einer kritischen Betrachtung der in den vorliegenden älteren Deutungsversuchen vorfindbaren Erklärungsmuster soll nun in den folgenden Überlegungen versucht werden, einige für das bisher nur ganz grob skizzierte Thema zentrale Frage- und Problemstellungen näher zu umreißen.

Soweit sich die im folgenden zu besprechende Literatur mit den als "Skandal" oder "Affäre" umschriebenen Ereignissen befaßt hat, deren Verlauf in den Jahren 1905/06 hier andeutungsweise geschildert worden ist, lassen sich Darstellung und Interpretation der Geschehnisse innerhalb der hier zunächst zu diskutierenden ersten Hauptvariante eines gemeinsamen Grundverständnisses auf ein relativ einheitliches Basismuster zurückführen, was Variationen im Detail freilich nicht ausschließt.

Auffällig sind zunächst die divergierenden Auffassungen über die Gewichtung der gesamten Affäre. So wird der Skandal einerseits, zusammen mit anderen Vorkommnissen im Kongo, unter der Kategorie "Mißbräuche" (abus) eingereiht (Coquery-Vidrovitch 1972, S. 171 ff), während er an anderer Stelle als "cause célèbre" in einem Atemzug mit dem Panamaskandal und der berühmten Dreyfus-Affäre erwähnt wird (Roberts 1963, S. 356). Vor dem Hintergrund des Kolonialkrieges in Algerien werden die in der Affäre von 1905 aufgedeckten Vorkommnisse andererseits wiederum in einen Zusammenhang mit den von der französischen Armee in Nordafrika begangenen Folterungen gerückt und in eine Reihe mit den von deutschen Faschisten begangenen Verbrechen gestellt (Julien, in: Saintoyant 1960, S. 10, 16).

Auch über das Ausmaß der skandalösen Ereignisse gehen die Einschätzungen auseinander. Waren es nur einzelne Europäer, die sich unter dem deprimierenden Einfluß von tropischem Klima, Einsamkeit und Krankheit zu inhumanen Aktionen hinreißen ließen[12]? Oder sind die aufgedeckten Praktiken nicht eher als Ausdruck eines der afrikanischen Bevölkerung aufgezwungenen kolonialen Systems zu verstehen[13]?

Einigkeit besteht hingegen darin, daß der Skandal durch die Pressemeldungen vom Februar 1905 bzw. allgemeiner: durch öffentliche Proteste ausgelöst worden sei. Unter dem Eindruck dieser Proteste habe sich der Kolonialminister dazu entschlossen, sei es aus eigenem humanitären Antrieb, sei es unter dem Druck der öffentlichen Erregung, eine Untersuchungsdelegation in den Kongo zu entsenden mit dem Ziel, "de faire toute la lumière sur les graves maux dont souffrait le Congo" (Coquery-Vidrovitch 1972, S. 171f) oder - weniger euphemistisch - "to make at least a show of investigating the situation" (Thompson/Adloff 1960, S. 14).

Die Tatsache, daß diese Untersuchungsdelegation bei ihrer Tätigkeit nicht nur von den Propagandisten privatwirtschaftlicher Kolonialinteressen massiv angegriffen wurde, sondern auch auf den Widerstand der Kolonialadministration stieß, wird in der Literatur zwar nicht überall ausdrücklich erwähnt, ist aber als solche unstrittig.

Unterschiedliche Auffassungen finden sich hingegen wieder bei der Frage nach den Ergebnissen und Folgen des Skandals. Zwar wird übereinstimmend festgestellt, daß es im Gefolge des Skandals im Kongo zur Einleitung von Reformmaßnahmen gekommen sei, doch sowohl über die Art und Weise, als auch über den Zeitpunkt solcher Reformen gehen die Meinungen weit auseinander. Die von Deschamps und von Albertini genannten Daten[14] erweisen sich bei näherem Hinsehen allerdings als irreführend. Sie haben, obgleich von den genannten Autoren in den unmittelbaren Zusammenhang mit der Affäre von 1905 gerückt, mit diesem Ereignis selbst keine Verbindung, worauf bereits der große zeitliche Abstand zwischen den jeweiligen Daten hinweist. Die von der Regierung unter dem Eindruck des Kongoskandals beschlossenen Reformdekrete wurden nicht erst in den Jahren ab 1909, sondern bereits am 11. Februar 1906 erlassen, wobei sich in der Literatur zum Teil falsche Angaben über das genaue Datum finden[15].

Wichtiger noch als das Problem der korrekten Datierung ist die Frage nach dem Gehalt dieser Reformen. Welche Auswirkungen hat die in Teilen der Presse geübte Kritik auf die Politik des Kolonialministeriums gehabt? Auch hier trifft man auf unterschiedliche Positionen. Während Suret-Canale (1964, S. 56) die Auffassung vertritt, die ministeriellen Dekrete hätten lediglich zu formaljuristischen Modifikationen, nicht aber zu einer Änderung der in der Kolonie praktizierten Methoden geführt, markiert der Skandal nach Coquery-Vidrovitch (1972, S. 176) in gewisser Hinsicht einen Wendepunkt, ohne daß die "excès de pouvoir" im Kongo damit freilich gänzlich aufgehört hätten. Überwiegend positiv werden die Reformdekrete in jenen Darstellungen eingeschätzt, denen zufolge jene Reformen als Ergebnis einer lebhaft und gründlich geführten Parlamentsdebatte eingeleitet und in ihrer Zielsetzung von humanitärer Entrüstung inspiriert gewesen seien. Den Reformmaßnahmen habe die Absicht zugrunde gelegen, das im Kongo etablierte System mit seinen offensichtlich undurchdachten (ill-advised) und inhumanen Tendenzen einer prinzipiellen Revision zu unterziehen. Frankreich habe darauf bestanden, daß auch im Kongo die allgemeingültigen zivilisatorischen Grundsätze eingehalten würden[16].

Trotz einiger Unstimmigkeiten in einzelnen Fragen, dies läßt sich resümierend noch einmal festhalten, legen die in der hier zitierten Literatur beobachtbaren Deutungsversuche insgesamt die Version nahe, die Kongoaffäre von 1905/06 sei durch die französische Presse ausgelöst worden. Diese habe in Wahrnehmung ihrer demokratischen Kontrollfunktion unhaltbare Zustände in Französisch-Kongo an die Öffentlichkeit gebracht und die Regierung somit veranlaßt, eine Untersuchungsdelegation in den Kongo zu entsenden und ihre Politik im Parlament zur Diskussion zu stellen. Unter dem Druck der französischen Öffentlichkeit seien in der Folge Reformmaßnahmen für die Kolonie in die Wege geleitet worden, um die ans Tageslicht gebrachten und in der Öffentlichkeit heftig kritisierten Mißstände zu beseitigen. Diese, hier noch einmal knapp zusammengefaßte Version wird in dem folgenden Zitat prägnant zum Ausdruck gebracht:

> "In 1905 some of the scandals of the regime came to the attention of the French public. There was an immediate outcry, and de Brazza was recalled from retirement to lead a commission of inquiry. Deeply grieved by the ruin of the colony he had founded, de Brazza died on his way back from the Congo and his report was never published. But the liberal opinion in France had learned enough of what was being done in the Congo to launch a vigorous attack on the government and to secure some modification of the concession regime(17)".

2. Kritische Stellungnahme

So plausibel das hier grob umrissene Deutungsmuster auf den ersten Blick vielleicht auch erscheinen mag, so gravierend sind andererseits die Zweifel, die sich bei näherer Betrachtung einstellen. Schon die naheliegende Frage, warum es gerade die Zustände in Französisch-Kongo waren, die dazu führten, daß "auch Frankreich seinen Kolonialskandal" hatte (Albertini 1976, S. 285), geben zum Nachdenken Anlaß. Schließlich ist Kolonialherrschaft auch in den übrigen französischen Territorien von Anfang an mit massiver Gewaltanwendung verbunden gewesen und hatte wiederholt zu parlamentarischen Anfragen einzelner Abgeordneter geführt (Brunschwig 1974, S. 282 ff; 293 ff).

Gegen diese Feststellung mag eingewendet werden, im Kongo habe es sich um eine besonders repressive Variante kolonialer Herrschaft gehandelt; Albertini (1976, S. 285) spricht zum Beispiel von einem "System der Raubwirtschaft und des Terrors". Wenn dies auch nicht zu bestreiten ist, so bleibt dennoch festzustellen, daß Zwangs- und Unterdrückungsmethoden, wie sie durch den Kongoskandal aufgedeckt wurden, auch in anderen Teilen des französischen Kolonialimperiums nicht unbekannt waren[18].

Wie wenig die in Französisch-Kongo zu jener Zeit praktizierten Kolonialmethoden im Rahmen des französischen Kolonialimperialismus als eine einmalige Ausnahme angesehen
werden können, läßt sich durch nichts besser dokumentieren, als durch eine im vorliegenden Zusammenhang frappie-
rende Duplizität der Ereignisse. Zur gleichen Zeit, in
der die französische Öffentlichkeit sich angeblich über
die vermeintlich außergewöhnlichen Skandalereignisse im
Kongo entrüstete, tobte nämlich - vom November 1904 bis
zum August 1905 - in Madagaskar ein auf breiter Front gegen die französische Kolonialmacht geführter Aufstand,
der mit äußerster Brutalität niedergeschlagen wurde und
auf seiten der Madegassen nach eher vorsichtiger Schät-
zung an die hunderttausend Menschenleben forderte.

Als Ursache für die Revolte wird aus berufenem Munde der
gleiche Unterdrückungs- und Ausbeutungsmechanismus angeführt, der im Zusammenhang mit dem Kongoskandal ins Blickfeld der Öffentlichkeit geriet. So charakterisiert Victor
Augagneur, der nach der Niederwerfung der Revolte zum
Gouverneur der Insel bestellt wurde und sich in dieser
Eigenschaft um die Einführung weniger brutaler Kolonialmethoden bemühte, die dort gängigen kolonialen Verwaltungspraktiken als "procédés de violence", "méthodes tyranniques" und als "crimes". Der Verwaltungsapparat habe
der Insel eine "autorité despotique" aufoktroyiert, deren
Brutalität die "Eingeborenen" förmlich zum Aufstand getrieben habe: "La révolte n'eut pas d'autre cause que les
excès de l'administration". Die gesamte Verwaltungskonzep-
tion, die letztlich zum Aufstand geführt habe, sei
schlicht als "skandalös" zu bezeichnen[19].

Im Gegensatz zu den Vorgängen in Französisch-Kongo löste
die in Madagaskar herrschende skandalöse Situation in der

Metropole freilich keineswegs einen Skandal aus. Die Presse nahm im Gegenteil kaum Notiz von diesen mörderischen Geschehnissen, während sie merkwürdigerweise die aus dem Kongo berichteten Vorkommnisse gleichzeitig - im Februar 1905 - groß herausstellte.

Selbst wenn man einmal davon ausgeht, daß die Situation Madagaskars mit der des Kongo im damals vorherrschenden kolonialistischen Bewußtsein nicht vergleichbar war, weil es sich im ersten Fall um die Bekämpfung einer bewaffneten Rebellion gehandelt habe, was humanitäre Anteilnahme für die Aufständischen von vornherein weitgehend ausschloß, während es im zweiten Fall um ungerechtfertigte Übergriffe in einer vermeintlich "pazifizierten" Kolonie gegangen sei, so ergibt sich dennoch eine Reihe von weiteren Fragen, die einer genauen Klärung bedürfen. Auch im Kongo selbst stellten nämlich Vorkommnisse wie jene, die schließlich den Anlaß für den Kolonialskandal von 1905 abgaben, keineswegs die einzigen blutigen Repressionsakte gegen die afrikanische Bevölkerung dar, sondern müssen - wie in der Literatur selbst vermerkt - eher einer gängigen Praxis der dort ausgeübten Kolonialherrschaft zugerechnet werden[20].

Bereits im Jahre 1901 mußten sich drei Beamte wegen vorsätzlicher Tötung (homicide volontaire) vor dem Strafgericht in Libreville verantworten. Ein Jahr später beschäftigte sich das Gericht in Brazzaville mit vier analogen Fällen, in die einige Agenten von Konzessionsgesellschaften verwickelt waren[21].

Auch die Presse hatte sich bereits frühzeitig mit den Zuständen im Kongo befaßt. Mehrere Zeitungen berichteten seit dem Jahre 1901 über die folgenden Jahre hinweg wiederholt über gewalttätige Auseinandersetzungen zwischen Europäern und

Afrikanern, besonders im Zusammenhang mit den im Jahre 1902 im Sangha-Gebiet ausgebrochenen Revolten[22]. Am 11. Februar 1904 berichtet die Zeitung "Le Temps" über brutale Praktiken der Steuereintreibung im Bereich des oberen Ubangi[23].

Nicht nur die lokale Justiz wurde also frühzeitig mit den Folgen des in der Kolonie etablierten Systems konfrontiert, auch die Öffentlichkeit in der Metropole war durch einschlägige Pressemeldungen seit längerem über die Situation im Kongo informiert.

Wie ist es dann zu erklären, daß es erst im Jahre 1905 zu einem Kolonialskandal kam und warum geschah dies aus Anlaß von Ereignissen, die sich bereits im Jahre 1903 - zwei Jahre zuvor also - zugetragen hatten?

Offenbar, so läßt sich an dieser Stelle bereits vermuten, bedurfte es einer besonderen Konstellation, bedurfte es des Zusammentreffens mehrerer spezifischer Umstände, um den Skandal von 1905 auszulösen und die Affäre ins Rollen zu bringen. Bei der Ermittlung derartiger Umstände gewinnt somit die Frage nach dem auslösenden Moment und dem Zeitpunkt des Skandals ein besonderes Gewicht.

Die Art und Weise, wie die Regierung im Verlaufe der Affäre agierte, ist ein weiterer Aspekt, der für die folgende Untersuchung wichtige Fragen aufwirft. Ungewöhnlich erscheint dabei zunächst die Reaktion des Kolonialministeriums auf die Pressemeldungen vom Februar 1905. Bereits wenige Wochen nach den ersten Zeitungsberichten machte sich eine insgesamt elfköpfige Untersuchungsdelegation auf den Weg zu einer mehrmonatigen, aufwendigen Inspektionsreise durch den Kongo, nachdem die dafür notwendigen politischen und organisatorischen Vorbereitungen - so scheint es auf den ersten Blick - in kür-

zester Zeit abgewickelt worden waren. Kein Parlamentsbeschluß
hatte den Minister zu dieser spektakulären Maßnahme gezwungen;
das Parlament hatte diese Angelegenheit im Gegenteil noch
nicht einmal diskutiert, als die Untersuchungsdelegation Frankreich verließ. Welche Beweggründe konnten die Regierung zu
dieser bemerkenswerten Eile veranlaßt haben? Entsprach es nicht
den bei derartigen Anlässen sonst üblichen politischen Gepflogenheiten, skandalöse Ereignisse herunterzuspielen, sie als
Einzelfälle darzustellen, als Handlungen einiger, von den Umständen überforderter junger Männer - ganz ähnlich wie es übrigens auch in der ein oder anderen Darstellung zur Kolonialgeschichte nachzulesen ist[24]? Aus welchem Grunde wurde in diesem
Fall sogleich das ungewöhnliche Instrument einer Untersuchungsdelegation eingesetzt? Eine derartige Delegation konnte dem
Skandal doch nur zusätzliches Gewicht verleihen, konnte ihn
zur politischen Affäre ausweiten. Welches Interesse konnte die
Regierung an einer derartigen Entwicklung haben?

Wäre es der Regierung nur darum gegangen, sich über die Situation in der Kolonie zu informieren, hätte es doch genügen müssen, einen entsprechenden Bericht aus dem Kongo anzufordern
oder auch den Verwaltungschef der Kolonie nach Paris zum Rapport zu bestellen. Besaß dieser nicht mehr das Vertrauen des
zuständigen Ministers? Bestand die Regierung deshalb auf einer
eigenen Untersuchung? Dann wäre es konsequent gewesen, den
Leiter der Kolonie zumindest zeitweise seines Postens zu entheben. Aber nichts dergleichen geschah. Der Generalkommissar
Französisch-Kongos ging, wie sich noch zeigen wird, im Gegenteil unbeschadet aus der Affäre hervor und führte seine Amtsgeschäfte unbehelligt fort. Was veranlaßte die Regierung also
zu ihrem ungewöhnlichen Verhalten?

Die über die Presse verbreiten Meldungen über unmenschliche
Kolonialpraktiken im Kongo können nach dem Gesagten jedenfalls

kaum der entscheidende Grund gewesen sein, der eine solche
hektische Betriebsamkeit im Kolonialministerium auslöste.
Derartige Praktiken waren, wie bereits erwähnt, seit längerem bekannt gewesen und sind mehrfach in der Presse erörtert
worden, ohne daß die politischen Instanzen sich zu vergleichbaren Aktionen hätten bewegen lassen.

Nach alledem liegt die Annahme nahe, daß die Regierung bei
ihrer prompten Entscheidung für eine Untersuchungsdelegation
unter erheblichem politischen Druck stand. Diese Pression
mußte stark genug sein, um den Einfluß, den der "parti colonial", die mächtige koloniale Interessengruppe, auf das Kolonialministerium ausübte, zumindest zeitweise neutralisieren zu können[25]. Der "parti colonial" hatte, wie oben bereits
angedeutet, über sein zentrales publizistisches Organ, die
Tageszeitung "La Dépêche Coloniale", scharfe Angriffe gegen
die Untersuchungsdelegation gerichtet und war dabei nicht davor zurückgescheut, einzelne Mitglieder dieser Delegation persönlich zu diffamieren[26]. In seiner Ausgabe vom 25. September
1905 trieb dieses Blatt, das unter dem Patronat des damaligen
Innenministers und führenden Kolonialpolitikers Eugène Etienne
stand[27], seine Polemik so weit, die von der Delegation ermittelten Untersuchungsergebnisse pauschal abzuqualifizieren,
noch ehe die Delegation sich hatte offiziell zurückmelden können[28].

Angesichts dieser eindeutigen Position des "parti colonial"
und seines eigenen Kabinettskollegen Etienne mußten es schon
zwingende Gründe sein, die Kolonialminister Clémentel, der
dem "parti colonial" im übrigen selbst als führendes Mitglied
verbunden war[29], dazu bewegen konnten, sich gleichwohl für
eine Untersuchungsdelegation zu entscheiden. War es tatsächlich der Druck der innerfranzösischen Öffentlichkeit, der
dies bewirkte?

Das Echo, welches durch die im Februar 1905 publizierten Skandalnachrichten in den Reihen der Presse ausgelöst wurde, richtete sich, wie oben bereits angedeutet, bei der überwiegenden Mehrzahl der Zeitungen keineswegs gegen die von der Regierung im Kongo betriebene Kolonialpolitik. Wie schon gesagt, war es lediglich die sozialistische "Humanité", die sich konsequent für die Tätigkeit der Untersuchungsdelegation und für die Veröffentlichung ihrer Ergebnisse einsetzte[30]. Daneben waren es nur noch einige wenige Zeitschriften, wie etwa die "Cahiers de la Quinzaine", in denen die Methoden der in Französisch-Kongo betriebenen Kolonialpolitik in Frage gestellt wurden[31]. Soweit in der übrigen Presse Kritik an den Verhältnissen im Kongo geübt und der Ruf nach Reformen laut wurde, ging es dabei nicht um die Grundlagen des dort etablierten Kolonialsystems, sondern um eine Verbesserung der Rahmenbedingungen, für die der Staat die notwendigen finanziellen Mittel bereitzustellen habe. Die mit dem dortigen System verbundenen Schwierigkeiten (les inconvénients du système concessionnaire) würden dann von selbst ein Ende nehmen[32].

Gegen die insgesamt wenig durchschlagskräftigen kritischen Einwände stand nicht nur die geschlossene Front der Kolonialpresse und vieler liberaler Zeitungen, sondern auch der konservativen Presse. So wies die Zeitung "Le Figaro" die gegenüber dem Generalkommissar der Kolonie geäußerte Kritik als "verleumderische Gerüchte" zurück[33]. Die meisten Zeitungen neigten in ihrer Berichterstattung also eher dazu, die Regierungsposition zu unterstützen. Wie die Untersuchung von Jaugeon und auch der Text von Julien ausweisen, kann jedenfalls von einem "Aufschrei der liberalen Öffentlichkeit" in Frankreich im Zusammenhang mit dem Kongoskandal von 1905 ernsthaft nicht gesprochen werden[34].

Wie hoch, so muß nunmehr gefragt werden, wie hoch war dem-

nach der politische Stellenwert und das politische Gewicht
der vornehmlich von Sozialisten geäußerten öffentlichen Kritik überhaupt zu veranschlagen? Welcher Einfluß auf die öffentliche Meinungsbildung kann ihr zugemessen werden? Wie
groß war der Anteil der Bevölkerung, wie stark die Gruppe
potentieller Wähler, die von derartigen kolonialpolitischen
Auseinandersetzungen erreicht wurden und bereit waren, sich
mit der von der Regierung praktizierten Kolonialpolitik kritisch auseinanderzusetzen?

Um einen nachhaltigen politischen Einfluß ausüben zu können,
dies kann unterstellt werden, hätte die von den Sozialisten
entfachte kritische Diskussion, hätte die moralische Empörung, das humanitäre Engagement, das konsequente Verlangen
nach einer grundlegenden Änderung der im Kongo bestehenden
Verhältnisse auf die Massenpresse übergreifen und sich dort
breiten Ausdruck verschaffen müssen.

Aus der einschlägigen Literatur ist aber bekannt, daß die
Pariser Massenblätter, wie schon mehrfach angeklungen, der
herrschenden Kolonialpraxis keineswegs kritisch gegenüberstanden, sondern im Gegenteil als besonders lautstarke Wortführer imperialistischer und chauvinistischer Ideen hervortraten (Bellanger 1972, S. 298). Wie aufgrund der vorliegenden Literatur schon angedeutet wurde und in einem nachfolgenden Kapitel (Teil II, Kap. 3, 2) noch detailliert darzulegen sein wird, war die Massenpresse denn auch im vorliegenden Fall lediglich am Sensationswert der von ihr präsentierten Skandalmeldungen, nicht aber daran interessiert, die Regierung zu einer Änderung der im Kongo praktizierten Kolonialmethoden zu bewegen[35]. Informationen der Massenpresse
über Angelegenheiten der Kolonialpolitik, dies läßt sich als
generelle Feststellung treffen, waren im allgemeinen "irrégulières, fragmentaires et succintes" (Brunschwig 1974, S.
295).

Darin entsprach diese Art der Berichterstattung dem damaligen
Bewußtseinsstand des "Français moyen", der großen Mehrheit der
französischen Bevölkerung. Diese, so kann aufgrund entsprechender Untersuchungen angenommen werden, war an Problemen der Kolonialpolitik grundsätzlich eher desinteressiert[36]. Kritische
Stimmen gegenüber den herrschenden Kolonialpraktiken bildeten
die Ausnahme. Innerhalb des öffentlichen Meinungsspektrums
stellten antikolonialistische Bestrebungen nur einen "courant
très minoritaire" dar[37]. Beeinflußt wurde das öffentliche Bewußtsein eher von einem "nationalisme foncier", einem "besoin
de s'affirmer parmi les grandes puissances[38]".

Diese nationalistische Grundströmung machten sich kolonialistische Interessengruppen zunutze, um die imperialistische
Ideologie auch in die Reihen der Arbeiter zu tragen. Fragen
nach der Legitimation kolonialer Expansion spielten dabei in
der öffentlichen Diskussion keine entscheidende Rolle (Brunschwig 1974, S. 295 f). Gegenüber der Hoffnung, aus den kolonialen Besitzungen reichen Gewinn ziehen zu können, traten in
der breiten Öffentlichkeit humanitäre Erwägungen weit in den
Hintergrund (Ageron 1973, S. 40).

Wie wenig der Kolonialminister und mit ihm die gesamte Regierung von einer innerfranzösischen Opposition gegen ihre Kolonialpolitik zu befürchten hatte, drückt sich mit aller Deutlichkeit in dem weiter oben schon erwähnten Parlamentsvotum
vom 21. Februar 1906 aus. Obwohl in einem von den Sozialisten
eingebrachten Antrag, von dem in einem späteren Kapitel (Teil
III, Kap. 5, 3) noch ausführlicher die Rede sein wird, nichts
weiter gefordert wurde als die Drucklegung und anschließende
parlamentarische Behandlung der von der ministeriellen Untersuchungsdelegation im Jahre 1905 über die Situation im Kongo
zusammengetragenen Dokumente, lehnte die überwältigene Mehrheit der Kammer auf Betreiben des Kolonialministers selbst
diese nicht sehr weitgehende Forderung kategorisch ab und ent-

sprach damit einer seinerzeit gängigen Praxis: "Les plus gros scandales ne mobilisaient pas plus de 30 % des votants à la Chambre" (ebd.).

Angesichts derart komfortabler parlamentarischer Mehrheitsverhältnisse konnte es sich der Minister sogar erlauben, wenige Tage vor Beginn besagter Parlamentsdebatte, am 11. Februar 1906, einige Reformdekrete für die Kolonie zu erlassen, ohne daß es vorher zu einer öffentlichen Diskussion der auf seine Veranlassung hin ermittelten Untersuchungsergebnisse gekommen war. Somit wurde das Parlament von der Entscheidungsfindung über den im Kongo künftig einzuschlagenden Weg glatt ausgeschlossen. Als am 19. Februar 1906 die Debatte über den Kongo begann, fand sich die Abgeordnetenkammer von der Regierung bereits vor vollendete Tatsachen gestellt[39], ohne daß der verantwortliche Minister deswegen von der Mehrheit der Kammer zur Rechenschaft gezogen wurde. Offensichtlich legten die entscheidenden politischen Instanzen keinen Wert darauf, die Situation im Kongo öffentlich zu diskutieren und konnten es sich dabei leisten, die ihnen notwendig erscheinenden Entscheidungen im Stile klassischer Kabinettspolitik zu treffen, ohne von Parlament und Öffentlichkeit daran gehindert zu werden.

Wenn nach den bisherigen Überlegungen also davon ausgegangen werden kann, daß weder in der breiten Öffentlichkeit, noch bei der überwiegenden Mehrheit des Parlamentes ein erkennbares Interesse an der Tätigkeit einer Untersuchungsdelegation, an der öffentlichen Diskussion ihrer Ergebnisse und an der parlamentarischen Entscheidungsfindung über die daraus zu ziehenden Konsequenzen bestand, dann stellt sich die Frage nach den Beweggründen, aus denen der Kolonialminister die genannte Delegation im Jahre 1905 in den Kongo entsandte, auf gänzlich neue Weise.

3. Vorläufige Bemerkungen zu einem neueren Erklärungsansatz

Aus den bisherigen Ausführungen sollte deutlich geworden sein, daß die These, nach der eine durch Skandalmeldungen aus dem Kongo aufgeschreckte Öffentlichkeit die Regierung dazu bewogen habe, zur Aufklärung der in der Kolonie bestehenden Verhältnisse eine Untersuchungsdelegation zu entsenden und als Ergebnis einer parlamentarischen Debatte humanitär inspirierte Reformen zu erlassen, kein tragfähiges Fundament für die Erklärung der Kongoaffäre von 1905/06 abgeben kann.

Angesichts der ziemlich deutlichen Erklärungsschwäche des hier soeben behandelten älteren Deutungsmusters, das in seiner Grundversion offensichtlich auf die zeitgenössische Literatur und damit letztlich auf die offizielle Verlautbarung der damaligen französischen Regierung zurückgreift[40], ist dessen Zählebigkeit doch einigermaßen erstaunlich. Auch ein im Jahre 1977 vorgelegter neuerer Erklärungsansatz, auf den hier zunächst nur kurz hingewiesen werden soll (Brunschwig 1977), hat besagtem älteren Deutungsmuster das Lebenslicht nicht auszublasen vermocht, wie die zitierten Beispiele von Betts (1978, S. 81), Julien (1979, S. 192 ff) und Elleinstein (1980, S. 171) gezeigt haben. In dem von dem international renommierten Afrikaspezialisten Henri Brunschwig präsentierten Erläuterungsansatz wird zum ersten Mal der Versuch unternommen, den Ablauf des Skandalgeschehens, gestützt auf bis dahin noch unveröffentlichte Archivmaterialien, in ein empirisch tragfähiges Erklärungskonzept einzubinden. Wie an späterer Stelle noch näher auszuführen sein wird, wird dabei eine neue Variante – sie wurde oben als die zweite Hauptvariante angekündigt – jener bereits bekannten, für die älteren Deutungsversuche typischen Interpretationslinie entwickelt, die wiederum über die Stationen: Krise - Skandal - Reformen führt. Im Gegensatz zu dem im vorigen Abschnitt behandelten simplistischen Grundmuster ist der von Brunschwig entwickelte Erklärungsansatz allerdings um einige Grade komplizierter angelegt. Man stößt dort auf ungewöhnliche taktische Winkelzüge und überraschende Wendungen ebenso wie auf merkwürdig verschlungene bzw. sich überkreuzende Handlungsverläufe und angebliche Spätwirkungen der Skandalgeschehnisse. Da der Autor, wie schon gesagt, zur Stützung seiner Thesen bis dahin unbekanntes Archiv- und sonstiges Quellenmaterial aufbietet und die jeweiligen Namen und Funktionen der handelnden Personen sowie eine Reihe weiterer Details aus einer anscheinend intimen Kenntnis heraus in die Diskussion einführt, mag sich - zumal für den mit den angeführten Details wenig vertrauten Leser - auf den ersten Blick ein plausibler Gesamteindruck einstellen. Dies um so mehr, als das relativ komplexe Argumentationsmuster des Autors auf den engen Rahmen eines auf wenige Seiten beschränkten Zeitschriftenaufsatzes komprimiert wird. Es handelt sich bei dieser Art von Argumentation streng genommen eher um einen Thesenvortrag, als um eine den eigenen Gedankengang diskursiv entfaltende Beweisführung. Wie später noch detailliert gezeigt werden soll, werden an entscheidenden Stellen kausale Zusammenhänge eher unterstellt, als im einzelnen konkret nachgewiesen.

Aus dem hier vorläufig nur angedeuteten spezifischen Charakter dieses Erklärungsansatzes, der schon wegen des darin präsentierten und bis dato unveröffentlichten Quellenmaterials einer eingehenden Prüfung bedarf, ergeben sich für eine kritische Auseinandersetzung gewisse methodische Probleme, zumal die sehr detailreich angelegten Ausführungen an einigen zentralen Punkten zugleich auch vermeintliche übergeordnete Ursachenzusammenhänge und angebliche, um mehrere Jahre verzögerte Folgewirkungen des Skandalgeschehens in die Betrachtung einbeziehen. Ich werde deshalb versuchen, mich in zwei getrennten Schritten mit dem von Brunschwig thesenhaft präsentierten Erklärungsansatz auseinanderzusetzen und diese Auseinandersetzung zugleich mit dem im Verlaufe der folgenden Kapitel zu entwickelnden Untersuchungsgang möglichst eng zu verknüpfen, indem ich sie als Ausgangspunkt für weiterführende Fragen und eigene Recherchen benutzen möchte. Daß eine solche Vorgehensweise - wenn auch in eng begrenztem Ausmaß - zu einigen Überschneidungen und Wiederholungen führt, wird dabei als unvermeidbares Übel in Kauf genommen.

In einem ersten Schritt, mit dem der nachfolgende Teil II eingeleitet werden soll, wird es zunächst vor allem darum gehen, die von Brunschwig vorgezeichneten, wie schon bemerkt, eher verschlungenen und sich überschneidenden Argumentationslinien auf ihre innere Stimmigkeit hin zu überprüfen. Im Mittelpunkt des Interesses steht dabei die Frage nach den Ursachen der durch sensationelle Pressemeldungen bewirkten Skandalauslösung und den mit diesem spektakulären Ereignis verknüpften politischen Motiven. Nachdem dann in den anschließenden Kapiteln die Ergebnisse eigener Nachforschungen über Vorbereitung und Verlauf besagter Presseberichterstattung dargelegt worden sind, soll der hier erwähnte Erklärungsansatz im Lichte dieser Nachforschungen einer abschließenden Gesamtbeurteilung unterzogen werden. Da die Auseinandersetzung mit besagtem Erklärungsansatz somit in die gleich folgende Untersuchung des Skandalverlaufes einbezogen werden soll, erübrigt es sich, auf die Argumentation des genannten Autors hier an dieser Stelle näher einzugehen.

3. Kapitel: Erläuterungen zum nachfolgenden Untersuchungsgang

Die vorliegende Arbeit konzentriert sich auf zwei Untersuchungsschwerpunkte. Während im gleich folgenden Teil II die einzelnen Phasen der Skandalinszenierung nachgezeichnet werden sollen, beschäftigt sich der anschließende Teil III mit den im Kongogebiet damals herrschenden imperialistischen Konkurrenzbeziehungen, soweit sie für das hier behandelte Thema von Bedeutung sind. Beide Vorgänge - dies ist die zentrale These dieser Studie - stehen in kausaler Beziehung zueinander. Anders, als die oben besprochenen traditionellen Deutungsmuster vorgeben, wird der Skandal hier also nicht als spektakulärer Ausdruck einer krisenhaften Fehlentwicklung in der Kolonie und zugleich als sichtbares Anzeichen dafür interpretiert, daß die Metropole die Mißstände erkannt und durch entsprechende Reformmaßnahmen im Sinne einer kolonialen Zivilisierungs- bzw. Modernisierungspolitik beseitigt habe. Als ein spezifisches Mittel imperialistischer Machtpolitik diente die Kongoaffäre, wie hier behauptet wird und in den nachfolgenden Kapiteln im einzelnen nachgewiesen werden soll, im Rahmen der damaligen internationalen Rivalitäten um das Kongogebiet im Gegenteil vielmehr dazu, den Fortbestand eines in Französisch-Kongo etablierten Systems monopolistischer Raubwirtschaft bis auf weiteres zu sichern und damit einer - wie Coquery-Vidrovitch (1972) eindringlich aufgezeigt hat - besonders nachhaltig wirkenden Zerstörung autochthoner Entwicklungsmöglichkeiten Vorschub zu leisten.

Für den hier soeben angedeuteten Erklärungsversuch ist es unerläßlich, den Gang der Skandalereignisse in allen hier wesentlichen Einzelheiten möglichst exakt nachzuzeichnen. Dabei ist zunächst der Vorgang der Skandalinszenierung durch die einzelnen Entwicklungsstadien hindurch gründlich zu durchleuchten. Angesichts der Tatsache, daß die hierzu bisher vorliegenden

Darstellungen nicht nur in ihren Kernaussagen äußerst problematisch sind, sondern auch über die meisten Details unvollständig und ungenau, wenn nicht falsch informieren, halte ich es im Interesse einer solide fundierten Beweisführung für unverzichtbar, den tatsächlichen Geschehensverlauf, soweit sich über ihn nachträglich auf diesem Wege Klarheit gewinnen läßt, bis in seine einzelnen Verzweigungen hinein so detailgenau zu rekonstruieren, wie nach der Quellenlage möglich und für den hier zu entwickelnden Argumentationszusammenhang nötig. Wie oben schon angedeutet wurde und sich im Verlauf der weiteren Ausführungen noch konkreter zeigen wird, sind es nämlich gerade die empirisch häufig fragwürdig begründeten und zum Teil nur spekulativ miteinander verknüpften Details in dem von Henri Brunschwig vorgelegten Erklärungsansatz, an denen eine kritische Betrachtung anzusetzen und mit denen sie sich zunächst im einzelnen auseinanderzusetzen hat. Vor diesem Hintergrund gewinnt die relativ breit angelegte und bis in die Einzelheiten des Geschehensablaufes vordringende Untersuchung der Skandalvorkommnisse, wie sie in Teil II der hier vorliegenden Arbeit ausgeführt wird, ihren notwendigen Stellenwert.

Eine derartige Vorgehensweise ist auch deshalb geboten, weil sich nur auf diesem Wege die Knotenpunkte aufspüren und dingfest machen lassen, an denen die hier behauptete Verknüpfung des Skandalgeschehens mit der im Anschluß daran ausführlich zu diskutierenden internationalen Kongofrage sich konkret aufzeigen läßt. Auf diese Weise soll versucht werden, eine sowohl logisch als auch empirisch möglichst tragfähige Verbindung zu diesem, in Teil III zu behandelnden Problembereich herzustellen. Dort geht es, wie eben schon angesprochen, um die Untersuchung im Kongobecken konkurrierender imperialistischer Expansionsinteressen und dabei zum Zuge kommender politisch-diplomatischer Machtmittel. Anders als man bei oberflächlicher Betrach-

tung vielleicht meinen könnte - und wie in der Literatur zum
Teil suggeriert wird - waren die zwischen den führenden imperialistischen Mächten im Kongogebiet bestehenden Rivalitäten
mit dem Abschluß der Berliner Kongokonferenz 1884/85 nämlich
keineswegs beigelegt, sondern bildeten sowohl im Falle des
belgischen Kongostaates, als auch im Falle Französisch-Kongos
die Ursache jahrelanger Konflikte.

Im Rahmen dieser Auseinandersetzungen spielte die Frage einer
Verletzung der Rechte der "Eingeborenen" eine wichtige ideologische und politische Rolle. Eine Mißachtung der diesbezüglichen Bestimmungen der Berliner Kongoakte konnte nämlich zugleich auch als schwerwiegender Verstoß gegen das gesamte Vertragswerk interpretiert werden. Dies hätte eine Revision der
für das Kongogebiet getroffenen internationalen Vereinbarungen und damit eine Neuverteilung der jeweiligen Interessen-
und Einflußsphären zur Folge haben können. Wie hier gezeigt
werden soll, war die aus der Skandalauslösung sich ent-
wickelnde französische Kongoaffäre mit diesem Problemzusammenhang unmittelbar verknüpft. Diesen Beziehungssträngen im
einzelnen nachzugehen und sie mit dem Ablauf der Affäre zu verbinden, ist als zentrale Aufgabe von Teil III der vorliegenden Arbeit vorgesehen.

Wenn Entstehung und Verlauf der französischen Kongoaffäre somit also - anders, als in der bisherigen Literatur dargestellt -
nicht mit internen, sondern mit externen Faktoren ursächlich
verknüpft waren, so heißt das natürlich nicht, daß die Affäre
keine innenpolitischen Auswirkungen gehabt hätte. Diese vermochten den Ablauf der Ereignisse freilich nicht entscheidend
zu beeinflussen. Die vornehmlich von sozialistischer Seite
geübte Kritik, so wird gegen Ende der Arbeit im einzelnen zu
zeigen sein, konnte durch engagierte öffentliche Stellungnahmen die von der Regierung betriebene Desinformationspolitik

zwar partiell konterkarieren, war aber, abgesehen von konzeptuellen Mängeln, letztlich schon aus machtarithmetischen Gründen nicht in der Lage, den Kurs der Regierungspolitik wesentlich zu beeinflussen. So blieb die französische Kongoaffäre bis zu ihrem Ende das, was sie ihrer Natur nach von Anfang an gewesen ist: ein außergewöhnliches politisches Manöver zur Wahrung kolonialer Interessen unter den Bedingungen imperialistischer Konkurrenz.

Teil II: DIE INSZENIERUNG DES SKANDALS

1. Kapitel: Zu den Gründen der Skandalauslösung:
   Unstimmigkeiten im vorliegenden neueren
   Erklärungsansatz

Es wurde gesagt, daß die nun folgende Darstellung des Skandalgeschehens an dem im Einleitungsteil erwähnten, neueren Erklärungsversuch ansetzen soll. Wie verhält es sich also mit der Interpretation, die der Pariser Kolonialhistoriker Henri Brunschwig im Jahre 1977 in einem bereits genannten Aufsatz zu diesem Fragenkomplex veröffentlicht hat[1]? Ich habe schon angedeutet, daß die dort präsentierten Thesen erste Ansätze zu einem neuen Verständnis der im folgenden zu untersuchenden Ereignisse enthalten und damit einen wichtigen Beitrag dazu leisten, die bisherige Diskussion über den Kongoskandal in wissenschaftlich gesicherte Bahnen zu lenken.

Andererseits - und dies soll in den anschließenden Abschnitten nun genauer ausgeführt werden - vermögen die dort angestellten Überlegungen keine abschließende Klärung der entscheidenden Fragen nach den Ursachen des Skandals zu erbringen. Dies liegt nicht nur an der ungenügenden bzw. fehlenden empirischen Fundierung dieses kurzen Artikels, die in einem solchen Rahmen verständlicherweise kaum zu leisten ist. Eine genauere Untersuchung erweist vielmehr auch, daß der dort entwickelte Gedankengang nicht frei ist von inneren Widersprüchen, so daß die Argumentation sich nicht immer schlüssig nachvollziehen läßt. Dies führt insgesamt dazu, daß trotz mancher neuer Erkenntnisse die eigentlichen Hintergründe dieser Kolonialaffäre nach wie vor im dunkeln bleiben.

Der Autor geht bei seinen Überlegungen von der Annahme aus, daß die erwähnten Skandalmeldungen von der Regierung im Zuge

einer detailliert abgestimmten Kampagne in die Massenpresse
lanciert worden seien, um über diesen Weg auf die "öffentliche Meinung" massiv Einfluß zu nehmen. Die dahinter stehenden Motive seien innenpolitischer Natur gewesen. Die über
die Kampagne mobilisierte "öffentliche Meinung" habe das gegenüber finanziellen Zuwendungen für die Kolonien ablehnend
eingestellte Parlament von der Notwendigkeit einer zugunsten
Französisch-Kongos aufzulegenden, staatlich garantierten Anleihe überzeugen sollen. Außerdem sei es der Regierung mit
Hilfe dieser Kampagne, durch welche die öffentliche Aufmerksamkeit auf die in der Presse dargestellten Greueltaten gelenkt worden sei, gelungen, die öffentliche Erregung um den
Streit mit der Kirche zu dämpfen und somit den Boden zu bereiten für eine weniger emotionale Beratung des Gesetzes zur
Trennung von Staat und Kirche.

Im folgenden soll dargelegt werden, daß die hierzu entwickelte Beweisführung sich auf Voraussetzungen und Annahmen stützt,
die sich bei genauerem Nachfragen als äußerst problematisch
erweisen. Es zeigt sich dabei, wie im einzelnen dargestellt
werden soll, daß ein im wesentlichen auf die innenpolitische
Szenerie beschränkter Untersuchungsansatz die Entwicklung empirisch fundierter sowie schlüssig begründeter Erklärungszusammenhänge nicht gewährleisten kann.

Die in den drei größten Pariser Tageszeitungen am 16. Februar
1905 und in den folgenden Tagen veröffentlichten Berichte über
die in Französich-Kongo begangenen grausamen Verbrechen, so
beginnt Brunschwig seine Darstellung, hätten die "öffentliche
Meinung" (l'opinion publique) nur in sehr geringem Maße tangiert[2]. Als der Kolonialminister am 25. Februar 1905 die
Entsendung einer Unersuchungskommission in den Kongo angekündigt habe, sei das Thema von der Presse im wesentlichen aufgegeben worden. Die Öffentlichkeit habe sich von dem für sie

seinerzeit zentralen politischen Thema, der Auseinandersetzung zwischen Staat und Kirche, nicht ablenken lassen[3].
Überdies sei sie, besonders seit der franko-britischen Kolonialentente vom 8. April 1904, in der Regel an außenpolitischen Fragen nicht interessiert gewesen[4].

War also in der Öffentlichkeit an den Pressemeldungen über Vorgänge in Französisch-Kongo, wenn überhaupt, nur mäßiges Interesse vorhanden, so war die Regierung ihrerseits bereits lange vor Erscheinen dieser Berichte genauestens informiert, wie der Autor feststellt. In mehreren Inspektionsberichten sei, besonders angesichts der Nachschubprobleme für die im Tschad-Gebiet operierenden Kolonialtruppen, wiederholt auf die Notwendigkeit verwiesen worden, die Kolonie mit der erforderlichen Infrastruktur auszustatten, ihr die finanziellen Mittel zur Verfügung zu stellen, um zu Lande und zu Wasser die dringend benötigten Verkehrsverbindungen erstellen zu können[5].

Entsprechende Projekte seien jedoch vom Parlament verworfen worden; öffentliche Kredite seien ausgeblieben. Deswegen hätten die damals verantwortlichen Kolonialminister über die Vergabe privater Konzessionen erreichen wollen, daß die entsprechenden Investitionen in der Kolonie getätigt würden. Diese Hoffnung habe sich aber nicht erfüllt[6]. Eine Lösung des Investitionsproblems sei deshalb nur durch eine vom Staat garantierte Anleihe zu erreichen gewesen[7].

Dies sei der politische Hintergrund für die Pressekampagne gewesen, deren Anlaß, die Gaud-Toqué-Affäre, der Regierung ebenfalls mehrere Monate vor Beginn dieser Kampagne bekannt gewesen sei. Doumergue, Vorgänger des zur Zeit des Kongoskandals amtierenden Kolonialministers Clémentel, sei bereits im August 1904 durch einen Bericht des an der Verwaltungsspitze

Französisch-Kongos stehenden Gentil über die Verbrechen von
Gaud und Toqué informiert worden. Der Autor zitiert nun aus
einem Brief, den der Leiter des Afrikabüros im Kolonialministerium, Duchêne, am 25. Juli 1905 an Generalkommissar Gentil gerichtet hat [8] und aus dem hervorgeht, Doumergue habe
diesem Bericht Gentils sogleich große Bedeutung beigemessen
und ihn unter diesem Aspekt seinem Amtsnachfolger Clémentel
unterbreitet. Kaum aus seinem Amte ausgeschieden, habe Doumergue der Angelegenheit in dem Massenblatt "Le Matin" einen
"article ému" gewidmet, während sein Amtsnachfolger Clémentel das Aktenmaterial über die Affäre an den Berichterstatter für den Kolonialhaushalt, Le Hérissé, übergeben habe,
der nun seinerseits aus dem ihm zugespielten Dossier das Material für einen sensationellen Zeitungsartikel geschöpft
habe[9].

Doumergue habe Generalkommissar Gentil, der zunächst von juristischen Sanktionen gegen Toqué absehen wollte, dazu veranlaßt, die Justiz einzuschalten, Toqué verhaften und nach
Brazzaville, der Verwaltungszentrale der Kolonie, überstellen zu lassen.

Damit - so der Autor - komme die Regierungstaktik nun deutlich zum Vorschein. Das Parlament sollte durch entsprechende
Presseveröffentlichungen und einen eigens in Brazzaville angesetzten Prozeß noch vor den Haushaltsberatungen unter den
Druck der "öffentlichen Meinung" gesetzt und somit im Sinne
einer Zustimmung zu den Regierungsplänen beeinflußt werden[10].

Warum der Skandal am 16. Februar 1905 ausgelöst wurde, läßt
sich, so die weiteren Ausführungen, nicht eindeutig beantworten. Sei es, daß das Aktenmaterial durch undichte Stellen in
der Regierungsbürokratie nach außen gelangte, sei es, daß es

sich um eine gezielte Indiskretion handelte, sei es schließlich, wie an dieser Stelle ziemlich unvermittelt angeführt wird, daß die Regierung plötzlich durch die wachsende Kritik gegen den Kongostaat dazu veranlaßt worden sei, die Zustände im benachbarten Französisch-Kongo gegenüber der internationalen Presse durch eigene Zeitungsberichte zu beschönigen, indem die Verbrechen von Gaud und Toqué als Einzeltaten "zweier Verrückter" dargestellt wurden[11].

Wie dem auch gewesen sei, der Regierung sei der Skandal keineswegs ungelegen gekommen, habe er doch die Öffentlichkeit von einer gerade erst überwundenen Regierungskrise abgelenkt und eine emotional weniger belastete Diskussion des Gesetzes zur Trennung von Staat und Kirche ermöglicht[12]. Die Regierung sei durch die Pressekampagne nicht in Schwierigkeiten geraten; die Zeitungen hätten im Gegenteil die von Le Hérissé und Doumergue vertretene Regierungsposition ohne weiteres akzeptiert.

Entsprechend der von der Regierung verfolgten Taktik, so fährt der Autor fort, hätte das Parlament nun alsbald mit der Angelegenheit befaßt werden sollen, wie sich aus einem in "Le Matin" am 21. Februar angekündigten parlamentarischen Interpellationsverlangen (demande d'interpellation) Le Hérissés sowie einem am folgenden Tag von derselben Zeitung veröffentlichten Interview ergebe. Dies sei die vorgezeichnete Richtung gewesen[13]. Die Regierung habe diesen Weg dann aber doch nicht eingeschlagen. Kolonialminister Clémentel habe vielmehr am 26. Februar 1905[14] die Entsendung einer Untersuchungskommission nach Französisch-Kongo angekündigt und damit die parlamentarische Behandlung des Skandals bis auf weiteres hinausgeschoben.

Der Grund für diese überraschende Entwicklung ist nach Ansicht

des Autors in der Tatsache zu suchen, daß das französische
Kabinett durch die Ereignisse im Kongogebiet beunruhig gewesen sei. Um einer möglichen Ausweitung der gegen den Kongostaat gerichteten internationalen Kritik auf Französisch-Kongo vorzubeugen, sei eine eigene Untersuchungskommission
im Sinne einer Präventivtaktik ins Leben gerufen worden[15].

In seinen weiteren Ausführungen befaßt sich der Autor mit der
an dieser Stelle nicht interessierenden konfliktreichen Tätigkeit dieser Kommission, ohne noch einmal auf die Frage nach
den Ursachen der Pressekampagne vom Februar 1905 zurückzukommen. Für die in diesem Kapitel entscheidende Fragestellung
sind lediglich die hier in ihren wesentlichen Punkten wiedergegebenen Aussagen relevant. Sie mußten relativ ausführlich
ausgebreitet werden, weil sich die Leitfäden der Argumentation, wie nun im einzelnen zu zeigen sein wird, in ihren einzelnen Verflechtungen teilweise nur schwer verfolgen und
nachvollziehen lassen.

Welche neuen Ergebnisse, so ist zunächst zu fragen, sind nun
in den hier zitierten Ausführungen enthalten und wie ist ihr
Erklärungswert zu veranschlagen?

Als zentrale Aussage kann die These festgehalten werden, daß
die den Skandal auslösende Pressekampagne nicht, wie bisher
in der Literatur dargestellt, als Ausdruck einer der Regierung kritisch gegenüberstehenden breiten Öffentlichkeit zu
verstehen, sondern im Gegenteil von dieser Regierung selbst
in Szene gesetzt worden sei. Das vom Autor hierzu präsentierte Zitat aus einem bislang unbekannten Schriftstück sowie
die - im einzelnen allerdings noch zu überprüfenden - Hinweise auf einschlägige Artikel in der Massenpresse sprechen
als gewichtige Argumente für seine Version. Damit gelingt es
ihm - ohne daß er dies selbst ausdrücklich täte -, sich von

den Vorstellungen abzusetzen, die in der übrigen Literatur zu dieser Frage verbreitet wurden.

Die nicht minder wichtige Frage nach den Ursachen dieser ungewöhnlichen Regierungsaktion vermag der Autor indessen nicht mit gleicher Überzeugungskraft zu beantworten. Die Regierung, so behauptet er, habe das Parlament über die Mobilisierung der Öffentlichkeit unter Druck setzen wollen, um dadurch dessen Zustimmung zu einer von ihr gewünschten, staatlich garantierten Anleihe für Französisch-Kongo wenn nicht zu bewirken, so doch zumindest zu erleichtern.

Eine solche, recht ungewöhnliche Interpretation verlangt nach entsprechenden Belegen und einer stichhaltigen Begründung. Wie verhält es sich nun damit?

In dem gesamten Artikel findet sich keinerlei Hinweis darauf, daß einzelne Mitglieder des Kabinetts oder die Regierung als solche im Jahre 1905 die Absicht verfolgten, den Kongo mit einer Kapitalanleihe auszustatten.

Der Hinweis auf die Tatsache, daß einer der vom Autor in diesem Zusammenhang namentlich erwähnten Politiker, der Abgeordnete Le Hérissé, als Berichterstatter für den Kolonialhaushalt fungierte, stellt keinen beweiskräftigen Beleg dar. Denn dieser Umstand kann ja kaum so ausgelegt werden, als ob jede einzelne kolonialpolitische Aktion dieses Abgeordneten zwangsläufig mit Budget- bzw. Kreditangelegenheiten in Verbindung gestanden hätte, als ob also umstandslos davon ausgegangen werden könne, daß es sich auch in dem hier zu diskutierenden Fall um nichts anderes habe handeln können, als um die Behandlung von Budgetproblemen; ganz abgesehen von der banalen Tatsache, daß die Regelung von Budgetfragen nicht in jedem Einzelfall mit der Vergabe von Krediten zusammenhängen muß.

Als einer der wenigen einschlägigen Spezialisten der regierenden radikalen Partei - die damaligen Parteien verfügten in Kolonialfragen generell nur über einzelne Experten (Albertini 1976, S. 386) - und als öffentlich bekannter Repräsentant der höchst einflußreichen, sogenannten Kolonialpartei, von der im Einleitungsteil bereits die Rede war und deren Interessengebiet bekanntlich alle nur möglichen Problembereiche kolonialer Expansionspolitik umfaßte, war Le Hérissé, der von aufmerksamen zeitgenössischen Beobachtern im Zusammenhang mit seinem Auftreten während der Kongoaffäre denn auch just in seiner Eigenschaft als führender Vertreter des parlamentarischen "groupe colonial" Erwähnung findet, mithin auch für völlig andere Probleme der Kolonialpolitik zuständig, als lediglich für die Regelung von Budgetfragen oder - noch eingeschränkter - gar nur für die Realisierung von Kreditprogrammen[16].

Für den vom Autor behaupteten Zusammenhang lassen sich mithin keine triftigen Gründe im Sinne einer eindeutigen Kausalbeziehung erkennen. Nach dem Gesagten ist vielmehr davon auszugehen, daß für die Pressekampagne vom Februar 1905 auch andere Motive in Betracht gezogen werden können und müssen, als der vom Autor für einzig denkbar gehaltene Beweggrund.

Angesichts dieser ziemlich offensichtlichen Beweislücke versucht der Autor nun, sich mit dem Hinweis zu behelfen, daß mehrere Verwaltungsbeamte die Notwendigkeit finanzieller Zuwendungen für die Kolonie wiederholt betont hätten und daß der Kongo zur Errichtung eines leistungsfähigen Transportsystems dringend derartiger Zuwendungen bedurfte.

Ob dies so gewesen ist, soll hier nicht diskutiert werden. In jedem Fall besagt dieser Hinweis nichts darüber, inwieweit sich die Regierung eine solche Sicht zu eigen machte und zu dem hier interessierenden Zeitpunkt tatsächlich entschlossen

war, auch gegen ein widerstrebendes Parlament eine staatlich
garantierte Anleihe unter allen Umständen durchzusetzen.

Aber selbst wenn man dem Gedanken des Autors folgen wollte,
so müßte doch gefragt werden, was denn wohl eine Regierung
dazu bewegen mag, ein ablehnend eingestelltes Parlament auf
derart abenteuerliche Weise umstimmen und von der Notwendigkeit sowie Zweckmäßigkeit einer Kreditgewährung überzeugen
zu wollen, stehen bei der Vergabe von Krediten und der Gewährung von Bürgschaften im allgemeinen doch gänzlich andere Gesichtspunkte im Vordergrund als skandalträchtige Pressemeldungen.

Mußte nicht der Regierung, so sie wirklich die vom Autor unterstellte Absicht verfolgte, in erster Linie daran gelegen
sein, die Überzeugung zu verbreiten und zu stärken, daß eine
solche Anleihe keine Zahlung à fonds perdu wäre, daß die Kolonie in der Lage sein würde, fällige Raten nebst anfallen-
der Zinsen regelmäßig, pünktlich und vollständig zurückzuzah-
len? Es ist schwer vorstellbar, wie die Verbreitung von Skandalmeldungen in ein solches Bild passen sollte.

Aber wenn nun schon, aus welchen Gründen auch immer, die Lancierung derartiger Pressemeldungen für ein geeignetes Mittel
gehalten wurde, möglicherweise, um das Parlament wider alle
einschlägigen haushaltspolitischen Grundsätze (was schon un-
wahrscheinlich genug anmutet) zur Leistung einer Sonderhilfe
zu bewegen, warum haben die verantwortlichen Akteure dann in
ihrer Darstellung der Gaud-Toqué-Affäre ausdrücklich und in
aller Deutlichkeit herausgestellt, bei den Verbrechen der
beiden Beamten handele es sich um völlig untypische "actes
isolés" "de deux fous", zweier wahnsinniger "schwarzer Schafe"
(brebis galeuses) innerhalb eines ansonsten völlig intakten
Verwaltungskorps[17]?

Aus welchem Grund hätte das Parlament sich von solchen vereinzelten, überdies schon seit längerem zurückliegenden Vorkommnissen im Sinne der angeblichen Regierungstaktik beeinflussen lassen und zur Bewilligung einer finanziellen Sonderzuwendung bewegen lassen sollen?

Der spätestens an dieser Stelle aufkommende Eindruck, daß der Autor sich mit seiner Argumentation auf schwankendem Boden bewegt, verstärkt sich, je intensiver die Beschäftigung mit den hier zu prüfenden Überlegungen ausfällt. Dabei zeigen sich gravierende Widersprüche, welche die gedankliche Konstruktion bereits von ihrem Ansatz her massiv in Frage stellen.

Kernstück der Argumentation ist der Gedanke, wie schon mehrfach betont wurde, daß die Regierung das Parlament über eine durch manipulierte Presseberichte mobilisierte Öffentlichkeit unter Druck setzen wollte[18].

Eine solche Taktik hätte nun aber vorausgesetzt, daß eine derartige Pression auf das Parlament schon beträchtliche Ausmaße hätte annehmen müssen. Davon kann aber nach des Autors eigenen Worten keine Rede sein. Die "öffentliche Meinung", so schreibt er im Gegenteil, "s'émut, sans doute, mais modérément[19]." Wenig später heißt es im Zusammenhang mit der Kongofrage, wie ebenfalls bereits angedeutet wurde, die Öffentlichkeit sei an auswärtigen Angelegenheiten im allgemeinen kaum interessiert gewesen, zumal die kolonialen Rivalitäten mit England seit der Entente vom April 1904 viel von ihrer einstigen Brisanz verloren hätten[20]. Sie habe sich also, dies wird ausdrücklich und definitiv festgestellt, durch die Skandalmeldungen vom Februar 1905 nicht von dem für sie zentralen politischen Thema jener Tage, dem Kampf zwischen Staat und Kirche, ablenken lassen[21].

Nach des Autors eigener Feststellung sind also nennenswerte
Reaktionen auf die in "Le Matin" und anderen Zeitungen der
Massenpresse erschienenen Skandalmeldungen nicht zu verzeichnen. Ein auch nur annähernd wirksamer Druck auf das Parlament
konnte sich somit nicht einmal ansatzweise entwickeln. Daraus
lassen sich nur zwei Schlußfolgerungen ableiten.

Entweder hatte die Regierung sich über das in der Öffentlichkeit vorherrschende Bewußtsein so gründlich getäuscht, daß
sie bei der Planung ihres Manövers nicht erkannte, wie weit
sie von einer realistischen Lagebeurteilung entfernt war, wie
sehr ihre Taktik von Anfang an auf Sand gebaut sein mußte.

Oder aber - und eine derartige Annahme läßt sich auch auf
einige in dem hier diskutierten Aufsatz erwähnte Tatbestände
gründen - die Pressekampagne hatte gar nicht das ihr vom Autor unterstellte Motiv, zielte nicht primär auf die eigene,
nationale Öffentlichkeit, sondern verlangt zu ihrer Erklärung
die Einbeziehung externer Faktoren. Eine solche Sicht würde
bedeuten, daß das Untersuchungsfeld um die außenpolitische Dimension erweitert und die jeweils ineinandergreifenden innen-
und außenpolitischen Abläufe in einem gemeinsamen Zusammenhang
analysiert werden müßten. Dieser Gedanke soll hier indes noch
nicht weiter verfolgt werden. Er wird an späterer Stelle wieder aufgenommen und steht im Zentrum der im nachfolgenden
Untersuchungsteil zu entwickelnden Argumentation. Zunächst
ist noch auf einige weitere Aspekte der hier kritisierten Argumentation einzugehen, deren Erörterung für die soeben formulierte Überlegung ebenfalls wesentlich ist.

So stellt sich der Autor die wichtige Frage, warum der Skandal am 16. Februar 1905 ausgelöst wurde, ohne darauf indes
eine präzise Antwort geben zu können. Er deutet an, daß bestimmte, im Zusammenhang mit dem Kongostaat stehende außen-

politische Konstellationen den Zeitpunkt der Pressekampagne
beeinflußt haben könnten, läßt diese Andeutung dann aber als
eine von mehreren Möglichkeiten auf sich beruhen[22].

Statt dessen kommt er auf das von "Le Matin" am 21. Februar
angekündigte Interpellationsverlangen des Abgeordneten Le
Hérissé zu sprechen, das er als weiteren Schritt innerhalb
der von ihm entworfenen taktischen Marschroute der Regierung
begreift: "Leur (Doumergue und Le Hérissé, J.M.) idée semble
avoir été de saisir tout de suite le Parlament. (...) C'était
la voie la plus droite[23]."

Nur wenige Tage, nachdem somit laut Brunschwig ein zweiter
entscheidender Schritt im Sinne dieser angeblichen Regierungstaktik vollzogen worden war, sei das Kolonialministerium dann
von dem bis dahin eingeschlagenen Kurs plötzlich und völlig
unvermittelt abgewichen: "Le 26 février, cependant, Clémentel
annonça l'envoi au Congo d'une commission d'enquête, ajournant
ainsi l'intervention du Parlement[24]."

Dieser abrupte Kurswechsel sei durch die Tätigkeit einer im
Kongostaat operierenden internationalen Untersuchungskommission ausgelöst worden. Die französische Regierung habe vermeiden wollen, wegen ihrer, dem Kongostaat benachbarten Kolonie Französisch-Kongo in den Sog einer internationalen Kritik
hineingezogen zu werden. Die Entsendung einer eigenen Kommission habe die "französische und internationale Öffentlichkeit"
vom "guten Willen der Regierung" überzeugen sowie jeder Gleichsetzung des französischen mit dem belgischen Kongoskandal vor-
beugen sollen[25].

Der Gedankengang sei zur Verdeutlichung noch einmal rekapituliert. Die Regierung habe also, dies die Version des Autors,
am 16. Februar 1905 eine "offenkundig gelenkte Pressekampagne[26]"

inszeniert, sei dann am 21. Februar mit einem Interpellationsantrag und einem am folgenden Tag publizierten Interview des Parlamentariers Le Hérissé zur nächsten Etappe auf ihrer taktischen Marschroute zur Einschaltung des Parlaments übergegangen, nur um vier Tage später das ganze Unternehmen bis auf weiteres wieder einzustellen.

Was mag eine Regierung veranlassen, im Verlaufe ihres politischen Handelns derart schwindelerregende Kursänderungen zu vollziehen? War es Unfähigkeit, schierer Dilettantismus?

Der Autor deutet an, daß Doumergue und sein amtierender Nachfolger, Kolonialminister Clémentel, sich durch eine Regierungskrise zwischen Oktober 1904 und Februar 1905 möglicherweise von der Kongofrage hätten ablenken lassen[27]. Kann aber wirklich ernsthaft davon ausgegangen werden, daß die Fülle der hier dingfest gemachten Ungereimtheiten und Widersprüche in der Handlungsweise der Regierung dadurch zu erklären ist, daß die verantwortlichen Politiker im Umkreis des Kolonialministeriums nicht imstande gewesen seien, ihre politischen Aktionen über den Tag hinaus zu planen und einigermaßen sinnvoll zu koordinieren?

Ein Ministerium, das nicht in der Lage ist, eine die Regierung tragende Parlamentsmehrheit auf dem üblichen Weg und im Rahmen planmäßiger Haushaltsberatungen von der Notwendigkeit und Zweckmäßigkeit eines Kredits zu überzeugen; das statt dessen den merkwürdigen Plan verfolgt, das Parlament über lancierte Skandalmeldungen unter Druck setzen zu wollen, dabei aber nicht vorauszusehen vermag, daß eine solche Kampagne wegen der fehlenden öffentlichen Resonanz nicht zum Erfolg führen kann; das sich durch eine Regierungskrise fast ein halbes Jahr lang von einer halbwegs umsichtigen Führung seiner politischen Geschäfte abhalten läßt und deswegen schließlich ein aufwendig inszeniertes innenpolitisches Manöver Hals über Kopf wieder abbrechen muß, weil es nun plötzlich auf eine für jeden durchschnittlich informierten Politiker seit längerem erkennbare außenpolitische Entwicklung[28] aufmerksam geworden ist und deshalb in aller Eile neue Prioritäten für sein politisches Handeln setzen muß - ein wenig überzeugendes Bild, das hier gezeichnet wird.

Läßt sich für die beschriebenen Vorgänge keine weniger verwirrende und widersprüchliche Interpretation entwickeln?

Auf diese Frage sollen die in den nachfolgenden Kapiteln zu diskutierenden empirischen Befunde im einzelnen Auskunft geben. Nach dem bisher Gesagten kann aber bereits an dieser Stelle festgehalten werden, daß die einseitige Fixierung auf die Suche nach innenpolitischen Beweggründen für die Skandalmeldungen vom Februar 1905 - und hierin folgt die hier untersuchte Darstellung ganz der traditionellen Interpretationslinie - beim Aufspüren entscheidender Kausalzusammenhänge offenbar nicht weiterführt. Zwar rückt auch der Autor die internationale Kongofrage teilweise in die Nähe der Pressekampagne, mißt ihr aber in diesem Zusammenhang keine ursächliche Bedeutung bei. Vielmehr interpretiert er diesen internationalen Aspekt gleichsam als Störfaktor, der von außen auf die von innenpolitischen Motiven bestimmte Regierungstaktik eingewirkt habe.

Sein Hauptaugenmerk richtet sich im Kontext der Skandalkampagne ganz eindeutig und ausschließlich auf die innenpolitische Szenerie. So stellt er den bereits diskutierten, angeblichen Kreditplänen der Regierung, wie oben bereits angedeutet, ein zweites innenpolitisches Motiv zur Seite, das indes mit dem ersten in keinem erkennbaren Zusammenhang steht.

Der Skandal, so der Autor, habe nämlich den Weg für eine weniger emotionsgeladene öffentliche Diskussion über das Gesetz zur Trennung von Staat und Kirche geebnet[29].

Abgesehen davon, daß die parlamentarischen Beratungen über die erwähnte Gesetzesvorlage erst im Juli 1905 begannen, der angeblich damit im Zusammenhang stehende Kolonialskandal mithin viel zu früh ausgelöst worden wäre, ist auch hier wieder irritierend, daß Brunschwig, im krassen Gegensatz zu der eben zitierten Behauptung, an anderer Stelle seiner Ausführungen selbst feststellt, die Öffentlichkeit habe sich durch besagten Skandal keineswegs von ihrem "souci majeur", eben jenem Streit zwischen Staat und Kirche ablenken lassen[30].

Entscheidender als dieser Hinweis auf eine weitere argumentative Ungereimtheit ist in diesem Zusammenhang die Frage, ob das der Regierung hier unterstellte Motiv, das im übrigen ohne Beleg in die Diskussion eingeführt wird, als solches ernsthaft in Erwägung gezogen werden kann. Der Autor geht bei seiner Überlegung von der, allem Anschein nach als selbstverständlich unterstellten Prämisse aus, die Regierung habe ein manifestes Interesse daran gehabt, die Öffentlichkeit aus der Auseinandersetzung um die Trennung von Staat und Kirche weitgehend herauszuhalten.

So unumstritten, wie der Autor glauben machen möchte, ist eine solche Annahme aber keineswegs. Es liegen zu dieser Frage immerhin Untersuchungen vor, wie zum Beispiel die Ausführungen von Jean-Pierre Azéma und Michel Winock über die Dritte Republik, in denen die Akzente völlig anders gesetzt werden. In ihrer gründlichen Analyse, die unter anderem der Frage gewidmet ist, warum die Dritte Republik trotz ausgeprägter sozialer Gegensätze sich allen Anfechtungen und Krisen zum Trotz politisch behaupten und festigen konnte, stellen die beiden

Autoren als einen unter mehreren wichtigen Gründen den "ideologischen Kitt" (le ciment ideologique) als entscheidenden Faktor heraus. Ein wesentliches, wenn nicht überhaupt das wesentliche Element dieses gemeinsamen ideologischen Bindemittels, das die unterschiedlichen Fraktionen des regierenden republikanischen Blocks gegen die Reaktion zusammenband, sei der Kampf gegen den Klerikalismus gewesen[31]. In dem Bestreben, die Auseinandersetzung um soziale Fragen in den Hintergrund zu drängen, sei die republikanische Bourgeoisie, zu deren politischer Basis die in der Regierung befindliche radikale Partei sich entwickelt habe, an einer intensiven Führung des antiklerikalen Kampfes selbst dann noch interessiert gewesen, als die Trennung von Staat und Kirche im Jahre 1905 bereits parlamentarisch vollzogen worden war[32].

Auch in anderen einschlägigen Studien wird die zentrale Funktion des Antiklerikalismus als gemeinsame Klammer für die unter der Regierung des sogenannten Linksblocks vereinten politischen Richtungen hervorgehoben[33].

Angesichts dieses Tatbestandes vermag nicht einzuleuchten, warum die Regierung des Linksblocks im Februar 1905 gegen ihr genuines Interesse hätte handeln und durch die Inszenierung eines Kolonialskandals vom antiklerikalen Kampf hätte ablenken sollen, einem Kampf, der in den sie tragenden sozialen Klassen und Schichten keineswegs unpopulär war und der ihre politische Basis letztlich nur stärken konnte[34].

Auch in dieser Frage, so kann also festgehalten werden, gelingt es dem Autor nicht, ein plausibles innenpolitisches Motiv für die von der Regierung im Februar 1905 ausgelöste Pressekampagne nachzuweisen.

Dies sowie die mehrfach erwähnte Tatsache, daß zu jener Zeit in der französischen Öffentlichkeit weder ein allgemein an

auswärtigen Angelegenheiten orientiertes, noch ein speziell
auf Kolonialprobleme gerichtetes Interesse zu verzeichnen war,
legt - um es nochmals zu unterstreichen - die These nahe, daß
die Regierungskampagne nicht primär auf die innerfranzösische
Szenerie abgestellt war und deshalb auch nicht ausschließlich
oder vorrangig unter innenpolitischen Aspekten betrachtet werden kann. Eine empirisch und logisch befriedigende Interpretation, davon geht diese Arbeit aus, kann demzufolge nur innerhalb eines weiter zu fassenden, innen- und außenpolitische
Fragestellungen umgreifenden Rahmens erwartet werden.

Wie in den folgenden Ausführungen detailliert zu zeigen sein
wird, finden sich entscheidende Hinweise für eine enge Verknüpfung des Skandalverlaufes mit außenpolitischen Problemen
bereits in der Entstehungsphase des Skandals und besonders im
Zusammenhang mit der Pressekampagne vom Februar 1905.

In den anschließenden Kapiteln werden deshalb die Vorgeschichte, der Verlauf und die einzelnen Aspekte der Pressekampagne
näher zu beleuchten sein. Dabei bildet die sogenannte Gaud-
Toqué-Affäre als Anlaß und wesentlicher Inhalt des Skandals
den Ausgangspunkt für die weiteren Untersuchungsschritte. Es
soll herausgearbeitet werden, wie diese Affäre entstanden ist,
welche Faktoren dazu beitrugen, daß sie zum angegebenen Zeitpunkt lanciert wurde, welche Manipulationen sich in der Pressekampagne beobachten lassen, auf welche Gesichtspunkte die
Berichterstattung der Zeitungen im einzelnen besonders abhob
und welche Zielsetzungen sich dabei erkennen lassen. Anschließend an die Untersuchung der Gaud-Toqué-Affäre und ihrer Behandlung in der Presse wird der weitere Gang dieser Affäre bis
zu ihrem äußeren Abschluß, dem Prozeß gegen Gaud und Toqué,
zu untersuchen sein.

Eine derart ins Detail gehende Analyse soll den Nachweis erbringen, daß gegen die im Verlauf dieses Kapitels diskutierte

Interpretation nicht nur solche Einwände geltend gemacht werden können, die sich auf ihre unzureichende Stringenz beziehen, sondern daß ein derartiger Erklärungsansatz auch durch das vorliegende Quellenmaterial nicht zu stützen ist.

Zugleich sollen auf diesem Wege die inhaltlichen Grundlagen für die nachfolgenden Untersuchungsschritte geschaffen werden, insbesondere für die in Teil III eigens zu diskutierende Frage, welche Strategie die Regierung im Zusammenhang mit dem Kongoskandal verfolgte.

2. Kapitel: Anlaß und zentraler Gegenstand des Skandals: Die sogenannte Gaud-Toqué-Affäre – ein planmäßig angelegtes Ablenkungsmanöver

1. Einführung

Wie inzwischen mehrfach erwähnt, bildete die Gaud-Toqué-Affäre, mit der sich dieses Kapitel beschäftigen wird, den Anstoß für den im Februar 1905 in Frankreich ausgelösten Kongoskandal. Die Bedeutung dieser in spektakulären Zeitungsberichten relativ breit dargestellten Affäre reicht jedoch darüber hinaus, zufälliger Anlaß und beliebiger Gegenstand für eine an Skandalgeschichten grundsätzlich immer interessierten Massenpresse zu sein. Durchleuchtet man sie näher, so geraten dabei nämlich Vorgänge und Tatbestände in den Blick, welche für das Verständnis der Kongoaffäre von wesentlichem Interesse sind. Aus der Art und Weise, wie die Regierung diese Affäre für ihre politischen Zwecke zu instrumentalisieren versuchte, lassen sich bereits einige, wenngleich noch vorläufige Anhaltspunkte bestimmen, die für eine schlüssige Interpretation der Kongoaffäre von richtungsweisender Bedeutung sind.

In den nachfolgenden drei Abschnitten dieses Kapitels soll aufgezeigt werden, daß die nachträglich so genannte Gaud-Toqué-Affäre[34a] nicht, wie vermutet werden könnte, in den Blickpunkt der Öffentlichkeit geriet, weil die ihr zugrunde liegenden Ereignisse und Handlungen wesentlich aus dem Rahmen der im Kongo praktizierten Kolonialmethoden herausfielen. Zwar verlieh das Auftreten einiger besonders augenfälliger Begleitumstände gewissen Vorgängen eine außergewöhnliche Note. Trotzdem wurde die Angelegenheit von der Kolonialadministration ursprünglich nicht anders beurteilt und behandelt als zahlreiche vergleichbare Ereignisse. Der Fall wurde nämlich zunächst zu den Akten gelegt und nicht weiter beachtet.

Erst mehrere Monate, nachdem die Vorgänge im Pariser Kolonialministerium bekannt geworden waren, nahm das Ministerium plötzlich eine andere Position ein. Im krassen Gegensatz zur ansonsten verfolgten politischen Linie wurde nunmehr beschlossen, gegen Gaud sowie den bald darauf mitverantwortlich gemachten Toqué einen Prozeß vorzubereiten und auf diese Weise eine Kolonialaffäre zu inszenieren.

In Verbindung mit diesem eigenartigen Entscheidungsvorgang verdient eine Tatsache besondere Aufmerksamkeit, deren Stellenwert für die Entstehung der Gaud-Toqué-Affäre in der bisherigen Diskussion unbeachtet geblieben ist. Es handelt sich dabei um den zeitlichen und politischen Bezug zwischen zwei besonderen Vorkommnissen, die der Generalkommissar Französisch-Kongos, Gentil, in der zweiten Hälfte des Jahres 1904 an das Pariser Kolonialministerium gemeldet hatte. Von entscheidender Bedeutung für das Verständnis des Kongoskandals ist nun der merkwürdige Umstand, daß, wie noch zu zeigen sein wird, nur eines dieser beiden Vorkommnisse bei dem durch die Gaud-Toqué-Affäre ausgelösten Skandal eine tragende Rolle spielte, während das andere - obschon von ungleich blutigerem Ausmaß - ganz im Gegensatz dazu mit offiziellem Stillschweigen zugedeckt wurde.

Anfang August 1904 hatte Gentil dem Kolonialminister berichtet, daß ein Beamter der Kolonialverwaltung - Gauds Name wurde ausdrücklich noch nicht genannt - am 14. Juli 1903 in Fort Crampel einen dort inhaftierten Afrikaner mit einer Dynamitpatrone getötet hatte. Die Entscheidung, diese Meldung nicht nach dem üblichen Muster zumindest nach außen hin auf sich beruhen zu lassen, sondern zum Gegenstand eines eigens dafür angesetzten Prozesses zu machen und damit in das Rampenlicht der Öffentlichkeit zu rücken, wurde im Kolonialministerium erst zu Beginn des Jahres 1905 getroffen, zu einem Zeitpunkt also, an dem bereits fünf Monate seit der Meldung des Vorganges verstrichen waren. In der Zwischenzeit, im November 1904, hatte Generalkommissar Gentil einen weiteren Bericht nach Paris geschickt. Anlaß dieses zweiten Berichtes waren schwere Unruhen in der Lobaye - Region.

In dieser Region hatte sich im April 1904 die dort ansässige Bevölkerung auf breiter Front gegen die Agenten einer Kautschuk-Faktorei erhoben, nachdem der Sohn eines hochgestellten Häuptlings zu Tode gepeitscht worden war, weil er nicht genügend Arbeitskräfte zur Verfügung gestellt hatte. Die Kolonialverwaltung war der bedrängten Konzessionsgesellschaft mit einer Kompanie Milizsoldaten zu Hilfe gekommen. Nachdem sie ihr weiteres Vorgehen mit dem örtlichen Direktor der Gesellschaft abgesprochen hatten, entschlossen sich die verantwortlichen Kolonialbeamten, gegen die Bewohner der umliegenden Dörfer, die sich der Zwangsarbeit immer wieder durch Flucht zu entziehen versuchten, zu einem "großen Schlag" auszuholen. Um die männlichen Bewohner eines im Umkreis der Faktorei gelegenen Dorfes zur verstärkten Kautschukproduktion zu zwingen, wurden deren Frauen und Kinder, nachdem man ihnen die verbliebenen Lebensmittel entwendet hatte, unter der Aufsicht des Kolonialbeamten Culard mit Waffengewalt als Geiseln entführt und per Boot nach Bangi verbracht. Dort sperrte man die 58 Frauen und 10 Kinder, die den Transport überlebt hatten, in einen Verschlag ein, der keine Belüftungsmöglichkeiten aufwies und dessen winzige Grundfläche - die genauen Ausmaße betrugen 6 mal 4,25 Meter - ihnen nichteinmal gestatteten, sich auf dem Boden auszustrecken. Ohne Sauerstoffzufuhr, Verpflegung und jegliche Hilfe gelassen, starben innerhalb von fünf Wochen 45 Frauen und zwei Kinder. Erneut erhob sich die gepeinigte Bevölkerung, zerstörte eine Faktorei und tötete einige Senegalesen, die bei der genannten Gesellschaft in Diensten standen. Der bereits erwähnte Beamte Culard brach daraufhin zu neuen Repressionsmaßnahmen auf, ohne daß sein Vorgehen nachteilige Folgen für ihn hatte[35].

Obwohl die hier nur ganz knapp wiedergegebenen Vorgänge[36] dem Generalkommissar der Kolonie, Gentil, alsbald bekannt wurden, unterließ es die Leitung der Kolonialverwaltung, nennenswerte Konsequenzen zu ziehen. Der erwähnte grausame Mord mit einer Nilpferdpeitsche brachte dem Täter die lächerliche "Strafe" von drei Monaten Gefängnis und zweihundert Francs Geldbuße ein[37], während der Massenmord an Frauen und Kindern lediglich zur Versetzung eines Verwaltungsfunktionärs und zu einer Untersuchung führte, die im Sande verlief[38]. Ganz offensichtlich war die Leitung der Kolonialverwaltung nicht daran interessiert, derartige Verbrechen zu unterbinden[39]. Solches Verhalten kann nicht verwundern, wenn man sich vor Augen hält, daß diese mörderische Form der Geiselnahme über Jahre hinweg eine verbreitete Methode darstellte, um der afrikanischen Bevölkerung die verlangten Arbeitsleistungen abzupressen[39a].

Wie ist es vor dem Hintergrund derartiger Verhältnisse zu erklären, daß aus der Gaud-Toqué-Affäre ein offensichtlich von der Regierung lancierter, spektakulärer Kolonialskandal entstehen konnte, während die soeben skizzierten Ereignisse von den verantwortlichen Stellen nicht ernsthaft verfolgt, sondern offiziell vertuscht wurden?

Um diese Frage zu beantworten und der mit der Gaud-Toqué-Affäre verbundenen Regierungstaktik auf die Spur zu kommen, ist es unumgänglich, die Entstehungsgeschichte dieser Affäre in ihren wesentlichen Entwicklungslinien nachzuvollziehen.

Auf die vorliegende Literatur kann dabei kaum zurückgegriffen
werden, da eine wissenschaflichen Ansprüchen genügende Darstellung jener Geschehnisse bisher nicht veröffentlicht worden ist. Soweit sich die bisherige Literatur - insgesamt eher
beiläufig und skizzenhaft - mit der Affäre befaßt, verweist
sie, abgesehen von dem in der zeitgenössischen Darstellung von
Félicien Challaye enthaltenen Prozeßbericht [40], vor allem
- und dies durchweg unkritisch - auf die Sensationsmeldungen
aus der Massenpresse[41]. In diesen Presseberichten, besonders
in denen von "Le Matin", finden sich aber, wie im folgenden
Kapitel noch zu zeigen sein wird, teilweise derart eklatante
Ungenauigkeiten und Widersprüche bis hin zu schlichten Fäl-
schungen, daß diese Quelle nur mit besonders kritischer Vorsicht zu benutzen ist. Dies schließt nicht aus, daß die genannten Presseberichte auch eine Reihe von Informationen enthalten, die für das Verständnis des Geschehens hilfreich, zum
Teil sogar sehr wichtig sind.

Abgesehen von der bereits erwähnten zeitgenössischen Darstellung Challayes sowie den Protokollen der vom 19. bis 21. Februar 1906 in der Abgeordnetenkammer über den Kongoskandal geführten Debatte bilden die einschlägigen Archivmaterialien,
vor allem das Dossier über die Gaud-Toqué-Affäre, und nicht
zuletzt auch die von Toqué in seinem 1907 erschienenen Buch
"Les Massacres du Congo" festgehaltenen Schilderungen das
grundlegende Quellenmaterial für die nachfolgende Darstellung.

Zur Verdeutlichung des Zusammenhangs, in welchem die nun zu
schildernden Ereignisse standen, ist zunächst das Umfeld zu
beleuchten, in dem jene Vorfälle sich zutrugen, die in der
Folge den Stoff für die Gaud-Toqué-Affäre abgaben. Anschließend sollen die beiden Protagonisten der Affäre vorgestellt
und die Geschehnisse des 14. Juli 1903 rekonstruiert werden.
Bevor dann die Umstände zu untersuchen sind, die unmittelbar

vor der Auslösung des Skandals im Februar 1905 zur Verhaftung Toqués führten, wird noch zu verfolgen sein, welchen Verlauf die Affäre innerhalb der Kolonie bis zu diesem Zeitpunkt genommen hatte.

2. Die Situation im Ober-Schari-Gebiet als Hintergrund der Affäre

Schauplatz der skandalträchtigen Ereignisse war das Gebiet des oberen Schari (Haut-Chari). Hier verliefen die Nachschubverbindungen zu den im Tschad-Territorium operierenden Kolonialtruppen. Weil andere Verkehrswege fehlten, bildeten die Flußläufe die wichtigsten Verkehrsadern Französisch-Kongos. So nahmen die Transporte an Waffen, Munition, Lebensmitteln und dergleichen zunächst per Dampfboot den von Brazzaville bis Bangi reichenden Wasserweg auf dem Kongofluß. Oberhalb von Bangi wurden die Lasten entweder auf Kanuboote verladen oder auf dem Rücken menschlicher Träger weitertransportiert, je nachdem ob Stromschnellen zu umgehen oder aber die schiffbaren Flußabschnitte des Ubangi und seines Nebenflusses, der Kémo, zu passieren waren. Zwischen den schiffbaren Abschnitten der Kémo und des weiter im Norden verlaufenden Gribingi-Flusses lag eine Landstrecke von etwa 180 Kilometern, die mangels anderer Möglichkeiten mit Hilfe menschlicher Lastenträger bewältigt wurde[42]. Zur Abwicklung der Transporte auf der Kémo und dem eben genannten Landweg wurden afrikanische Ruderer (pagayeurs) und Träger (porteurs) zu "Pagayage" und "Portage" zwangsrekrutiert. Den Trägern wurde eine Last von ungefähr 30 Kilogramm aufgebürdet, die sie in mehreren Etappen zum Bestimmungsort zu befördern hatten. Die durchschnittliche Tagesleistung betrug dabei zwischen 25 und 30 Kilometer [43].

Dieses System, so geht aus allen einschlägigen Berichten eindeutig hervor, ging schon bald über die Kräfte der davon betroffenen Bevölkerung[44]. Als im Jahre 1901 ständige Militär- und Verwaltungsposten im Gebiet des oberen Schari installiert wurden, begannen "pagayage" und "portage" zur permanenten Verpflichtung und damit zur immer unerträglicher werdenden Last für die Bewohner dieser Landstriche zu werden. Die Kolonialverwaltung versuchte, das Problem des "portage" zu entschärfen, indem sie zwischen den jeweiligen Endpunkten des Landweges, Fort de Possel und Fort Crampel, die Arbeiten für eine drei Meter breite Piste in Angriff nehmen ließ, auf der von Zugtieren bewegte Transportkarren die Lasten übernehmen sollten. Doch aus Mangel an Arbeitskräften kamen die Arbeiten nicht voran. Anstatt Erleichterungen zu bringen, führte dieses Unternehmen im Gegenteil dazu, daß die Belastungen für die in der Region lebende Bevölkerung, die Mandja, noch erhöht wurden[45]. Jeder arbeitsfähige Mann hatte im Abstand von 36 Tagen regelmäßig acht Tage lang Trägerdienste zu leisten, wobei diese Zahlenangaben eher zu niedrig geschätzte Durchschnittswerte darstellen. Zusammen mit den übrigen Zwangsverpflichtungen (Lebensmittellieferungen, Pistenarbeiten, Waffendienste, Steuerabgaben) verstärkte sich dadurch der auf den Mandja lastende Druck ins Unerträgliche[46]. Die Menschen ließen ihre Dörfer und Pflanzungen im Stich und flüchteten in den Busch, um der Zwangsarbeit zu entgehen. In einem vor dem Parlament zitierten Schreiben berichtet der Generalkommissar der Kolonie im Jahre 1904 über die "fürchterlichen Bedingungen" und die Folgen des Trägersystems und spricht von einer "wahren Menschenjagd", welche die Mandja dazu treibe, sich in die entlegensten Winkel der Buschlandschaft zurückzuziehen, wo sie eher vor Hunger sterben würden als die verlangten Trägerdienste zu leisten[47]. So läßt die ständige Drohung der Zwangsarbeit den Mandja weder Zeit noch Energie für den Anbau von Nahrungsmitteln. Hungersnöte und Krankheiten breiten sich aus[48]. Zunehmend beginnen die Menschen, das verödende Land zu verlassen[49].

Trotz aller Schwierigkeiten versuchte die Kolonialverwaltung, das bei den Afrikanern verhaßte Trägersystem aufrechtzuerhalten. Die Sicherstellung der Transportverbindungen war für das Funktionieren des Kolonialapparates lebenswichtig und wurde schon bald zur zentralen Aufgabe der lokalen Verwaltungsorgane[50].

So versuchten die unter dem Druck vorgesetzter Instanzen stehenden Verwaltungsfunktionäre, durch "kleinere militärische Operationen[51]" die Mandja an der Flucht vor den gefürchteten Transportdiensten zu hindern und gewaltsam zur Zwangsarbeit anzuhalten. Die Folge war eine zunehmende Verschärfung der Situation, die auch dem Kolonialminister nicht verborgen blieb. In seinen Instruktionen vom 12. Juli 1902 empfahl Minister Doumergue die "question du portage" der besonderen Aufmerksamkeit von Generalkommissar Gentil und gab ihm den Rat, die betroffene Bevölkerung nicht grenzenlos zu strapazieren[52].

Die Zustände besserten sich indes nicht; die Lage wurde im Gegenteil immer schlimmer. Auch davon erfuhr das Kolonialministerium. Ein Ende Dezember nach Paris geschickter Bericht beschreibt am Beispiel der Bacas, eines Stammes in der Umgegend von Bangi, sehr anschaulich die katastrophalen Auswirkungen der Zwangsarbeit. Die Bacas, oder Bondjos, wie die Europäer sie nannten, wurden nicht nur von der Kolonialverwaltung zu Ruderdiensten herangezogen, sondern hatten darüber hinaus auch noch die Transporte der privaten Konzessionsgesellschaften zu bewältigen. Den Anbau von Lebensmitteln mußten sie unter diesen Umständen fast vollständig aufgeben. Die Folgen der somit bewirkten ständigen Unterernährung machten sich alsbald drastisch bemerkbar:

> "Cette tribu, surtout en amont de Bangui, est en pleine dégénérence. Si parmi les hommes de 25 à 40 ans on rencontre encore des individus grands et forts et bien constitués, en dessous de cette âge la plupart sont chétifs

et malingres, et dans les villages on voit des ruées d'enfants dont la maigreur cadavérique, les plaies qui couvrent leur corps ne laissent aucun doute sur l'avenir réservé à cette race (53)".

Im Jahre 1903 spitzte sich die von der Verödung ganzer Landstriche und um sich greifenden Hungersnöten gekennzeichnete, "bereits dramatische Situation[54]" weiter zu. Ganz wesentlich trug dazu auch eine Maßnahme bei, die auf völliges Unverständnis der Mandja stieß und alsbald ihren erbitterten Widerstand auslöste. Bis zum Jahre 1903 waren den Häuptlingen im Austausch für die der Kolonialverwaltung geleisteten Dienste als Entgeld bestimmte Waren, vor allem Gewehre älterer Bauart und Munition, ausgehändigt worden. So wurden zum Beispiel die in Naturalien (Kautschuk, Elfenbein) entrichteten Steuerabgaben im Wege des Tauschhandels quasi "gekauft[55]". Mit Beginn des Jahres 1903 wurde diese Form des Tauschhandels aus Gründen der "Staatsräson" eingestellt[56]. Fortan sollten die Mandja ihre Abgaben und Arbeitseinsätze ohne entsprechende Gegenleistungen erbringen. Dies stieß auf um so größeren Unmut, als die in der Region operierenden Konzessionsgesellschaften die soeben erwähnte Form des Tauschhandels weiterhin betrieben. Der Unterschied zwischen privatwirtschaftlich tätigen und die "Staatsräson" verkörpernden Kolonisatoren wollte den Mandja nicht einleuchten: "Les indigènes ne comprirent qu'une chose, c'est qu'il leur faudrait désormais faire du caoutchouc pour rien[57]". Selbst in den Reihen der Kolonialverwaltung wurde eingeräumt, daß die Haltung der Mandja nur zu verständlich war[58].

Somit hatte sich Anfang 1903 die Gesamtsituation für die Mandja drastisch zugespitzt. Angesichts der Aussichtslosigkeit ihrer Lage begannen sie damit, sich auf breiter Front gegen die koloniale Zwangsherrschaft zu erheben[59].

Mit der Aufstandsbewegung wurde zugleich der tödliche Mechanismus von Repression und immer wieder neuer Revolte in Gang gesetzt, welcher das Land immer weiter verwüstete, die Mandja ihrer wirtschaftlichen Basis beraubte und ihre sozialen Strukturen zerstörte. Nach offiziellen Schätzungen wurden auf diese Weise innerhalb von zwei Jahren allein in der Schari-Region etwa 20.000 der dort ehemals lebenden 40.000 Menschen getötet[60]. Die Kolonialverwaltung habe das Land in eine Hölle verwandelt, sagt Saintoyant, der sich als Mitglied der regierungsoffiziellen Untersuchungsdelegation im Jahre 1905 aus nächster Nähe ein Bild von den Verhältnissen im Ober-Schari machen konnte[60a].

Dies war die hier in ihren wesentlichen Zügen charakterisierte Lage, mit der sich Gaud und Toqué im Jahre 1903 konfrontiert sahen. Im Hinblick auf anderslautende Versionen, die von tonangebenden Kolonialpolitikern im nachhinein über beide Beamte in Umlauf gesetzt und von der Presse zumeist kritiklos übernommen wurden, sei sogleich angemerkt, daß die beiden eher überdurchschnittliche Qualifikationen aufzuweisen hatten und - dies trifft zumindest für Toqué zu - von ihren Vorgesetzten äußerst positiv beurteilt worden waren.

Fernand Gaud, damals 29 Jahre alt, hatte Medizin und Pharmazie studiert. Ohne sein Studium beendet zu haben, wird er zum Militär eingezogen und als Offizier in den Kongo abgeordnet, wo er zunächst als Kommandant der Region von Bangi Dienst tut. Danach wechselt er in das Verwaltungskorps der Kolonie über. Nach einem Zwischenaufenthalt in Brazzaville übernimmt er im Januar 1903 bis zu seiner Ablösung im November 1904 den Verwaltungsposten von Fort Crampel. Für seinen besonderen Einsatz während der Jahre 1903 und 1904 wird er mit der "Médaille Coloniale" ausgezeichnet[61]. Abgesehen von mehreren naturwissenschaftlichen Abhandlungen, die er während seiner Universi-

tätsjahre publizierte, veröffentlicht er, nach seiner Zeit
im Kongo, im Jahre 1911 die hier bereits mehrfach zitierte
Studie über die Mandja, in der er sich auch kritisch mit den
Methoden der Kolonialverwaltung auseinandersetzt und in deren einleitendem Vorwort die "haute culture intelectuelle"
ihres Verfassers ausdrücklich hervorgehoben wird[62].

Georges Toqué war im Jahre 1903 ein junger Mann im Alter von
24 Jahren. Er hatte die "Ecole Coloniale" mit Erfolg durchlaufen und wurde wegen seiner mutigen, entschlossenen und
durchdachten Verwaltungstätigkeit von seinen nächsten Vorgesetzten als außerordentlich fähiger Beamter eingeschätzt.
Sein Einsatz während der schweren Revolten trägt ihm ausdrückliche Anerkennung ein. Am 14. März 1904 schreibt der mit
Toqué befreundete Leiter der Schari-Region, Bruel: "Tu auras
fait une rude campagne et je voudrais bien que l'on puisse
t'en récompenser - lorsque je rentrerai - tu peux être sûr
que je ferai le possible[63]". In einem Schreiben vom 23. April
1904 greift Bruel einen Vorschlag Leutnant Mangins, eines
Offiziers der Kolonialtruppe, auf und verwendet sich nachdrücklich beim Kommandanten des Tschad-Territoriums dafür,
Toqué zum Ritter der Ehrenlegion zu ernennen[64].

Ausdrücklich hebt Bruel hervor, daß Toqué durch seine "grandes
qualités d'organisateur et d'administrateur" die schwere Krise
im Gribingi-Sektor überwunden habe, so daß "actuellement le
secteur est en main et tout y marche de façon normale"[65]. Zusammenfassend werden noch einmal die hervorragenden Fähigkeiten Toqués unterstrichen:

> "Somme toute, Mr. l'Administrateur Adjoint Toqué, qui
> est remarquablement intelligent, a toujours énormément
> payé de sa personne et il a rendu au Territoire du Tschad
> des Services Exceptionnels (Großschreibung im Original,
> J.M.), aussi mérite-t-il de porter, malgré son jeune âge,
> la croix d'honneur qu'il a vaillament gagnée (66)".

Wie aus einem Schreiben hervorgeht, das Toqué in seinem Buch
zitiert, ist dieser Vorschlag Bruels von den übergeordneten
Stellen positiv aufgenommen und entsprechend weitergereicht
worden. Kolonialminister Doumergue, "moralement obligé", habe
ihn daraufhin in die Beförderungsliste aufgenommen[67].

Auch Fourneau, der als "Administrateur en Chef" im Januar
1903 die Leitung des Tschad-Territoriums übernahm, stellt in
seinem, hier bereits mehrfach zitierten Bericht die Qualitäten seines Untergebenen Toqué wiederholt heraus[68].

Die hervorragende Beurteilung, welche Toqué durch diejenigen
seiner Vorgesetzten erfuhr, die einen unmittelbaren Einblick
in seine Tätigkeit hatten, ist in mehrfacher Hinsicht von besonderem Interesse. Zum einen ist es wichtig, daß diese Beurteilungen lange Zeit nach den Ereignissen vom 14. Juli 1903,
welche den zentralen Inhalt der späteren Gaud-Toqué-Affäre
bildeten, abgegeben wurden und daß sie sich - dies gilt, wie
sich erweisen wird, zumindest für die Person Bruels - in genauer Kenntnis jener Vorgänge ausdrücklich auf den vollen
Zeitraum und den gesamten Bereich bezogen, in denen Toqué
seine Tätigkeit ausübte. Auch Fourneau schränkt seine im Mai
1904 veröffentlichten lobenden Ausführungen in keiner Weise
ein, sondern rühmt im Gegenteil den "dévouement infatigable",
den "mépris des dangers et des fatigues" der Verwaltungsbeamten, unter denen er Toqué und dessen direkten Vorgesetzten
Pujol namentlich erwähnt[69]. Zum anderen weist das hier von Toqué
gezeichnete Bild völlig andere Charakteristika auf als das in
der Pressekampagne vom Februar 1905 verbreitete und von der
Literatur weitgehend übernommene Porträt, in dem Toqué ab-
wechselnd als unerfahrener und überforderter junger Mann, als
"schwarzes Schaf" im Korps der Kolonialverwaltung, als "Wahnsinniger" und als brutaler Schinder (bourreau) erscheint. Dieses nachträglich mit groben Strichen angefertigte Zerrbild

Toqués und seines Untergebenen Gaud leugnet den systematischen Gewaltzusammenhang, in dem beide ihren Dienst zu versehen hatten. Toqué beschreibt in seinem Buch selbst sehr anschaulich, wie er allmählich in den kolonialen Terrorapparat des Ober-Schari integriert wird.

Als er dort im Jahre 1901 seinen Dienst antritt, ist die gesamte Region Militärgebiet. Sein damaliger Vorgesetzter, de Roll, habe ihn, so schreibt Toqué später, mit folgenden Worten in die Grundsätze der Verwaltungsführung eingewiesen:

> "- La politique suivie ici, répondait-il, mais c'est tout simple: r é g i m e   m i l i t a i r e . (Hervorhebung im Original, J.M.)
> Le mot est éloquent.
> - Tout un programme.
> - Parfaitement: chicotte, justice sommaire, répression, prison et toute la lyre (70)".

Der Kreiskommandant, so habe de Roll weiter ausgeführt, sei aufgrund entsprechender Instruktionen befugt gewesen, aus eigener Machtvollkommenheit Todesurteile auszusprechen. Die Sanktionsmöglichkeiten der nachgeordneten Verwaltungsränge hätten von der Anwendung der Nilpferdpeitsche (chicotte) bis zur Verhängung von Gefängnisstrafen gereicht[71].

Während des gegen ihn und Gaud im August 1905 geführten Prozesses sagt Toqué aus, er habe von seinen Vorgesetzten niemals Instruktionen darüber erhalten, auf welche Weise er gegenüber der kolonisierten Bevölkerung Justiz zu üben habe. Einverständnis habe nur darüber geherrscht, daß der Kreiskommandant über die "Eingeborenen" die Todesstrafe verhängen konnte. Wegen der enormen Entfernung zum Sitz der Kreisverwaltung sei er als Leiter des Gribingi-Abschnittes (Commandant de secteur) davon ausgegangen, daß er dieselben Machtmittel einsetzen könne wie ein Kreiskommandant[72].

Offizielle Anweisungen zur Organisation einer förmlichen Kolonialjustiz sind im Militärgebiet des Schari unbekannt. Im Jahre 1903 wird zwar der militärische Status der Region offiziell in einen zivilen Status umgewandelt, ohne daß jedoch die Regelung der Justizfrage geklärt wird. Erst im August 1903 wird die Errichtung einer zivilen Gerichtsbarkeit (justice de paix) angekündigt, verbunden mit der Empfehlung, entsprechende Nominierungen abzuwarten, die dann aber nicht ausgesprochen werden[73]. Die während des gesamten Jahres 1903 anhaltenden schweren Unruhen und die in dieser Zeit wie ein Flächenbrand sich ausbreitenden Revolten der Mandja haben trotz des offiziell eingeführten Zivilstatus faktisch die Fortsetzung des militärischen Ausnahmezustandes bewirkt. Toqué erwähnt einen Erlaß (circulaire) des Kriegsministeriums, dem zufolge die Verwaltungsagenten für die Dauer des Jahres 1903 als im Kriegsdienst stehend betrachtet wurden[74]. Die Tatsache, daß Toqué, wie oben dargestellt, für seinen 1903 bewiesenen Einsatz bei der Bekämpfung der revoltierenden Mandja von einem Offizier der Kolonialtruppen für das Kreuz der Ehrenlegion vorgeschlagen wurde, stützt diese Aussage.

Zu Beginn seiner Dienstzeit im Ober-Schari protestiert Toqué noch gegen den unmenschlichen Terror, mit dem die Mandja überzogen werden und stellt seinen Vorgesetzten de Roll deswegen zur Rede[75]. Dieser weist seinen Protest mit dem Hinweis auf die eiserne Notwendigkeit zurück, die Trägertransporte in das Tschad-Gebiet zu organisieren. Dem weiß Toqué nichts entgegenzusetzen. Mit der Zeit gewöhnt er sich laut eigener Aussage an "toutes ces lamentables scènes", deren Zeuge er wird[76]. Er verhärtet sich zunehmend und flüchtet sich in eine zynische Haltung. Im zweiten Jahr seiner Tätigkeit umreißt er das Prinzip der im Schari-Gebiet verfolgten "Eingeborenenpolitik" (politique indigène) mit folgenden Worten:

"Ah, Monsieur l'Administrateur, vous frémiriez s'il vous était possible de voir comment on comprend ici la politique indigène. C'est d'une simplicité Bismarckienne: 'Il faut faire arriver au Tschad 3000 charges par mois: tout doit être subordonné à cette obligation.' - Je vous laisse à penser comment les rares sauvages du pays entendent cette plaisanterie".

Und resignierend fügt er hinzu:

"C'est la négation de toute administration, et malheureusement c'est un mal nécessaire" (77).

Im Januar 1903 wird die Verwaltung der Schari-Region umorganisiert. Wie schon erwähnt, erhält die bis dahin militärisch verwaltete Schari-Region nunmehr den Zivilstatus und untersteht fortan der Leitung von "Administrateur" Bruel. Zwischen diesem und Toqué steht in der Verwaltungshierarchie der Leiter des Ober-Schari-Kreises, der "Adminstrateur adjoint" Pujol, Toqués unmittelbarer Vorgesetzter. Toqué selbst leitet nunmehr als "administrateur stagiaire" den Gribingi-Abschnitt (secteur de Gribingui), in dem sich der Verwaltungsposten Fort Crampel befindet, dessen Leitung der "Adjoint" Gaud übernimmt[78]. Bei der Übergabe seines Postens an seinen Amtsnachfolger und Untergebenen Gaud schickt Toqué diesem ein Schreiben, in dem er ihm noch einmal einschärft, alles in seiner Macht stehende zu unternehmen, um die benötigte Anzahl an Trägern zu rekrutieren, auch wenn dies erwartungsgemäß zu schlimmen Auswirkungen wie "exodes, révoltes, famine" führen werde. Die Verantwortung für derartige Folgen sei nicht ihnen, Gaud und Toqué, anzulasten; es handele sich vielmehr um einen Fall "höherer Gewalt". Im übrigen könne er, Gaud, sich bei seiner schwierigen Aufgabe auf das volle Verständnis seiner Vorgesetzten verlassen[79].

Bei seinem eigenen Vorgehen läßt sich Toqué von der gleichen Grundeinstellung leiten und wird in dieser Haltung von seinem Vorgesetzten Pujol bestätigt. Als er einen Angehörigen der afrikanischen Miliztruppe namens Pikamandji, welcher desertiert sein und anschließend seinen Stamm zur Revolte aufgewiegelt haben soll, zur Abschreckung für die übrigen Milizangehörigen standrechtlich erschießen läßt, obwohl ihm selbst nach den Maßstäben des "régime militaire" auch die formalrechtliche Legitimation dafür fehlt, erhält er von Pujol, den er sogleich unterrichtet hat, eine vielsagende Antwort. Pujol, "qui sauta sur sa plume", wie Toqué später spöttisch anmerkt[80], zeigt sich in seinem, ausdrücklich als nicht offiziell deklarierten Schreiben sehr beunruhigt über das Vorgehen Toqués. Nicht daß er, wie angenommen werden könnte, die zumindest formalrechtlich unzulässige Exekution gerügt und entsprechende Konsequenzen angekündigt hätte. Im Gegenteil, die Erschießung des angeblichen Deserteurs wird von ihm ausdrücklich gelobt. Zugleich - und hierauf liegt der Akzent - schärft er seinem Untergebenen nachdrücklich ein, "diese Dinge" mit Diskretion zu behandeln und in Zukunft keinerlei Spuren seines Vorgehens zu hinterlassen[81].

War das nicht, so kommentiert Toqué nachträglich, eine "Blankovollmacht für Mord"? Er habe freilich, so fügt er hinzu, niemals davon Gebrauch gemacht[82].

Für das Verständnis der folgenden Ausführungen ist es bedeutsam, daß das Verhalten Pujols nicht etwa als Ausdruck einer individuellen Einstellung zu begreifen ist, sondern im Verwaltungskorps des Ober-Schari die Regel darstellte. Nach Toqués Aussage sei ihm bereits von seinem ersten Vorgesetzten, dem oben erwähnten de Roll, nachdrücklich empfohlen worden: "Rappelez-vous ceci: qu'il n'est pas défendu de tuer des nègres, mais bien de le dire, d'être pris ou de laisser des traces[83]".

Im übrigen sorgte der Kolonialminister selbst dafür, daß dieser Grundsatz nicht in Vergessenheit geriet. Wie der soziali-

stische Abgeordnete Rouanet während seiner parlamentarischen
Interpellation zu den Vorgängen in Französisch-Kongo vor der
Abgeordnetenkammer unwidersprochen feststellen konnte, hatte
Minister Doumergue seinen Beamten bei ihrem menschenverachten-
den Vorgehen gegen die rebellierenden Mandja in einem gehar-
nischten Rundschreiben (une circulaire très sévère) ausdrücklich nahegelegt: "Faites ces choses-là, mais ne les écrivez
pas; n'en parlez pas; renseignez vos chefs verbalement, de la
bouche à l'oreille". Und Rouanet kommentiert: "On ne veut pas
que les témoignages restent[84]".

Toqué, dem sein Vorgesetzter Bruel einen ausgeprägten Hang zu
jungenhafter Unbekümmertheit bescheinigt[85], wäre vermutlich
niemals in die nach ihm und seinen Untergebenen Gaud benannte
Affäre hineingeraten, wenn er nicht gegen diesen Grundsatz,
der - wie sich zeigen wird - gerade im Fall Französisch-Kongos
von entscheidender politischer Bedeutung war, verstoßen und
entgegen dem Rat seiner Vorgesetzten über seine Aktionen und
seine Eindrücke weiterhin eine intensive Korrespondenz geführt
hätte.

3. Der Aufhänger: eine spektakuläre Gewalttat und
   ihre besonderen Umstände

Vor dem geschilderten Hintergrund des im Ober-Schari etablierten Zwangssystems, dessen terroristische Komponenten in einem
späteren Kapitel noch genauer darzustellen sein werden, ereig-
nete sich am 14. Juli 1903 in Fort Crampel jener Vorfall, der
erst geraume Zeit später als Aufhänger für die Pressekampagne
diente, welche dann den Kongoskandal auslöste.

Am 5. Mai 1903 hatte sich Toqué laut eigener Aussage auf den
Marsch begeben, um den am gleichen Tag von seinem Vorgesetz-

ten Pujol erhaltenen Befehl auszuführen und eine Rebellion
niederzuschlagen, die von einem Häuptling namens Doumba angeführt worden war[86]. Ein Afrikaner namens Papka habe sich
bereit erklärt, die von Toqué geführte Truppe zum Dorf Doum-
bas zu bringen. Auf dem Wege dorthin habe er die Miliztruppe
jedoch in einen Hinterhalt gelockt. Zwei von Toqués Männern
seien getötet, mehrere andere schwer verwundet worden. Papka
sei unterdessen entkommen. Am folgenden Tag, so Toqué weiter,
habe er seinen Untergebenen Gaud und Chamarande den Befehl
erteilt, Papka aufzuspüren und zu erschießen[87]. Während er
selbst vom 30. Juni bis zum 10. Juli mit hohem Fieber schwer
krank darnieder gelegen sei, habe man Papka gefaßt und zusammen mit zwei weiteren Gefangenen in Fort Crampel festgesetzt.
Am Morgen des 14. Juli sei Gaud zu ihm gekommen und habe ihn
gefragt, was anläßlich des Nationalfeiertages mit den Gefangenen geschehen solle. Er, Toqué, habe verfügt, die Gefangenen zu begnadigen und frei zu lassen, so wie es am Nationalfeiertag allgemeiner Brauch sei. Von dieser Entscheidung sei
Papka wegen seiner besonderen Gefährlichkeit ausgenommen worden. Er sei unschlüssig gewesen, was mit Papka zu geschehen
habe. Schließlich habe er, von der eben zurückliegenden
schweren Krankheit noch geschwächt und um seine Ruhe zu haben zu Gaud gesagt, dieser könne mit Papka machen, was er für
richtig halte. Diese Aussage wird von Gaud bestätigt[88]. Gaud
sagt später im Prozeß aus, er habe die Äußerung Toqués so
verstanden, daß Papka, entsprechend dem ersten Befehl Toqués,
zu exekutieren sei. Nach einigem Überlegen habe er sich dazu
entschlossen, unter Assistenz des afrikanischen Milizangehörigen Matifara den Gefangenen durch eine am Hals befestigte
Dynamitpatrone zu töten. Dies geschieht auch. Nach der Tat
habe er Toqué Bericht erstattet. Toqué erinnert sich an die
Worte Gauds: "Ça a l'air idiot, mais ça va méduser les indigènes, si après ça ils ne se tiennent pas tranquilles !!!"
Er habe sogleich gegenüber Gaud die Befürchtung geäußert,

daß diese "ungewöhnliche Methode" (ce moyen inusité) auf
wenig Verständnis stoßen würde (serait certainement mal
accepté)[89].

Vor Gericht erläutert Gaud, was er mit seinen Worten "méduser
les indigènes" (den Eingeborenen einen Schrecken einjagen)
gemeint habe. Er habe den Afrikanern demonstrieren wollen,
was mit jemandem geschehe, der den Weißen feindlich gesonnen
sei. Papka sei getötet worden, ohne daß ein Gewehrschuß abgefeuert oder ein Pfeil abgeschossen worden sei. Die für
die "Eingeborenen" merkwürdigen Umstände von Papkas Tod hätten die Afrikaner beeindrucken und einschüchtern sollen. Auf
die Frage des Vorsitzenden: "Le feu du ciel?" antwortet Gaud
bestätigend und weist darauf hin, daß unter dem Einfluß des
"himmlischen Feuers" die Rebellion des betreffenden Stammes
tatsächlich beendet worden sei[90].

Wie sich aus dem hier in seinen wesentlichen Punkten nachge-
zeichneten Ablauf des Geschehens ersehen läßt, handelt es
sich bei dem Ereignis vom 14. Juli 1903, das später so viel
Aufsehen erregen sollte, um einen Vorgang, der im Zusammenhang mit der besonders im Jahre 1903 heftig andauernden bewaffneten Konfrontation zwischen Kolonialgewalt und verzwei-
felt sich wehrenden Mandja nichts Außergewöhnliches darstellte und von den Kolonialbehörden stets als Ausdruck eines fak-
tischen "Kriegszustandes" gerechtfertigt worden war[91]. Einen
entscheidenden Unterschied gab es freilich.

Gauds absonderlicher Einfall, den von ihm gezündeten Spreng-
satz nicht nur zur Tötung des "Verräters" Papka, sondern
zugleich auch als psychologische Waffe im Kampf gegen
aufständische Mandja einzusetzen, hatte nämlich einige offensichtlich nicht einkalkulierte Nebenwirkungen. Toqué hatte
ja, wie er selbst sagte, bereits unmittelbar nach der Tat
davor gewarnt, daß die Exekution Papkas wegen ihrer unüblichen

Begleitumstände zu einigen Problemen führen könnte. Auch Gauds
Verteidiger im Prozeß in Brazzaville räumte ein, daß Gaud
"schlecht beraten" (mal inspiré) gewesen sei, bei der Hinrich-
tung eine Dynamitpatrone zu verwenden, wecke dies doch im öffentlichen Bewußtsein Vorstellungen von "Bomben, Anarchie und
Umsturz" (idées de bombe, d'anarchie, de chambardement)[92].
So sorgte die ungewöhnliche Ausführung der Tat in Verbindung
mit dem Datum des französischen Nationalfeiertages dafür, daß
sich alsbald allerlei Gerüchte um sie rankten, die im intrigenreichen Klima, das zu jener Zeit im Verwaltungspersonal des
Ober-Schari-Kreises herrschte[93], gut gedeihen und sich weiter ausbreiten konnten.

Gaud hatte mit seinem spektakulären Vorgehen nicht nur gegen
den grundlegenden - und wie oben gezeigt wurde, für das Ober-
Schari-Gebiet ausdrücklich bekräftigten - Richtsatz der Kolonialadministration verstoßen, dem zufolge die im Sinne kolonialer Penetration notwendigen Repressionsmaßnahmen möglichst
vor den Blicken Außenstehender abzuschirmen waren. Ein zweiter, mindestens ebenso wichtiger Aspekt kommt hinzu: der symbolische Stellenwert dieser Tötung. Mit der Detonation dieses,
von einem Verwaltungsbeamten gezündeten Sprengsatzes offenbarte sich zugleich der terroristische Charakter der kolonialen Okkupation, der, durch keinerlei justizförmige Schranken
gebremst, nur das eine Ziel kannte, die kolonisierte Bevölkerung vollständig zu unterwerfen und mit brachialer Gewalt in
den kolonialen Zwangszusammenhang zu pressen. "Verwaltung"
bedeutete in diesem Kontext in erster Linie nackte, gewaltsame Unterdrückung mit militärischen Mitteln und nach den Ge-
setzen militärischer Logik. Vor diesem Bild der kolonialen
Expansion verschlossen, wie sich noch zeigen wird, hohe Verwaltungsfunktionäre, verantwortliche Politiker sowie Mehr-
heiten in Parlament und Presse die Augen. Die Schmutzarbeit,
das alltägliche Geschäft der kolonialen Unterdrückung wurde

den niederen Chargen überlassen, von denen man sich bei Bedarf mühelos distanzieren konnte. Vor Gericht beschwerte sich Toqué darüber, daß seine Kollegen und er selbst gezwungen gewesen seien, um ein Debakel im Ober-Schari abzuwenden, die Rolle von Militärs zu übernehmen, "obwohl dies nicht ihr Beruf war". Niemals habe man ihren eindringlichen Berichten an höherer Stelle Beachtung geschenkt[94]. Offenkundig war man nicht gewillt, die Zustände in der Ober-Schari-Region offiziell zur Kenntnis zu nehmen.

Gauds Tat, die von ihm am 14. Juli 1903 gezündete Explosion, war dazu geeignet, den über die Vorgänge im Ober-Schari ausgebreiteten Mantel des Schweigens zu lüften und den Blick auf die Gewaltstrukturen frei zu geben, deren spektakulärer Ausdruck sie war. Sie stellte deshalb für den kolonialen Machtapparat eine potentielle Gefahr dar und konnte aus diesem Grunde auch früher oder später ihrem Urheber gefährlich werden.

Die von Gaud gewählte Hinrichtungsart barg also deshalb so viel politische Brisanz in sich, weil sie, um es noch einmal zu betonen, auf spektakuläre Art den ideologischen Anspruch dementierte, mit dem sich koloniale Gewaltherrschaft gemeinhin zu rechtfertigen suchte. Zwar schloß koloniale Expansion auch nach den offiziell geltenden kolonialpolitischen Grundsätzen die Anwendung von Gewalt keineswegs vollständig aus, entscheidend waren aber Art und Umstände, in denen Gewalt ausgeübt wurde. So stellte der regierungsnahe, im ersten Kapitel bereits mehrfach erwähnte Abgeordnete Le Hérissé während der parlamentarischen Debatte über den Kongoskandal ausdrücklich und unwidersprochen fest, daß die Anwendung direkter Gewalt im Rahmen kolonialpolitischer Zielsetzungen als ultima ratio ein unbestritten legitimes Mittel sei[95].

Abzulehnen sei lediglich die _systematisch_ betriebene gewaltsame Unterdrückung der kolonisierten Bevölkerung, die nach

Le Hérissé im Kongo freilich niemals existiert habe[96]. Daß
die hier vorgenommene Unterscheidung zwischen einer auf direkter und systematisch ausgeübter Gewaltanwendung beruhenden Politik und einer solchen, in der Gewaltanwendung als
ständige Drohung präsent ist und deshalb nur gelegentlich
offen angewendet werden muß, an Ort und Stelle in den Kolonien - nicht nur im Kongo - weniger von grundsätzlichem als
eher von taktischem Interesse war, liegt auf der Hand und
braucht hier nicht weiter erörtert zu werden. Dies mindert
freilich keineswegs die zentrale Bedeutung, die der von Le
Hérissé erwähnten Unterscheidung als legitimatorisches Kernstück kolonialer Expansion zukam, bildeten doch bekanntlich
die Topoi von der "Befriedung" (pacification) und Zivilisierung ehemals angeblich von Gewalt und Anarchie gezeichneter
Landstriche die wesentlichen ideologischen Elemente, mit denen koloniale Unternehmungen, soweit dies erforderlich erschien, sowohl nach innen als auch nach außen hin legitimiert
wurden.

Dieser hier zunächst nur angedeutete Aspekt spielt im Falle
Französisch-Kongos eine besondere Rolle. Für das Verständnis
der Gaud-Toqué-Affäre und damit des Kongoskandals insgesamt
ist er von ausschlaggebender Bedeutung und wird im dritten
Teil dieser Untersuchung im einzelnen zu erörtern sein. Vor
dem skizzierten Hintergrund läßt sich gleichwohl die generelle Bedeutung, die dem Ereignis vom 14. Juli 1903 im Rahmen der französischen Kolonialpolitik zukommt, bereits an
dieser Stelle genauer bestimmen.

Wenn auch die Anwendung von Gewalt nach der von dem regierungsnahen Abgeordneten Le Hérissé zum Ausdruck gebrachten, seinerzeit vorherrschenden Auffassung grundsätzlich gerechtfertigt
war, so mußte doch auch andererseits zur Wahrung des ideologischen Scheins der Eindruck vermieden werden, bei den jewei-

ligen Gewaltmaßnahmen handele es sich um willkürliche Akte im Rahmen eines auf offener Gewalt basierenden Zwangssystems. Außerhalb des militärischen Geltungsbereichs war Gewalt deshalb offiziell nur dann zu legitimieren, wenn sie sich als Ausdruck eines - und sei es nur formal - funktonierenden, regulären kolonialen Justizwesens ausweisen konnte. Von Kolonialfunktionären begangene Gewalttaten, die nicht in den ordinären Geruch gemeiner krimineller Handlungen geraten sollten, mußten also, zumindest dann, wenn sie weithin bekannt wurden und damit unter öffentlichen Legitimationsdruck gerieten, in ein nach außen hin vertretbares rechtsförmiges Verfahren eingebettet sein. In einem Kommentar zur Gaud-Toqué-Affäre verdeutlicht ein namentlich nicht genannter hoher Kolonialpolitiker diesen Zusammenhang sehr anschaulich. Bei der Bestrafung der "Schwarzen", so führt er in dem Massenblatt "Le Journal" aus, komme es auf den Nachweis plausibler Gründe und auf die Wahrung legaler sowie "sauberer" Formen an. Dazu gehörten - und seien es auch nur summarische - Gerichtsverfahren sowie die Einhaltung allgemein akzeptierter Hinrichtungsmethoden. Die von Gaud gewählte Art der Exekution, die hier übrigens fälschlicherweise Toqué zugeschrieben wird, sei mangels solcher Voraussetzungen als kriminell einzustufen. Wegen der Nichtbeachtung sämtlicher einschlägiger Regeln sei es in diesem Fall unumgänglich, die Justizorgane einzuschalten[97].

Die von Gaud begangene Tat bot also gleich mehrere Voraussetzungen, um den Anlaß für eine Affäre abzugeben:

- Sie war so spektakulär angelegt, daß sie im Unterschied zu vielen anderen, im Prinzip gleichgelagerten Fällen, wie zum Beispiel die von Toqué befohlene Exekution des Afrikaners Pikamandji, von der oben die Rede war, kaum geheimzuhalten war und auch schon bald den Gerüchtemarkt von Brazzaville bereicherte.

- Der symbolische Charakter der Tat, der auf das im Gebiet des Ober-Schari wütende System nackten Zwangs und brutaler Gewalt verwies, stellte eine potentielle Gefahr für die Legitimation der im Kongo betriebenen Kolonialpolitik dar und legte es den führenden Kolonialpolitikern deshalb nahe, den über den Einzelfall hinausreichenden Bedeutungsgehalt des Geschehens zu eliminieren und den Fall politisch zu instrumentalisieren.

- Schließlich eignete sich der Vorgang sowohl wegen des Zeitpunktes, an dem er geschah (14. Juli, französischer Nationalfeiertag), als auch wegen seiner, mancherlei Gewaltphantasien freisetzenden Ausführung nachgerade hervorragend dazu, als Produkt eines kranken Hirns und somit als völlig untypisch für die Praktiken der Kolonialadministration ausgewiesen zu werden.

Die soeben gemachten Ausführungen sind freilich nicht so zu verstehen, als habe der Vorgang am 14. Juli 1903 zwangsläufig zu einer kolonialpolitischen Affäre führen müssen. Den zuständigen Behörden, mit dem Kolonialminister an der Spitze, stand natürlich auch in diesem Fall grundsätzlich die Möglichkeit offen, die Angelegenheit so zu behandeln, wie dies in vergleichbaren Fällen sonst zu geschehen pflegte: den Vorgang, sofern er einer größeren Öffentlichkeit bekannt werden sollte, herunterzuspielen und dann in Vergessenheit geraten zu lassen. Die folgenden Darlegungen sollen erste Hinweise darauf erbringen, warum dieser Weg nicht eingeschlagen, sondern ein anderes Vorgehen gewählt wurde.

4. Das Kolonialministerium fädelt den Skandal ein

Wie erwähnt, waren Toqué, sobald er von der Tötung Papkas durch eine Dynamitpatrone erfahren hatte, wegen des zu erwartenden Echos erste Bedenken gekommen, die sich aber zerstreuen, als er von Gaud hört, außer einem Angehörigen der afrikanischen Miliz habe es keine weiteren Tatzeugen gegeben. Erst Ende November 1903, so seine spätere Aussage, erfährt er, daß ein weiterer, europäischer Zeuge namens Kermarec der Szene beigewohnt hatte[98]. Zwei andere Angehörige des Verwaltungspersonals, der Arzt Le Maout und der Beamte Chamarande, ein Untergebener Toqués, hatten inzwischen über Kermarec von dem Vorkommnis erfahren. Beide waren im erwähnten konkurrenzbestimmten und intrigenreichen Klima, das seinerzeit im Ober-Schari offenbar herrschte, aus hier nicht wesentlichen Gründen anscheinend daran interessiert, Gaud und Toqué wegen dieser Angelegenheit in Schwierigkeiten zu bringen[99]. So waren sie später dann auch bereit, als Hauptbelastungszeugen im Prozeß gegen Gaud und Toqué aufzutreten. Nach seiner Versetzung nach Brazzaville sorgt Le Maout dafür, wie Toqué sarkastisch formuliert, daß alle gegen ihn und Gaud zusammengetragenen Klatschgeschichten in der Stadt verbreitet und schließlich auch den örtlichen Justizorganen bekannt werden[100]. Toqué, der sich daraufhin mit seinem Vorgesetzten Bruel bespricht, will von diesem die Antwort erhalten haben, daß diese "bedauerliche Geschichte" "dans l'intérêt du territoire" eingestellt werden müsse[101]. Auch von seinem unmittelbaren Vorgesetzten, dem Kommandanten des Ober-Schari-Kreises, Pujol, will Toqué den Rat erhalten haben, die Angelegenheit auf sich beruhen zu lassen[102]. Als er im weiteren Verlauf erfahren habe, daß noch andere schwere Vorwürfe gegen Gaud erhoben würden, die zu bezeugen Chamarande bereit sei, habe er Bruel noch einmal informiert und ihm zu verstehen gegeben, daß Gaud nun wohl nicht mehr zu retten sei[103]. Bruel

antwortet lakonisch, wenn Gaud nicht mehr zu halten sei, müsse
er, so bedauerlich dies auch sei, die Konsequenzen tragen[104].
Als Toqué im Mai 1904 vor Longue, dem ermittelnden Staatsanwalt in Brazzaville, seine Aussage über das Geschehnis in Fort
Crampel zu Protokoll gibt, ist von einer Mitverantwortung seinerseits noch keine Rede[105]. Nach seiner Aussage vor der
Staatsanwaltschaft habe er, so gibt Toqué weiter an, in Brazzaville auch den Generalkommissar der Kolonie, Gentil, persönlich
und unmittelbar über die "schändlichen Zustände" (les ignominies) im Schari-Gebiet unterrichten wollen. Dies sei jedoch
nicht möglich gewesen, weil ihm verweigert worden sei, auf die
Rückkehr des von Brazzaville zeitweise abwesenden Gentil zu
warten[106]. Auf dem Rückweg zu seinem Verwaltungsposten habe
er auf einer Bahnstation den dort auch gerade ankommenden Gentil kurz ansprechen können[107]. Dieser habe ihm aber unmißverständlich zu verstehen gegeben, daß er mit dieser Angelegenheit nicht behelligt zu werden wünsche und gewillt sei, den
Gang der Dinge im Ober-Schari sich selbst zu überlassen[108].

Für die weitere Behandlung des Vorgangs durch die Kolonialbehörden des Kongo läßt sich auf der Grundlage des vorliegenden
Quellenmaterials keine präzise zeitliche Abfolge festlegen.
Toqué und Challaye sagen übereinstimmend aus, daß im weiteren
Verlauf ein verwaltungsinterner Ausschuß (conseil d'enquête)
mit der Untersuchung der Ereignisse im Ober-Schari-Gebiet befaßt worden sei[109]. Dieser habe, laut einer von Toqué zitierten Äußerung Bruels, die ganze Angelegenheit nach einer Anhörung des nach Brazzaville beorderten Gaud "natürlich" nicht
weiterverfolgt und sich sogar geweigert, einen schriftlichen
Nachweis seiner Zusammenkunft zu hinterlassen[110].

Während Toqué, über den Verlauf der Dinge "complètement
rassuré", sich nach Frankreich einschifft[111], um dort seinen
regulären Erholungsurlaub anzutreten und sich von einer Ver-

wundung zu erholen, die er sich während der Monate März/April bei der Bekämpfung einer Revolte zugezogen hatte[112] und derentwegen er, wie oben ausgeführt, für das Kreuz der Ehrenlegion vorgeschlagen worden war, wird Gaud, wie Toqué in seinem Buch angibt, von einem Polizeikommissar in Brazzaville noch einmal verhört. Bei dem Versuch, sich zu rechtfertigen, gibt Gaud offenbar einige, wie sich später beim Prozeß zeigen sollte, zum Teil haltlose Behauptungen über angebliche Übergriffe seines Vorgesetzten Toqué zu Protokoll und übergibt zugleich mehrere Schriftstücke aus der mit Toqué geführten Korrespondenz, denen im weiteren Verlauf der Affäre entscheidendes Gewicht zukommen sollte. Diese Unterlagen, ergänzt durch belastende Aussagen des bereits erwähnten Beamten Chamarande, wurden zu einem Dossier zusammengefaßt und dem Leiter der Kolonie, Gentil, zur Entscheidung über das weitere Vorgehen übergeben[113].

Als wesentliche Tatsache ist nun festzuhalten, daß Gentil beschloß, wie sowohl Toqué als auch der Leiter der Afrikaabteilung im Kolonialministerium, Duchêne, übereinstimmend aussagen, daß die Justiz mit dem Vorgang nicht zu befassen, sondern daß die gesamte Angelegenheit nach außen hin zu vertuschen sei[114]. Gaud, so fährt Toqué fort, habe das förmliche Versprechen erhalten, daß die Angelegenheit keine weiteren Folgen haben werde. In diesem Sinne sei ihm gestattet worden, seinen fälligen Erholungsurlaub in Frankreich anzutreten. Bevor Gaud freilich zur Heimfahrt nach Frankreich aufbrechen konnte, hatte der Lauf des Geschehens eine neue Wendung genommen. Kolonialminister Doumergue intervenierte in der zweiten Dezemberhälfte 1904 und untersagte Gauds Abreise[115].

Welche Gründe führten zu dieser Entscheidung des Kolonialministeriums? In den folgenden Ausführungen soll versucht werden, erste Anhaltspunkte für eine Beantwortung dieser Frage

zu gewinnen. Dabei spielt eine Reihe von Schriftstücken eine
entscheidende Rolle, die sich heute in den öffentlichen Archiven nicht mehr auffinden lassen, deren Authentizität aber
bis zum Beweis des Gegenteils insofern als gegeben unterstellt werden kann, als sie vom Berichterstatter für den Kolonialhaushalt, Le Hérissé, teils vor der Abgeordnetenkammer[116],
teils in einem Presseartikel im Wortlaut zitiert werden. Wie
im vorhergehenden Kapitel angegeben, befand sich der Abgeordnete Le Hérissé im Besitz der für die Affäre einschlägigen
Schriftstücke, weil ihm das betreffende Dossier aus dem Kolonialministerium zugespielt worden war. Das erste von Le Hérissé aus diesem Dossier zitierte Schriftstück - ein Bericht
Generalkommissar Gentils an Kolonialminster Doumergue - trägt
das Datum vom 8. August 1904[117].

In diesem Bericht geht Gentil auf den geschilderten Vorfall
vom 14. Juli 1903 ein und erwähnt, daß er Gaud, dessen Namen
er an dieser Stelle noch nicht nennt, befohlen habe, sich für
die juristische Untersuchung des Ereignisses nach Brazzaville
zu begeben. Gleichzeitig führt er aus, er habe erst einen Monat zuvor von dem Geschehen erfahren und deshalb nicht eher
reagieren können. Mit starken Worten gibt er seiner Entschlossenheit Ausdruck, gegen die zutage getretenen Mißstände mit
aller Energie vorzugehen und alle Beamten, "à la charge desquels des fautes graves pourraient être relevées", rücksichtslos zur Rechenschaft zu ziehen. Sein Ziel sei, abgesehen von
der Stärkung seiner eigenen Autorität, "Ordnung und Disziplin"
unter einem Personal wieder herzustellen, in dessen Reihen
"vollständige Anarchie" Platz gegriffen habe[118].

Diesen starken Worten folgten indes keine entsprechenden Taten.
Die von Gentil vehement beschworenen, rigorosen Konsequenzen
blieben vielmehr aus, wie bereits dargestellt wurde. So verlief die gegen Gaud angestrengte Untersuchung zunächst im Sande,

und Gentil selber war es, der sich dafür einsetzte, die Angelegenheit nicht weiter zu verfolgen. Daraus läßt sich freilich nicht ohne weiteres schließen, Gentil habe den Minister mit dem zitierten Bericht lediglich über die wahre Situation und seine eigene Politik hinwegtäuschen wollen. Wahrscheinlicher ist, daß ihm das wahre Ausmaß und die tatsächlichen Auswirkungen des im Ober-Schari-Gebiet praktizierten Trägersystems erst im Laufe genauerer Nachforschungen bewußt wurden. Die Aussagen von Gaud und die Ergebnisse einer von Gentil veranlaßten Inspektionsreise in den Ober-Schari[119] dürften den Ausschlag dafür gegeben haben, daß Gentil sich dafür entschied, nicht weiter an diesem heiklen Komplex zu rühren, um keine Kettenreaktion von Justizverfahren auszulösen. Für diese Annahme spricht auch, daß er eingangs seines Berichtes selbst schon auf die katastrophalen Auswirkungen des im Ober-Schari betriebenen Transportsystems eindringlich hingewiesen hatte. Angesichts dieser "entsetzlichen Bedingungen", wie er sich ausdrückte, müsse gerechterweise anerkannt werden, daß die dortige Verwaltung die Last einer "undankbaren Aufgabe" zu tragen habe[120].

Als wesentlicher Punkt ist also festzuhalten, daß Gentil die Anklage gegen Gaud nicht weiter verfolgte, weil er, so läßt sich unterstellen, vor damit verbundenen, möglicherweise unabsehbaren Konsequenzen zurückscheute. Maßgebend war dabei die nach Lage der Dinge offenkundig zutreffende Einschätzung, wonach der spektakuläre Vorfall vom 14. Juli 1903 ein, wenn auch in seinen Erscheinungsformen nicht alltäglicher, gleichwohl doch charakteristischer Ausdruck der im Ober-Schari-Gebiet gängigen Kolonialmethoden war.

Wie sehr sich Gentil mit dieser Auffassung im Einklang mit seinem Kolonialminister befand, zeigt dessen ursprüngliche Reaktion auf den ihm zugesandten Bericht. Anstatt auf der Verfolgung einzelnen Gewaltakte zu bestehen, läßt er Gentil Instruktionen zukommen, in denen er ihn auffordert, alles in seiner Macht stehende zu unternehmen, um die "Schrecknisse des Trägersystems" zu beenden[121].

Unter dem Einfluß dieser Instruktionen unternahm Gentil den Versuch, das Trägersystem zu reformieren. Am 2. Dezember 1904 gab er in Brazzaville einen Erlaß heraus, in dem die Bildung einer regulär bezahlten, auf freiwilliger Basis rekrutierten und 500 Mann umfassenden Trägerkolonne angekündigt wurde[122]. Wie in den Eingangsformulierungen dieses Erlasses ausdrücklich hervorgehoben wird, geht die Administration dabei von der realistischen Einschätzung aus, daß das im Ober-Schari betriebene Transportsystem die Ursache ständig zu verzeichnender Übergriffe (abus) sei. Um die darunter leidenden Menschen zu entlasten, sei es im Interesse der von Frankreich im Kongo betriebenen Politik der "Zivilisation" und des "Fortschritts" angebracht, für einen nicht länger tragbaren Zustand sofortige Abhilfe zu schaffen. In den anschließenden neun Artikeln werden dann die hier nicht interessierenden Einzelheiten der Rekrutierung und Bezahlung der freiwilligen Träger geregelt.

Die ersten Mitglieder der neuen Trägerkolonne werden im März 1905 in das Schari-Gebiet entsandt. In den Monaten April und Juni folgen weitere nach. Bald zeigt sich, daß mit dieser Methode das Problem nicht zu lösen ist. Die Träger können für ihre Entlohnung entweder gar keine oder nur für sie ungewohnte und damit unbekömmliche Nahrungsmittel auf ihrer Transportroute erstehen. Von den übermenschlichen Anstrengungen erschöpft, siechen und sterben viele von ihnen binnen kurzer Zeit dahin[123]. In der Praxis wird das Trägersystem also im wesentlichen wie zuvor weitergeführt[124]. Neben diesem gescheiterten Versuch gab es andere, erfolgreichere Ansätze, das Transportproblem zu entschärfen, die in diesem Zusammenhang aber nicht von Bedeutung sind und hier nicht behandelt werden sollen.

Im vorliegenden Zusammenhang kommt es auf die Frage an, wie die Spitze der lokalen Verwaltung und der amtierende Kolonialminister die von Gaud begangene Tat ursprünglich bewerteten. Es sollte deutlich geworden sein, daß sowohl Gentil, als auch Kolonialminister Doumergue den Vorfall vom 14. Juli 1903 zunächst in die Reihe der "nombreux abus" eingeordnet hatten, als deren Ursache von beiden übereinstimmend "le système de portage réquisitionné" erkannt worden war[125]. Dementsprechend wurde der Vorgang Gaud nach einer anfänglichen Untersuchung routinemäßig zu den Akten gelegt. Statt einer juristischen Verfolgung dieses Vorkommnisses wurde vielmehr angestrebt, die von Doumergue so benannten "atrocités du portage" durch den zitierten Reformerlaß vom Dezember 1904 zu beseitigen. Vor diesem Hintergrund deutete also ursprünglich nichts darauf hin, daß sich aus der Angelegenheit die im Februar 1905 publizierte Gaud-Toqué-Affäre entwickeln würde.

Welche Umstände veranlaßten also das Kolonialministerium, seine bis dahin gezeigte Haltung so grundsätzlich zu ändern? Mit der Diskussion dieser Frage - dies sei hier bereits vorweggenommen - wird der für die Erklärung des Kongoskandals entscheidende Problembereich berührt: die internationale Kongofrage. Die internationale Dimension des Kongoskandals wird in allen relevanten Einzelheiten zwar erst im folgenden Teil der vorliegenden Arbeit ausführlich behandelt werden, gerät aber, wenn auch zunächst noch nicht klar ausgeprägt, bereits an dieser Stelle in das Blickfeld der Untersuchung. Von zentraler Bedeutung ist dabei ein Dokument, das im Zusammenhang mit der Entwicklung des Kongoskandals in der bisherigen Diskussion, soweit erkennbar, völlig unbeachtet geblieben ist. Es handelt sich um das zweite der vom Abgeordneten Le Hérissé in der Ab-

geordnetenkammer zur Entlastung Gentils ausführlich zitierten
Schriftstücke, von dem nun die Rede sein soll.

Nach dem erwähnten Bericht vom 8. August 1904 hatte Gentil am
11. November 1904 einen weiteren Bericht nach Paris geschickt,
der, wie gesagt, ebenfalls von dem Abgeordneten Le Hérissé im
Parlament verlesen wurde[126]. Dieses Dokument ist, wie noch
einmal betont werden soll, im Rahmen der hier zu entwickelnden Argumentation von besonderem Interesse. Sein Inhalt bezieht sich nämlich auf die eingangs dieses Kapitels als Gegen-
stück zu dem Ereignis vom 14. Juli 1903 erwähnten, im darauffolgenden Jahr, also 1904, in der Lobaye-Region abgelaufenen
Geschehnisse. Hier hatte sich, wie berichtet, in der Folge von
schweren Exzessen, als deren erste Urheber Agenten der dort
operierenden privaten Konzessionsgesellschaften hervorgetreten
waren, mit der Ausbreitung einer bewaffneten Rebellion eine
für diese Gesellschaft und für die Kolonialverwaltung bedrohliche Situation herausgebildet, in der mit äußerster Brutalität, einschließlich des Mittels der Geiselnahme, gegen die
afrikanische Bevölkerung vorgegangen wurde. Mehrere am Kampf-
geschehen unbeteiligte Frauen und Kinder waren von der Kolonialgewalt auf grausame Weise umgebracht worden[127]. In seiner
Darstellung für den Minister geht Gentil auf den Ablauf der
Ereignisse nicht ein, stellt aber fest, daß die noch bestehenden "feindlichen Zentren" sich in der Nähe privater Faktoreien
befänden. Aus dieser Tatsache leitet er die unmittelbare und
ausschließliche Verantwortung der dortigen "Handelsagenten"
für das Entstehen eines bewaffneten Widerstandes ab[128].

Daß Gentil bei seiner Darstellung die enge Komplizenschaft
übergeht, die zwischen den örtlichen Verwaltungsbeamten und
dem betreffenden Privatunternehmen bestand[129], dessen Agenten
er hier die Alleinverantwortung zuweist, erstaunt nicht sonderlich und ist in diesem Zusammenhang auch nicht von Belang.

Beim Studieren vergleichbarer Ereignisse stößt man immer wieder auf die, im übrigen ja auch unmittelbar einleuchtende Tatsache, daß lokale Verwaltung und private Kolonialunternehmen des Kongo jeweils versuchten, für die im Zeichen des dort etablierten Systems begangene Verbrechen sich wechselseitig die Verantwortung anzulasten[130].

Wesentlich entscheidender für die Interpretation der Gaud-Toqué-Affäre und die weitere Entwicklung des Kongoskandals ist der nachfolgende Passus des genannten Berichtes. Hier findet sich eine Aussage, deren tieferer Sinn sich erst im Zusammenhang mit anderen Formulierungen andeutet, mit denen Gentil seine Ausführungen fortsetzt. Die zitierten Ereignisse, so erklärt er, dürften sich nicht wiederholen, weil sie, abgesehen von den materiellen Schäden für die betroffenen Privatunternehmen, dem "Renommee Frankreichs" schadeten und "bis zu einem gewissen Grade" zu "bedauerlichen Vergleichen" begründeten Anlaß geben könnten:

> "Pour ma part, j'estime que le doute n'est plus permis et qu'il est du devoir strict de l'administration locale de prendre toutes les mesures nécessaires <u>en vue d'éviter le retour d'événements semblables qui,</u> en dehors du dommage matériel causé aux commerçants qui les ont provoqués, <u>nuisent à la bonne renommée de notre pays et autorisent jusqu'à un certain point des comparaisons regrettables</u> (Unterstreichung von mir, J.M.) (131)."

Ausdrücklich spricht sich der Generalkommissar gegen eine Verstärkung der militärischen Präsenz in der Kolonie aus, die nur damit enden könne, daß die Verwaltung zum Komplizen jener Leute würde, deren Gier (cupidité) und deren Streben, sich "à tout prix" zu bereichern sie dazu geführt hätten, im Kongo mit Methoden wie dem "legalisierten Mord" (l'assassinat légal) und dem "bewaffneten Raub" (le vol à main armée) zu Werke gehen zu wollen. Wie stark Gentil den auf ihn ausgeübten Druck dieser privaten Ausbeutungsgesellschaften empfand, verdeutlicht

die folgende Passage, in der er sich von den berüchtigten,
blutigen Ausbeutungsmethoden distanziert, die unter dem Stichwort des "caoutchouc rouge", des (blut)roten Kautschuks,aus
dem Kongostaat in der internationalen Öffentlichkeit bekannt
geworden waren und derentwegen das politische Oberhaupt des
Kongostaates, König Leopold II. von Belgien, unter den wachsenden Druck einer internationalen Kritik geriet, welche im Jahre
1904 einen Höhepunkt erreichte. Gentil schreibt wörtlich:

> "En somme, on compte sur moi pour organiser au Congo
> français la récolte du caoutchouc 'rouge'. Je n'ai nullement l'intention de justifier de telles espérances et je
> considère que je manquerais à toutes mes obligations en
> substituant le système adopté en d'autres lieux (gemeint
> ist der Kongostaat, J.M.) aux méthodes de patiente persuasion, qui sont l'honneur de notre pays et dont je me
> vante, pour ma part, à l'exemple de mes aînés les Brazza,
> les Binger, d'avoir constitué la tradition dans ce pays
> à la tête duquel votre confiance m'a placé (132)".

Dieser Textauszug verweist in zweierlei Hinsicht auf Zusammenhänge zwischen dem Kongostaat und Französisch-Kongo. Einmal,
so drückt der Text aus, gab es offensichtlich massive Bestrebungen privater Konzessionäre, die im Kongostaat praktizierten
Folter- und Mordmethoden konsequenter als bis dahin geschehen
auf Französisch-Kongo auszudehnen, um auf diese "brillante"[133]
Weise auch hier noch höhere Renditen herauszupressen. Solchen
Methoden setzt Gentil in der soeben zitierten Erklärung die
von ihm - freilich eher verbal als praktisch - vertretene Position der "geduldigen Überzeugung" gegenüber, welche die "Ehre"
Frankreichs sei. Unübersehbar tritt also - und dies ist der
hier entscheidendere zweite Punkt - das Bestreben hervor, das
in Französisch-Kongo etablierte Kolonialsystem, das, genau wie
das im Kongostaat betriebene, durch die Operationen privater
Konzessionsgesellschaften gekennzeichnet war, gegenüber dem
Kongostaate scharf abzugrenzen, um dem "guten Ruf" Frankreichs
nicht zu schaden und keinen "bedauerlichen Vergleichen" Vorschub zu leisten. Dieser Punkt wird im weiteren Verlauf des

Kongoskandals von ausschlaggebender Bedeutung sein. Dem Wort von den "comparaisons regrettables", dies sei hier vorwegnehmend festgestellt, kommt im folgenden die Funktion eines Schlüssels zu, mit dessen Hilfe die im Kongoskandal - zumindest dem ersten Anschein nach - auf teilweise schwer zu durchschauende Weise ineinandergreifenden Geschehensabläufe sich zunehmend entwirren und in ihrer wechselseitigen Bedingtheit skuzessive erklären lassen. Offen bleiben müssen vorläufig noch die an dieser Stelle aufkommenden Fragen, wer an der Erstellung solcher Vergleiche interessiert gewesen sein mag, welche Beweggründe dabei eine Rolle spielten, in welchen politischen Zusammenhängen ein derartiger Vergleich Bedeutung erlangen und welche Folgen schließlich mit dem Ergebnis einer derartigen vergleichenden Gegenüberstellung verbunden gewesen sein könnten.

Festzuhalten ist zunächst, daß der Generalkommissar Französisch-Kongos dem skizzierten Fragenkomplex im Zusammenhang mit den von ihm an Kolonialminister Doumergue gemeldeten Vorkommnissen ganz offensichtlich einen hohen Stellenwert einräumte. Daß er sich dabei in Übereinstimmung mit dem Kolonialmisterium befand, läßt sich der weiteren Entwicklung der Ereignisse entnehmen.

Vor dem Hintergrund der von Gentil im November 1904 angezeigten und in ihrer politischen Brisanz unterstrichenen Vorgänge in der Lobaye-Region erscheint die Situation Französisch-Kongos wenige Wochen vor der Auslösung des Skandals nun in einem neuen Licht. Von grundlegender Bedeutung ist dabei die Tatsache, daß bei dem nun zu schildernden Verlauf des Geschehens, das zur Vorbereitung der Pressekampagne vom Februar 1905 führte, nicht etwa die von Gentil in seinem zuletzt zitierten Bericht nachdrücklich gegeißelte "unselige Rolle" (rôle néfaste) und die "Exzesse schlimmster Art" (pires excès) der dort agie-

renden privaten "Handelsagenten" im Mittelpunkt standen. Deren
unrühmliche Rolle sollte im Verlaufe des Skandals nur am Rande
und nur ganz punktuell zur Sprache kommen und wurde von den Vertretern der Regierungsmeinung, wie im folgenden Kapitel noch
deutlich werden wird, nach Kräften heruntergespielt und in den
Hintergrund gedrängt. Statt dessen wurde der bereits ad acta
gelegte Vorgang vom 14. Juli 1903 zu neuem Leben erweckt und mit
der Einbeziehung Toqués derart aufgebaut, daß die Lobaye-Revolte
gänzlich in seinen Schatten geriet und somit dem Blickfeld möglicher "bedauerlicher Vergleiche" entzogen wurde.

Das vorliegende Quellenmaterial gibt keinen lückenlosen Aufschluß
über alle Stationen, die den weiteren Gang der Entwicklung markieren. So fehlt zum Beispiel ein dokumentarischer Nachweis über
eine aus dem Kolonialministerium an Gentil auf seinen Bericht
vom 11. November 1904 hin ergangene Antwort und darin vermutlich
enthaltene Instruktionen. Dennoch erlauben die vorhandenen Materialien, die entscheidenden Entwicklungsschritte nachzuvollziehen. So enthält die Zeitung "Le Matin" in ihrer Ausgabe vom
22. Februar 1905 einige, von dem wiederholt genannten Vertreter
der Regierungspartei, Le Hérissé, präsentierte und im Wortlaut
abgedruckte Dokumente, die über das weitere Geschehen Aufschluß
geben. Dabei ist zunächst ein weiterer Bericht von Gentil von
Bedeutung, dessen Entstehen auf den Dezember 1904 datiert wird.
Hier werden nun, nach dem bisherigen Verlauf völlig überraschend
und im krassen Gegensatz zu den oben genannten, eindeutig positiven Beurteilungen von Toqués näheren Vorgesetzten, schwer belastende Aussagen über den bis dahin in keiner Weise beschuldigten Toqué ausgebreitet. Dieser habe, so wird behauptet, "berauscht von dem Gefühl fast unumschränkter Macht, vom Klima
erschöpft und wahrscheinlich geistesgestört, nicht gezögert,
seinen mörderischen Phantasien freien Lauf zu lassen". Er habe,
so heißt es weiter, "mit einer derartigen Gelassenheit und zuweilen gar Heiterkeit Exekutionen befohlen", daß man nicht davon
ausgehen könne, dieser Mann sei im Vollbesitz seiner geistigen

Kräfte. Auch Gaud sei offensichtlich geistesgestört. Was, so fragt Gentil, sei schließlich von jemandem, der einen "Eingeborenen" mit einer Dynamitpatrone in die Luft gesprengt habe, anderes zu halten, als daß auch er "wahnsinnig" (fou) sei. Diese Annahme sei auch durch ein in Brazzaville erstelltes ärztliches Gutachten bestätigt worden. Gaud solle deshalb nicht vor Gericht gestellt werden, empfiehlt Gentil[134].

Im Gegensatz zu dieser Empfehlung Gentils besteht das Kolonialministerium darauf, nicht nur Toqué, sondern auch Gaud mit einem förmlichen Justizverfahren zu überziehen. Am 11. Januar 1905 schickt Kolonialminister Doumergue ein entsprechendes Telegramm an Generalkommissar Gentil[135]. Damit wird die Justiz, entgegen der ursprünglichen Entwicklung, nun doch noch mit der Angelegenheit befaßt und Toqué in den weiteren Ablauf der Affäre, die dann auch seinen Namen tragen sollte, als Beschuldigter mit hineingezogen.

Die Art und Weise, wie dies geschieht, wird nun sogleich zeigen, daß es der Regierung mit der Auslösung der Gaud-Toqué-Affäre keineswegs, wie angenommen werden könnte, um eine umfassende, an den Kriterien einer demokratischen Informationspolitik orientierte und durch einen korrekten justizförmigen Verfahrensablauf zu gewährleistende Aufklärung der Vorgänge zu tun war. Bereits die eben zitierte, von Gentil ausgesprochene Vorverurteilung weist darauf hin, daß hier vielmehr gezielte Rollenzuweisungen für ein bestimmtes Szenario beabsichtigt waren.

Nachdem der in Brazzaville festgehaltene Gaud bereits mit dem Signum eines entsprechenden ärztlichen Gutachtens versehen und solchermaßen für seine Rolle präpariert worden war, bemühte sich nun die Kolonialbürokratie darum, den während seines Urlaubs in seinem Heimatort Lorient, in der Bretagne, weilenden Toqué in ihre Gewalt zu bekommen. Gentil schickte deshalb

am 18. Januar 1905 ein Telegramm an das Kolonialministerium
mit der Bitte, Toqué anzuweisen, sich nach Brazzaville einzuschiffen[136].

Inzwischen war es in Paris zu einem Wechsel der Regierung gekommen. Die Regierung Combes war am 18. Januar zurückgetreten
und hatte dem nachfolgenden Ministerpräsidenten Rouvier Platz
gemacht, der am 24. Januar 1905 mit seinem neuen Kabinett die
Regierungsgeschäfte übernahm. Neuer Kolonialminister wurde
Etienne Clémentel, der sein Amt bis zum März 1906 ausübte. Von
Brunschwig haben wir bereits im ersten Kapitel gehört, daß
Doumergue die Angelegenheit Gaud-Toqué mit besonderem Nachdruck
der Aufmerksamkeit seines Nachfolgers empfahl[137]. Dieser reagiert auch prompt und läßt Toqué am 26. Januar 1905, nur einen
Tag nach seiner Amtsübernahme also, einen "ordre de départ"
zukommen, in dem er ihn ohne nähere Angabe von Gründen auffordert, sich spätestens am 14. Februar in Bordeaux einzufinden
und mit dem am folgenden Tag auslaufenden Schiff in den Kongo
zurückzukehren. Generalkommissar Gentil wünsche seine dortige
Anwesenheit. Abschließend wird Toqué aufgefordert, den Empfang
der Weisung zu bestätigen[138]. Die Depesche erreicht Toqué
einen Tag später in Lorient, wo er - sein Urlaub war noch
nicht beendet - sich gerade den Vorbereitungen für seine
auf den 23. Februar festgesetzte Hochzeit zu widmen beginnt[139].
In seinem Antwortschreiben bittet Toqué den Minister, wegen
seiner bereits terminierten Hochzeit[140] um die Erlaubnis, seine Abreise um einen Monat zu verschieben. Gleichzeitig ersucht
er darum, daß ihm die näheren Gründe für seine vorzeitige Abreise mitgeteilt werden. Ohne irgendwelche Zweifel an seiner
Bereitschaft aufkommen zu lassen, der Weisung des Ministers
nachzukommen, besteht er dessenungeachtet auf seinem Recht,
die Gründe für die "außerhalb aller administrativen Regeln"
ergriffene Maßnahme zu erfahren, zumal der ihm zustehende Erholungsurlaub noch nicht abgelaufen sei[141].

Dieser Brief, wie auch sein weiteres Verhalten, zeigen, daß sich
Toqué offensichtlich keiner Schuld bewußt war. In Lorient, wo
das Vorgehen gegen den anscheinend sehr sympathisch, gar sanft
wirkenden jungen Mann einige Aufregung verursacht haben soll,
hielt er am 30. Januar vor der dortigen "Geographischen Gesellschaft" einen Vortrag über seine im Kongo gesammelten Erfahrungen. Mit deutlichen Worten kennzeichnet er die Situation
im Ober-Schari-Gebiet, wo der stete Zwang, Trägerdienste und
Steuerleistungen zu erbringen, zu häufigen Rebellionen führe,
die er, Toqué, für völlig gerechtfertigt halte. Er verhehle
nicht sein Mitleid mit den dort ansässigen Stämmen, deren zah-
lenmäßige Stärke sich bereits um die Hälfte verringert habe.
Für das folgende Frühjahr stellt er eine neue große Rebellion
in der dortigen Gegend in Aussicht, wo die französische Herrschaft nur sehr schwer ertragen werde. Der Zeitungsbericht
über diese Veranstaltung, in dem Toqués Ausführungen relativ
breiten Raum einnehmen, schließt mit der Bemerkung, daß die
von Toqué ausgedrückten Gefühle kaum mit denen eines Folter-
knechts vereinbar erscheinen[142].

Im Kolonialministerium dürfte dieser öffentlichkeitswirksame
Auftritt Toqués, der geeignet war, die tatsächliche Situation
im Kongo in größerem Rahmen publik werden und damit zugleich
Toqué Entlastung zuteil werden zu lassen, kaum mit großer Ge-
nugtuung zur Kenntnis genommen worden sein. Immerhin fand der
"heftig applaudierte" Vortrag, in dem Toqué sich mit einer
"extrême véhémence" gegen die "Barbarei einiger gegenüber den
Schwarzen angewandten Kolonisationsmethoden" ausgesprochen
hatte, - wenngleich erst im Zuge der Pressekampagne mit zwei-
wöchiger Verzögerung - nicht nur in dem Massenblatt "Le Petit
Parisien", sondern selbst in dem konservativen "Le Figaro"
ein deutliches Echo[143].

Während des genannten Vortrages vor der "Geographischen Gesellschaft" in Lorient trifft Toqué - zufällig, wie es heißt[144]-

einen aus dem Kongo zurückgekehrten Offizier, der ihn davon unterrichtet, "que des accusations fort graves avaient été transmises au Ministère des Colonies par M. le Commissaire Général du Gouvernment au Congo français Gentil (Hervorhebung im Original, J.M.), en particulier: violences sur la personne d'indigènes[145]". Angesichts solch bedrohlicher Mitteilung macht sich Toqué unverzüglich auf den Weg nach Paris, wo er am 1. Februar eintrifft und sich um exakt 11 Uhr 30 beim Generalsekretär des Kolonialministeriums meldet, der es zunächst ablehnt, ihn zu empfangen[146]. Erst nachdem Toqué am 6. Februar vom Minister verlangt, unverzüglich vom zuständigen verwaltungsinternen Untersuchungsausschuß (conseil d'enquête réglementaire) gehört zu werden, wird er zu einem Gespräch ins Kolonialministerium zitiert, wo Generalsekretär Méray ihm nahelegt, Ruhe zu bewahren, sich schweigsam und diskret zu verhalten und am 15. Februar "sans scandale" in Bordeaux an Bord zu gehen. Gleichzeitig, so Toqué, habe Méray sich geweigert, über die gegen ihn vorliegenden Anklagepunkte irgendwelche Auskünfte zu erteilen. Dieses Treffen habe seine bereits bestehende Verbitterung weiter gesteigert, so daß er eine nochmalige Vorladung ins Kolonialministerium unbeachtet gelassen habe[147].

Von der Reaktion des Kolonialministeriums ernüchtert und enttäuscht, schlägt Toqué nun einen anderen Weg ein. In dem hier mehrfach zitierten Brief an seinen Anwalt Ménard bittet er diesen am 8. Februar, seine Verteidigung zu übernehmen und ihn vor den "unqualifizierbaren" Versuchen der Kolonialbürokratie zu bewahren, seine Freiheit anzutasten[148]. Zugleich wird Ménard in diesem Schreiben auf eine Verteidigungsschrift (mémoire de défense) hingewiesen, die Toqué zusammen mit einem anfänglich ebenfalls in den Sog der Affäre geratenen, dann aber nicht weiter betroffenen Beamten namens Proche angefertigt und am 11. Februar an das Kolonialministerium geschickt hatte, versehen mit dem Hinweis, daß der Anwalt Ménard mit der Wahrnehmung ihrer beider Interessen betraut sei und alle

dem Memorandum zugrunde liegenden Dokumente in Verwahrung
habe.

Über die offiziell gegen sie erhobenen Beschuldigungen weiterhin im unklaren gelassen, unternehmen Toqué und Proche mit
diesem Memorandum den Versuch, sich vorsorglich gegen die ihnen gerüchteweise zu Ohren gekommenen Anschuldigungen zur
Wehr zu setzen. Minuziös stellen sie dar, daß es sich bei den
ihnen vorgeworfenen Taten um alltägliche, laufend zu verzeich-
nende Vorkommnisse handele. So weit ihnen Exzesse angelastet
würden, seien diese die Folge auf höheren Befehl ausgeführter
Operationen zur Trägerrekrutierung und Steuereintreibung[149].
Kopien dieser Denkschrift, so teilt Toqué seinem Anwalt weiter mit, habe er nicht nur an ihn, sondern auch noch an andere, "sogar offizielle Persönlichkeiten" versandt, von denen
er den amtierenden Innenminister und führenden Kolonialpolitiker Etienne sowie Trouillet, den Direktor der damals bedeutendsten Kolonialzeitung Frankreichs, "La Dépêche Coloniale",
namentlich erwähnt. Außerdem, so setzt er sein Schreiben fort,
habe er zusätzliche Exemplare im Schrankfach einer Person ver-
wahrt, deren Namen und Adresse er Ménard noch mündlich übermitteln werde. Diese Person werde nach seiner Rückkehr in den
Kongo auch als Kontaktperson zwischen ihm und Anwalt Ménard
fungieren. Als Begründung für seine außergewöhnlichen Vorsichtsmaßnahmen führt Toqué die Erklärung an, ihm sei bekannt,
mit welchen Mitteln Kolonialbeamte bei ihrer Ankunft im Kongo
häufig traktiert würden[150]. Wie sehr derartige, an dieser
Stelle vermutlich übertrieben anmutende Vorsichtsmaßnahmen
einerseits berechtigt und wie wenig sie andererseits geeignet
waren, Toqué wenigstens zu einem juristisch einwandfreien Verfahren zu verhelfen, sollte sich schon sehr bald erweisen.

Die ständigen Aktivitäten Toqués, der sich nicht damit begnügen wollte, auf die ohne nähere Begründung erteilte ministerielle Anweisung hin ohne Aufsehen zu erregen in den Kongo zu-

rückzukehren, waren dem Ministerium offenbar zunehmend lästig geworden. Beginnend mit der vor der "Geographischen Gesellschaft" in Lorient öffentlich vorgetragenen, scharfen Kritik an den Zuständen in Französisch-Kongo, über seine nicht nachlassenden Versuche, die Gründe für seine vorzeitige Rückkehr zu erfahren, sein Verlangen nach der Eröffnung eines regulären administrativen Untersuchungsverfahrens, schließlich die Beauftragung eines Rechtsanwaltes mit der Wahrnehmung seiner Interessen und die Erstellung eines Memorandums, in dem die im Ober-Schari herrschenden Kolonialpraktiken - zumindest implizit - einer grundlegenden Kritik unterzogen wurden - all dies mußte Toqué in den Augen des Kolonialministeriums zu einem störenden Unruhefaktor machen, der schon im Hinblick auf weitere mögliche, auch öffentlichkeitswirksame Aktionen schnellstens zu eliminieren war.

Standen schon die bis dahin vom Ministerium angewandten Methoden im Widerspruch zu republikanisch-rechtsstaatlichen Prinzipien, so sollte sich nun zeigen, daß der Minister auch vor der Anwendung grober polizeistaatlicher Methoden nicht zurückscheute, um einen unbequemen Mitwisser mundtot zu machen. Mit Toqués Worten "Il avait la force à sa disposition, et il s'en servit pour essayer de bâillonner ou d'effrayer ma voix gênante[151]".

Daß diese Charakterisierung nicht übertrieben ist, zeigen die folgenden Ereignisse. Am 7. Februar wies Kolonialminister Clémentel den Polizeipräfekten von Paris per Depesche an, "qu'une surveillance spéciale soit exercée sur Mr. Toqué, Administrateur adjoint des Colonies, poursuivi à Brazzaville pour assassinat". Laut Schreiben des Polizeipräfekten vom 24. Februar 1905 hat sich diese "étroite surveillance" über fünf Tage hin erstreckt, vom 9. bis zum 13. Februar 1905, dem Tag, an dem Toqué verhaftet wurde[152].

Die hier aus berufenem Munde offenbarte polizeiliche Observierung Toqués wird auch von dessen Anwalt in einem Zeitungsinterview bestätigt. Darin heißt es, Toqué sei bei jedem seiner Anwaltsbesuche regelmäßig von zwei Männern verfolgt worden, offensichtlich derart auffällig, daß Toqué die gegen ihn ergriffenen Maßnahmen nicht übersehen konnte und wohl auch nicht sollte[153].

Wie eben schon kurz angedeutet, erfolgte dann am 13. Februar mit der völlig überraschenden Verhaftung Toqués ein entscheidender Schlag des Kolonialministers. Die Umstände, die zu dieser Verhaftung führten, sind für die Beurteilung der gesamten Affäre nicht unerheblich und sollen deshalb im einzelnen geschildert werden. Wichtig ist dabei auch der zeitliche Ablauf dieser Aktion.

Am 13. Februar, dem Tag der Verhaftung also, schickt Kolonialminister Clémentel eine Depesche an die Pariser Staatsanwaltschaft und fordert die unverzügliche Eröffnung eines Untersuchungsverfahrens gegen Toqué[154]. Zur Unterstützung des eingereichten Strafantrages ist diesem ein Schriftstück beigefügt, das im weiteren Verlauf der Affäre eine herausragende Rolle spielen sollte. Es handelt sich um einen späterhin als "lettre macabre" bekannt gewordenen, von Toqué an Gaud geschriebenen Brief. Dieser war, zusammen mit anderen Schriftstücken, bei der Vernehmung Gauds in Brazzaville den dortigen Behörden in die Hände gefallen. Wie schon berichtet, war dann das gesamte Dossier an Generalkommissar Gentil weitergereicht worden. Von Brazzaville aus war das Dossier anschließend ins Pariser Kolonialministerium gelangt[155]. Im Zusammenhang mit einer Reihe weiterer, im Verlauf der Pressekampagne in die Öffentlichkeit lancierter Briefe Toqués bildete diese "lettre macabre" in der Folge die Basis der gegen Toqué gerichteten Anklage. Von besonderer Bedeutung ist der Inhalt dieses Schreibens, das dem erwähnten Strafantrag des Ministers als einziges Beweis-

stück diente. In ihm geht es nicht um die Tat vom 14. Juli
1903, bei der Gaud, wie mehrfach erwähnt, eine Dynamitpatrone zur Tötung eines Afrikaners benützt hatte. Es handelt
sich vielmehr um ein zweiseitiges Schreiben, dessen erstes
Blatt hier von besonderem Interesse ist. Wegen des zentralen
Stellenwertes, welcher diesem angeblichen Beweisstück nicht
nur bei der Verhaftung Toqués, sondern auch während der einige Tage nach dem ministeriellen Strafantrag beginnenden Pressekampagne beigemessen wurde, ist es unerläßlich, auf dieses
Schriftstück näher einzugehen.

Schon von der äußeren, spektakulären Form her ist auf den
ersten Blick erkennbar, daß es sich nicht um eines der üblichen Schreiben handelt, die zwischen Kolonialfunktionären im
allgemeinen ausgetauscht wurden. Toqué hatte offenbar in
einem Anfall makabrer Ironie versucht, die im Ober-Schari
gängigen Gewaltmethoden am Beispiel des bei früherer Gelegenheit bereits vorgestellten Arztes und Kolonialfunktionärs
Le Maout verfremdend darzustellen. Im Kopfteil des an Gaud
gerichteten Briefes befand sich die Zeichnung eines Totenkopfes nebst zweier gekreuzter Knochen. Daneben war als Absender die fiktive Firmenangabe "Toqué, Gaud et Cie." angegeben. Anstelle einer Telefonnummer trug der Briefbogen den
Vermerk "Kein Telefon - nur das diskrete Schweigen des Grabes". Unter der Anrede "geheimnisvoller und gelehrter Freund"
folgt ein Textteil, in dem, soweit dieser wegen seiner verschlüsselten Sprache überhaupt verständlich ist, offenbar von
dem als Arzt im Verwaltungskorps des Ober-Schari tägig gewesenen Le Maout geprochen wird, der in einem Anfall geistiger
Umnachtung wild in eine Gruppe von Afrikanern gefeuert und
dabei zwei von ihnen erschossen sowie später noch einen dritten grundlos umgebracht haben soll. "Heureusement", heißt es
dazu, "heureusement, on assure que cet homme est fou et que
ce n'est pas par dilettantisme qu'il opère". Nach der Beschreibung dieser, als die eines Wahnsinnigen gekennzeichneten

Tat verabschiedet sich der Briefschreiber als der "Euch ganz
in Satan ergebene" Toqué und bitte seinen "docte et ténébreux
ami", eine schwarze Messe lesen zu lassen, damit "dieser Pfuscher" (ce gâte-métier) von ihnen "genommen würde". Am Fuße
des Briefbogens befindet sich wieder eine Zeichnung. Sie zeigt
ein mit einem Totenkopf versehenes Schild, unter dem sich ein
bluttriefender Säbel mit einem Gewehr kreuzt, aus dem gerade
ein Schuß abgefeuert wird[156].

Ob dieser Versuch einer von Toqué selbst als "ironisch" bezeichneten Umschreibung blutiger Kolonialverbrechen dem mörderischen Charakter der geschilderten Vorgänge angemessen war,
kann füglich bezweifelt werden. Doch darauf kommt es in diesem
Zusammenhang nicht an. Entscheidend ist hier vielmehr, daß der
soeben zitierte Text keine Beweise für etwaige Straftaten Toqués enthält und folglich auch keine tragfähige juristische
Grundlage für die in dem besprochenen Strafantrag des Kolonialministeriums erhobenen Anschuldigungen abgeben konnte. Aus
besagtem Brieftext geht vielmehr eindeutig hervor, daß nicht
etwa von Taten Gauds oder Toqués die Rede ist, sondern daß der
schon erwähnte Arzt Le Maout hier ziemlich unverblümt des
mehrfachen Mordes beschuldigt wird. Dies mag im übrigen erklären, warum jener Le Maout, gegen den die Staatsanwaltschaft
keine Anklage erhob, später im Prozeß gegen Gaud und Toqué ursprünglich als entscheidender Belastungszeuge auftreten sollte. Diesen Part konnte er dann aber nicht mehr übernehmen,
weil er wenige Tage vor Prozeßbeginn - anscheinend durch
Selbsttötung - ums Leben kam. In einem der nachfolgenden Kapitel, das sich eigens mit diesem Prozeß befaßt, wird darauf
noch näher einzugehen sein.

Die hier soeben skizzierte Bewertung der "lettre macabre" entsprach offenbar auch der Sicht zeitgenössischer Leser, wie
ein Bericht der Zeitung "La Petite République socialiste" beweist. Dort heißt es in einem Kommentar zu dem vollständig ab-

gedruckten Wortlaut der "lettre macabre", es sei durch den
vorstehenden Text nunmehr erwiesen, daß "schwerste Anschuldigungen" auf Le Maout lasteten. Der abgedruckte Brief Toqués
sei dafür "der beste Beweis". Unter Verweis auf entsprechende
Textstellen aus dem genannten Brief wird Le Maout als der
dort beschriebene Täter eindeutig identifiziert[157].

Einem unbefangenen Leser mußte also ohne weiteres auffallen,
daß die später so berüchtigte "lettre macabre" alles Mögliche
sein mochte, nur nicht ein stichhaltiges Beweisstück für von
Toqué angeblich oder tatsächlich begangene Verbrechen[158]. Toqué selbst hat den Brief und die Art und Weise, wie dieser
gegen ihn benutzt wurde, in seinem hier schon häufig zitierten Buch nachträglich kommentiert.

Unter dem Eindruck ständig neuer Gerüchte über das kaum noch
zu erklärende Verhalten Le Maouts habe er, da er Gaud ohnehin
habe schreiben müssen, diesen über die um Le Maout kreisenden
Gerüchte informieren und dabei die Redeweise des Arztes nachahmen wollen. Als Kommentar zu dem in seinem Buch abgedruckten Text der "lettre macabre" notiert er, er habe sich bei
der Abfassung dieses Schreibens nicht im entferntesten vorstellen können, daß er später einmal Feinde haben könnte, welche
"diese ironischen Zeilen, diese Phantasie makabrer Rhetorik"
im "<u>sens littéral</u>" (Unterstreichung im Original, J.M.) interpretieren und gegen ihn verwenden würden. Eine "derartige
Dummheit" oder vielmehr eine "derartige Infamie" habe er nicht
voraussehen können[159].

Das von Toqué angesichts des vorliegenden Brieftextes glaubhaft vorgebrachte Argument, er habe den Text in ironischer
Absicht verfaßt, wird auch durch die Aussage eines seiner Vorgesetzten, des Leiters des Schari-Kreises, Bruel, bestätigt.
Toqué sei aufgrund seines jugendlichen Alters noch sehr unreif,
ja "lausbubenhaft" (gaveroche) und deshalb durchaus dazu im-

stande gewesen, die "lettre en style décadent" geschrieben zu haben, "en croyant faire une bonne fumisterie[160]".

In derselben Aussage bestätigt Bruel die in der "lettre macabre" zum Ausruck kommende Einschätzung Toqués, daß Le Maout mehr oder weniger stark verhaltensgestört gewesen sei[161]. Unabhängig von den im nachhinein erfolgten Aussagen Toqués und Bruels ist noch einmal festzuhalten, daß die "lettre macabre" von ihrem Wortlaut her bei unvoreingenommener Betrachtung nicht als Beweisstück für irgendwelche Straftaten Toqués angesehen werden kann. Dies wird auch durch die Tatsache unterstrichen, daß besagtes Schriftstück in dem gegen Gaud und Toqué geführten Prozeß nur am Rande eine untergeordnete Rolle spielt[162].

Die relativ ausführliche Behandlung dieses Schriftstückes war notwendig, um den Charakter des von den Justizbehörden an den Tag gelegten Verhaltens, das nun geschildert werden soll, ins rechte Licht zu rücken. Allein gestützt auf dieses, zwar äußerst spektakulär aufgemachte, im Sinne einer auf Toqué bezogenen Klagebegründung aber nichtssagende Dokument und ohne erst einmal weitere, aussagekräftige Unterlagen vom Kolonialministerium anzufordern, um dann in eine sorgfältige Untersuchung des Sachverhaltes einzutreten, - ohne also die eingereichte Klage mit der gebotenen Sorgfalt und Umsicht zu prüfen, leiteten die Justizbehörden weitreichende Maßnahmen gegen Toqué ein.

In erkennbarer Beflissenheit, dem Ansinnen des Kolonialministers so schnell wie möglich Genüge zu tun, schaltete die Staatsanwaltschaft noch am gleichen Tag, an dem sie die Nachricht des Ministers erhalten hatte, den zuständigen Untersuchungsrichter ein und setzte diesen über den Strafantrag des Kolonialministeriums in Kenntnis, nicht ohne die für eine Ermittlungsbehörde ungewöhnliche Mahnung hinzuzufügen, das zur Begründung der Klage beiliegende Schriftstück nach Kenntisnahme an das Kolonialministerium zurückzureichen[163]. Von der Not-

wendigkeit einer eingehenden Prüfung oder etwaigen Zweifeln
an der Stichhaltigkeit des vorgelegten Beweismaterials ist
keine Rede.

Welche Bedeutung Untersuchungsrichter Boucard dieser Mitteilung der Staatsanwaltschaft zumaß, wird aus seiner Reaktion deutlich. Die einzelnen Stationen seines Vorgehens lassen sich aus dem von ihm angefertigten und dem Kolonialminister anschließend übermittelten Protokoll in allen Einzelheiten verfolgen. Um die offensichtlich allzu dürftige Beweislage aufzubessern, beschließt er, wie er anschließend offiziell zu Protokoll gibt, bei Toqué ohne vorherige Anmeldung eine Hausdurchsuchung vorzunehmen[164].

Um vier Uhr nachmittags des 13. Februar macht er sich in Begleitung des Chefs der Sicherheitspolizei (chef de la Sûreté), Hamard, eines Gerichtsschreibers und zweier Kriminalinspektoren auf den Weg in die Rue de Turbigo. Hier, in der Wohnung seiner Mutter, bereitet sich Toqué gerade auf seine, für den nächsten Tag angesetzte Abreise nach Bordeaux vor, um von dort aus am darauffolgenden Tag per Schiff in den Kongo zurückzukehren, wie es der Minister ihm aufgetragen hatte.

Für den nun folgenden Ablauf des Geschehens liegt neben dem erwähnten, von Boucard verfaßten Protokoll auch der aus entgegengesetzter Perspektive geschriebene Bericht Toqués vor. Beide Texte stimmen in den wesentlichen Punkten überein.

Demnach begann Boucard sogleich mit der Durchsuchung, die mit einer Leibesvisitation Toqués ihren Anfang nahm. Minuziös beschreibt Boucard das Innere der Wohnung, in der schon das für Toqués Abreise gerichtete Gepäck bereitgestellt war. Alles wird gründlich auf mögliche Beweisstücke hin durchsucht, alle in Frage kommenden Dokumente werden beschlagnahmt[165]. Aufgrund eines Vorführbefehls (mandat d'amener), den der Untersuchungsrichter vor Beginn der Blitzaktion dem Chef der Sicherheitspolizei noch schnell zugesteckt hatte, nimmt dieser Toqué nun fest und läßt ihn unverzüglich in den Justizpalast überführen. Dort, im Büro des Untersuchungsrichters, findet um 18 Uhr ein erstes Verhör statt[166].

Im Laufe dieser Vernehmung wird Toqué zum ersten Mal offiziell davon unterrichtet, daß er des vorsätzlichen Mordes an "Eingeborenen" Französisch-Kongos beschuldigt wird. Zum Tatvorwurf selbst äußert sich Toqué in diesem Verhör nicht, weist aber auf das von ihm und Proche zum Zwecke der Verteidigung erstellte Memorandum vom 11. Februar hin und nennt den Namen seines Anwaltes Ménard[167].

Nach Beendigung des Verhörs wird Toqué in einer Zelle des Justizpalastes in Polizeigewahrsam genommen, ohne die Möglichkeit zu erhalten, mit seinem Anwalt Kontakt aufzunehmen[168]. Den Tag des 14. Februar verbringt Toqué weiterhin in seiner Polizeizelle. Am Abend desselben Tages wird er zu seiner großen Überraschung dazu aufgefordert, seine Haftentlassung zu unterschreiben. Dies ist, wie er sogleich feststellen muß, freilich nur ein formaler Akt, der das weitere Vorgehen der Justizbehörden rechtfertigen soll. In der Zwischenzeit hatte nämlich Untersuchungsrichter Boucard verfügt, daß das Verfahren gegen Toqué an seinen Amtskollegen in Brazzaville abzutreten sei, da dieser, wie Boucard am 14. Februar erst erfahren haben will, angeblich schon seit längerem eine Untersuchung gegen Toqué eingeleitet habe. Der Beschuldigte sei deshalb unverzüglich auf freien Fuß zu setzen[169]. Gleichzeitig wurde der Untersuchungsrichter in Brazzaville über die getroffene Maßnahme förmlich in Kenntnis gesetzt[170]. Damit hatten sich zwar die Pariser Justizbehörden des Verfahrens elegant entledigt, Toqué wurde aber dennoch nicht aus dem Polizeigewahrsam entlassen.

Auf Anordnung des Kolonialministeriums stellte der Polizeipräfekt von Paris vielmehr sicher, daß Toqué noch am gleichen Abend des 14. Februar direkt von seiner Zelle aus und in Begleitung zweier Polizeibeamter mit dem um 20 Uhr 45 in Paris abfahrenden Nachtzug nach Pauillac (Gironde) gebracht wurde. Dort wird er am 15. Februar, immer unter unmittelbarer Polizeibewachung[171] und im Beisein des eigens zu diesem Zweck anwesenden "Chef des Kolonialdienstes" von Bordeaux, an Bord eines Schiffes gebracht, das ihn am Nachmittag des gleichen Tages in den Kongo zurückbringt[172].

In seiner Kabine rekapituliert Toqué, wie er später schreibt, noch einmal die Ereignisse der vergangenen zwei Wochen. Zwar sei er immer noch nicht ernsthaft beunruhigt gewesen, denn er habe nichts erkennen können, was man ihm hätte vorwerfen können. Dennoch habe er sich gefragt, "was aus ihm werden solle, welcher Skandal sich da wohl vorbereite[173]".

Noch am Tage der auf die soeben geschilderte Weise erzwungenen Abreise Toqués in den Kongo erschienen in der Presse erste Meldungen über seine Verhaftung. Am folgenden Tag, dem 16. Februar 1905, wird dann mit der im vorhergehenden Kapitel bereits erwähnten Pressekampagne der Kongoskandal ausgelöst.

Damit, soviel läßt sich an dieser Stelle schon festhalten, erübrigen sich die Spekulationen, die Brunschwig, wie im vorigen Kapitel aufgezeigt, zum Datum des 16. Februar anstellt[174]. Im Gegensatz zu den von ihm in Erwägung gezogenen Versionen ist das Datum für den Beginn der Pressekampagne als die unmittelbare Folge der Verhaftung Toqués zu begreifen, einer Maßnahme, die wiederum das Ergebnis einer zwischen dem Generalkommissar des Kongo, Gentil, sowie Kolonialminister Doumergue von langer Hand vorbereiteten und von Minister Clémentel bei seiner Amtsübernahme sogleich weiterverfolgten und zu Ende geführten politischen Aktion darstellt.

Das perfekte Zusammenspiel zwischen Exekutive und Judikative, dessen sich Clémentel später vor dem Parlament ausdrücklich rühmt[175], ließ Toqué, wie hier im einzelnen zu demonstrieren war, nicht einmal die Chance, sich auf rechtlichem Wege gegen den Zugriff der Kolonialbürokratie zu wehren und sich damit der Statistenrolle zu entziehen, die ihm im Rahmen einer, wie sich in der Folge zeigen sollte, breit angelegten politischen Dramaturgie zugedacht war.

3. Kapitel: Der Skandal wird ausgelöst: Die Pressekampagne
   vom 15. bis 28. Februar 1905

1. Hinweise zur Abfolge der anschließenden Untersuchungsschritte

Nachdem die Ursprünge des Skandals ausführlich dargestellt
worden sind, wird das jetzt anschließende Kapitel die sich
am 15. Februar 1905 ankündigende, einen Tag später vehement
einsetzende und sich über fast zwei Wochen hinziehende Pressekampagne zu behandeln haben. Der Verlauf dieser Kampagne
ist - wie auch schon deren Vorgeschichte - in der bisher
vorliegenden Literatur nur andeutungsweise und oft auch ver-
zerrt nachgezeichnet worden.

Dieses Versäumnis soll im folgenden aufgearbeitet werden.
Durch die Verbindung bislang unbekannter Einzelheiten mit
dem hier bisher erreichten Wissensstand sollen dabei die
im vorliegenden Kapitel angedeuteten Umrisse der mit dem
Kongoskandal verknüpften Regierungstaktik schärfer hervor-
treten. Zugleich soll belegt werden, daß die in den bisherigen Darstellungen vorgenommenen Deutungsversuche bis in
ihre Kernaussagen hinein revisionsbedürftig sind.

Die folgenden Ausführungen gliedern sich in zwei Hauptab-
schnitte. Nach einer kurzen Charakterisierung der die Kampagne tragenden Blätter der Massenpresse sowie einiger anderer in diesem Zusammenhang untersuchter Zeitungen wird
sich die Betrachtung zunächst dem äußeren Erscheinungsbild
der Presseberichte zuwenden. Wie sieht das in der Massenpresse arrangierte Szenario aus? Welche Leitlinien lassen
sich durch den Gang der Berichterstattung hindurch verfolgen? Welche Schwerpunkte werden erkennbar und wie werden
die geschilderten Ereignisse interpretiert?

Ziel dieses Untersuchungsschrittes ist der detaillierte Nachweis, daß es sich bei dem weitgehend einheitlichen Presseecho, das durch die Verhaftung Toqués ausgelöst wurde, nach Aufmachung, Dauer und inhaltlicher Ausrichtung - trotz teilweise erkennbarer, eher äußerlicher Unerschiede in der Berichterstattung der einzelnen Zeitungen - um eine offenkundig gelenkte Kampagne handelte und nicht etwa um eine spontane, von humanitären Impulsen geleitete Aktion einer gegenüber der Regierungspolitik kritischen Öffentlichkeit, so wie dies - mit der erwähnten Ausnahme von Brunschwig (1977) - in weiten Teilen der vorliegenden Literatur, zum Teil bis in die jüngste Zeit hinein, dargestellt wird[176]. Die Untersuchung der für die Kampagne charakteristischen inhaltlichen Aussagen soll darüber hinaus zur Beantwortung der im ersten Kapitel des vorliegenden Untersuchungsteils kontrovers diskutierten Frage beitragen, von welchen politischen Beweggründen die Inszenierung dieses Unternehmens getragen war.

In einem zweiten Untersuchungsschritt soll dann der Frage nachgegangen werden, welche Regierungstaktik sich im Verlaufe der Skandalkampagne beobachten läßt. Es wird zu zeigen sein, auf welche Weise und in welcher Richtung die Regierung versuchte, auf die Entwicklung der von ihr ausgelösten Pressekampagne massiv Einfluß zu nehmen, indem sie die von ihr propagierte Version der Skandalvorgänge immer nachdrücklicher in den Vordergrund rückte und schließlich durch direkte Eingriffe in den Gang der Berichterstattung den von ihr intendierten Verlauf der Kampagne sicherstellte.

2. Die Präsentation des Skandals in den Massenblättern

Träger der nun zu schildernden Pressekampagne waren die Blätter der Massenpresse. Es handelt sich dabei um vier Zeitungen, deren Auflage die der übrigen Tageszeitungen weit überstieg und die deshalb als die "vier Großen" (les quatre grands) bezeichnet werden. Größte dieser "vier Großen" war die Tageszeitung "Le Petit Parisien", die im Jahre 1905 eine Auflage von annähernd 1.200.000 Exemplaren erreichte und in ihrer Kopfzeile den stolzen Hinweis trug: "Le plus fort tirage des journaux du monde entier". Auf den nachfolgenden Plätzen standen "Le Petit Journal" mit einer Auflage von 850.000, "Le Journal" mit über 600.000 und schließlich "Le Matin" mit mehr als 500.000 Exemplaren. Alle Angaben beziehen sich auf das Jahr 1905[177]. Die marktbeherrschende Stellung dieser Blätter verstärkte sich in den folgenden Jahren. Im Jahre 1914 hatten die "vier Großen" zusammen genommen eine Auflage von etwa 4,5 Millionen Exemplaren. Das bedeutete einen Marktanteil von 75 % aller Pariser und über 40 % aller französischen Tageszeitungen[178]. Unter diesen vier marktbeherrschenden Blättern herrschte eine scharfe Konkurrenz, in der sich eine Frontlinie zwischen den beiden "Petits", also "Le Petit Parisien" und "Le Petit Journal" einerseits sowie "Le Matin" und "Le Journal" andererseits abzeichnete. Die ersteren pflegten in etwa den gleichen Stil und hatten dieselbe Leserschaft aus dem Bereich niederer sozialer, oft ländlich geprägter Schichten (clientèle populaire et souvent rurale) mit geringer Schulbildung und "sensible aux grands sentiments[179]". Die Leserschaft der zuletzt genannten beiden Blätter rekrutierte sich zwar auch überwiegend aus dem genannten sozialen Umfeld, wies aber einen höheren Anteil aus dem Bereich städtischer kleinbürgerlicher Schichten auf, "ayant une prétention à la culture, politiquement sans dout moins à gauche[180]". Insgesamt gesehen also ein angemessener Resonanzboden für eine eher plakativ angelegte Berichterstattung mit konservativem Einschlag.

Es liegt auf der Hand, daß das Betreiben derart massenhaft verbreiteter Tageszeitungen die Möglichkeit voraussetzte, über beträchtliche finanzielle Mittel disponieren zu können. Die kapitalkräftigen Herausgeber dieser Massenblätter, die über solche Möglichkeiten verfügten, hatten sich damit zugleich weitreichenden politischen Einfluß gesichert[181]. Wie eng die Verbindung zwischen geschäftlichen und politischen Interessen im Bereich des Pressewesens ausgebildet war, läßt sich auch auf der Ebene personeller Verflechtung verfolgen. So hatten die Herausgeber der dominierenden Tageszeitungen enge Kontakte zur politischen Gruppierung der sogenannten "Alliance républicaine démocratique, die am rechten Rand der regierenden bürgerlichen "radikalen und radikalsozialistischen Partei" agierte und in der sich die Vertreter bedeutender Kapitalinteressen (grands intérêts) sowie einflußreiche Politiker zusammengefunden hatten[182]. Jean Dupuy, der Herausgeber von "Le Petit Parisien", der größten französischen Tageszeitung wie gesagt, hatte in der Zeit vor 1914 mehrere Regierungsposten inne[183]. Umgekehrt traten im Jahre 1914 die bis dahin schon in mehreren Kabinetten als Minister vertretenen hohen Politiker Stéphen Pichon und Etienne Clémentel an die Spitze des Verwaltungsrates der Tageszeitung "Le Petit Journal" und übernahmen damit die Nachfolge von Charles Prevet, "sénateur de Seine-et-Marne, administrateur de compagnies de chemin de fer[184]".

Es verwundert nicht, daß diese Allianz zwischen "grands intérêts", zwischen führenden Kapitalinteressen, hochrangigen Politikern und dominierender Presse sich auch in der politischen Ausrichtung der Presseerzeugnisse widerspiegelte. Die herrschenden ideologischen Grundströmungen jener Jahre fanden hier ihren Niederschlag. Dies zeigte sich nicht nur in der Glorifizierung alles Militärischen, der Propagierung kolonialer Expansion[185], dem Schüren vor allem gegen Deutschland gerichteter nationalistischer Ressentiments, sondern auch in dem forcierten Eintreten für bürgerliche Tugenden und Verhaltensweisen. Daneben spielte allerdings auch - schon aus Gründen der Konkurrenz um Marktanteile - das "ein wenig morbide" Ausschlachten "blutiger Verbrechen und tränenreicher Dramen" eine herausragende Rolle[186]. Ein Aufgreifen der Gaud-Toqué-Affäre mit dem Ziel einer möglichst effektiven Vermarktung des Skandals erscheint vor diesem Hintergrund also nur plausibel. Wie noch im einzelnen zu zeigen sein wird, war dies auch in der Tat, wenngleich in unterschiedlichem Ausmaß, der leitende Gesichtspunkt für die Blätter der Massenpresse.

Neben den genannten Zeitungen wurden für die Untersuchung der Pressekampagne noch vier weitere Tageszeitungen als begleitende und vergleichende Lektüre herangezogen. Dies sind zum einen die - zusammen mit dem hier nicht berücksichtigten "Journal des Débats" - als "grands journaux du Centre" bezeichneten "seriösen", konservativen Blätter "Le Figaro" und "Le Temps", beides "feuilles de qualité", von denen vor allem letztere als exponierte Vertreterin kolonialer Interessen (un véritable "moniteur de la colonisation") besondere Beachtung verdient[187].

Mehr auf der anderen Seite des politischen Spektrums finden sich, zumindest ihrem nach außen hin dokumentierten Anspruch nach, die beiden hier noch zu Vergleichszwecken herangezogenen Tageszeitungen "La Petite République socialiste" und "L'Humanité". Erstere war ursprünglich ein Blatt, in dem sich die verschiedenen Strömungen der sozialistischen Bewegung Ausdruck verschaffen konnten, hatte auch während der Dreyfus-Affäre die demokratisch-republikanischen Kräfte unterstützt, tendierte in der Folgezeit dann aber immer mehr zur politischen Mitte und scheute schließlich nicht davor zurück, sich zur Fürsprecherin selbst rigide durchgesetzter Kapitalinteressen zu machen. Letzteres führte zum Konflikt mit Jaurès, der die Zeitung verließ und Ende 1903 - mit Hilfe bürgerlicher Kapitalgeber - die "Humanité" gründete, deren erste

Ausgabe im April 1904 erschien[188]. Die "Humanité" war kein offizielles sozialistisches Parteiblatt - zum Organ des Zentralkomitees der sozialistischen Partei wurde "Le Socialiste" -, sondern gab unterschiedlichen Standpunkten Raum, wie sie innerhalb - und auch außerhalb - sozialistischer Strömungen und gewerkschaftlicher Positionen eingenommen wurden[189]. Die Wirkung der "Humanité", die mit der Massenpresse nicht konkurrieren, sondern aufklärend-erzieherisch wirken wollte, blieb auf einen relativ kleinen Leserkreis beschränkt[190]. Die Auflagenhöhe von "La Petite République socialiste" war zwar größer, reichte aber nicht im entferntesten an die Massenpresse heran[191]. Auch der Einfluß der beiden bürgerlich-konservativen Zeitungen "Le Figaro" und "Le Temps" beruhte nicht auf einer übermäßig hohen Auflage[192], sondern basierte auf dem journalistischen Renommee und letztlich auf der gesellschaftlichen Stellung ihrer Leser[193].

Träger der Kampagne war, wie gesagt, die Massenpresse; die übrigen hier genannten Zeitungen waren nur flankierend beteiligt. An der Spitze der Kampagne stand deutlich sichtbar die Tageszeitung "Le Matin". Während die anderen drei Massenblätter sich in der Art und zum Teil auch im Umfang ihrer Berichterstattung mehr zurückhielten, nahm "Le Matin" von Anfang an unübersehbar die Rolle eines Einpeitschers ein. Auch im weiteren Verlauf der Kampagne behauptete diese Boulevardzeitung ihre Schlüsselposition durch das direkte Eingreifen führender Kolonialpolitiker, die das Blatt benützten, um auf ebenso publikumswirksame wie skrupellose Weise die Position der Regierung zum Ausdruck zu bringen.

"Le Matin" hatte sich schon seit längerem durch einschlägige Aktivitäten den Ruf eines rechtsgerichteten Skandalblattes erworben[194]. Seine Berichterstattung zeichnete sich, auch gegenüber den anderen Massenblättern, im allgemeinen durch einen "aggressiveren Ton" und eine "knalligere Aufmachung" aus[195]. Der Herausgeber des Blattes setzte den Einfluß seiner Zeitung rücksichtslos für seine Zwecke ein, wo immer die Gelegenheit sich dazu bot. Gleichzeitig unterhielt er beste Beziehungen zu den jeweils einflußreichen Politikern in Parlament und Regierung[196]. Ein besonders enger personeller Kontakt bestand zum Kolonialministerium. Henry de Jouvenel, seit 1905 einer der beiden Chefredakteure von "Le Matin"[197], war ein Bruder von Robert de Jouvenel, der im Kolonialministerium den Posten eines Attachés bekleidete und in dieser Eigenschaft als Vertrauensmann des Ministers an der regierungsoffiziellen Untersuchungsdelegation für den Kongoskandal beteiligt war[198].

Nach dieser - wenn auch recht groben - Charakterisierung der die Pressekampagne maßgeblich betreibenden Massenblätter, besonders des bei dieser Gelegenheit als Wortführer auftretenden "Matin", liegt der Gedanke recht fern, daß, so wie es eine bis in die jüngste Zeit in der Sekundärliteratur verbreitete und im Rahmen dieser Arbeit bereits besprochene Version ausdrückt[199], die Presseveröffentlichungen vom Februar 1905 den Sinn gehabt haben sollten, die Empörung einer humanitär gesinnten liberalen Öffentlichkeit gegenüber unmenschlichen Kolonialpraktiken zu mobilisieren, um die Regierung zu einer Änderung ihrer kolonialpolitischen Methoden zu veranlassen. Die eingehende Betrachtung der einzelnen Zeitungsberichte wird vielmehr zeigen, daß es für eine derartige Interpretation keinerlei Anhaltspunkte gibt. Eine erkennbare Absicht, durch die eigene Berichterstattung darauf hinzuwirken, daß die Zustände in Französisch-Kongo durch wie auch immer geartete Reformmaßnahmen für die dort lebenden Menschen erträglicher gestaltet oder auch nur gröbste Mißstände beseitigt würden, läßt sich bei keiner der hier untersuchten Zeitungen während der Pressekampagne vom Februar 1905 nachweisen.

Wie schon gesagt, deutete sich der Skandal bereits am 15. Februar 1905 an. In mehreren Zeitungen wurde mit unterschiedlicher Überschrift die Verhaftung Toqués gemeldet. Während "Le Petit Journal" und "L'Humanité" schlicht von der Festnahme eines Kolonialbeamten berichten, spricht "Le Petit Parisien" bereits von einer "mysteriösen Festnahme" und "Le Journal" führt auch schon den Begriff ein, der dem Vorgang von nun an dauerhaft anhaften sollte: "Les scandales coloniaux[200]".

Trotz dieser auffälligen Überschrift berichtet "Le Journal" in seiner knappen Darstellung sehr zurückhaltend über die Verhaftung Toqués, dessen Name nur mit seinen Initialen angedeutet wird, und hütet sich unter Hinweis auf die unklare Informationslage ausdrücklich vor überstürzten Wertungen: "On comprend que, dans ces conditions, une réserve extrême s'impose[201]". Auch die Meldungen der übrigen Zeitungen sind in dieser Phase der Berichterstattung noch betont nüchtern gehalten. Am besten informiert zeigt sich "Le Petit Parisien", in dessen Bericht die Details der gegen Toqué gerichteten Justiz- und Polizeiaktion im wesentlichen korrekt wiedergegeben werden, obgleich, wie auch die anderen Zeitungen vermerken, die zuständige Staatsanwaltschaft keine Auskünfte gibt, sondern sich über die näheren Umstände und die Gründe der Verhaftungsaktion in Schweigen hüllt. Woher stammten also die Informationen für die Pressemeldungen? Einen Teil der in dem Artikel des "Petit Parisien" verarbeiteten Informationen erhielt die Zeitung im Verlaufe eines mit der Mutter Toqués geführten Interviews. Einen anderen Teil bezog sie aus einer nicht näher umschriebenen "sehr seriösen Quelle" (source très sérieuse), die auch den Inhalt des vom Kolonialminister gegen Toqué eingereichten Klagegesuches preisgibt[202]. Da die zuständigen Justizbehörden nach übereinstimmender Feststellung der Presse keinerlei Erklärung zu dem Vorgang abgaben, liegt es nahe, den Ort der genannten "sehr seriösen Quelle" im Kolonialministerium selbst zu vermuten.

Während die Zeitungen am 15. Februar also noch sehr zurückhaltend auf die Nachricht von der Verhaftung Toqués reagierten, änderte sich dieses Bild am folgenden Tag schlagartig. Ausschlaggebend ist die am 16. Februar einsetzende Artikelserie des "Matin". Unter dem reißerischen Titel "Les Bourreaux des Noirs" (bourreau = Folterknecht, Scharfrichter, Sadist, Schinder) wird die von Gaud am 14. Juli 1903 in Fort Crampel begangene Tat zum Anlaß einer Geschichte genommen, die mit dem tatsächlichen Hergang des Geschehens nichts mehr gemein hat. Die mit Begriffen wie "crime colonial" und "immondes forfaits" (widerliche Verbrechen) durchsetzte Schilderung stellt vielmehr eine auf niedrigste sadistische Instinkte der Leser abzielende, frei erfundene Horrorversion dar. Der Vorfall wird auf den 14. Juli 1904 verschoben, der Ort des Geschehens nach Brazzaville verlagert. Nach einem üppigen Festmahl, so heißt es dann, seien mehrere Kolonialbeamte unter dem Einfluß reichlich genossenen Alkohols auf die Idee verfallen, sich zur Feier des Tages ein besonderes Vergnügen zu gönnen und die Wirkung von Dynamit auf einen "Neger" auszuprobieren. Ein junger Afrikaner sei willkürlich aus einer Menschenansammlung herausgegriffen und gefesselt worden. Anschließend habe man diesen durch eine rektal eingeführte Dynamitpatrone in die Luft gesprengt. Diese "effroyable partie de plaisir" habe aber noch nicht ausgereicht, die "folie sanguinaire", den Blutrausch Toqués und seiner Freunde zu befriedigen. Einige Tage später, nach einem erneuten Diner, beim Kaffee sitzend und "feine Havannas rauchend", habe man sich als nächsten Zeitvertreib eine neue Schandtat ausgedacht. Es sei beschlossen worden, einem "Neger" den Kopf abzuschlagen, daraus eine Suppe zu kochen und diese den "Schwarzen" der Umgebung, den Freunden und Nachbarn des Getöteten, zum Verzehr vorzusetzen. Danach, so die perverse Pointe, sollte den Teilnehmern der Mahlzeit der Kopf ihres getöteten Freundes gezeigt und ihnen somit demonstriert werden, woraus die von ihnen genossene Suppe zubereitet worden war. Dieses Vorhaben sei auch tatsächlich in der geschilderten Weise ausgeführt worden, und die Urheber dieser Tat hätten sich prächtig amüsiert: "Ce fut une bien joyeuse soirée!" Dies, so "Le Matin", seien die Tatbestände, derentwegen man in Brazzaville eine gerichtliche Untersuchung eröffnet habe. Die ganze Angelegenheit spreche für sich und bedürfe keines weiteren Kommentars.

Der anonym verfaßte Artikel nennt als Quelle für die von ihm dargebotene Version "une personne connaissant à fonds ces affaires". Nähere Angaben über diese Person finden sich nicht[203].

Unter Bezugnahme auf einen angeblichen Augenzeugen erscheint in der Ausgabe des folgenden Tages eine Fortsetzung der sadistischen Gruselgeschichte. Nachdem am Vortage Toqué genüßlich als perverser Sadist abgeschildert worden war, sind es nunmehr der oben bereits mehrfach erwähnte Proche und vor allem Gaud, die unter Hinweis auf ihre "abscheulichen Mordtaten" als Objekte eines Sensationsjournalismus herhalten müssen. Wie wenig es "Le Matin" dabei um eine wahrheitsgetreue Darstellung zu tun war, zeigt sich bereits daran, daß für das angebliche Geschehen des 14. Juli und die erfundenen Vorgänge um eine aus Menschenfleisch bereitete Bouillon ständig neue Versionen dargeboten werden, ohne daß die vorhergehenden korrigiert worden wären[204]. Wesentlich wichtiger sind in diesem Zusammenhang aber zwei andere Umstände.

In dem Artikel vom 17. Februar, gleich zu Beginn der Kampagne also, wird eine Interpretation des Skandalgeschehens eingeführt, die sich nach der hier charakterisierten Berichterstattung als naheliegend anbietet und später auch von den als Sprecher des Kolonialministeriums auftretenden Politikern weiter ausgeführt werden wird. Der "entsetzliche Zeitvertreib" (les horribles "passe-temps"), dem sich die Beschuldigten verschrieben hätten, verdiene keinerlei Entschuldigung, - es sei denn man ließe eine besondere Art von Wahnsinn (la folie spéciale), dem manche Europäer unter dem Einfluß der afrikanischen Sonne zum Opfer fielen, als eine solche gelten. Daß eine derartige Deutung des Geschehens dem Kolonialministerium nur willkommen sein konnte, ergibt sich bereits aus der geschilderten Vorgeschichte der Kampagne.

Ein anderer Umstand paßte weitaus weniger gut in das Konzept der Regierung. Anstatt sich auf die Gaud-Toqué-Affäre zu beschränken, läßt "Le Matin" nämlich seinen angeblichen Augenzeugen und Gewährsmann, einen Agenten einer privaten Konzessionsgesellschaft aus der Ubangi-Region namens Dubois, weitschweifig über in Französisch-Kongo herrschende Zustände zu Wort kommen. Dabei geraten auch die im vorhergehenden Kapitel geschilderten Vorgänge in der Lobaye-Region sowie die Rolle der dortigen Kolonialadministration ins Zwielicht[205]. Dieser Gang der Berichterstattung konnte natürlich nicht im Interesse des Kolonialministeriums sein. Der Skandalverlauf, dies zeigen auch die noch zu besprechenden Artikel der anderen Zeitungen, drohte nunmehr, sich von der Gaud-Toqué-Affäre abzulösen und sich dem in Französisch-Kongo etablierten System als Ganzem zuzuwenden.

Die Regierung handelte deshalb sofort und führte nun die im vorigen Kapitel ausführlich vorgestellte "lettre macabre" in die Kampagne ein. Der Brief wurde der Presse zugänglich gemacht und erschien in "Le Matin" zum ersten Mal auszugsweise am 19. Februar[206]. Die Aufmerksamkeit sollte mit dieser Maßnahme ganz offensichtlich wieder auf die Gaud-Toqué-Affäre zurückgelenkt werden. Flankiert wurde dieses Vorgehen durch den an gleicher Stelle erfolgenden Auftritt eines führenden Mitgliedes des "parti colonial", der schon mehrfach erwähnten einflußreichen kolonialen Interessengruppe. Es handelt sich um den Senator von Oran, Saint-Germain, zugleich Kodirektor der führenden Kolonialzeitung "La Dépêche Coloniale", Schützling und enger Vertrauter des Chefs der Kolonialpartei, des amtierenden Innenministers Etienne[207]. Saint-Germain betont in seiner Stellungnahme den angeblichen Ausnahmecharakter der von Gaud und Toqué begangenen Taten, die er auf jugendliches Alter und Unerfahrenheit zurückführt[208]. Derartige, aus "Wahnsinn und Grausamkeit" begangene Taten, die von Leuten verübt würden, deren Aufgabe es sei, "Freiheit und Zivilisation" zu repräsentieren, müßten unnachsichtig geahndet werden, damit der Ruf Frankreichs keinen Schaden nähme[209].

Mit diesem Auftritt hätte die spektakuläre Artikelserie eigentlich ihr Ende finden können, aber offenbar hatte die Kampagne ihren Zweck noch nicht vollständig erfüllt - weder für die Massenpresse, noch für das Kolonialministerium. So führte "Le Matin" am 20. Februar ein weiteres Interview mit Dubois, in dem dieser seine gegen die Kolonialverwaltung des Kongo erhobenen Vorwürfe erneuert[210]. In der Ausgabe des folgenden Tages setzt er diese Angriffe massiv fort[211]. Ein weiteres Mal zeichnet sich somit für die Regierung die Gefahr ab, daß der Lauf der Kampagne in unkontrollierbare Bahnen einmündet. Es bedurfte also - auch im Hinblick auf die noch anzusprechenden Berichte in anderen Blättern - einer entschiedenen Reaktion der Regierung. Diese kündigt sich in der Ausgabe vom 21. Februar bereits an. Der Abgeordnete Le Hérissé, so wird gemeldet, wolle die "déplorables incidents", die sich im Kongo ereignet haben sollen, in der Abgeordnetenkammer zur Sprache bringen[212]. Am folgenden Tag beginnt die Regierung dann, mit einem Artikel aus der Feder eben dieses Abgeordneten, auf spektakuläre Weise in den Verlauf der Kampagne einzugreifen. Mit diesem Aspekt wird sich, wie oben bereits angekündigt, der dritte Teil dieses Kapitels im einzelnen beschäftigen. Zuvor sollen erst noch die anderen hier untersuchten Zeitungen in ihrer Berichterstattung näher beleuchtet werden.

Wie schon bemerkt, war "Le Matin" die treibende Kraft in der Pressekampagne vom Februar 1905. In der Berichterstattung der übrigen Blätter läßt sich ein derart hemmungsloser Sensationsjournalismus nicht in gleichem Ausmaß nachweisen. Der beim "Matin" besonders ausgeprägte Stil grobschlächtiger Denunziation ist hier weniger deutlich erkennbar, obwohl auch in diesen Zeitungen plakative Überschriften das Bild bestimmen. Unter der auch schon von "Le Journal" gewählten Überschrift "Scandales Coloniaux" bringt "Le Petit Parisien", der nach dem "Matin" von den Zeitungen der "großen Vier" am ausführlichsten über den "Kolonialskandal" berichtete, anfänglich sogar eine Berichterstattung, die eher geeignet ist, Gaud und Toqué zumindest von der alleinigen Verantwortung für die ihnen vorgeworfenen Taten zu entlasten[213]. Selbst als die Zeitung die vom "Matin" verbreitete Version über die angeblichen Vorgänge vom 14. Juli nachdruckt, geschieht dies nicht ohne korrigierende Stellungnahme gegenüber den offensichtlichsten Phantastereien dieses Sensationsblattes[214].

In den folgenden Ausgaben ändert sich das Bild zuungunsten von Gaud und Toqué. Nun schwenkt die Berichterstattung voll auf den von "Le Matin" vorgelegten Stil ein und zeichnet das von nun an in der Presse stereotyp wiederkehrende Bild zweier enthemmter Sadisten[215]. Auch die anfangs eher vorsichtige und abwägende Beurteilung der Verantwortlichkeiten wird jetzt im Sinne der von "Le Matin" vorgezeichneten Linie abgeändert. In einem Kommentar vom 19. Februar wird die "folie sanguinaire" (Blutrausch) unerfahrener und machttrunkener junger Beamter als alleinige Ursache für den Kolonialskandal angegeben[216]. Es sei deshalb notwendig, die bisher bei der Einstellung von Kolonialbeamten gehandhabten Maßstäbe zu überprüfen - eine Interpretation, die ganz auf der Linie der von den Repräsentanten des Kolonialministeriums wenige Tage später abgegebenen Erklärungen liegt.

Einen Tag danach erhält die Berichterstattung unvermittelt
einen anderen Akzent. Unter der Überschrift "Les Crimes Coloniaux" erscheinen die aus dem Kongo gemeldeten Vorgänge
nunmehr als Ausdruck in den Kolonien weit verbreiteter Gepflogenheiten gelangweilter Kolonialfunktionäre[217]. Auch hier
zeigt sich also die Tendenz, daß sich der Skandal von seinem
ursprünglichen Anlaß löst und anderen Bereichen der Kolonialpolitik zuwendet. Wiederum ist auch hier sogleich ein Vertreter der Regierungsposition zur Stelle und meldet sich in der
Ausgabe vom 22. Februar mit einer Erklärung zu Wort, auf die
im Zusammenhang mit der Erläuterung der Regierungsaktivitäten
im dritten Teil dieses Kapitels noch näher einzugehen sein
wird. An dieser Stelle soll die Berichterstattung in der Presse zunächst noch etwas weiter verfolgt werden.

Wie sah die Berichterstattung der anderen beiden Massenblätter, "Le Petit Journal" und "Le Journal" aus und wie diejenige der vier genannten übrigen Zeitungen? Was die beiden bisher noch nicht untersuchten "Großen" anbelangt, so ist auffällig, daß ihre Berichte bereits in quantitativer Hinsicht
bei weitem nicht an die in der Kampagne führenden anderen beiden "Großen" heranreichen. Das Thema wird nicht durchgängig
in den auf den 16. Februar folgenden Ausgaben aufgegriffen,
die Berichte sind kürzer. Abgesehen von der Tatsache, daß
"Le Journal" sich des von ihm zuerst eingeführten Titels "Les
Scandales Coloniaux" bedient und damit terminologisch voll
auf der Welle der Skandalberichterstattung mitschwimmt, zeichnen sich seine Darstellungen, von Ausnahmen abgesehen, durch
einen relativ sachlich gehaltenen Stil aus und heben sich damit erkennbar, zum Teil auch in Einzelheiten korrigierend,
von "Le Matin" ab[218].

Noch zurückhaltender ist der von der letzten der hier zu be-
trachtenden Massenzeitungen gewählte Berichtsstil. Abgesehen
von einer Zwischenüberschrift mit dem Wortlaut "cuisine ma-

cabre[219]" sind sogar die Titelzeilen eher nüchtern gehalten.
Als einziges der bisher zitierten Blätter übt diese Zeitung
sogar - wenn auch vorsichtige - Kritik an dem Vorgehen, das
die Behörden bei der Verhaftung Toqués an den Tag gelegt
hatten[220]. Insgesamt nehmen die Berichte über die Skandalaffäre in dieser Zeitung nur einen untergeordneten Platz ein
und können - im Gegensatz zu den Beiträgen von "Le Petit
Parisien" und besonders "Le Matin" - nicht als ausgesprochen
sensationslüstern bezeichnet werden.

Diese Feststellung ist allerdings nicht so zu verstehen, als
nähmen "Le Journal" und der hier zuletzt besprochene "Petit
Journal" gegenüber der eher sensationsbetonten Darstellung
der anderen beiden "Großen" auch in inhaltlicher Hinsicht
eine wesentlich abweichende Position ein. Von der oben erwähnten Ausnahme abgesehen, werden weder in "Le Petit Journal", noch im "Journal" Ansätze einer kritisch-hinterfragenden Berichterstattung erkennbar. Wie noch zu zeigen sein wird,
stellen sich im Gegenteil auch diese Zeitungen als Forum der
Regierungspropaganda zur Verfügung und rücken somit, trotz
der im Vergleich zum "Matin" und auch zum "Petit Parisien"
beobachtbaren Unterschiede, zusammen mit diesen in die vorderste Reihe der Kampagnenträger.

In der Tonart vergleichsweise zurückhaltend ist auch der Berichtsstil der vier kleineren Tageszeitungen, die ich zum Vergleich mit der Massenpresse in die Untersuchung einbezogen
habe. Betrachten wir hier zunächst die beiden konservativen
Blätter "Le Figaro" und "Le Temps".

Im "Figaro" erscheint der Skandal nicht unter der Rubrik
"Scandales Coloniaux" oder einer ähnlichen Titelzeile, sondern, ganz so wie auch bei "Le Temps", konsequent auf einen
Einzelfall zugeschnitten als "Affaire Toqué". Im Gegensatz

zu der blutrünstigen Skandalkampagne des "Matin" und - in
etwas abgeschwächter Form - des "Petit Parisien" wird hier
im Zuge einer auf Seriösität bedachten Berichterstattung
auf angebliche oder tatsächliche Details der Skandalereignisse kaum Wert gelegt. Unter Berufung auf von einem hohen
Beamten des Kolonialministeriums gegebene Auskünfte werden
hingegen die in der Massenpresse weitgehend ausgemalten Hor-
rorversionen als übertrieben zurückgewiesen. Der erkennbare
Anspruch des Blattes geht dahin, Ursachen und Hintergründe
der Vorkommnisse näher auszuleuchten, ohne daß dieser Anspruch freilich eingelöst wird. So gerät zwar das im Ober-
Schari-Gebiet praktizierte Trägersystem kurz in den Blick,
erfährt dann aber keine weitere Beachtung. Auch die Umstände,
die zu Toqués Verhaftung führten, werden in einzelnen Details
korrekt geschildert, die wesentlichen Tatsachen werden aber
nicht wiedergegeben. So weist diese Art der Berichterstattung,
wie für ein "seriöses" Blatt nicht anders zu erwarten, zwar
keine ausgesprochenen Züge eines denunziatorischen Berichts-
stils auf, trägt aber auch nichts zur Aufklärung der Vorgänge
bei, sondern läßt die Affäre als Einzelfall, als "Affaire
Toqué", mit der sich Kolonialministerium und Justizorgane in
angemessener Weise auseinandersetzen, im Raume stehen[221].

Die schon von ihrem äußeren Erscheinungsbild her kühle Seri-
osität ausstrahlende Zeitung "Le Temps" berichtete während
der Februarkampagne überhaupt nur an zwei Tagen über die von
ihr, wie schon gesagt, gleichfalls als "Affaire Toqué" bezeichneten Vorgänge. Dabei ist der Beitrag vom 18. Februar
1905, in dem die Affäre kommentierend abgehandelt wird, von
besonderem Interesse. Bevor ich mich näher damit befasse,
soll noch kurz ein Blick auf die eher nach links orientierten Blätter geworfen werden.

Die ebenfalls nur auf wenige Tage beschränkte Artikelserie
von "La Petite République socialiste"[222] ähnelt stark den

Berichten der nach "Le Matin" und "Le Petit Parisien" behandelten Blätter und braucht hier deshalb nicht näher besprochen zu werden.

Nächst "Le Matin" und "Le Petit Parisien" war es die sozialistisch orientierte Tageszeitung "L'Humanité", die am ausführlichsten über den von ihr als "Crimes Coloniaux" apostrophierten Skandal berichtete[223]. Schien es dabei anfangs so, als würde in diesem Blatt eine deutlich kritischere Position sowohl gegenüber den von der Skandalpresse in Umlauf gebrachten Versionen über die angeblichen Skandalvorgänge, als auch gegenüber bestimmten Kolonialmethoden eingenommen[224], so zeigen die nachfolgenden Ausgaben, daß auch hier sich die gleiche oberflächliche Betrachtungsweise durchsetzt wie in den anderen Blättern. Ungeprüft werden die Angaben angeblicher, meist anonymer Zeugen zu einem Gemisch von Tatsachenbehauptungen und Wertungen vermengt, ohne daß Fragen nach den Ursachen, nach politischen Verantwortlichkeiten und Konsequenzen in den Blick genommen werden. So wie die übrigen Zeitungen auch, stellt sich letztlich auch die "Humanité" in den Dienst der von der übrigen Presse - bewußt oder unbewußt - betriebenen Desinformationspolitik, indem sie das von der Regierung gezeigte Verhalten nicht einmal ansatzweise in Frage stellt, sondern im Gegenteil von dieser in die Presse lancierte Dokumente, wie vor allem die oben schon ausführlich besprochene "lettre macabre", ungeprüft als angeblich zwingendes Beweismaterial gegen Toqué vorstellt und sich somit umstandslos der in der Presse allgemein verbreiteten Interpretationslinie anschließt[225].

In einem zentralen Punkt unterscheidet sich die Berichterstattung der "Humanité" allerdings von den übrigen Blättern. Von ganz wesentlicher Bedeutung für die Interpretation des Skandalverlaufes ist nämlich eine Fünf-Zeilen-Meldung, die in der Ausgabe vom 18. Februar erscheint. Diese, in der ge-

samten bisherigen Diskussion unbeachtet gebliebene Notiz
besagt, daß der sozialistische Abgeordnete Rouanet - "citoyen Rouanet" - wie es in der Meldung heißt, den Kolonialminister davon unterrichtet habe, er werde in der Abgeordnetenkammer zu den in den "französischen Besitzungen durch
Beamte des Ministeriums begangenen Grausamkeiten" einen
Interpellationsantrag stellen[226].

Wie bereits mehrfach erwähnt, erfolgte der in der vorliegenden Literatur ausschließlich erwähnte Interpellationsantrag (demande d'interpellation) des regierungsnahen Abgeordneten Le Hérissé am 21. Februar 1905, mithin also erst
drei Tage nach einem entsprechenden Vorstoß Rouanets. Welche Bedeutung diesem Umstand für die Beurteilung der von
der Regierung im Zusammenhang mit dem Skandal betriebenen
Politik beizumessen ist, wird später noch eigens zu besprechen sein.

Nachdem der Gang der Berichterstattung durch die hier vorgeführte Auswahl von acht Tageszeitungen, von der unterstellt
wird, daß sie für das durch die Verhaftung Toqués ausgelöste
Presseecho als repräsentativ angesehen werden kann, recht
eingehend verfolgt worden ist, stellt sich nunmehr im Rahmen eines Resümees die Frage, wie die hier präsentierten Zeitungen die von ihnen dargestellten Ereignisse im einzelnen interpretierten bzw. ob und inwieweit gezielte Deutungsversuche
überhaupt unternommen wurden.

Aus der oben zitierten Berichterstattung von "Le Matin" und
anderen Blättern ist ja bereits deutlich geworden, daß die
Presse, so weit sie sich überhaupt die Frage nach den Ursachen für die von ihr abgeschilderten Ereignisse stellte, die
Auffassung vertrat, bei den Gaud und Toqué vorgeworfenen Taten müsse es sich, da sie anders nicht zu erklären seien, um
die Ausgeburten krankhafter, perverser Phantasien handeln,

um im Zustand geistiger Umnachtung begangene Handlungen. Beide Beamte seien offensichtlich Opfer einer Art Tropenkoller, wie er sich unter extremen klimatischen Verhältnissen bei Europäern zuweilen einstelle[227]. Die ebenfalls bereits zitierten Aussagen des hochrangigen Kolonialpolitikers Saint-Germain, die "Le Matin" kommentarlos übernimmt, fügen sich nahtlos in dieses Bild ein. Die von "Le Matin" verbreitete Version bestimmt im wesentlichen auch den Tenor der übrigen Zeitungen[228]. Dort, wo Ansätze zu einer Betrachtung zu beobachten sind, die sich auch auf die Hintergründe der Gaud und Toqué vorgehaltenen Handlungen richtet, zeigt sich insgesamt, daß solche Überlegungen nicht weiter verfolgt werden und damit auf das Gesamtbild ohne Einfluß bleiben[229].

Die verschiedentlich erhobene Forderung nach einer besseren Ausbildung und strengeren Auswahl der in den Kolonien tätigen Beamten[230] war die einzige Konsequenz, die nach übereinstimmender Ansicht der Presse aus dem Skandal zu ziehen sei. Und selbst dieser allgemein gehaltene, an keine konkrete Forderung gebundene und somit von vornherein unverbindliche Appell ging manchen Zeitungen schon zu weit, wie sich im Falle von "Le Temps" noch zeigen wird.

Die Berichterstattung dieses Blattes soll im folgenden, wegen der herausgehobenen Stellung dieser Zeitung, noch etwas eingehender dargestellt werden. Schon von der äußeren Aufmachung her unterscheidet sich der hier zu betrachtende Bericht dieser "feuille de qualité" von derjenigen der übrigen Gazetten. Was deren äußere Gestaltung angeht, so ist nämlich festzustellen, daß eine Trennung zwischen Bericht und Kommentar, wie sie aus heutiger Sicht gemeinhin als ein äußeres Kriterium für eine um Objektivität bemühte Berichterstattung gilt, in den besprochenen Artikeln nicht anzutreffen ist. Zuweilen wird mit der Floskel "Ça se passe de commentaires" ausdrücklich auf eine gesonderte Kommentierung der abgedruckten Schilderungen verzichtet. Soweit die dargestellten Vorgänge ausdrücklich bewertet werden, geschieht dies, wie bereits gesagt, in der Regel im Zuge der Berichterstattung selbst. Am Beispiel zweier noch zu besprechender Kommentare lassen sich jedoch auch Ausnahmen von dieser Regel feststellen. Einer dieser Kommentare findet sich in der Ausgabe vom 24. Februar des "Petit Parisien" und soll an späterer Stelle im Zusammenhang mit der Untersuchung der Regierungstaktik behandelt werden. Der andere stellt den Schwerpunkt einer lediglich auf zwei Tage begrenzten Berichterstattung von "Le Temps" dar und wird, wie bereits angekündigt, nun noch etwas eingehender zu behandeln sein. Wegen des überragenden Renommees, das dieser Zeitung nicht nur für Frankreich, sondern auch für das gesamte europäische Ausland zugeschrieben wird[231], kommt der Stellungnahme dieses Blattes eine besondere Bedeutung zu. "Le Temps" war ein maßgebender Propagandist kolonialer Expansion[232] und wird, wie sich gleich zeigen wird, auch in dem hier zu besprechenden Kommentar einer solchen Rolle vollständig gerecht.

Am 18. Februar, als die Kampagne in den Massenblättern "Le Matin" und "Le Petit Parisien" in voller Blüte steht und ihren Endpunkt auch in den übrigen Blättern noch keineswegs erreicht hat, bietet "Le Temps" bereits ein abschließendes Fazit der Skandalgeschehnisse an. Im Stile souveräner Abgeklärtheit erhebt das Blatt seine warnende Stimme, um einer Emotionalisierung des Vorganges sowie vorschnellen Verallgemeinerungen nachdrücklich entgegenzuwirken[233].

Es sei ein bekanntes psychologisches Phänomen, daß die Beziehungen zwischen Angehörigen zweier unterschiedlicher Rassen immer von der Mentalität der am geringsten entwickelten Rasse beeinflußt würden; die ansteckende Kraft der Barbarei gewinne in derartigen Situationen gleichsam naturwüchsig die Oberhand. Aus diesem Grunde seien Kolonialkriege auch grausamer als in

Europa geführte Kriege. Der Preis menschlichen Lebens werde
nämlich nicht von den Vorstellungen der "Weißen", sondern
von denen der "Gelben" oder der "Schwarzen" bestimmt, "qui
en font beaucoup moins de cas que nous". Wegen der Schwäche
der menschlichen Natur sei es deswegen erklärlich, wenn jun-
ge Beamte mit ungenügend ausgebildeten Charaktereigenschaf-
ten der "Obsession des wilden Milieus" verfielen, in das
man sie hineinverpflanzt habe:

> "Les nègres du Congo étant au dernier degré de l'échelle
> humaine, quand des agents européens se laissent aller à
> imiter leurs moeurs, leurs crimes revêtent ce caractère
> monstrueux, cet aspect d'un autre âge qui sont si frappants
> dans la circonstance actuelle (234)".

Aus solchen vereinzelten Vorkommnissen auf die gesamte Kolonialverwaltung zu schließen, wie dies "gewisse Zeitungen" tä-
ten[235], sei indes "schändlich" und "kindisch". Der zivilisatorische Auftrag der Kolonisation sei unbestreitbar. Dieser
"noblen Aufgabe" habe sich gerade Frankreich besonders würdig
erwiesen. Es sei deshalb auch unangebracht, nach einer veränderten personellen Zusammensetzung des kolonialen Verwaltungskorps zu rufen. Die bestehenden Rekrutierungs- und Ausbil-
dungspraktiken seien ausreichend. So seien die Toqué angelasteten Taten auch nicht die Folge mangelnder Ausbildung.
Es handele sich vielmehr um eine Art professionell bedingten
Verbrechens, bei dem mehrere ungünstige Umstände zusammenge-
troffen seien. Solche menschlichen Verirrungen seien niemals
gänzlich auszuschließen. Aber ebensowenig wie man von einem
Kassierer, der mit der Kasse das Weite sucht, auf den Charakter des gesamten Unternehmens schließe, könne man aus den gegen
Toqué vorgebrachten Anschuldigungen folgern, der gesamte koloniale Verwaltungsdienst sei "en bloc" zu verdammen. Die jeweiligen Kolonialgouverneure, so empfiehlt "Le Temps" abschließend, sollten auf abgelegene Verwaltungsposten nur er-
fahrene und charakterlich gefestigte Männer entsenden. Dies
sei das wirksamste Mittel, um einer Wiederholung derartiger
Vorkommnisse vorzubeugen[236].

Die Argumentationslinie dieser Kommentierung wurde relativ detailliert nachgezeichnet, weil hier mit der Autorität der angesehensten Zeitung des Landes und dem Gewicht internationaler Reputation einige Interpretationsmuster vorgeführt werden, die, von unwesentlichen Details abgesehen, in gleichsam modellhafter Weise dem Bild entsprechen, das auch in den indirekt abgegebenen Verlautbarungen des Kolonialministeriums zu zeichnen versucht wird. Durch die ausufernde Skandalberichterstattung einer Zeitung wie "Le Matin" drohten die Konturen dieses Bildes allzu sehr zu verschwimmen. Demgegenüber wird in dem zitierten Kommentar des "Temps" die Absicht deutlich, einer derartigen Entwicklung entgegenzuwirken und den Skandalverlauf in die gewünschte Richtung zu kanalisieren. Dies gelang zunächst aber nur unvollkommen. Weder "Le Matin", noch "Le Petit Parisien" und auch nicht die "Humanité" hielten sich an die von "Le Temps" aufgewiesene Leitlinie, nach der die Berichterstattung sich auf die mit den Namen Gaud und Toqué verbundenen Ereignisse strikt zu beschränken habe[237]. Der zumindest bei der Massenpresse weitgehend auf Vermarktungsinteressen abgestimmte Verlauf der Skandalberichte, ein Verlauf, der wegen des Profils der an der Kampagne führend beteiligten "großen Vier" ja auch nicht überraschen kann, veranlaßte das Kolonialministerium dazu, wie oben bereits angedeutet, durch zunächst verdeckt, später immer offener vorgenommene korrigierende Eingriffe dafür zu sorgen, daß die Entwicklung der Pressekampagne immer wieder in die vom Ministerium vorgesehenen Bahnen zurückgeführt wurde. Wie dies im einzelnen geschah, soll nun ausführlich untersucht werden.

3. Manipulative Eingriffe des Kolonialministeriums

a) Verdeckte Lenkungsmanöver

Nachdem der Verlauf der Presseberichterstattung am Beispiel der zitierten Zeitungen im einzelnen verfolgt worden ist, soll nunmehr die Frage nach der politischen Funktion dieser Kampagne in den Blickpunkt rücken. Daß es sich, wie hier im einzelnen gezeigt und wie auch schon von Brunschwig behauptet, aber nicht näher ausgeführt wurde, tatsächlich um eine "campagne de presse, visiblement orchestrée[238]", um eine gezielte Kampagne also handelt, bestätigt sich bereits beim derzeitigen Stand des Untersuchungsganges.

Die auf den Tag genau in allen vier Zeitungen der Massenpresse sowie anderen Pariser Tageszeitungen einsetzende und sich von dort aus in die Provinzblätter fortpflanzende[238a], sensationsträchtige Berichterstattung sowie eine in den wesentlichen Aussagen nahezu identische Interpretation der Geschehnisse, in der nachdenkliche Zwischentöne fast völlig ausblieben und differenziertere Betrachtungsweisen keinen Platz hatten, lassen charakteristische Merkmale einer gesteuerten Berichterstattung erkennen. Hinzu kommt die Tatsache, daß - von einigen marginalen Ansätzen abgesehen - die im nachhinein als Gaud-Toqué-Affäre klassifizierten Vorkommnisse[239] zu keinen weiterreichenden Überlegungen und politischen Forderungen führen. Nirgends werden in der Presse Methoden oder gar Grundsätze kolonialer Praxis ernsthaft in Frage gestellt, nirgends sieht sich die amtierende Regierung - auch in diesem Punkt bestätigen sich Brunschwigs Angaben[240] - mit kritischen Stellungnahmen konfrontiert. Die Notwendigkeit einer parlamentarischen Untersuchung wird in der Presse ebensowenig diskutiert, wie die Forderung laut wird, der politisch verantwortliche Minister möge zu den, in der Presse einhellig als verabscheuungswürdig gebrandmarkten Geschehnissen öffent-

lich Stellung nehmen. Wie die verschiedenen Zeitungsartikel
eindeutig erkennen lassen, gibt sich die Presse durchweg mit
der Tatsache zufrieden, daß die Angelegenheit von den zuständigen Justizorganen untersucht werde. So gesehen könnte angenommen werden, daß der Verlauf der Kampagne durchaus im
Sinne der Regierung war. Daß dies jedoch nicht der Fall war,
ist oben bereits angedeutet worden. Aufgabe der folgenden Abschnitte soll es sein, das nach außen hin sichtbare Vorgehen
der Regierung in seinen wesentlichen Schritten nachzuvollziehen. Auf diesem Wege soll versucht werden, den hinter den
äußerlich sichtbaren Manövern verborgenen Motiven der Regierungspolitik sukzessive näher zu rücken und schließlich auf
die Spur zu kommen.

Von Anfang an ist die Taktik des Kolonialministeriums darauf
ausgerichtet, die Verhaftung Toqués als eigenständige Aktion
der zuständigen Justizbehörden auszugeben und die eigene,
ausschlaggebende Beteiligung an diesem Vorgang im dunkeln zu
lassen. Toqué, so wird der Presse aus dem Ministerium bedeutet, sei auf Ersuchen der in Brazzaville tätigen Justizorgane
festgenommen und in die Kolonie verbracht worden. Auf das
Klagegesuch des amtierenden Kolonialministers, das, wie ausführlich dargelegt, tatsächlich zur Verhaftung Toqués und
seiner zwangsweisen Abschiebung nach Brazzaville geführt hatte,
findet sich nicht der leiseste Hinweis. So bildet bereits
eine aus "sicherer Quelle" (source très sérieuse) gespeiste
Falschmeldung[241] den Ausgangspunkt der vom Kolonialministerium betriebenen Desinformationspolitik.

Wenige Tage später sieht sich das Ministerium in Form einer
"offiziösen" Presseerklärung (une note officieuse) zu einem
zusätzlichen Dementi veranlaßt. Den Anstoß dazu gibt die
von mehreren Zeitungen, so von "Le Petit Parisien" und "L'Humanité" verbreitete Meldung, das Kolonialministerium sei bereits während der Amtszeit von Minister Doumergue in den Be-

sitz eines mehrere Briefe Toqués enthaltenden Dossiers gelangt, in dem einschlägiges Beweismaterial gegen die von der Affäre betroffenen Beamten zusammengetragen worden sei[242]. Das Ministerium sei also seit längerem über die einschlägigen Tatbestände unterrichtet gewesen. Aus den in den beiden vorhergehenden Kapiteln dargestellten Vorgängen ergibt sich zweifelsfrei, daß diese Behauptung dem tatsächlichen Sachverhalt im wesentlichen entsprach. Wie erinnerlich, hatte sich Kolonialminister Clémentel ja sogar eines von Toqué geschriebenen Briefes, der "lettre macabre", aus dem ihm vorliegenden Dossier bedient, um sein Klagegesuch mit diesem angeblichen Beweisstück formal abzusichern und der gegen Toqué vollzogenen Verhaftungsaktion somit einen Anschein von Rechtmäßigkeit zu verleihen. Im Gegensatz zum tatsächlichen Hergang und in dem offenkundigen Bemühen, jegliche, auch nur indirekte Beteiligung an der Verhaftung Toqués und den dadurch ausgelösten Skandal in Abrede zu stellen, äußert sich das Ministerium in seiner an die Nachrichtenagentur Havas übermittelten Erklärung wie folgt:

> "Plusieurs journaux font allusion à des lettres qui auraient été interceptées et grâce auxquelles le département des colonies aurait été mis au courant des faits incriminés.
>
> En réalité, aucune correspondance de ce genre n'est jamais parvenue au pavillon de Flore. Les seules lettres qui figurent au dossier sont celles qui ont été régulièrement saisies par le juge d'instruction de Brazzaville entre les mains du commis Gaud, principal inculpé (243)".

Dieses Dementi blieb die einzige auf direktem Wege abgegebene und als solche gekennzeichnete Verlautbarung des Kolonialministeriums. Ansonsten wird jeder Anschein einer offiziellen Stellungnahme sorgsam gemieden. Die im Kolonialministerium tätigen hohen Funktionsträger, von denen die Presse, wie sogleich darzulegen sein wird, fortlaufend mit Meldungen und Interpretationen versorgt wird, treten niemals offen in Erscheinung. Auch der Minister selbst vermeidet jede öffentliche Stellungnahme. Es wird im Gegenteil der Eindruck zu erwecken versucht, als sei die Publizität der ganzen Angelegenheit keineswegs im Interesse der Regierung. Man frage sich im Ministerium, auf welchem Wege die in der Presse abgehandelten Tatbestände nach außen hin hätten "durchsickern" können; im Ministerium sei ausdrücklich strengstes Stillschweigen angeordnet worden. Die Glaubwürdigkeit einer solchen Darstellung wird in der Presse nicht ernsthaft angezweifelt, abgesehen von der milde ironischen Bemerkung, es sei doch "vielleicht etwas naiv" anzunehmen, daß ein derartiger Vorgang geheimgehalten werden könne[244]. Offizielle Auskünfte werden den im Ministerium vorsprechenden Pressevertretern jedenfalls mit wechselnder Begründung konsequent verweigert. Teils wird behauptet, es lägen keine Informationen vor, - eine Version, die selbst einer nicht gerade kritisch eingestellten Presse nicht recht einzuleuchten vermag: "On ne sait pas, ou plutôt on affecte de ne pas savoir ce que c'est cette affaire[245]". Dann wieder verweist man darauf, angesichts eines schwebenden Verfahrens verbiete es sich, in dieser Sache öffentlich Stellung zu nehmen[246].

Während sich also das Ministerium nach außen hin den Anschein gibt, als habe es die Auslösung des Skandals weder veranlaßt, noch suche es den Gang der Ereignisse in irgendeiner Weise zu beeinflussen, setzt es über inoffizielle Kanäle seine von Beginn an nachweisbare, verdeckte Informationspolitik zielstrebig fort.

So beziehen sich die in der Presse veröffentlichten Berichte, abgesehen von den breit angelegten Ausführungen des oben genannten und vor allem vom "Matin" zu einer Art Kronzeuge stilisierten Dubois sowie anderen Zeugenaussagen minderer Bedeutung, bereits in den ersten Artikeln auf durchweg anonyme, aber angeblich gut informierte und zuverlässige Quellen im unmittelbaren Umkreis des Kolonialministeriums. "Le Matin" erwähnt zum Beispiel "une personne connaissant à fond ces affaires[247]", oder auch "une personne très au courant des affaires du Congo[248]". Im Gegensatz zu diesen sehr vagen Kennzeichnungen, die sich auch auf Personen außerhalb des Kolonialministeriums beziehen können, lassen die im "Petit Parisien" enthaltenen Angaben konkrete Rückschlüsse auf den Informantenkreis zu. Ist auch hier zunächst noch eher nebulös von der bereits erwähnten "source très sérieuse" die Rede, so wird in der folgenden Ausgabe bereits ein Beamter aus dem Kolonialministerium als Quelle "interessanter Auskünfte" genannt. Noch präziser sind die Angaben über den Informanten, der in der Ausgabe vom 17. Februar vorgestellt wird. Der Auskunftgeber sei ein hoher Beamter, der aufgrund seiner bedeutenden Funktion dafür zuständig gewesen sei, eine amtliche Untersuchung gegen Toqué in die Wege zu leiten, in deren Verlauf er, noch vor dessen Verhaftung, Gelegenheit gehabt habe, im Rahmen einer dienstlichen Anhörung die Erklärungen Toqués entgegenzunehmen[249]. Aus dem im vorhergehenden Kapitel untersuchten Ablauf der Ereignisse, die schließlich zur Verhaftung Toqués führten, kann mit an Sicherheit grenzender Wahrscheinlichkeit geschlossen werden, daß es sich bei dieser Person um einen der engsten Mitarbeiter des Kolonialministers handelt, nämlich den von Toqué als seinen im Ministerium zuständigen Gesprächspartner genannten Generalsekretär Méray[250].

Es kann somit also davon ausgegangen werden, daß das offiziell schweigsame Ministerium, aus der Spitze des Hauses heraus, die Presse unmittelbar nach der Verhaftung Toqués auf inoffiziellem Wege mit gezielten Informationen versorgte, in der offenkundigen Absicht, den Gang der Berichterstattung in seinem Sinne zu steuern, ohne dabei als politisch verantwortliche Instanz offen in Erscheinung treten zu müssen. Belege für diese Annahme finden sich, außer in den erwähnten, auch in anderen Zeitungen. So zitiert "Le Figaro" die Äußerung eines "der führenden Beamten des Ministeriums" (un des principaux fonctionnaires de l'administration), der Toqué vor dessen Verhaftung im Kolonialministerium empfangen habe. Auch hier lassen die zitierten Angaben eindeutig darauf schließen, daß es sich bei diesem Beamten um den eben genannten Generalsekretär des Ministeriums, Méray, handelt.

Die hier sichtbar gewordene, aus der Führungsspitze des Kolonialministeriums heraus gesteuerte und schon im Entstehungsprozeß der Pressekampagne nachweisbare, verdeckte Informationspolitik der zuständigen Regierungsinstanzen wird schon in den ersten Tagen der Kampagne durch hochrangige Kolonialpolitiker außerhalb des Ministeriums flankiert, die es anfänglich ebenfalls vorzogen, eher aus dem Hitergrund heraus zu operieren. So findet sich in dem Massenblatt "Le Journal" bereits am 17. Februar ein Interview mit "un personnage considérable, qui a occupé de très hautes fonctions coloniales, qui est honoré et estimé de tous", in dem die bereits bekannten Interpretationsmuster der Affäre zum Ausdruck kommen[251]. Mit der "namhaften Persönlichkeit", von der hier die Rede ist, war vermutlich niemand anderes als der Amtsvorgänger Minister Clémentels, der ehemalige Kolonialminister Doumergue, gemeint.

Am gleichen Tag, an dem die "namhafte Persönlichkeit" sich in "Le Journal" äußert, gibt Doumergue nämlich in seiner Eigenschaft als ehemaliger Kolonialminister in zwei anderen Zeitungen eine im Tenor gleiche Einschätzung der Affäre ab. An dieser Erklärung sind einige Punkte von besonderem Interesse.

Einerseits betont Doumergue, daß die von ihm als "Verbrechen" bezeichneten Handlungen Gauds und Toqués nicht in den politischen Verantwortungsbereich des Kolonialministeriums

fielen, sondern ausschließlich in den Zuständigkeitsbereich
der Justiz gehörten. Diese Feststellung hindert ihn auf der
anderen Seite jedoch nicht daran, in unverhüllter und mit
großem Nachdruck betriebener Weise den richterlichen Ermittlungen vorzugreifen und den beiden Beamten, denen gegenüber
er als ehemaliger Vorgesetzter eine entsprechende Fürsorgepflicht wahrzunehmen gehabt hätte, unter Inanspruchnahme
seiner politischen Autorität die alleinige und vollständige
Verantwortung für die ihnen zur Last gelegten Taten zuzuweisen[252].

Mit einer derartig eindeutigen Vorverurteilung gibt sich der
ehemalige Kolonialminister aber noch nicht zufrieden. In
souveräner Mißachtung der von ihm ausdrücklich als allein zuständig bezeichneten Justiz scheut er nicht davor zurück,
noch tiefer in deren Kompetenzbereich und damit zugleich in
elementare Rechte der beschuldigten Beamten einzugreifen.
Nicht nur der Hergang der Taten sei bereits geklärt, auch
über die Motive bestünden keinerlei Zweifel:

> "Maintenant j'incline à penser que des criminels de
> ce genre relèvent peut-être davantage des aliénistes
> (Irrenärzte) que des criminalistes.
>
> Le jeune administrateur s'est trouvé, loin de la mère
> patrie, livré à lui-même, et son acte est certainement l'acte d'un fou. Il en est de même de son adjoint (253)".

Das auch hier wieder beobachtbare, bereits in der Entstehungsphase der Affaire eingeführte und in den Aussagen Generalkommissar Gentils zuerst nachweisbare Erklärungsmuster von der
angeblichen Täterschaft zweier "Wahnsinniger" wird uns im
weiteren Verlauf des Skandals noch mehrmals begegnen. Diese
Version, in ihrem Gebrauchswert von den jeweiligen Benutzern
offenbar sehr hoch eingeschätzt, wurde von einer unkritischen
Presse willig aufgegriffen und weiterverbreitet.

Im Anschluß an seine soeben zitierten Äußerungen, die für
eine unabhängige gerichtliche Untersuchung der betreffenden
Vorgänge kaum noch Raum lassen, befaßt sich der ehemalige
Minister und einflußreiche Kolonialpolitiker Doumergue eingehend mit einem Aspekt, dem er offenkundig entscheidende
Bedeutung beimißt. Die Presse, so führt er mit Bestimmtheit
aus, sollte sich davor hüten, diesen Einzelvorgang unter
der Bezeichnung "Kolonialverbrechen" (crime colonial) zu ge-
neralisieren. Derartige Vorfälle seien vielmehr äußerst selten, ja es handele sich bei diesem "monströsen Verbrechen"
um das einzige dieser Art, das jemals in den "kolonialen
Annalen" zu verzeichnen gewesen sei. Das koloniale Verwaltungspersonal sei im Gegenteil in hohem Maße "dévoué, humain
et paternel pour les indigènes". Natürlich gebe es überall
einige "schwarze Schafe" (quelques brebis galeuses), einige
Unglückselige, welche unter dem Einfluß einer in jenen Gegenden "unbarmherzigen Sonne" an den Rand des Wahnsinns getrieben würden. Aber dies, so müsse klar herausgestellt
werden, seien lediglich Ausnahmen[254].

Wie aus der Untersuchung der Presseartikel bereits deutlich
wurde, finden sich in dieser Erklärung all jene Elemente
konzentriert, welche auch in den verschiedenen Zeitungsberichten zur Deutung des Skandals herangezogen werden. Abschließend wendet sich Doumergue noch einmal gegen die in
Teilen der Massenpresse erkennbare Tendenz, den Skandal auf
andere Ereignisse auszudehnen[255].

Wie oben ausgeführt, waren im gesamten Verlauf der Pressekampagne weder Doumergue, noch sein Amtsnachfolger Clémentel wegen der Skandalvorkommnisse auch nur mit der leise-
sten Kritik bedacht worden. Wenn Doumergue sich dennoch mit
der Autorität des von ihm bis kurz vor Ausbruch des Skandals
bekleideten Ministeramtes, gleichsam anstelle des amtierenden Ministers, in derart prononcierter Weise öffentlich zu

Wort meldet, kann dies nur so verstanden werden, daß Regierung und führende Kolonialkreise dem Skandalgeschehen große Bedeutung beimaßen. Als vordergründig erkennbare Absicht erscheint dabei ein fast ins Groteske übersteigertes Bemühen, Gaud und Toqué unter allen Umständen bereits vor einer gerichtlichen Verhandlung mit dem offiziellen Signum alleinschuldiger Ausnahmetäter zu versehen, um naheliegende Fragen nach Ursachen, politischer Verantwortung und fälligen Konsequenzen gar nicht erst aufkommen zu lassen. Wie ernst es der Regierung mit dieser Absicht war, zeigt sich daran, daß der hier beschriebene öffentliche Auftritt Doumergues nicht der einzige blieb, sondern nur den Anfang bildete in einer Serie noch zu behandelnder spektakulärer Zeitungsbeiträge, an denen, außer Doumergue selbst, der ebenso hochrangige Kolonialpolitiker Le Hérissé seinen gewichtigen Anteil hatte.

Einen Tag, nachdem Doumergue nachdrücklich unterstrichen hatte, welche Lesart des Skandals sich die Öffentlichkeit zu eigen machen sollte, trat ein Ereignis ein, das dazu geeignet war, den von Kolonialminister Clémentel eingeleiteten und aus dem Ministerium heraus entscheidend beeinflußten Verlauf des Skandals ernsthaft zu stören.

In ihrer Ausgabe vom 18. Februar brachte "L'Humanité" eine oben bereits erwähnte Meldung, in der es im Zusammenhang mit den von der Zeitung so bezeichneten "Kolonialverbrechen" hieß, der Abgeordnete Rouanet werde zu den Vorgängen einen Interpellationsantrag (demande d'interpellation) einbringen: "Le citoyen Rouanet vient d'informer le ministre des Colonies qu'il interpellera sur les atrocités commises dans les possessions françaises par les fonctionnaires de son département[256]".

Durch diesen Schritt des sozialistischen Abgeordneten Rouanet war die bislang verfolgte Linie des Kolonialministeriums in

zweierlei Hinsicht bedroht. Zum einen bedeutet diese Aktion,
daß der Regierung zum ersten Mal die Initiative über den weiteren
Verlauf aus der Hand genommen wird. Mit der Einschaltung
des Parlamentes erhält der Skandal eine neue, über die
unmittelbare Regierungskontrolle hinausweisende Dimension
und nimmt damit eine Entwicklung, die den erkennbar gewordenen
Zielvorstellungen der Regierung, denen zufolge der Vorgang
aus der politischen Diskussion strikt herausgehalten
werden sollte, diametral entgegenläuft. Auf diesen Punkt wird
gleich noch näher einzugehen sein. Zum anderen weisen sowohl
die Tatsache des Interpellationsgesuches selbst, als auch
dessen soeben zitierter Wortlaut darauf hin, daß zumindest
in den Reihen der sozialistischen Parlamentarier, womöglich
aber auch bei Abgeordneten aus anderen Fraktionen Zweifel bestanden
an der von der Regierung gezeigten Haltung und an
der Glaubwürdigkeit der von Doumergue verbreiteten, von offizieller
Seite offensichtlich gestützten Version über Hergang,
Ursachen und Stellenwert derartiger Skandalereignisse.
Nach dem bis dahin von der Presse gezeigten Verhalten sowie
angesichts der im Parlament vertretenen politischen Richtungen
und den dort herrschenden Mehrheitsverhältnissen bestand
für die Regierung zwar nicht die geringste Gefahr, wegen des
Skandals aus innenpolitischen Gründen in ernsthafte Bedrängnis
zu geraten. Aus dem bis zu diesem Zeitpunkt beobachtbaren
Verhalten der Regierung, aus der Art, wie der Skandal
von Beginn an manipuliert wurde, sollte jedoch bereits deutlich
geworden sein, daß dieser Vorgang zentraler Bestandteil
eines ausgeklügelten Regierungsmanövers war, ein Vehikel zur
Verwirklichung von politischen Plänen, deren Existenz und
genaue Beschaffenheit vor der Öffentlichkeit unter allen Umständen
verborgen gehalten werden sollten. Eine parlamentarische
Diskussion der gesamten Angelegenheit konnte demgegenüber
nicht nur die Glaubwürdigkeit der vom Ministerium in
die Öffentlichkeit lancierten Skandalversion erschüttern, sondern
bot darüber hinaus kritisch eingestellten Abgeordneten

auch die Gelegenheit, das gesamte, trickreich angelegte Regierungsmanöver bloßzustellen und damit entscheidend zu treffen oder doch zumindest in seiner Wirkung nachhaltig zu beeinträchtigen.

Aus den genannten Gründen mußte die Regierung auf die sich hier deutlich abzeichnende Bedrohung ihres taktischen Konzeptes entsprechende Gegenmaßnahmen ergreifen. Ihre Reaktion ließ dann auch keinen Augenblick lang auf sich warten.

Bereits einen Tag nach dem besagten Vorstoß Rouanets, am 19. Februar, meldete wiederum die "Humanité", ihr sei - von welcher Seite bleibt unerwähnt - Einsicht in die fotografische Kopie eines Dokumentes gewährt worden, dessen Original sich bei den in Brazzaville lagernden Gerichtsakten befinde. Es gehe dabei um einen von Toqué an Gaud adressierten Brief. Aus den weiteren knappen Angaben wird ersichtlich, daß es sich bei diesem Schriftstück um die bereits mehrfach genannte "lettre macabre" handelte. Abgesehen von diesen wenigen Hinweisen widmet die "Humanité" dem Brief zunächst keine weitere Aufmerksamkeit[257]. Auch im "Matin" tauchen am 19. Februar Auszüge aus der "lettre macabre" auf, die hier als "document de première importance", als Kernstück (clef de voûte) der Anklage vorgestellt wird. Dieser "Katechismus des perfekten Sadisten" lege besser als jeder Kommentar Zeugnis ab von der geistigen Verfassung der Angeklagten[258]. Mit dieser Kommentierung läßt auch "Le Matin" den Brief bis auf weiteres auf sich beruhen und wendet sich dafür in den folgenden Ausgaben wieder den Ausführungen des bereits mehrfach in Erscheinung getretenen Dubois zu, der sich ausgiebig über verschiedene Vorkommnisse aus dem Kongo ausläßt - eine Ausweitung des Skandals, der die Regierung mit der Lancierung der "lettre macabre", diesem "document capital" (Le Matin), gerade zu begegnen suchte. Offenbar hatte nämlich das Kolonialministerium über den Mittelsmann Le Hérissé, der, wie oben ausgeführt, im Besitz des entsprechenden Dossiers war, der Presse am 18. Februar - zumindest auszugsweise - Einsicht in Dokumente gewährt, welche aus jenen Aktenbeständen stammten, auf deren Grundlage in Brazzaville der Prozeß gegen Gaud und Toqué vorbereitet wurde. Nur so läßt sich das Auftauchen des "makabren Briefes" in der Presse erklären. Mit diesem Schritt hoffte die Regierung offenbar, den Gang der Berichterstattung wieder in die von Doumergue vorgezeichneten Bahnen zu lenken. Dieser Versuch, den ausufernden Lauf der Kampagne wieder in die gewünschte Richtung zu steuern, zeitigte indes nicht die erwartete Wirkung. Außer den genannten Kurzmeldungen in der "Humanité" und im "Matin" nahm die Presse von der "lettre macabre" zunächst keine weitere Notiz. Statt dessen hielt der Trend zu einer ausweitenden Berichterstattung weiterhin an. So berichtete zum Beispiel "Le Petit Parisien" am 20. Februar über "barbarische Praktiken" aus anderen Teilen Afrikas[259]. Einen Tag zuvor, am 19. Februar, war in einem weiteren Massenblatt, dem "Journal", über angebliche schwere Übergriffe einiger Kolonialbeamter und dadurch ausgelöste blutige Revolten im Kongo berichtet worden[260]. In der "Humanité" wurden "Mängel des Systems" sowie "Unzulänglichkeiten" der Kolonialverwaltung angeprangert. Der Fall Toqué, so ein anonym bleibender Zeuge, sei symptomatisch für die "Mentalität" der meisten Kolonisten (coloniaux), die "logische Folge" der praktizierten Kolonialmethoden. Zwar läuft auch hier die Kritik wieder auf die bereits bekannte, politisch unverbindliche Forderung hinaus, nur charakterlich einwandfreie Kolonisten in die Kolonie zu entsenden, um die "zivilisatorische Mission der Kolonisation" nicht zu gefährden[261]. Dennoch droht die öffentliche Diskussion aus der Sicht des Ministeriums eine Wendung zu nehmen, die im Hinblick auf das taktische Konzept der Regierung, so wie es sich bis zu diesem Zeitpunkt offenbart hat, zweifellos als störend empfunden werden mußte. Das gleiche gilt auch für die Berichterstattung von "Le Matin",

die sich weiterhin von Ausgabe zu Ausgabe aus immer wieder
neuen Versionen über diverse blutige Vorfälle im Kongo
speiste[262].

b) Offene Intervention und gezielte Schuldzuweisung

Ungeachtet der dezidierten Stellungnahme Doumergues und der
- wie unterstellt werden kann- von Le Hérissé in die Presse
lancierten "lettre macabre", zeichnete sich somit angesichts
der parlamentarischen Initiative des sozialistischen Abgeordneten Rouanet und einer bezüglich ihrer kritischen Ausrichtung zwar weiterhin harmlosen, gleichwohl aber in der
Tendenz zum Teil generalisierenden Berichterstattung einiger
Zeitungen, vor allem aus dem Bereich der Massenpresse, eine
Entwicklung ab, die der Kontrolle der Regierung zunehmend
zu entgleiten drohte. So konnte die bis dahin zu beobachtende
Taktik, den Verlauf des Skandals aus dem Hintergrund heraus
zu lenken, in der bisherigen Form nicht mehr aufrechterhalten werden. Für die Steuerung der Entwicklung waren jetzt
massivere Mittel erforderlich. Am 21. Februar, drei Tage nach
der besagten Initiative des Abgeordneten Rouanet, erschien in
mehreren Zeitungen eine Meldung, daß der Abgeordnete Le Hérissé, aus der regierenden radikalen und radikalsozialistischen
Partei, seinerseits ein Interpellationsverlangen wegen der
"bedauerlichen Vorfälle" stellen wolle, "die sich in Französisch-Kongo ereignet haben sollen[263]".

Einen Tag später, am 22. Februar, nimmt der eben genannte
Abgeordnete in zwei der führenden Massenblätter die Gelegenheit wahr, die Ziele seiner parlamentarischen Initiative vor
einer breiten Öffentlichkeit darzustellen. Es könne nicht darum gehen, so erklärt er dem "Petit Parisien", den "bedauerlichen Schilderungen" in der Presse durch sensationelle Enthüllungen ein weiteres Kapitel anzufügen. Es sei vielmehr
seine Absicht, den in den vorhergehenden Tagen hier und da
zu vernehmenden Stimmen zu entgegnen, die in den Vorgängen

im Kongo den Ausdruck einer in der französischen Kolonialverwaltung weit verbreiteten Mentalität zu erkennen glaubten: "C'est une sorte de protestation contre un pareil hngage que je désire apporter à la tribune" (Unterstreichungen von mir, J.M.). Die Qualität der französischen Kolonialadministration halte jedem internationalen Vergleich stand. Dies gelte vor allem für den "Belgischen Kongo": "Au Congo belge, par exemple, la bastonnade, la flagéllation, les supplices les plus cruels et la fusillade sont les seuls moyens de colonisation employés à l'égard des indigènes [264]".

In der hier zitierten Textpassage kommt wieder ein Punkt zur Sprache, der bereits in der Entstehungsphase der Affaire, nämlich in dem besprochenen Bericht Generalkommisar Gentils an Kolonialminister Doumergue vom 11. November 1904, von wesentlicher Bedeutung war. Gentil hatte darin, wie erinnerlich, seinen Minister vor "bedauerlichen Vergleichen" zwischen Französisch-Kongo und dem benachbarten Kongostaat ("Belgisch-Kongo") gewarnt. Ähnlich wie in dem genannten Schreiben Gentils, bleibt es auch in den Ausführungen des Abgeordneten Le Hérissé bei den zitierten Andeutungen. Weitere, konkretere Hinweise auf den internationalen Hintergrund des Skandals werden im Verlaufe der hier zu untersuchenden Presseberichte freilich noch folgen. Darauf wird gegen Ende des vorliegenden Kapitels noch ausführlicher einzugehen sein.

Als konkretes Ergebnis der von ihm beantragten Interpellation strebt Le Hérissé, wie er anschließend weiter ausführt, eine "Reform" bei der Ausbildung von Kolonialbeamten an. Er werde, so seine abschließende Bemerkung, dem Minister einen entsprechenden Vorschlag unterbreiten[265].

In weitaus spektakulärerer Art und Weise als im eben genannten "Le Petit Parisien" äußert sich Le Hérissé am gleichen

Tag in "Le Matin", wo er im Rahmen eines auf dem Titelblatt
abgedruckten, mehrspaltigen Artikels das Wort ergreift. Hier
tritt er nicht nur als Parlamentsabgeordneter auf, sondern
ausdrücklich auch in der Funktion und mit der Autorität des
Berichterstatters für den Kolonialhaushalt. Auch hier erläutert er eingangs die Beweggründe, die ihn zu seiner parlamentarischen Initiative veranlaßt hätten. Dabei erwähnt er
mit keiner Silbe das drei Tage zuvor von dem Sozialisten
Rouanet zum gleichen Sachverhalt vorgebrachte Interpellationsverlangen. Er versucht vielmehr den Eindruck zu erwecken, als
bestehe kein Zusammenhang zwischen der Initiative Rouanets
und seinem eigenen Entschluß, nachträglich den gleichen
Schritt zu unternehmen. Seine Ausführungen sind von dem erkennbaren Bemühen geprägt, dem Eindruck entgegenzuwirken, als
habe sich die Regierung erst in dem Augenblick dazu bereit
gefunden, vor Parlament und Öffentlichkeit zu den Vorgängen
im Kongo Stellung zu nehmen, als dieses sich ohnehin nicht
mehr vermeiden ließ. Es sei seit längerem seine Absicht gewesen, "cette triste question" im Parlament zur Sprache zu
bringen und den Minister um eine Stellungnahme zu bitten.
Wegen des im Zuge der im Januar vollzogenen Regierungsneubil-
dung eingetretenen Wechsels im Amt des Kolonialministers
- von Doumergue zu Clémentel - habe er letzterem erst Zeit
geben müssen, sich in sein Ressort einzuarbeiten. Außerdem
habe er befürchtet, durch eine zu rasche politische Intervention könnte die Arbeit der Justizbehörden beeinträchtigt werden. So habe er den Zeitpunkt seines Interpellationsverlan-
gens zunächst einmal hinausgeschoben.

Mittlerweile habe sich die Situation geändert. Der neue Minister habe die Tragweite der Angelegenheit inzwischen aus
eigenem Ermessen beurteilen können und halte seinerseits
eine öffentliche Erklärung zu den fraglichen Vorgängen für
notwendig. Deshalb habe er, Le Hérissé, seinen Interpellationsantrag nunmehr eingebracht[266].

An dieser Aussage ist sehr wichtig, daß Le Hérissé sich bei seinem Vorgehen und der Art seiner öffentlichen Erklärung, auf die sogleich noch einzugehen ist, ausdrücklich auf die Zustimmung von Kolonialminister Clémentel beruft. Mit der zitierten Aussage liegt somit ein gewichtiger Beleg für die Annahme vor, soweit diese überhaupt noch eines solchen Beleges bedurfte, daß Le Hérissé seine Aktionen im unmittelbaren Einvernehmen, wenn nicht in direkter Absprache mit dem Kolonialministerium unternahm.

Wie ist nun die mit dem Kolonialministerium abgestimmte Erklärung zu beurteilen, die Le Hérissé als Begründung für den Zeitpunkt seiner parlamentarischen Initiative abgibt? Seine Behauptung, Minister Clémentel habe bei Übernahme seines Amtes über Art und Bedeutung der Affäre vom 14. Juli 1903 noch keinen Überblick gehabt und habe sich deshalb erst in Ruhe ein eigenes Bild machen müssen, wird von den bereits geschilderten Tatsachen widerlegt. Clémentel, dies ist im vorigen Kapitel herausgearbeitet worden, hat vom ersten Tag seiner Amtsführung an - unter gröblicher Verletzung rechtlicher Grundsätze und bei gleichzeitig willfähriger Mithilfe der Justiz - dafür gesorgt, daß Toqué verhaftet und unter Anwendung von Polizeigewalt in den Kongo abgeschoben wurde. Schon von daher erhält die Aussage Le Hérissés, aus Rücksicht auf die Belange angeblich unabhängig arbeitender Justizbehörden sei während der ersten Zeit des Skandals politische Zurückhaltung geboten gewesen, ganz eindeutig den Charakter eines Scheinargumentes. Hinzu kommen die im Verlaufe der Pressekampagne immer unverhüllter zutage tretenden Versuche, Gaud und Toqué durch gezielte Diffamierungen als perverse Psychopathen abzustempeln. Auch durch die Lancierung angeblichen Beweismaterials, wie der "lettre macabre", in die Tagespresse war von seiten der Regierung bereits Entscheidendes unternommen worden, um eine unabhängige gerichtliche Behandlung des Skandals von vornherein massiv zu behindern, wenn nicht überhaupt unmöglich zu machen.

Es kann also auch weiterhin von der Überlegung ausgegangen
werden, die bereits im Zusammenhang mit der Erörterung der
von Rouanet am 18. Februar angekündigten Interpellation angeschnitten worden ist. Danach konnte die Regierung kein
Interesse daran haben, ihr bei der Vorbereitung und Entwicklung des Skandals gezeigtes Verhalten im Parlament zur Diskussion zu stellen und hätte aus diesem Grunde ohne die Initiative Rouanets - so wird hier unterstellt - von sich aus
keine entsprechenden Schritte unternommen. Für diese Version spricht auch der Gang der Parlamentsdebatte, die im
Februar 1906 stattfand und in der Kolonialminister Clémentel sich hartnäckig sträubte, die Abgeordneten über Verlauf
und Hintergründe der Skandalereignisse aufzuklären. Auf den
Vorwurf Rouanets, das Parlament sei gezwungen, buchstäblich
"im dunkeln zu tappen[267]", weil es Kolonialinteressen gebe,
welche die Wahrheit nicht vertrügen, antwortet der Minister
wörtlich: "J'estime que les faits dont vous parlez ne devraient pas être portés à la tribune". Es reiche aus, die
einschlägigen Dossiers an den zuständigen Parlamentsausschuß
zu überweisen[268]. Ohne auf den Verlauf dieser Parlamentsdebatte hier schon im einzelnen eingehen zu können, läßt sich
bereits an dieser Stelle festhalten, daß sich in der Zusammenschau aller relevanten Tatbestände kein Beleg dafür erkennen läßt, daß die Regierung, so wie Brunschwig dies im
Sinne seiner oben diskutierten Thesenbegründung unterstellt[269],
aus eigenem politischen Interesse heraus auf eine parlamentarische Behandlung des Skandals von sich aus hingewirkt habe.
Es gibt im Gegenteil deutliche Anzeichen dafür, daß das Kolonialministerium vorsorglich versuchte, eine parlamentarische Debatte über den Skandal möglichst zu umgehen[270]. Erst
als dies nach dem Vorstoß Rouanets nicht mehr möglich war,
mußte das Ministerium eine andere taktische Marschroute ein-
schlagen. Entscheidender Gesichtspunkt war dabei, daß der
Lauf der Ereignisse in Parlament und Öffentlichkeit von der
Regierung jederzeit unter Kontrolle gehalten werden konnte.

Diesem Ziel diente das von Le Hérissé im Anschluß an Rouanet
vorgebrachte Interpellationsverlangen. Seine oben zitierten
Äußerungen in der Zeitung "Le Petit Parisien", geben hierüber
klare Auskunft[271].

Auf welch entschlossene Weise die Regierung ihre politische
Linie verfolgte, zeigen die weiteren Passagen des von Le
Hérissé am 22. Februar in "Le Matin" veröffentlichten Artikels. Mit der unter Berufung auf den amtierenden Kolonialminister noch zusätzlich unterstrichenen Autorität seines Amtes, der Attitüde und dem Pathos eines verantwortungsbewußten Politikers und dem unverkennbaren Anspruch, daß an seinen Ausführungen nicht der geringste Zweifel angebracht sei,
leitet er seinen Beitrag ein:

> "On a écrit tant de choses depuis quelques jours sur
> les atrocités qui auraient été commises au Congo
> français par des fonctionnaires coloniaux; l'émotion
> soulevée est telle qu'il me paraît indispensable de
> mettre les choses au point, d'établir nettement les
> responsabilités en faisant connaître à la Chambre et
> au pays la vérité toute entière (272)".

Es solle nichts verschwiegen, der Öffentlichkeit solle vielmehr die "absolute Wahrheit" vor Augen geführt werden. In den
anschließenden Textpassagen wiederholt Le Hérissé bereits aus
vorhergehenden Presseverlautbarungen bekannte Behauptungen
über den angeblichen Ausnahmecharakter der von Toqué und anderen begangenen Handlungen, über den angeblich gestörten
Geisteszustand der Täter, über die "bewundernswerten" Qualitäten der französischen Kolonialverwaltung, einer Administration, die jener "gewisser ausländischer Kolonien" weit überlegen sei. Neu an diesem Artikel - und das verleiht ihm einen
herausragenden Stellenwert - ist die Tatsache, daß die bereits einige Tage zuvor der Presse zugespielte, von dieser indes relativ wenig beachtete, nunmehr aber zum Schlüsseldokument der Pressekampagne werdende "lettre macabre" in Faksimile
und in voller Länge abgedruck wird.

Daneben werden auch noch andere Briefauszüge aus der zwischen
Toqué und Gaud geführten Korrespondenz im Wortlaut wiedergegeben.
All diese Briefe, so behauptet Le Hérissé, seien den Justizbehörden
während der bei Toqué vorgenommenen Hausdurchsuchung
in die Hände gefallen. Wie sie von dort aus in seinen
Besitz gelangen konnten, woher die ebenfalls in dem Artikel
abgedruckten Auszüge aus diversen Vernehmungsprotokollen mit
Aussagen Gauds stammten und wie eine vorzeitige Publizierung
all dieser Gerichtsakten mit der Tätigkeit angeblich unabhängig
agierender Justizorgane sowie einem unparteilich geführten
Gerichtsverfahren zu vereinbaren sei, läßt Le Hérissé
aus naheliegenden Gründen offen. Statt dessen benutzt er die
von ihm im Stile eines skrupellosen Enthüllungsjournalismus
präsentierten Schriftstücke, um in aller Öffentlichkeit zu
demonstrieren, wie das Kolonialministerium die Frage nach den
Verantwortlichkeiten der Skandalvorgänge abschließend beantwortet
zu sehen wünschte: "Ces lettres saisies au domicile de
M. Toqué par l'autorité judiciaire paraissent établir d'une
manière indiscutable la responsabilité de ce fonctionnaire[273]".

Eine gegenüber den zuvor von Le Hérissé und Doumergue abgegebenen
öffentlichen Stellungnahmen neue Qualität erhält der
hier behandelte Artikel auch durch die schon angedeutete
Art und Weise, mit der nicht nur in den soeben zitierten
Äußerungen, sondern auch in den folgenden Sätzen durch eindeutige
Vorverurteilungen der richterliche Urteilsspruch in
dem noch nicht einmal anberaumten Prozeß zur reinen Formsache
degradiert werden soll. So werden, wie bereits bemerkt, zum
Teil wörtliche Auszüge aus Vernehmungsprotokollen abgedruckt,
die sowohl Toqué als auch Gaud schwer belasten. Auch gegen
den zu diesem Zeitpunkt noch in die Angelegenheit verstrickten
Kollegen Toqués, den Beamten Proche, werden belastende
Zeugenaussagen aus den Ermittlungsakten abgedruckt. Doch damit
nicht genug. Nach der Feststellung, daß Kolonialminister

Clémentel bei seinem Amtsantritt, "en entrant au pavillon
de Flore", die "notwendigen Maßnahmen" ergriffen habe, um
Toqué vor Gericht zu bringen[274], wobei diese Maßnahmen nicht
näher erläutert werden, geht Le Hérissé sogar so weit, in
die vom Gericht in Brazzaville vorzunehmende Urteilsfindung
unmittelbar einzugreifen. Dem Gericht, so seine unausgesprochene Prämisse, komme nicht etwa die Aufgabe zu, über den
von ihm ja bereits geklärten Tatsachengehalt der gegen Gaud
und Toqué erhobenen Anschuldigungen zu befinden. Der Gerichtshof habe vielmehr darüber zu entscheiden, ob die Angeklagten als "wahnsinnig" anzusehen seien, oder ob sie die
vollen strafrechtlichen Konsequenzen ihrer Handlungen zu
tragen hätten. Um dem Gericht eine solche Entscheidung nicht
allzu schwer werden zu lassen, läßt Le Hérissé keinen Zweifel an seiner "tiefen Überzeugung" (conviction profonde),
daß die Angeklagten eher in die Behandlung von Ärzten als
vor den Richterstuhl gehörten[275].

Le Hérissé schließt seine Ausführungen mit einer Forderung,
die er auch in der am gleichen Tag erscheinenden Ausgabe
des "Petit Parisien" erhebt und von der oben bereits die
Rede war, die Forderung nämlich, daß es nicht genüge, die
Schuldigen zu bestrafen, sondern daß darüber hinaus Maßnahmen für eine bessere, praxisnähere Ausbildung der Kolonialbeamten einzuleiten seien. Dies sei das Ziel, so betont er abschließend, das er mit seiner Anfrage erreichen
wolle: "Ce sera la conclusion de l'interpellation que j'ai
déposée[276]".

Vor dem Hintergrund der im Eingangskapitel des vorliegenden Untersuchungsteiles geführten Auseinandersetzung mit
den Thesen Henri Brunschwigs und im Hinblick auf die im
sechsten Kapitel noch einmal aufzunehmende Diskussion
über die politische Funktion der hier untersuchten Pressekampagne ist es wesentlich, sich den Aussagegehalt der

von Le Hérissé abgegebenen Erklärung noch einmal vor Augen
zu führen. In all seinen Aussagen, die er im Verlauf der
Pressekampagne öffentlich abgegeben hat und auf die hier
ausgiebig eingegangen worden ist, hebt der in dem zuletzt
zitierten Artikel sich selbst als Interpreten des Kolonialministeriums präsentierende Le Hérissé ausdrücklich hervor,
daß es sich bei den skandalösen Ereignissen um gänzlich
außergewöhnliche Erscheinungen handele, die in keiner Weise
für die Kolonialverwaltung repräsentativ seien. Abgesehen
von der strafrechtlichen Würdigung der Geschehnisse, sei
als einzige weitere Konsequenz die Überlegung anzustellen,
ob nicht eine - geringfügige - Änderung des Ausbildungsgan-
ges für künftige Kolonialbeamte und eine sorgfältigere Per-
sonalpolitik bei der Besetzung besonders schwieriger Verwaltungsposten anzustreben sei. Weitergehende Überlegungen
sind weder in den öffentlichen Äußerungen des Abgeordneten
Le Hérissé, noch in dem bereits besprochenen Interview
nachweisbar, das der ehemalige Kolonialminister Doumergue
am 17. Februar in der Zeitung "Le Petit Journal" veröffentlicht hatte. Diese Feststellungen sollen hier zunächst genügen. Im Abschlußkapitel des vorliegenden Teils dieser
Studie wird darauf, wie schon gesagt, noch einmal zurückzukommen sein. An dieser Stelle soll nunmehr der weitere
Verlauf der Pressekampagne verfolgt werden, die mit dem
spektakulären Auftritt Le Hérissés ihren Schlußpunkt noch
nicht erreicht hatte.

Aufgrund der Tatsache, daß - wie es in dem zuletzt zitierten Artikel des "Matin" ausdrücklich hieß - "quelques documents du dossier judiciaire" von einem hohen Politiker
in die Öffentlichkeit lanciert worden waren, in der eindeutigen Absicht, eine Vorverurteilung der angeklagten Beamten zu erreichen, angesichts der nunmehr offenkundigen, fast
schon penetranten Versuche des Kolonialministeriums also,
das Ergebnis des gegen Gaud und Toqué angestrengten Prozes-

ses bis in die Einzelheiten hinein zu präjudizieren, hätte man erwarten können, daß sich zumindest in einigen Zeitungen Kritik an einer derartigen Vorgehensweise bemerkbar machen würde. Davon kann aber keine Rede sein. Soweit es überhaupt zu Reaktionen kam, wurden die Enthüllungen und Interpretationen Le Hérissés, wenn auch in verkürzter Form, bruchlos übernommen[277]. Trotz dieses für die Regierung positiven Echos in der französischen Presse war sie sich anscheinend immer noch nicht ganz sicher, ob ihre mit soviel Nachdruck propagierte Sichtweise auch mit der von ihr ganz offensichtlich gewünschten öffentlichen Aufmerksamkeit aufgenommen worden war.

In deutlich erkennbarem Wechselspiel der Akteure meldete sich nämlich, ebenfalls auf der Titelseite des "Matin", nach Le Hérissé nun noch einmal der Amtsvorgänger Clémentels, Doumergue, am 28. Februar in einem gleichfalls mehrspaltigen Artikel zu Wort. Seine Darstellung hält sich nach Inhalt und Tendenz der einzelnen Aussagen exakt an die Linie des Kurses, der, vom Kolonialministerium von Anfang an verfolgt, von Doumergue und Le Hérissé bis dahin bereits in mehreren Pressebeiträgen nach außen hin vertreten und im einzelnen dann näher ausgeführt worden war. Es erübrigt sich deshalb, den Gang dieser Argumentation hier ein weiteres Mal wiederzugeben. Immerhin stößt man bei der Lektüre auf einzelne Äußerungen, die das Vorgehen der Regierung noch einmal besonders anschaulich illustrieren.

Auffällig ist bereits, daß der Verfasser, in der Überschrift als "Ancien Ministre des Colonies" vorgestellt, ganz eindeutig in seiner Funktion als ehemaliger Ressortleiter auftritt und damit zugleich stellvertretend für seinen Amtsnachfolger zu einer gleichsam regierungsoffiziellen Verlautbarung das Wort ergreift. Solchermaßen nach Autorität und Sachkompetenz gegen mögliche Zweifel an seinen Behauptungen nachdrücklich immunisiert, beginnt er seine Darlegungen sogleich mit einer nach außen hin als solche freilich nicht erkennbaren Unwahrheit. Plötzlich, aus "heiterem Himmel" (comme une tuile sur la tête), habe er Anfang Januar 1905 durch einen Bericht Generalkommissar Gentils von den Greueltaten einiger subalterner Kolonialbeamter aus dem Kongo erfahren. Kein Wort davon, daß ein erster entsprechender Bericht, wie auch Brunschwig feststellt, bereits im August 1904 an ihn adressiert worden war. Mit dieser Unwahrheit konnte die um Monate verzögerte Reaktion der Regierung freilich vor der Öffentlichkeit trefflich verborgen werden. Auch in den übrigen Passagen wird noch einmal das ausgeprägte Bemühen erkennbar, die Öffentlichkeit von den tatsächlichen Zusammenhängen und Hintergründen des Skandals so weit wie möglich abzulenken. So spitzt der Verfasser die uns bereits geläufige Version von der Einzeltäterschaft Gauds und Toqués zu der Behauptung zu, die Taten der beiden Beamten stünden mit deren Tätigkeit als Kolonialbeamte in keinerlei ursächlichem Zusammenhang. Es handle sich vielmehr - dies war auch bei Le Hérissé bereits angeklungen - um nach gemeinem Recht zu verfolgende Straftaten; Gaud und Toqué seien als ganz gewöhnliche Kriminelle zu betrachten.

Nach einer längeren Eloge auf die herausragenden Qualitäten der französischen Kolonialverwaltung geht der Autor erneut zu einer, zumindest für Toqué, schwerwiegenden Falschbehauptung über. Die beiden Angeklagten seien sich völlig darüber im klaren gewesen, daß ihre Taten innerhalb der Kolonialadministration auf einhellige Abscheu stoßen würden. So habe Toqué - wie aus einem für Gaud bestimmten Brief hervorgehe - die Spuren seiner Taten in den Berichten an seine Vorgesetzten durch faustdicke Lügen zu verwischen versucht. Er, Doumergue, sei als seinerzeit amtierender Minister bei seinen Bemühungen um Aufklärung der Angelegenheit von Toqué schamlos hinters Licht geführt worden[278].

Aus der Entstehungsgeschichte des Skandals ist freilich mittlerweile bekannt, daß das genaue Gegenteil zutrifft. Toqué hatte seine Vorgesetzten sogleich nach dem Vorfall vom 14. Juli 1903 informiert, wie im vorhergehenden Kapitel dargestellt worden ist und wie das einschlägige Aktenmaterial eindeutig ausweist[279]. Die skrupellose Manier, mit der Doumergue auf dem Rücken seiner ehemaligen Untergebenen Öffentlichkeitspolitik betrieb, rief bei diesen entsprechend empörte Reaktionen hervor, von denen gleich noch gesprochen werden soll. Da beide vorsorglich in der Kolonie festgehalten bzw. dorthin verbracht worden waren, erfuhren sie erst mit mehrwöchiger Verspätung von der Kampagne und dem in der Presse von ihnen gezeichneten Bild. Aus dieser Position heraus hatten sie keine Möglichkeit der Gegenwehr.

Der Artikel Doumergues markiert den Höhepunkt und zugleich auch den Abschluß der somit fast vierzehn Tage anhaltenden Pressekampagne. Ein Höhepunkt der Kampagne wird hier insofern erreicht, als die dirigierenden Eingriffe aus dem Umkreis des Kolonialministeriums nach dem zitierten Artikel keine weiteren Steigerungsmöglichkeiten mehr zuließen. Selbst ein öffentliches Auftreten des zu diesem Zeitpunkt erst vier Wochen im Amte befindlichen Kolonialministers Clémentel hätte den Ausführungen Doumergues kein zusätzliches Gewicht verleihen können, weil es sich bei den Skandalereignissen um Vorgänge handelte, die sich während der Amtszeit des letzteren zugetragen hatten und somit auch primär in dessen politischen Verantwortungsbereich gehörten. Aus diesem Grund, so soll noch einmal festgehalten werden, kann der besagte Artikel Doumergues als im Namen der amtierenden Regierung abgegebene, offizielle Stellungnahme angesehen werden. Als ein Höhepunkt der Regierungspropaganda kann der zitierte Artikel auch deshalb gelten, weil die offizielle Version des Skandalgeschehens, um es noch einmal zu betonen, nunmehr zu der die Regierung von jeder Verantwortung freisprechenden

Aussage zugespitzt wird, bei den Taten Gauds und Toqués handele es sich nicht um in Ausübung des Kolonialdienstes begangene Übergriffe, sondern um von administrativen Erfordernissen völlig unabhängige, ordinäre kriminelle Handlungen. Deren Aufdeckung sei den wachsam nachforschenden Kolonialbehörden bis hin zum "mißtrauischen" (méfiant) und hartnäckig insistierenden (indiscret) Minister durch dreiste Vertuschungsmanöver der angeklagten Beamten zwar zunächst erschwert, durch eine von dem verantwortlichen Minister rechtzeitig veranlaßte und couragiert fortgeführte Reform der Kolonialjustiz, besonders des Kongo, gleichwohl konsequent und deshalb auch erfolgreich betrieben worden. Nach dieser Darlegung konnte bei den Lesern des "Matin" und in der gesamten, durch die vorhergehenden Zeitungsberichte bereits gründlich desinformierten Öffentlichkeit nur der abschließende Eindruck entstehen, als sei die schon im Vorfeld und erst recht in allen Phasen des Skandalgeschehens selbst äußerst verantwortungsbewußt handelnde Regierung über jeden Verdacht erhaben, an den Skandalereignissen mitschuldig bzw. in irgendeiner Weise dafür politisch verantwortlich zu sein.

Damit waren die letzten Retuschen an dem von der Regierungspropaganda gezeichneten Bild angebracht worden; die Skandalkampagne hatte nunmehr ihren Zweck offenbar erfüllt und wurde nach dem 28. Februar nicht weiter fortgesetzt. Zwar kam die Presse auch nach dem genannten Datum in einzelnen Beiträgen noch einmal auf den Vorgang zurück, doch ging es dabei nicht mehr um das Skandalgeschehen selbst, sondern um politische Folgeereignisse des Skandals, auf die noch näher einzugehen sein wird.

Die hier in ihrer Abfolge detailliert geschilderten, immer offener vorgenommenen steuernden Eingriffe aus dem Bereich des Kolonialministeriums lassen deutlich erkennen, daß Skandal und Pressekampagne für die Regierung ganz offensichtlich von eminenter Bedeutung waren. Der augenfällige Widerspruch

zwischen der spektakulären Art und Weise, mit der die als
Vertreter der Regierungsposition in Erscheinung tretenden
Politiker ihre öffentlichen Auftritte inszenierten und den
bei diesen Gelegenheiten abgegebenen inhaltlichen Aussagen
drängt freilich die Frage auf, aus welchen Gründen die Regierung ihre Position mit derart großem Nachdruck in der Öffentlichkeit zum Ausdruck brachte. Wenn es sich, wie von Regierungsseite ständig wiederholt, wirklich nur um völlig untypische Einzelvorkommnisse handelte, die lediglich nach einer
angemessenen Antwort der zuständigen Justizorgane verlangten,
warum widmete die Regierung dann einer derartigen Angelegenheit ein solch ungewöhnliches Interesse? Warum, so ist weiterzu fragen, hielt sie es für erforderlich, mehrfach in der Öffentlichkeit detailliert Stellung zu nehmen, zumal ihre Aussagen in der Presse nicht in Frage gestellt, ihr Verhalten
nicht kritisiert wurde? Für welche Adressaten waren die Regierungsverlautbarungen also tatsächlich bestimmt und welchen
Zweck sollten sie erfüllen? Die besprochenen Zeitungsartikel
lassen hierauf keine Antwort erkennen. Diverse, hier noch
nicht behandelte Zeitungsberichte, von denen noch die Rede
sein wird, geben den genannten Fragen zusätzliche Nahrung,
enthalten zugleich aber auch deutliche Hinweise auf weiterführende Erklärungsansätze. Bevor darauf eingegangen wird,
soll noch dargestellt werden, wie die unmittelbar Betroffenen der Pressekampagne, Gaud und Toqué, auf die Sensationsberichterstattung reagierten, als deren verabscheuenswürdige
Objekte sie sich unversehens wiederfanden.

4. Die Opfer der Kampagne erheben ohnmächtigen Protest

Im deutlich aufeinander abgestimmten und zeitlich geschickt
verteilten Wechselspiel ihrer jeweiligen Presseauftritte hatten es die beiden erstrangigen Kolonialpolitiker Le Hérissé
und Doumergue in enger Kontaktnahme mit dem Kolonialministe-

rium verstanden, vor der Öffentlichkeit ein Bild zu entwerfen, dem zufolge es der Regierung dank entsprechender Vorkehrungen gelungen sei, zwei gewöhnliche Verbrecher aus den Reihen der Kolonialadministration zu entfernen und somit dafür zu sorgen, daß der gute Ruf des französischen Kolonialkorps unangetastet geblieben sei. Um ein derart holzschnittartiges Bild zu zeichnen, konnten, wie gesehen, die Figuren Gauds und Toqués gar nicht dunkel genug ausgemalt werden. Dies war um so leichter möglich, als beide von Brazzaville aus schon allein deswegen über keine Gegenmittel verfügten, weil sie erst mit mehrwöchiger Verspätung von der Kampagne erfuhren, nachdem ihnen entsprechende Zeitungsausschnitte per Post in den Kongo zugesandt worden waren. Dann reagieren beide allerdings sofort - verständlicherweise mit äußerster Erregung. So schreibt Gaud am 25. März 1905 an den Untersuchungsrichter in Brazzaville, beklagt sich über die "campagne de presse d'une violence extrême" und protestiert gegen die Veröffentlichung mehrerer "sensationeller Dokumente" in der Tageszeitung "Le Matin", an der er keinen Anteil habe und die nicht in seinem Sinne sei. Er habe es nicht nötig, so Gaud weiter, zu seiner Entlastung einen "öffentlichen Skandal" zu provozieren, "qui, par l'incohérence et l'odieux de ses accusations déshonore tout autant que nous ceux qui l'ont fait éclater". Wie die zitierte Formulierung ausweist, hegte Gaud offensichtlich keinen Zweifel daran, daß es sich bei der Skandalkampagne um ein gelenktes Manöver handelte, dessen verleumderische Absicht, so hoffte er anscheinend, wegen der "Niedertracht" (l'odieux) und der intellektuellen Dürftigkeit (l'incohérence) der Anklage mindestens in gleicher Weise, wie sie sich gegen die Opfer richte, auch auf die Urheber des Skandals zurückfalle. Die bereits erwähnte Tatsache, daß die öffentlichen Auftritte Le Hérissés und Doumergues ohne jedes kritische Echo blieben, macht freilich deutlich, daß die Hoffnungen Gauds, die Kampagne möge für ihre Urheber, über die er sich nicht weiter äußert, den Verlust der politischen Glaubwürdigkeit bedeuten, unerfüllt blieb. Offensichtlich war sich Gaud darüber im klaren, daß die Kampagne seine Aussichten in dem ihm bevorstehenden Prozeß drastisch verschlechtern mußten und versuchte deshalb mit dem genannten Schreiben, in dem er die Integrität einer unabhängigen Justiz beschwört, die schlimmsten Folgen abzuwenden[280].

Toqué beschreibt seine Empfindungen beim Lesen der Presseausschnitte mit wütendem Sarkasmus: "Quelle surprise fut l'arrivée du courrier! (...) Mon nom, blagué, chansonné, devint synonyme de bourreau sadique, ivre de sang, assoiffé de tortures[281]". Tief empört zeigt er sich natürlich über die Publizierung der "lettre macabre" und die Tatsache, daß die ihn entlastende zweite Seite dieses Briefes in dem Artikel Le Hérissés keine Erwähnung findet. So sei dem abgedruckten Briefauszug durch die Autorität Le Hérissés eine übermäßige Bedeutung verliehen worden[282].

Die Ursache dieser "widerwärtigen und törichten Kampagne" vermutet er - zurecht, wie inzwischen gesagt werden kann - im Kolonialministerium[283]. Mit beißendem Spott zerpflückt er die "abgedroschenen Klischees" dieser "Pyramide aus Dummheit", das Gerede von der stechenden Sonne Afrikas, von Neurosen, kranken Gehirnen, Größenwahn etc. Tief getroffen zeigt er sich von dem Umstand, daß er, der - wie die einschlägigen Dokumente ja bestätigen - unter den gegebenen Verhältnissen eher gute Arbeit geleistet habe, nunmehr, aufgrund irgendwelcher politischer Manöver, als neurotischer Zyniker dargestellt werde[284]. Mehr als alles andere habe ihn aber der oben besprochene Artikel Doumergues vom 28. Februar berührt,durch den er endgültig erledigt worden sei[285].

Doumergue, der "alles wußte", habe versucht, sich durch eine Lüge auf seine, Toqués, Kosten der "schrecklichen Verantwortung" zu entledigen, die er sich zu einem großen Teil anrechnen lassen müsse. Im folgenden zitiert Toqué wörtlich eine hier schon besprochene Passage aus dem besagten Artikel, in der Doumergue davon spricht, er sei von Toqué, als er diesen aufgefordert habe, sein Verhalten in einem dienstlichen Bericht zu erklären, in vorsätzlicher und dreister Manier belogen und betrogen worden. Auf diese Diffamierung habe er mit einer Klage geantwortet, schreibt Toqué dazu. Aber dieser Strafantrag sei, obgleich form- und fristgerecht eingereicht, von den Richtern im Kongo hartnäckig und erfolgreich unterdrückt worden[286].

Für diese Aussage Toqués findet sich zwar heute kein Beleg mehr in dem einschlägigen Dossier der Gaud-Toqué-Affäre, doch wird im nachfolgenden Kapitel zu zeigen sein, daß Praktiken wie die von Toqué beklagte den zuständigen Justizorganen durchaus nicht fremd waren. Rückblickend hat Toqué jedenfalls keinerlei Zweifel, daß er durch ein von hohen Polikern errichtetes "Lügengebäude" (oeuvre de mensonge) bereits vor Beginn des Prozesses verurteilt gewesen sei[287].

Wie genau diese Einschätzung Toqués die tatsächlichen Gegebenheiten widerspiegelte, wird im nächsten Kapitel noch im einzelnen aufzuzeigen sein. Trotz dieser zutreffenden Beurteilung seiner Situation blieben Toqué dennoch die eigentlichen Hintergründe und politischen Zusammenhänge der gegen ihn und Gaud geführten Kampagne verborgen. Aus seinen Äußerungen ergibt sich, daß er den Skandal auf Unwissenheit, Dummheit und Böswilligkeit einzelner, mit dem Kolonialministerium eng verbundener Politiker zurückführt, wobei er politische Motive zwar anscheinend erahnt, letztlich aber nicht genauer bestimmen kann. Dies führt ihn auch zu der Fehleinschätzung, die Kampagne sei wegen der Unzulänglichkeit, mit der sie betrieben worden sei, am Ende gescheitert: "Cette campagne manqua le but en le dépassant[288]". Eine "entfesselte öffentliche Meinung" habe nach Aufklärung der Angelegenheit verlangt[289]. Mit derselben Post, die ihn über die Kampagne unterrichtet habe, sei die Nachricht gekommen, daß eine Untersuchungsdelegation unter der Leitung de Brazzas mit der Aufklärung des Skandalgeschehens beauftragt worden sei.

5. Die außenpolitische Dimension der Skandalinszenierung rückt ins Blickfeld

Von der, wie Toqué meint, Forderung einer "entfesselten öffentlichen Meinung" nach Aufklärung des wirklichen Geschehens kann, wie in den vorhergehenden Abschnitten herausgearbeitet worden ist, indes nicht gesprochen werden. Was also hatte es mit dieser Untersuchungsdelegation, von der Toqué spricht, tatsächlich auf sich?

Diese Frage zielt nun auf eine entscheidende Nahtstelle im Ablauf der hier dargestellten Vorgänge. Mit der von Toqué erwähnten Einleitung einer offiziellen Untersuchung erreicht nämlich die bisher auf die geschilderte Pressekampagne beschränkte Skandalentwicklung, was den äußeren Geschehensverlauf betrifft, einen bedeutsamen Wendepunkt. Von nun an wird der in der Presse bis dahin als Ausdruck von untypischen Einzelvorkommnissen präsentierte Skandal auch nach außen hin als Teilmoment einer politischen Affäre erkennbar, deren Ausmaß und Hintergründe im weiteren Verlauf der vorliegenden Untersuchung im einzelnen zu behandeln sein werden. Dabei soll, um den Argumentationsgang noch einmal zu verdeutlichen, der nachfolgende dritte Teil dieser Studie die Aufgabe übernehmen, die Besonderheiten der politischen Konstellation aufzuzeigen, die schließlich zu der Entscheidung für eine Untersuchungsdelegation führten; weiterhin soll dort der Frage nachgegangen werden, welche politischen Absichten die damalige französische Regierung mit der Entsendung einer derartigen Delegation im einzelnen verfolgte. Im Rahmen dieses Kapitels kann es deshalb genügen, die für die Darstellung der Pressekampagne herangezogenen Zeitungen daraufhin zu überprüfen, welche Hinweise sie zur Klärung der eben gestellten Fragen bereit halten.

Eine erste einschlägige Meldung findet sich bereits am 25. Februar, drei Tage also, bevor Doumergue mit dem oben besprochenen Artikel vom 28. Februar für einen volltönenden Schlußakkord der Pressekampagne gesorgt hatte. Hier heißt es:

> "Le ministre des colonies a décidé d'envoyer une mission d'inspection dans le Haut-Congo afin de poursuivre une enquête sur les conditions dans lesquelles les fonctionnaires entendent accomplir leur devoir de colonisateurs. Cette mission devra également aider la justice locale en ce qui concerne l'affaire Toqué (290)".

Diese Meldung besagt zweierlei: Einmal wird die angekündigte Untersuchung unmittelbar auf die hier so genannte "Affäre Toqué" bezogen und zum zweiten wird ausdrücklich festgestellt, daß sie sich nicht auf diese Affäre beschränken, sondern allgemeine Auskünfte über die im Kongo herrschenden Verwaltungspraktiken erbringen soll. Damit wird der von Doumergue drei Tage später im "Matin" noch einmal wiederholten und in nahezu absurder Weise zugespitzten Version, der Skandal sei als Folge singulärer Ereignisse zu betrachten, bereits im vorhinein eindeutig widersprochen. Auch andere Zeitungen stellen einen ausdrücklichen Zusammenhang her zwischen den in der Pressekampagne dargestellten Skandalvorgängen und der vom Kolonialministerium annoncierten offiziellen Untersuchung[291]. Daß dies auch die offizielle Lesart war, bestätigt Kolonialminister Clémentel am 2. März in einem Interview mit der Tageszeitung "Le Petit Parisien". Auf die Frage nach den Kriterien für die personelle Besetzung der von ihm beauftragten Untersuchungsdelegation führt er wörtlich aus:

"Il (der Leiter der Kommission, J.M.) nous dira mieux
que personne ce qu'il faut faire pour que les scandales
cessent, que la confiance renaisse parmi les indigènes
et que l'on puisse travailler en paix".

Und er fügt hinzu:

"On ne nous parlera plus, j'espère, de l'insouciance,
de l'incurie de la métropole lorsqu'on connaîtra qu'au
premier scandale elle a sondé la plaie et voulu la
guérison (292)".

Vor dem Hintergrund der kurz zuvor zu Ende gegangenen Pressekampagne müssen derartige Äußerungen irritierend anmuten. Hatte nicht das Kolonialministerium, um es noch einmal zu wiederholen, über die als seine Sprecher auftretenden Politiker Le Hérissé und Doumergue in allen veröffentlichten Erklärungen die Lesart von einer angeblichen Singularität der Skandalereignisse verbreitet und hatte nicht die Presse diese Interpretationsvorgabe im wesentlichen willig übernommen? Von der postwendend durch einen Interpellationsantrag Le Hérissés konterkarierten parlamentarischen Initiative des sozialistischen Abgeordneten Rouanet abgesehen, hatte sich in der französischen Öffentlichkeit, wie ausführlich dargelegt, keinerlei ernsthafter Widerspruch gegenüber der Regierungslinie bemerkbar gemacht. Warum wurde diese Linie also nicht konsequent beibehalten, weshalb der zusätzliche Versuch einer Rechtfertigung durch eine offizielle Untersuchungsdelegation?

An diesem Punkt der Überlegungen sind nun zwei Presseverlautbarungen von grundlegender Bedeutung, die beide in dem führenden Massenblatt "Le Petit Parisien" erschienen. Bei dem zuerst publizierten Text handelt es sich um eine kommentierende Stellungnahme zu den in der Pressekampagne geschilderten Skandalereignissen, auf die im Zusammenhang mit einem weiter oben besprochenen Kommentar der Tageszeitung "Le Temps" bereits kurz hingewiesen wurde. Die zweite Verlautbarung ist Bestandteil des hier bereits erwähnten Artikels vom 2. März 1905, in dem über die von Minister Clémentel eingesetzte Untersuchungsdelegation berichtet wurde. Beide Texte stehen in engem inhaltlichen Zusammenhang, wobei der erste, der nun betrachtet werden soll, die Aufgabe einer argumentativen Vorbereitung des nachfolgenden Textes übernimmt.

Am 24. Februar, einen Tag bevor die Untersuchungsdelegation in der Presse angekündigt wurde, plazierte "Le Petit Parisien" auf seiner Titelseite einen dreispaltigen Kommentar mit der Überschrift: "Atrocités Coloniales". Hier wird nun ein neuartiger Aspekt in die Diskussion eingeführt. Während die öffentliche Meinung Frankreichs sich darin einig sei, so der Kommentar, die aus dem Kongo gemeldeten Schandtaten als die Handlungen einzelner Krimineller anzusehen, mit denen sich die Justiz zu befassen habe, gebe es "gewisse" ausländische Presseorgane, welche sich jener Vorgänge mit auffallender Beflissenheit und Hartnäckigkeit annehmen würden:

> "Certains organes de la presse étrangère insistent sur des événements, dont nous ne méconnaissons pas la gravité, mais dont il ne faudrait pas croire que la France eût le monopole. C'est l'éternelle histoire de la paille et de la poutre. Et l'on nous permettra de remettre les choses au point (293)".

In dem Bemühen, "die Dinge zurecht zu rücken", präsentiert das Blatt seinen Lesern in den folgenden Abschnitten seine, auf den behandelten Gegenstand zugeschnittene Version der "ewigen Geschichte von Splitter und Balken", auf die hier nun in den wesentlichsten Punkten eingegangen werden soll.

In bemerkenswert unverblümter Weise wird zunächst festgestellt, daß der rücksichtslose Einsatz von Gewalt schon immer ein Wesensmerkmal kolonialer Expansion gewesen sei. Nachdem der grundlegende Zusammenhang zwischen Kolonialherrschaft und direkter Gewalt als genereller, für alle Kolonialmächte gleichermaßen gültiger Tatbestand herausgestellt worden ist, wird diese Aussage an zeitlich zurückliegenden Bei-

spielen aus englischen, deutschen und italienischen Kolonien
zu illustrieren versucht. Während es sich bei den genannten
Beispielen um historische Tatbestände handele, komme es im
"belgischen Kongo" zu einer Fortsetzung jener Vorgänge. Das
dortige Kolonialregime beruhe auf nackter Gewalt. Unter dem
Druck der "öffentlichen Meinung" habe König Leopold eine Untersuchungskommission mit der Aufklärung diverser Vorkommnisse beauftragen müssen. Deren Ermittlungsergebnisse stellten der Kolonialverwaltung des "belgischen Kongo" ein "nie-
derschmetterndes" Zeugnis aus. Demgegenüber - dies stehe
völlig außer Zweifel und werde durch die Aussagen kompeten-
ter ausländischer Zeugen bestätigt - demgegenüber seien die
französischen Kolonialmethoden eher nachgiebig und human.

Im Sinne eines solch ehrenden, aber auch verpflichtenden Lo-
bes habe die französische Regierung gehandelt, als sie, in
klarer und eindeutiger Haltung, unverzüglich dafür gesorgt habe, daß die Schuldigen des französischen Kolonialskandals der
Justiz übergeben wurden[294].

Daß der Regierung hier noch einmal uneingeschränktes Vertrauen ausgesprochen wird, ist in diesem Zusammenhang weniger
interessant als die Tatsache, daß der im Verlauf der bisherigen Ausführungen bereits mehrfach aufgefundene Hinweis auf
Verbindungen zwischen dem sogenannten "belgischen Kongo" und
der französischen Kolonie gleichen Namens hier zum ersten
Mal konkretere Gestalt annimmt. In dem zitierten Textauszug
ist nämlich nicht nur das augenfällige Bestreben zu beobachten, den internationalen Ruf der französischen Kolonialpolitik zu verteidigen und diese zugleich gegenüber dem "belgischen Kongo" deutlich abzugrenzen. Von noch größerem Interesse ist hier die Tatsache, daß die jüngste Entwicklung der
beiden Kongokolonien, wie sich aus dem Artikel ergibt, offenbar eine bemerkenswerte Parallelität der Ereignisse aufzuweisen hatte. Nicht nur der französische Kolonialminister

hatte demnach eine Untersuchungsdelegation ins Leben gerufen. Eine gleiche Entscheidung war bereits zuvor von dem belgischen König getroffen worden - unter dem Druck einer nicht näher definierten "öffentlichen Meinung", wie in dem besagten Kommentar des "Petit Parisien" behauptet wird. Angesichts einer derart merkwürdigen Duplizität der Ereignisse drängt sich natürlich die Frage nach möglichen Verbindungslinien auf.

Hierzu gibt der bereits angekündigte zweite Presseauszug, ein Abschnitt aus dem oben schon zitierten Artikel des "Petit Parisien" vom 2. März 1905, eine richtungsweisende Auskunft. Die unter der Zwischenüberschrift "Im Außenministerium" (Au quai d'Orsay) abgedruckte Passage enthält derart wichtige Angaben, daß sie hier in ihrem vollständigen Wortlaut wiedergegeben werden soll:

> "La tâche de M. de Brazza (dem Leiter der Untersuchungsdelegation, J.M.) sera d'autant plus considérable qu'elle touchera à toutes les questions qui intéressent le Congo français.
> Au quai d'Orsay un haut fonctionnaire n'a pas hésité à me déclarer qu'en plus du scandale Toqué-Gaud et de l'enquête sur l'état moral des fonctionnaires, leur condition matérielle, la discipline administrative, les lois en vigueur, le régime des indigènes et la sécurité des Européens, M. de Brazza aurait en outre à se préoccuper de l'avenir politique de la colonie.
> <u>La convention de Berlin arrive à terme l'année prochaine. Et M. Delcassé</u> (der amtierende Außenminister, J.M.) <u>veut être documenté pour répondre, le cas échéant, aux objections de toute puissance étrangère qui pourrait contester l'efficacité de notre colonisation.</u>
> <u>La mission morale pacificatrice de M. de Brazza se double ainsi d'une mission politique, voire diplomatique, du plus haut intérêt.</u>
> <u>La tâche est donc</u> bien, à la vérité, <u>immense</u>, pour reprendre l'expression qu'employait tout à l'heure M. Clémentel (Unterstreichungen von mir, J.M.) (295)".

Vor dem Hintergrund dieser Ausführungen erscheint die Gaud-Toqué-Affäre und die sich an sie unmittelbar anschließende

Untersuchungsdelegation des Kolonialministeriums nun in
einem völlig anderen Licht. Nachdem innenpolitische Faktoren die hierbei eine ausschlaggebene Rolle hätten spielen
können, im Verlaufe der Pressekampagne nicht erkennbar geworden sind[296], nachdem auch ein Dissens zwischen Regierung, Parlamentsmehrheit und Presse nicht einmal in Ansätzen beobachtet werden konnte, die französische Öffentlichkeit sich vielmehr, wie auch der oben zitierte Kommentar des
"Petit Parisien" noch einmal ausdrücklich hervorhebt, der
Regierungslinie in dem hier zu diskutierenden Fall nahezu
rückhaltlos angeschlossen hatte, bleibt in der Tat nur noch
die Möglichkeit, daß die Handlungsweise der Regierung im Hinblick auf auswärtige Entwicklungen zu interpretieren ist.
Der zitierte Textauszug erlaubt freilich noch keine exaktere
Bestimmung solch externer Einflußfaktoren. Zwar wird die im
Jahre 1885 in Berlin verabschiedete internationale Kongokonvention erwähnt, deren Gültigkeitsdauer angeblich im Jahre
1906 auslaufen sollte. Welche politischen und speziell diplomatischen Probleme sich daraus für die französische Außenpolitik ergeben könnten, wird aus besagter Zeitungsmeldung
indes bestenfalls andeutungsweise erkennbar. Folgt man den
Ausführungen des im "Petit Parisien" zitierten hohen Beamten
aus dem Pariser Außenministerium, so scheinen die im Zusammenhang mit einem Auslaufen der Kongokonvention auf die französische Außenpolitik zukommenden Probleme von beträchtlichem Gewicht gewesen zu sein. Wie anders könnte sonst die
Aussage verstanden werden, die Untersuchungsdelegation sei
für das französische Außenministerium in politischer, insbesondere diplomatischer Hinsicht "von größter Bedeutung"?

Hinweise auf eine Verflechtung des französischen Kongoskandals mit einem internationalen Kongoproblem sind im Verlaufe dieser Untersuchung bereits an mehreren Stellen aufgetreten. In der zuletzt zitierten Textpassage deutet sich
nunmehr in ersten, groben Umrissen eine Konkretisierung die-

ser Problematik an. Dieser internationale Problemzusammenhang wird im nachfolgenden Teil dieser Studie eingehend zu erörtern sein. An dieser Stelle müssen die aus der Presse zu entnehmenden Andeutungen einstweilen genügen. Zunächst soll nämlich noch weiter verfolgt werden, welchen Fortgang der mit der Einleitung der Gaud-Toqué-Affäre begonnene, mit der Pressekampagne vom 15. bis 28. Februar massiv fortgesetzte und mit dem Prozeß gegen Gaud und Toqué beendete Skandalverlauf bis zu seinem Schlußpunkt letztlich nahm und welche zusätzlichen Erkenntnisse sich daraus für die Analyse der Kongoaffäre gewinnen lassen.

4. Kapitel: Ein Strafprozeß als ein Akt politischer Demonstration

1. Zur politischen Funktion der Prozeßinszenierung

Die mit Beginn des Jahres 1905 durch das französische Kolonialministerium planmäßig ausgelösten Ereignisse, angefangen mit der rechtswidrigen Festnahme Toqués und seiner zwangsweisen Abschiebung in den Kongo, über die anschließend lancierte und mit äußerster Entschiedenheit gesteuerte Pressekampagne bis zu der im Anschluß daran über die Presse verkündeten Entsendung einer amtlichen Untersuchungsdelegation - alle jene Ereignisse hatten in dem gegen Gaud und Toqué geführten Prozeß einen gemeinsamen Bezugspunkt. Vor diesem Hintergrund erhält dieser Prozeß erst seinen spezifischen Stellenwert, ohne den Gaud und Toqué sich für ihre Taten vermutlich niemals in einem derartigen Verfahren hätten verantworten müssen.

So aber mußten beide die ihnen vom Kolonialministerium aufgezwungene, während der Pressekampagne bereits deutlich erkennbar gewordene Rolle als Prügelknaben bzw. "Sündenböcke" (boucs émissaires)[297] im Rahmen einer von der französischen Regierung planmäßig angelegten politischen Inszenierung bis zum bitteren Ende weiterspielen, wobei sie die Spielregeln und die Hintergründe des Szenarios letztlich nicht zu durchschauen vermochten. Am Ende einer einwöchigen Gerichtsverhandlung wurden sie in Brazzaville jeweils zu einer fünfjährigen Haftstrafe verurteilt, ohne recht zu begreifen, wie ihnen geschah.

Der besondere Stellenwert dieses merkwürdigen Strafverfahrens ergibt sich, wie gesagt, bereits aus der Tatsache, daß es als solches überhaupt stattfand. So sehr nämlich der Abgeordnete Le Hérissé als ein führender Repräsentant der offiziellen Kolonialpolitik in seiner schon erwähnten Stellungnahme am

2. Februar 1905 vor der Abgeordnetenkammer auch versichern mochte, die Kolonialbehörden würden keine "Vergehen" und kein "Versagen" - wie er die Vorkommnisse in Französisch-Kongo beschönigend nannte - dulden, sondern derartige Handlungen unnachsichtig verfolgen[298], und so beredt derselbe Le Hérissé im Zusammenspiel mit seinem Politikerkollegen Doumergue während der Pressekampagne auch versucht hatte, die von Gaud und Toqué begangenen Taten als Ausnahmefälle erscheinen zu lassen, so wenig entsprechen diese Behauptungen den bis dahin beobachtbaren tatsächlichen Gegebenheiten. In den vorangegangenen Ausführungen ist dazu das Notwendige bereits gesagt worden und braucht an dieser Stelle nicht wiederholt zu werden[299]. Im übrigen sei an dieser Stelle noch einmal daran erinnert, daß der brutale Zwangscharakter des in Französisch-Kongo damals etablierten Kolonialsystems in der vorliegenden Literatur unstrittig ist[300].

Das spektakuläre Gerichtsverfahren von Brazzaville kann auch nicht als Anzeichen dafür interpretiert werden, daß die Kolonialbehörden die Absicht hatten, die im Kongo praktizierten Kolonialmethoden künftig schärferer administrativer Kontrolle zu unterwerfen. An dem durch ebenso zügellose wie willkürliche Gewaltakte gekennzeichneten System kolonialer Zwangsarbeit hatte sich nämlich auch nach den von Kolonialminister Clémentel im Februar 1906 mit weitreichendem Reformanspruch verkündeten Dekreten nichts Grundlegendes geändert, wie nun gleich noch beispielhaft aufgezeigt werden soll. Die Organe der Kolonialjustiz duldeten die permanent zu verzeichnenden gewaltsamen Übergriffe, indem sie bestenfalls solche Strafen verhängten, deren symbolischer Charakter deutlich genug signalisierte, daß Gewaltakte bis hin zum Mord, sofern sie von Europäern begangen wurden, weiterhin ohne nennenswerte Folgen blieben. So wird Ende 1907 in einem in Brazzaville verfaßten offiziellen Bericht festgestellt, daß der Kongo weit da-

von entfernt sei, über eine angemessen funktionierende Justiz
zu verfügen. Eher sei das Gegenteil festzustellen: "je déclare, en connaissance de cause, que la justice fonctionne
très mal, ou plutôt qu'on en a que la parodie." Zu den Ursachen dieses Zustandes wird ausgeführt, in Kolonien wie dem
Kongo seien die Erfordernisse der sogenannten "Eingeborenenpolitik" mit rechtlichen Grundsätzen unvereinbar: "Dans toutes
les colonies de brousse, le magistrat est peu aimé, il gêne,
il inquiète. (La loi, et ce qu'on appelle la 'politique indigène', sont des soeurs ennemies, toujours prêtes à en venir
aux mains)". (Hervorhebung i. Orig., J.M.). Dieser grundlegende Widerspruch sowie die innerhalb der Kolonialverwaltung herrschenden Beziehungen gegenseitiger Abhängigkeit und Komplizenschaft führten, so der Tenor des zitierten Berichts, zu Verhältnissen, in denen Justiz zwangsläufig nur noch als "Parodie"
ihrer selbst in Erscheinung treten könne. Als drastisches
Beispiel für diesen Sachverhalt wird der Fall eines Kolonialfunktionärs angeführt, der in einem Verfahren zum Richter bestellt wurde, in dem es um den schwerwiegenden Tatbestand
einer körperlichen Mißhandlung mit Todesfolge ging. In seinem
gegen den Angeklagten ausgesprochenen "lächerlichen Urteil"
beschränkte er sich darauf, "à le condamner à onze francs d'
amende, avec sursis !!" (Hervorhebung i. Orig., J.M.). Anstatt
nun aber angesichts derartiger Zustände für eine vom Berichterstatter geforderte bessere personelle Ausstattung der im
Kongo tätigen Justizorgane zu sorgen, handelten die übergeordneten Kolonialbehörden, wie im zitierten Bericht kritisch
vermerkt, in einem genau gegenteiligen Sinne:

> "Il y faudrait un personnel de choix, plein de tact et de
> savoir, capable de forcer le respect et de commander les
> égards. Pour cela, on ne saurait trop rehausser les fonctions judiciaires. Or que voit-on actuellement? Ces fonctions sont constamment amoindries, et quelquefois ridiculisées par de fréquents intérims, confiés à des agents de l'Administration, qui n'ont aucune connaissance juridique, et
> qui sont en outre gênés dans leur indépendance (301)."

Weit davon entfernt, sich zum Besseren zu wenden, hatte sich die Situation fast zwei Jahre nach den Reformdekreten vom Februar 1906 also eher noch verschlimmert[302].

Das ausführliche Zitieren dieser offiziellen Stellungnahme sollte noch einmal in aller Deutlichkeit illustrieren, daß die von seiten des Kolonialministeriums im Zusammenhang mit der Gaud-Toqué-Affäre öffentlich verbreitete Behauptung, der Prozeß zeige, daß die Behörden willkürliche Gewaltakte nicht dulden, sondern mit den gebotenen rechtlichen Mitteln unnachsichtig verfolgen würden, auch für die Periode nach dem gegen Gaud und Toqué erwirkten Strafverfahren und trotz inzwischen erlassener Reformvorschriften den tatsächlichen Verhältnissen nicht entsprach, sondern lediglich deklamatorischen Charakter hatte. Der gegen Gaud und Toqué im August 1905 führte Prozeß ist demnach als ein spezifischer Einzelfall zu begreifen, der aus bestimmten - im einzelnen noch zu untersuchenden - Erfordernissen heraus arrangiert wurde und offensichtlich eine entsprechende propagandistische Funktion erfüllen sollte.

Vor dem Hintergrund des bisherigen Untersuchungsganges läßt sich der dem Prozeß zugedachte politische Zweck bereits an dieser Stelle in ein etwas klareres Licht rücken. So wie nämlich am Ende des vorhergehenden Kapitels die außenpolitische Dimension der Skandalinszenierung in direkter Verbindung mit der besprochenen Pressekampagne bereits in ersten Umrissen aufgezeigt werden konnte, so findet sich auch in unmittelbarem Zusammenhang mit der nun zu untersuchenden Prozeßinszenierung ein deutlicher Hinweis auf ein das Skandalgeschehen übergreifendes internationales Konfliktfeld.

Es handelt sich dabei um ein Dokument, das sich bezeichnenderweise in demselben Dossier archiviert findet, in dem sämtli-

che amtlichen Schriftstücke ihren Platz gefunden haben, die
sich unmittelbar auf die Gaud-Toqué-Affäre beziehen. Der direkte Bezug des nun zu besprechenden Schriftstücks mit jener
Affäre und damit auch mit dem hier zu diskutierenden Prozeß
wird bereits durch diesen Umstand sinnfällig vor Augen geführt.

In diesem mit dem 20. Februar 1905 datierten Aktenvermerk
des Kolonialministeriums wird - übrigens in verblüffender
Übereinstimmung mit einem bereits an anderer Stelle zitierten, vier Tage nach dem soeben genannten Datum in dem Massenblatt "Le Petit Parisien" abgedruckten Kommentar[303] - der
Versuch unternommen, die Gaud-Toqué-Affäre in eine Reihe mit
Gewalttaten zu stellen, die von den anderen europäischen Kolonialmächten im Zuge kolonialer Penetration begangen worden sind:

> "Les puissances européennes, en s'établissant dans les
> territoires africains, n'ont pas été les uns et les autres
> sans avoir à réprimer des insurrections, ou des rébellions
> provenant soit du fait d'actes individuels, soit du fait
> d'actions administratives."

Nach der Aufzählung mehrerer Beispiele aus dem Bereich der
deutschen und englischen Kolonialherrschaft - die Zustände im
Kongostaat Leopold II. von Belgien werden ausdrücklich als
allgemein bekannt vorausgesetzt - zitiert der hier erwähnte
Vermerk mehrere Stimmen aus England, die sich angeblich in besonders positiver Weise über den als vergleichsweise unblutig
eingeschätzten Charakter der französischen Kolonialpolitik geäußert hätten und hält als abschließendes Ergebnis fest, es
scheine, "de l'avis même de diplomates et d'auteurs étrangers,
que la France fut moins à blâmer que la plupart des autres
Puissances[304]."

Die hier wiedergegebenen Textpassagen lassen den Schluß zu,
daß die französische Regierung zur Entstehungszeit des soeben

zitierten Textes, d. h. im Februar 1905, ernsthaft damit rechnete, in absehbarer Zeit in eine Situation zu geraten, in der sie sich wegen der Verhältnisse in Französisch-Kongo gegenüber anderen europäischen Mächten zu erklären haben würde. Unter Hinweis auf die als Ausnahmefall stilisierte Gaud-Toqué-Affäre, so kann weiter gefolgert werden, sollte für einen solchen Fall offenbar der Eindruck erweckt und die These vertreten werden, daß die in Französisch-Kongo angewandten Kolonialmethoden im Vergleich mit denjenigen der übrigen Kolonialmächte grundsätzlich keinen Anlaß zur Kritik böten.

2. Absonderlichkeiten des Prozeßverlaufs

Die soeben vorläufig skizzierte politische Einordnung des hier zu besprechenden gerichtlichen Verfahrens war notwendig, um die nun zu schildernden höchst eigenartigen Umstände, unter denen Vorbereitung, Verlauf und Ergebnis dieses Verfahrens zustande kamen, überhaupt erst verständlich werden zu lassen. Die oben angedeutete, dem Prozeß zugedachte spezifische politische Funktion machte nämlich, wie nach dem Gesagten leichter einleuchten dürfte, ein zweckentsprechendes Arrangement notwendig, um von vornherein die Möglichkeit auszuschließen, daß das auf genaue Rollenverteilung angelegte Szenario durch eigenwilliges Verhalten der Prozeßbeteiligten aus den Fugen geraten und der angestrebte Demonstrationseffekt somit gefährdet werden könnte.

Man könnte in dieser Hinsicht zwischen einem Bereich der äußeren und einem solchen der inneren Prozeßregie unterscheiden. Zum ersteren werden hier Faktoren wie Ort, Zeit, Auswahl der auftretenden Chargen und Herstellung einer gezielten Öffentlichkeit gerechnet. Als Bereich der inneren Prozeßregie soll demgegenüber das hinter den Kulissen ablaufende, den Blicken

Außenstehender verborgene Geschehen bezeichnet werden. Hierbei geht es in erster Linie um die Art und Weise, wie die Angeklagten Gaud und Toqué als zentrale Figuren des Prozeßgeschehens für ihre Rollen zugerichtet wurden, um ein Wort zu gebrauchen, das den später noch zu schildernden Praktiken der Kolonialbürokratie am ehesten entsprechen dürfte. In seinem nachträglich publizierten Buch, von dem oben bereits mehrfach die Rede war, macht Toqué hierzu einige aufschlußreiche Ausführungen[305]. Auch das vorliegende Aktenmaterial enthält einschlägige Dokumente aus dem von Toqué mit Vertretern der Kolonialadministration geführten Schriftwechsel, die seine später in Buchform publizierten Darlegungen eindrucksvoll bestätigen. Von Gaud haben sich im Zuge der für diese Arbeit durchgeführten Recherchen hingegen keine Äußerungen über den Prozeß auffinden lassen. Dies gilt auch für sein im Jahre 1911 publiziertes Buch über die Mandja, in dem er sich sehr kritisch mit der Praxis und den verheerenden Folgen des Trägerdienstes auseinandersetzt[306]. Dafür besitzen wir das Zeugnis von Félicien Challaye, der als Mitglied der amtlichen Untersuchungsdelegation dem Prozeßgeschehen beiwohnte und zugleich als Sonderkorrespondent der Tageszeitung "Le Temps" die Rolle des einzigen Pressevertreters einnahm. Challayes Prozeßbeobachtungen wurden zuerst im September 1905 in "Le Temps"[307] und einige Jahre später in seinem ebenfalls schon mehrfach zitierten Buch über die internationale Kongofrage publiziert[308]. Als notwendige Ergänzung zu diesen Ausführungen sind die von dem hier inzwischen bekannten sozialistischen Abgeordneten Rouanet während der Erläuterung seiner Interpellation vor der Deputiertenkammer im Februar 1906 gegebenen Informationen vor allem auch deswegen von Bedeutung, weil sie eine sonst nirgendwo publizierte, 26 Einzelpunkte umfassende Liste von Revisionsgründen enthalten, mit denen Toqué unter dem Eindruck der gegen ihn inszenierten Verhandlung und des gegen ihn ergangenen Urteils die Wiederaufnahme des Verfahrens erreichen wollte[309].

Unter den genannten Quellen kommt dem Zeugnis von Challaye, der im übrigen kein Angehöriger der Kolonialverwaltung war, besondere Bedeutung zu. Als junger Intellektueller, dessen als reformerisch zu bezeichnende politische Grundposition, wie in Teil III dieser Arbeit noch genauer darzulegen sein wird, im Rahmen des sozialistischen Spektrums angesiedelt war, steht er von vornherein außer Verdacht, für die den Angeklagten vorgeworfenen Taten übertriebenes Verständnis empfunden zu haben. Das gegen Gaud und Toqué angesetzte Verfahren, dessen politische Implikationen er, wie auch seine späteren Ausführungen aus dem Jahre 1935 ausweisen, offenbar als solche nicht zu erkennen vermochte, hielt er im Gegenteil für notwendig und gerechtfertigt. Er erhoffte sich dadurch, daß eine Wiederholung ähnlicher Vorkommnisse verhindert werden und die Reformierung des im Kongo herrschenden Kolonialsystems vorangetrieben werden könnte[310]. Bei dieser anfänglich ausgesprochen positiven Erwartungshaltung, mit der Challaye den Prozeßverlauf verfolgte, erhalten seine gegen Ende des Verfahrens immer stärker zunehmenden Zweifel an der korrekten Abwicklung der Gerichtsverhandlung um so stärkeres Gewicht. Seine noch zu referierenden kritischen Anmerkungen liefern damit zugleich den Nachweis, daß bereits eine eingehendere Betrachtung des äußeren Prozeßgeschehens den manipulativen Charakter dieses forensischen Schauspiels offen zutage treten läßt.

Beginnen wir nun also zunächst mit der Darstellung des äußeren Arrangements und den nach außen hin kaum zu kaschierenden Ungereimtheiten der Prozeßinszenierung. Der Prozeß fand in der Woche vom 21. bis 26. August in Brazzaville statt, dem Verwaltungszentrum Französisch-Kongos. Der genannte Zeitpunkt wurde gewählt, so kann unterstellt werden, damit die im vorhergehenden Kapitel erwähnte offizielle Untersuchungsdelegation, vertreten durch das bereits genannte Delegationsmitglied

Challaye, vor ihrer auf Ende August festgelegten Rückkehr
nach Frankreich Gelegenheit hatte, in dem vom Kolonialministerium erwarteten Sinne über den Prozeßverlauf aus eigener Anschauung Zeugnis abzulegen und somit der propagandistischen
Version des Ministeriums über die Gaud-Toqué-Affäre und die
allgemeinen Zustände im Kongo zusätzliches Gewicht zu verleihen. Mit der Verlegung des Verfahrens von Paris nach Brazzaville - wie gesehen, war das Verfahren von dem ursprünglich
durch Kolonialminister Clémentel eingeschalteten Pariser Untersuchungsrichter ohne stichhaltige rechtliche Begründung
an seinen Kollegen in Brazzaville übertragen worden - mit
dieser Verlegung also wurde gewährleistet, daß das Prozeßgeschehen dem direkten Einblick der metropolitanen und damit
auch der internationalen Öffentlichkeit entzogen wurde. Der
Gefahr eines aus Sicht der Regierung zu befürchtenden kritischen öffentlichen Echos auf die Art der Prozeßführung war
somit weitgehend vorgebeugt worden. Daß ausgerechnet die erwähnte Tageszeitung "Le Temps" das Privileg der exklusiven
Berichterstattung über diesen Vorgang zugesprochen erhielt,
kann unter diesen Umständen kaum als Zufall angesehen werden.
Wie bei der Darstellung der Pressekampagne schon deutlich geworden ist, hatte "Le Temps" den seinerzeit noch als "Affaire
Toqué" präsentierten Fall von Anfang an in voller Übereinstimmung mit der Interpretation des Kolonialministeriums aufbereitet und verfügte zudem, was in diesem Zusammenhang besonders ins Gewicht fiel, über ein hervorragendes internationales
Renommee.

Ein anderer Punkt spielte ebenfalls eine entscheidende Rolle
bei der Auswahl des Prozeßortes. Indem das Verfahren auf kolonialem Territorium aufgezogen wurde, ergab sich die unter anderen Umständen nicht in dieser Weise wahrnehmbare Gelegenheit, die Regularien des gerichtlichen Verfahrens in fast
nahtloser Übereinstimmung mit den spezifischen Erfordernissen

der Kolonialadministration und damit im Sinne des angestrebten Prozeßzweckes zu handhaben. So erweist sich bereits die personelle Zusammensetzung des Gerichts als dem kolonialen Umfeld bestens angepaßt. Alle fünf Mitglieder des Gerichtshofes rekrutierten sich aus dem Bereich des Kolonialdienstes, wobei nur der Vorsitzende das Amt eines kolonialen Berufsrichters ausübte. Zwei der ehrenamtlichen Richter waren vom Verwaltungschef der Kolonie zu ihrem Amt ernannt worden; die beiden anderen Laienrichter wurden aus einer vorgefertigten Namensliste per Los zu ihrem Amt bestimmt. Die genannte Zusammensetzung des Gerichtes entsprach damit den im Kongo üblichen Gepflogenheiten[311]. Sie stellte sicher, daß die Vertreter der Administration den Berufsrichter, sollte dieser eine politisch unangebrachte juristische Position beziehen, jederzeit überstimmen konnten. Daß der Anklagevertreter ebenfalls dem lokalen Justizapparat angehörte, versteht sich unter diesen Umständen fast von selbst. Weniger verständlich ist hingegen die Tatsache, daß als Verteidiger der Angeklagten nicht etwa ein unabhängiger Rechtsanwalt auftrat, sondern ein "administrateur de Brazzaville", ebenfalls also ein Repräsentant des kolonialen Verwaltungsapparates[312].

Die Reihe der von Challaye registrierten Merkwürdigkeiten nimmt ihren Anfang, noch ehe das Gericht zu seiner ersten Sitzung zusammengetreten ist. Durch "einen seltsamen Zufall" verliert nämlich der Anklagevertreter seinen wichtigsten Zeugen. Es handelt sich um den Arzt Le Maout, der im Zusammenhang mit der Besprechung der berüchtigten "lettre macabre" aus der Hand Toqués in den obigen Ausführungen bereits Erwähnung fand. Wenige Tage vor Prozeßbeginn starb jener Le Maout unter ungeklärten Umständen. Toqué geht davon aus - und Rouanet übernimmt diese Version -, daß Le Maout vermutlich in den Freitod gegangen sei, weil er sich davor gefürchtet habe, vor Gericht mit seinen zuvor schriftlich niedergelegten wider-

sprüchlichen und wahrheitswidrigen Aussagen konfrontiert zu
werden. Eine derartige Gegenüberstellung mit den Angeklagten
hätte nämlich, so Toqué weiter, die von Le Maout selbst begangenen Verbrechen, auf die Toqué in seiner "lettre macabre"
deutlich angespielt hatte, an den Tag gebracht[313]. Der zweite Hauptzeuge der Anklage, der Kolonialfunktionär Chamarande,
hinterließ bei seiner Aussage vor Gericht keinen überzeugen-
den Eindruck, wie Toqué und Challaye übereinstimmend feststellen[314]. Das gleiche gilt für die vorgeladenen afrikanischen
Zeugen. Neben der von Gaud nicht bestrittenen Exekution des
afrikanischen Rebellen Papka vom 14. Juli 1903 erweisen sich
als vor Gericht mit Sicherheit festgestellte Tötungstatbe-
stände nur solche, die Toqué selbst eingesteht und mit dem
Hinweis auf zwingende militärische Erfordernisse zu rechtfertigen versucht - eine Argumentation, in der ihm das Gericht
bezeichnenderweise durchaus folgt. Daß die während der Pressekampagne öffentlich hochgespielten Greuelgeschichten vor Gericht keinen Bestand hatten, sei in diesem Zusammenhang ebenfalls erwähnt. Angesichts der insgesamt gesehen wenig ergie-
bigen und keineswegs schlüssigen Beweisaufnahme des Gerichts
wurde das Urteil unter den Zuhörern mit Spannung erwartet.
Gaud wird schließlich der Tat vom 14. Juli 1903 und verschiedener Übergriffe für schuldig befunden. Aufgrund einer durch
den Tod dieses Zeugen nicht mehr zu revidierenden, im vorhinein gemachten Aussage Le Maouts, deren Wahrheitsgesalt Toqué
heftig bestreitet, wird Toqué ohne weitere Nachprüfung eine
Mitschuld an der Exekution Papkas zugesprochen, was die besondere Verbitterung Toqués hervorruft[315]. Außerdem bezieht
sich der gegen Toqué ergangene Schuldspruch auf eine weitere
angebliche Tötungshandlung, deren Hergang vor Gericht völlig
ungeklärt geblieben war und mit der Toqué nach eigener Aussage nicht das geringste zu tun hatte [316].

Das Urteil - jeweils fünf Jahre Haft - rief bei den Angeklagten, ihrem Verteidiger und den Zuhörern im Saal große Erregung

hervor. Zumindest für Toqué war offenbar allgemein mit einem
glatten Freispruch gerechnet worden. Auch dem Chronisten Challaye, der, wie erwähnt, dem Gericht anfänglich großes Vertrauen
entgegenbrachte, kommen im Rückblick auf den Ablauf der einzelnen Gerichtssitzungen nun nicht mehr zu unterdrückende,
ganz erhebliche Zweifel an dem regulären Charakter des von
ihm beobachteten Verfahrens. Zwar sei es generell notwendig,
durch harte Gerichtsurteile gegen brutale Übergriffe "barbarischer" Europäer unnachsichtig einzuschreiten. Im vorliegenden Fall sei aber zu fragen, inwieweit die Angeklagten für
die ihnen vorgehaltenen Taten persönlich verantwortlich zu
machen seien, zumal sie sich angesichts der in der Kolonie
herrschenden Zustände in einer "situation absolument inextricable" befunden hätten. So habe Toqué das Terrorsystem der
Ober-Schari-Region ja nicht von sich aus organisiert, sondern
bereits als solches vorgefunden und anscheinend versucht,
dessen katastrophale Auswirkungen nach Möglichkeit zu vermindern.

Wichtiger als diese allgemeineren Gesichtspunkte, auf die in
in einem früheren Kapitel, das sich mit der Gaud-Toqué-Affäre befaßt, bereits ausführlich eingegangen wurde, sind in
diesem Zusammenhang jene kritischen Anmerkungen Challayes,
die sich auf den Prozeßverlauf selbst beziehen. Toqué, so
führt Challaye aus, habe offenbar seine Verteidigungsmöglichkeiten bewußt nicht ausgeschöpft: "Il est évident que Toqué n'a
pas utilisé tous ses moyens de défense (Hervorhebung i. Orig.,
J.M.)[317]." So habe er es unverständlicherweise zugelassen, daß
das Gericht auf das persönliche Erscheinen einiger afrikanischer Belastungszeugen verzichtete. Die persönliche Präsenz
dieser Zeugen - allesamt Angehörige der von der lokalen Administration kontrollierten Kolonialmiliz -, deren Aussagen
Toqué schwer belasteten und bei der Begründung des gegen ihn
verhängten Urteils eine wesentliche Rolle spielten, mußte in

Toqués unmittelbarem Interesse liegen, zumal die Aussagen
jener Zeugen sich auffällig widersprachen und insgesamt eher
unglaubhaft wirkten. Überdies, so Challaye weiter, sei unverständlich, warum die Angeklagten auf den Beistand eines kompetenten und unabhängigen Rechtsanwaltes verzichtet hätten,
zumal ein bedeutender Pariser Anwalt zur Übernahme der Verteidigung bereit gewesen sei. Statt dessen hätten die Angeklagten sich mit dem Beistand eines Kolonialfunktionärs begnügt, dessen "qualité d'administrateur le gênait pour mettre
en cause l'administration du Haut-Chari[318]." Für einen professionellen Advokaten, so der Eindruck Challayes, wäre es
ein Kinderspiel gewesen, die verschiedenen belastenden Zeugenaussagen zu zerpflücken und die Handlungen seiner Mandanten
unter Hinweis auf die allgemeinen Zustände in der Schari-Region zu rechtfertigen[319].

Um so verblüffender (stupéfiant) sei es, daß der Verteidiger
es vor Gericht unterlassen habe, auch nur die "leiseste Andeutung" auf die "entsetzliche Situation dieses unglücklichen
Landstriches" zu machen und somit das einzig wirksame Mittel
der Verteidigung aus der Hand gegeben habe. Aber auch die
Angeklagten selbst hätten zum Erstaunen sämtlicher Zuhörer
von sich aus alles vermieden, was die Kolonialverwaltung der
Ober-Schari-Region ins Zwielicht hätte rücken können. Auf die
sich aufdrängende Frage nach den Gründen für dieses ungewöhnliche Verhalten antwortet Challaye mit dem Hinweis auf einen
in Brazzaville allgemein herrschenden und auch von ihm selbst
geteilten Eindruck, dem zufolge sich die Angeklagten offenbar
deshalb zum Schweigen entschlossen hatten, weil ihnen dafür
in Aussicht gestellt worden sei, sie würden am Ende des Prozesses straffrei bleiben. Nach der entgegen aller Erwartung
ergangenen Urteilsverkündung sei ihnen dann sogleich die Begnadigung versprochen worden, um sie davon abzuhalten, gegen
den Gerichtsentscheid Revision einzulegen[320].

In einem unmittelbar nach der Urteilsverkündung mit Toqué geführten und von diesem in seinem Buch erwähnten Gespräch hat sich Challaye, nachdem ihm Toqué den soeben geschilderten Eindruck als den Tatsachen entsprechend bestätigt hatte, offenbar noch deutlicher ausgedrückt. Ohne die Hintergründe des Geschehens durchschauen zu können, sei ihm, Challaye, bewußt gewesen, daß man Toqué "betrogen" habe "et qu'on le fera encore pour empêcher la vérité." Wie Toqué weiter berichtet, habe ihm Challaye versprochen, diesen Sachverhalt in Frankreich publik zu machen[321]. In einem dreißig Jahre später erschienenen Buch bestätigt Challaye diese Aussagen. Gaud und Toqué, dies sei ihm deutlich geworden, seien in ihrer Eigenschaft als Agenten eines Systems zugleich auch dessen Opfer geworden – Opfer eines Systems, dessen Charakter in Frankreich öffentlich zu denunzieren er Toqué ausdrücklich versprochen habe[322].

Trotz dieses emphatischen Versprechens, sich um Aufklärung der politischen Zusammenhänge zu bemühen, beschließt Challaye seinen Prozeßbericht mit einem eher irrationalen Resümee. Zuweilen, so formuliert er im Rückblick auf das Prozeßgeschehen in unangemessen lyrischer Tonlage, empfinde er "den Eindruck eines schmerzlichen Mysteriums, das sich über Akteure und Zeugen dieser tragischen Verhandlungen niedersenke", ganz wie in einem jener symbolistischen Dramen, "dunkel, unheilvoll, niederdrückend" (obscur, fatal et accablant)[323].

Was Challaye nur in Form vager Stimmungsbilder ausdrücken mochte und damit zugleich in den Bereich metaphysischer Spekulationen entschweben ließ, – die aus seinem eigenen Bericht mehr oder minder offenkundig hervorgehende Tatsache nämlich, daß es sich bei dem von ihm beobachteten Prozeß um ein nachdrücklich manipuliertes Verfahren handelte, – dieser Tatbestand wird sowohl von dem Abgeordneten Rouanet in der

Deputiertenkammer, als auch von dem unmittelbar betroffenen
Toqué selbst, freilich erst im nachhinein, sehr viel drastischer kommentiert.

Gaud und Toqué seien in Brazzaville einer "miserablen Justizkomödie" zum Opfer gefallen, so stellte Rouanet während der
Darlegung seiner Interpellation vor der Abgeordnetenkammer
fest. Recht und Gesetz seien bei diesem "skandalösen" Vorgang
mit Füßen getreten worden. Als Beleg für seine Kritik bezieht
sich Rouanet auf einen Revisionsantrag, den Toqué im Dezember
1905 beim Justizministerium eingereicht hatte, wie auch von
Kolonialminister Clémentel in der Debatte bestätigt wird[324].
Die in diesem Antrag zusammengefaßten und von Rouanet vor den
Abgeordneten Punkt für Punkt vorgetragenen Einwände lesen
sich wie eine Beispielsammlung gravierender Verstöße gegen
fundamentale rechtliche Regeln. Für den Prozeßbeobachter Challaye war ein großer Teil jener Rechtsverstöße nicht erkennbar,
weil diese sich, wie Challaye von Rouanet ausdrücklich zugestanden wird[325], für den außenstehenden Beobachter unsichtbar
hinter den Kulissen abgespielt hätten. Dies gilt allerdings
nicht für einige gleich noch zu benennende Rechtsverletzungen,
die derart offenkundig und gravierend waren, daß sie für sich
genommen bereits ausreichen, das gesamte Verfahren von Grund
auf in Frage zu stellen. Daß Challaye dieser Sachverhalt anscheinend entging, jedenfalls in seinem Prozeßbericht nicht
erwähnt wird, mag einerseits auf seinen übertriebenen Respekt
vor dem Gerichtsvorsitzenden zurückzuführen sein, dem er ausdrücklich bescheinigt, das Verfahren mit großer Sorgfalt geleitet zu haben[326]. Andererseits dürfte auch die Tatsache von
erheblicher Bedeutung gewesen sein, daß Challaye als juristischer Laie an dem Prozeßgeschehen teilnahm. Daß es kein ausgebildeter Jurist war, der im Auftrage der offiziellen Untersuchungsdelegation das Gerichtsverfahren zu verfolgen und in
der eigens ausgewählten "Le Temps" darüber zu berichten hatte

kann nach dem bisher Gesagten auch nicht als Zufall angesehen
werden.

Die Liste der von Rouanet zitierten groben Rechtsverstöße
reicht von der Unterschlagung einschlägiger Dokumente über
die Verfälschung von Ermittlungsergebnissen, die Nichtweitergabe von Prozeßunterlagen an die zuständigen Adressaten, die
Behinderung der Beweisaufnahme sowie die unzulässige Einschränkung von Verteidigerrechten, die unzulässige Zeugenbeeinflussung, die Benutzung gefälschten Beweismaterials,
die Unterlassung zwingend gebotener Ermittlungen bis hin zu
der Tatsache, daß wesentliche Rechte der Angeklagten dadurch
verletzt worden seien, daß die Richter wegen des offenkundigen Bestehens von Außenkontakten in der Phase der Urteilsberatung verfahrensfremden Einflüssen ausgesetzt und schon allein dadurch als befangen anzusehen seien[327]. Einige der aufgelisteten Punkte stellten derart offenkundige Revisionsgründe dar, daß sich die Frage stelle, warum die Angeklagten die
Gelegenheit zur Revision nicht sofort wahrgenommen hätten. So
sei beispielsweise versäumt worden, die Rekonstruktion der
vor Gericht verhandelten Tatbestände vor Ort und in Gegenwart
der Angeklagten, d. h. per Lokaltermin, vorzunehmen, was
einen glatten Verstoß gegen einschlägige Rechtsvorschriften
bedeute[328]. Auch seien die meisten Zeugen, insbesondere der
verbleibende Hauptzeuge der Anklage, den Angeklagten niemals
gegenübergestellt worden, um den Wahrheitsgehalt der jeweils
widersprüchlichen Aussagen zu überprüfen. Schließlich stehe
mit Sicherheit fest, daß das Gericht seine Beratung vorschriftswidrig unterbrochen habe. Anstatt den angesichts dieser Tatbestände naheliegenden Schritt zu tun und sogleich mit rechtlichen Mitteln gegen die geschilderten Machenschaften vorzugehen, hätten Gaud und Toqué aber offensichtlich den Versprechungen ihres Vorgesetzten Gentil vertraut, der ihnen versichert habe, sie hätten von dem Gerichtsverfahren, das ledig-

lich als Schauspiel für eine über den Skandal aufgebrachte
Öffentlichkeit in Szene gesetzt werde, ohnehin keine nachteiligen Folgen zu gewärtigen[329]. Zum Beweis seiner Ausführungen zitiert Rouanet einige aufschlußreiche Passagen aus ihm
vorliegenden schriftlichen Aufzeichnungen, die Toqué über
die Hintergründe des Prozeßgeschehens angefertigt hatte:
"avec des détails qui me paraissent d'une sincérité absolue[330]."

Diese schriftlich fixierten Anmerkungen, aus denen Rouanet vor
der Deputiertenkammer zitiert und deren Glaubwürdigkeit er
ausdrücklich unterstreicht, finden sich ebenfalls in dem auch
von Challaye später im Zusammenhang mit seinem Prozeßbericht
erwähnten und von ihm als "fort intéressant" bezeichneten
Buch[331], das besagter Toqué im Anschluß an den Kongoskandal
im Jahre 1907 veröffentlichte und das im Zuge der bisherigen
Ausführungen bereits mehrfach zitiert wurde. Die dort enthaltenen detaillierten Ausführungen sind - in Verbindung mit
entsprechenden Archivmaterialien - dazu geeignet, den hinter
dem äußeren Verfahrensablauf verborgenen Bereich der hier so
bezeichneten inneren Prozeßregie weiter aufzuhellen. Auf diese Weise soll die bislang nur andeutungsweise beantwortete
Frage aufgeklärt werden, auf welche Art und Weise und mit
welchen Mitteln die Angeklagten dazu gebracht werden konnten,
auf eine angemessene Wahrnehmung ihrer rechtlichen Möglichkeiten zu verzichten. In Verbindung damit sollen einige bezeichnende Schlaglichter auf die in den Darlegungen Rouanets
bereits angeklungenen, nach außen hin unsichtbaren administrativen Eingriffe geworfen werden, die den Charakter dieses
gerichtlichen Verfahrens als einer zum Zwecke politischer
Demonstration aufgezogenen und dementsprechend rücksichtslos
manipulierten forensischen Veranstaltung noch deutlicher und
eindringlicher vor Augen führen, als dies bisher schon geschehen ist.

Toqués Darstellung ist vor allem wegen der darin enthaltenen
aufschlußreichen Einzelinformationen von Interesse, weniger
dagegen im Hinblick auf die dort in einigen sporadischen Ansätzen entwickelten Versuche, das ihm widerfahrene Geschehen
auf seine Hintergründe zu befragen und in übergreifende Zusammenhänge einzuordnen. Wie bereits seine nachträgliche Kommentierung der Pressekampagne gezeigt hat[332], begreift er
sich zwar einerseits durchaus als Spielfigur eines Szenarios,
das vor dem Hintergrund bestimmter politischer Ereignisse unter der Regie hochrangiger Politiker und Kolonialfunktionäre
offenkundig eigens ins Werk gesetzt wurde, um spektakuläre
öffentliche Effekte zu erzielen. Andererseits führt ihn diese Einschätzung nicht dazu, die jedenfalls aus heutiger Sicht
naheliegende Frage nach den politischen Motiven des von ihm
in den Blick genommenen Personenkreises auch nur zu stellen,
geschweige denn zu beantworten. Die Möglichkeit, daß es sich
bei den aus seinem Blickwinkel wahrgenommenen Vorgängen um
Kernstücke einer auf Regierungsebene entworfenen und auf spezifische politische Ziele abgestimmten taktischen Konzeption
handeln könnte, vermochte er sich, wie seine Ausführungen
deutlich zeigen, offenbar nicht vorzustellen. Nicht politische, sondern persönliche Interessen vermutet er als entscheidende Ursache der gegen ihn gerichteten Maßnahmen: "J'étais
victime de la mauvaise foi, de la haine, de la lâcheté. J'étais
victime d'intérêts personnels qui me meurtrissaient sans pitié
dans leur choc habile et puissant[333]."

Im Widerspruch zu dieser Äußerung steht seine wenige Seiten
zuvor formulierte Einschätzung des gegen ihn und Gaud inszenierten gerichtlichen Verfahrens. Dieses, so schreibt er, sei
nämlich in erster Linie eine im Hinblick auf politische Außen-
wirkung angelegte "Komödie" gewesen[334].

Wenn Toqué den Prozeß also selbst als "Komödie" betrachtete,
welches waren dann aber seine Beweggründe, sich in gleicher

Weise wie Gaud dazu bereit zu finden, eine für ihn ja nicht
erst im nachhinein als äußerst riskant einzuschätzende Rolle
eines weitgehend zum Schweigen verurteilten Komparsen zu übernehmen und somit, wie berichtet, auf die Wahrnehmung einer
möglichst effektiven Verteidigung zu verzichten? War es tatsächlich vorstellbar, daß der im Urteil seiner näheren Vorgesetzten als umsichtig, fähig und überdurchschnittlich intelligent erscheinende Toqué, den auch Challaye ausdrücklich
als "intelligent et habile" beschreibt[335], den relativ einfach
zu erkennenden Tatbestand übersehen hatte, daß ein von ihm
selbst als solches gekennzeichnetes, für die Öffentlichkeit
bestimmtes Schauspiel auch einen Schluß erforderte, der dem
Verlauf und der gesamten Intention einer derartigen Inszenierung entsprach? Konnte es ihm wirklich entgehen, daß der in
der Folge und im Schlagschatten der organisierten Pressekampagne ablaufende Prozeß zwangsläufig mit einer Verurteilung
enden mußte? War er nicht selbst im Zusammenhang mit jener
Pressekampagne zu der Feststellung gelangt, man habe ihn verurteilt, noch ehe ein förmliches Verfahren gegen ihn eröffnet
worden war[336]? Den in solchen Fragen mitschwingenden Vorwurf
der Naivität läßt Toqué indes nicht gelten. In einer etwas
pathetisch klingenden Formulierung deutet er die nach außen
hin nicht ohne weiteres als solche erkennbare Zwangslage an,
in der er sich befunden habe: "O vous qui souriez de pitié,
peut-être de mépris, vous ignorez le moloch qui s'appelle:
Justice ... O vous, les amants de la Lutte, sachez qu'elle
était impossible[337]."

Es sei ihm, so führt er aus, kein anderer Ausweg geblieben,
als auf einen "Handel" einzugehen, auf den Challaye, wie gesehen, bereits aufmerksam gemacht hatte und auf den auch die
sozialistischen Abgeordneten Rouanet und Jaurès vor der Deputiertenkammer zu sprechen kommen[338]. Während der Voruntersuchung habe ihm, so Toqué weiter, Untersuchungsrichter Douillet

mehrmals zu verstehen gegeben, daß er sich keine Sorgen über
den Ausgang des Verfahrens zu machen brauche: "Le juge d'instruction me dit vingt fois: - 'L'acquittement ne fait pas
le moindre doute'[339]." Im Verlauf weiterer Gespräche sei
Douillet dann immer konkreter geworden und habe ihm schließlich den hier bereits mehrfach angedeuteten "Handel" vorgeschlagen:

> "Puis, peu à peu, le juge d'instruction devint plus pré-
> cis. Contre la promesse de clore le procès rapidement,
> je fus prié de m'en tenir à la discussion des faits in-
> criminés, sans chercher à mettre au jour le système suivi
> au Chari et d'où venait tout le mal (Hervorhebung i.
> Orig., J.M.) (340)."

Wie im folgenden zu zeigen sein wird, waren Toqué zu diesem
Zeitpunkt bereits so gut wie alle Wege versperrt, die ihn
aus eigener Kraft aus seiner mißlichen Lage hätten heraus-
führen können. Er, der lange Zeit über versucht hatte, sich
nicht von Versprechungen abhängig zu machen, - "ne voulant
rester à la merci de personne", wie er es ausdrückt [341] -
und eine eigenständige Verteidigungsposition aufzubauen, sah
angesichts eines als übermächtig empfundenen Justizapparates
schließlich keine andere Möglichkeit mehr, als es, wie er es
formuliert, gegenüber der Gewalt mit der List zu versuchen
und auf den angebotenen "Handel" einzugehen[342].

3. Zur Erklärung des Prozeßverlaufs

Wie sahen nun die einzelnen Stationen des Weges aus, der Toqué am Ende dazu führte, die ihm vom Kolonialapparat angebotene "Transaktion" zu akzeptieren? Noch im Februar 1905 hatte
Toqué, wie an früherer Stelle bereits ausführlich dargestellt worden ist, auf völlig andere Weise reagiert. Mit der
Beauftragung Rechtsanwalt Ménards hatte er nicht nur schnellstens einen unabhängigen Rechtsbeistand engagiert, sondern

zusammen mit dem zu dieser Zeit ebenfalls noch involvierten
Kolonialfunktionär Proche in kürzester Frist als Verteidigungswaffe ein Memorandum über die Zustände in der Ober-Schari-Region erstellt, bei Ménard zur sicheren Verwahrung
hinterlegt und als Kopie an das Kolonialministerium sowie
einige ausgewählte führende Kolonialpolitiker übersandt. Was
hatte Toqué also dazu gebracht, innerhalb weniger Monate
von seiner ursprünglichen Verteidigungsposition abzurücken?

Auf diese Frage finden sich nicht nur in Toqués eigenem Buch
aufschlußreiche Antworten, sondern auch in einigen Briefen
aus einem von ihm zur Vorbereitung seines Prozesses mit Vertretern der Kolonialbürokratie geführten Schriftwechsel. Aus
diesen Unterlagen geht hervor, daß Toqués ursprüngliches Verteidigungskonzept vorsah, die gegen ihn vorgebrachten Anschuldigungen, "la stupidité des accusations portées contre moi[343]",
so eine seiner Formulierungen, dadurch zu konterkarieren, daß
er, wie bereits in besagtem Memorandum vom 10. Februar 1905
geschehen, die lange vor seiner Ankunft in der Ober-Schari-Region systematisch betriebene Terrorisierung der dort ansässigen Bevölkerung unverhüllt aufzeigen wollte. Dieses Verteidigungskonzept hatte er noch mit seinem Anwalt Ménard in Paris
absprechen können, bevor er durch den vom Kolonialministerium
veranlaßten polizeilichen Zugriff am 15. Februar 1905 gewaltsam aus Paris entfernt und in den Kongo gebracht worden war.
Dort hielt er sich zunächst strikt an die mit seinem Pariser
Anwalt vereinbarte Richtlinie. Bei den Lesern seines Buches
bittet er um Verständnis dafür, daß er dabei den Namen eines
für die Terroraktionen im Ober-Schari-Gebiet von ihm verantwortlich gemachten Kolonialoffiziers, eines gewissen Oberst
Destenave, preisgeben mußte:

> "Il me vint jamais à l'idée de faire incriminer cet officier
> ... mais si vous avez lu les pages précédentes, vous comprendrez que c'était la base d'une défense rationnelle.
> Je vais même plus loin, c'était ma seule défense capable
> d'impressionner (344)."

In diesem Sinne ergreift Toqué mit einem an die Staatsanwaltschaft in Brazzaville am 18. März 1905 gerichteten Schreiben die Initiative zu seiner Verteidigung. Er weist nicht nur die gegen ihn erhobenen Anschuldigungen als falsch und ungerecht zurück, sondern geht sogar so weit, ausdrücklich seine vollständige Rehabilitierung zu fordern. Zur Unterstützung seiner Forderungen fügt er diesen eine Schilderung über die von dem eben genannten Kolonialoffizier angeblich zu verantwortende Einrichtung geheimer Geisellager (camps secrets d'otages) bei, die zur Erpressung der für die Trägerdienste benötigten Arbeitskräfte in der Ober-Schari-Region angelegt worden seien. Über die Hintergründe derartiger Praktiken, die uns noch im nachfolgenden Kapitel näher beschäftigen werden, ist bereits im Kapitel über die Gaud-Toqué-Affäre berichtet worden[345]. Mit der Bitte um eine Empfangsbestätigung seines Schreibens erwartet Toqué die Reaktion des kolonialen Justizapparates[346]. Ein entsprechendes Antwortschreiben der Staatsanwaltschaft war in dem hier untersuchten Archivmaterial nicht aufzufinden, wird jedoch in Toqués nachträglichen Aufzeichnungen dokumentiert. Darauf wird gleich noch zurückzukommen sein. Kaum hatte Toqué das eben zitierte Schreiben abgeschickt, als er von Untersuchungsrichter Douillet zum Verhör geladen und eingehend über die in seiner Anzeige geschilderten Vorgänge befragt wird. Weitere Nachforschungen der Behörden finden zunächst nicht statt: "On ne songea même pas à dépêcher une commission rogatoire en France pour interroger le colonel, ne fût-ce que pour demander ce qu'il pensait de mon cas[347]." Erst als Folge der in den Kongo entsandten Untersuchungsdelegation und unter dem Eindruck der im Februar 1906 abgelaufenen Parlamentsdebatte, zu einer Zeit also, als der Prozeß in Brazzaville längst abgeschlossen war, bequemte sich das Kolonialministerium, wie an dieser Stelle zu ergänzen ist, zu einer formellen Untersuchung der von Toqué angesprochenen Tatbestände. Daß diese Untersuchung dann im Sande verlief, ist vor dem allgemeinen Hintergrund der im Kongo betriebenen Kolonialpolitik nicht weiter verwunderlich. Im nachfolgenden Kapitel wird diese Angelegenheit noch eingehender zu besprechen sein. Wenn Toqué also gehofft hatte, sich durch seinen Strafantrag gegen Destenave von den auf ihn lastenden Anschuldigungen befreien zu können, so hatte er sich gründlich getäuscht. Zwei Monate, nachdem er sein Schreiben an die Staatsanwaltschaft abgeschickt und in der Zwischenzeit offenbar mehrfach um die erbetene Empfangsbestätigung für seine Strafanzeige nachgesucht hatte, erhielt er am 19. Mai endlich eine schriftliche Mitteilung, in der ihm kategorisch bedeutet wurde, daß die Staatsanwaltschaft über eingehende Strafanträge grundsätzlich keine Empfangsbescheinigungen ausstelle. Zudem sei der Behörde von einer Anzeige gegen Oberst Destenave nichts bekannt. Toqué sei hier wohl in einem Irrtum befangen[348]. Anstatt der von ihm erhofften Bestätigung hatte Toqué somit eine völlig entgegengesetzte Antwort erhalten. Alle seine Proteste halfen nichts; der Strafantrag, von dem er sich die entscheidende Entlastung erhoffte, blieb verschwunden[349].

Obwohl diese Reaktion der Staatsanwaltschaft Toqué unmißverständlich vor Augen führen mußte, daß der Kolonialapparat nicht gewillt war, ihm auch nur die geringste Chance auf ein einwandfreies gerichtliches Verfahren einzuräumen, gab er seine Bemühungen nicht auf, sondern versuchte durch weitere Eingaben, sich gegen die rechtswidrige und brutale Einschnürung seiner Verteidigungsmöglichkeiten zur Wehr zu setzen. Angesichts der aufgezeigten Verhaltensmuster der Kolonialbürokratie, mit denen Toqué bis dahin ja bereits einschlägige Erfahrungen gesammelt hatte, mag diese Hartnäckigkeit vielleicht ein wenig naiv anmuten. Die Zähigkeit, mit der Toqué auch in schier aussichtsloser Lage auf dem Verlangen beharrte, sich mit allen ihm möglich erscheinenden rechtlichen Mitteln gegen die aus seiner Sicht zu Unrecht erhobenen Vorwürfe zu wehren, hatte ihre Wurzeln in dem Empfinden, durch das Vorgehen der kolonialen Behörden in der persönlichen Würde tief verletzt worden zu sein. Es ging Toqué, dies zeigen seine Aufzeichnungen an vielen Stellen sehr deutlich[350], vorrangig darum, sich gegen die Verletzung seiner persönlichen Integrität zu wehren, sich als Person zu rehabilitieren. In Anbetracht der von ihm im Verlaufe des Prozesses selbst zugegebenen Tötungshandlungen und wegen seiner herausragenden Rolle bei der Durchführung blutiger Repressionsaktionen mag dies für den heutigen Betrachter nur schwer nachvollziehbar erscheinen. So ist es sicherlich unstrittig, daß Toqué als Agent kolonialer Gewaltherrschaft von persönlicher Verantwortung für die von ihm begangenen oder veranlaßten Gewaltakte nicht freizusprechen ist. Dieser Sachverhalt - und daran ist hier mit Nachdruck zu erinnern - war indes nicht Gegenstand des gegen Toqué angestrengten Verfahrens. Wie schon geschildert, hatte sich Toqué bei seinen Aktionen durchweg solcher Mittel und Methoden bedient, die aus damaliger kolonialistischer Sicht und in seinem eigenen Urteil als legitime Zwangsmittel galten. Wie weiter oben ebenfalls schon gezeigt wurde und wie sich im übrigen aus der immanenten Logik kolonialer Herrschaft ja auch ohne weiteres ergibt, konnte der angestrebte Zweck des hier besprochenen Prozesses infolgedessen nur darin liegen, den im Kongo aufgezogenen allgemeinen Gewaltzusammenhang dadurch zu verschleiern zu versuchen, daß die Gaud und Toqué vorgehaltenen Handlungen als von abartigen persönlichen Motiven bestimmte Gewaltakte stilisiert wurden. Diesem, wie sich jetzt schon sagen läßt, mit erbarmungsloser Konsequenz betriebenen Versuch, sein Persönlichkeitsprofil vor aller Öffentlichkeit zu deformieren und ihn damit im Kernbereich seiner beruflichen und seiner personalen Identität empfindlich zu treffen, setzte Toqué lange Zeit seinen zähen Widerstand entgegen, einen, wie schon gesagt, im Endeffekt freilich erfolglosen Widerstand.

Dieses kämpferische Bemühen Toqués, das durchweg auf ungerührte Ablehnung der zuständigen amtlichen Stellen stieß, soll im folgenden noch an einigen weiteren Beispielen illustriert werden. So verlangt Toqué schriftlich, ihn belastende Zeugenaussagen auf ihre Widersprüchlichkeit zu untersuchen und durch entsprechende Gegenüberstellungen auf ihren Wahrheitsgehalt zu überprüfen. Diese Forderung wird zurückgewiesen[351]. Er fordert, daß seine eigenen Aussagen über die Situation in der Ober-Schari-Region durch Vernehmung aller erreichbaren Zeugen überprüft wird[352]; er legt dar, daß er immer im ausdrücklichen Einvernehmen mit seinen Vorgesetzten gehandelt habe[353]; er weist nach, daß er seine Vorgesetzten über sein Vorgehen auch im Detail stets unterrichtet habe; daß er über den Vorfall vom 14. Juli 1903 - wie erinnerlich zentraler Gegenstand der Gaud-Toqué-Affäre - darüber hinaus sogar den Staatsanwalt informiert habe und daß auch Generalkommissar Gentil von ihm auf diesen Vorgang beizeiten angesprochen worden sei[354]. Er bittet Generalkommissar Gentil, diesen Sachverhalt gegenüber den kolonialen Justizbehörden zu bestätigen, was dieser in einer Randbemerkung auf dem ohne weitere Antwort zurückgereichten Schreiben mit der Begründung ablehnt, es sei alleinige Angelegenheit des Untersuchungsrichters, die Wahrheit herauszufinden; ihm sei es jedenfalls nicht zuzumuten, auf ein derartiges Schreiben zu antworten[355]. Toqué bittet Gentil darum, mehrere Dokumente aus dem Archiv in Fort-Crampel anzufordern; er bittet darum, einen Lokaltermin abzuhalten, um sich an Ort und Stelle des Geschehens rechtfertigen zu können; er verlangt eine Unterredung mit de Brazza, dem Leiter der vom Kolonialminister eingesetzten Untersuchungsdelegation; er dringt erneut auf Klärung der Widersprüche in den ihn belastenden Zeugenaussagen. Alle diese Bemühungen bleiben nach Aussage Toqués ohne jede Antwort[356]. Wenige Wochen vor Prozeßbeginn übergibt er dem Untersuchungsrichter zwei Schreiben, die den Beweis für seine Aussage enthalten, daß seine Vorgesetzten Pujol und

Bruel über seine Vorgehensweise nicht nur bestens im Bilde
waren, sondern diese auch ausdrücklich billigten[357]. Auch
diese Hinweise werden vom Untersuchungsrichter nicht aufgegriffen.

Allem Anschein nach hatte Toqué die zuletzt genannten Dokumente ersatzweise für das mehrfach erwähnte Memorandum vom
10. Februar 1905 an den Untersuchungsrichter übersandt. Besagtes Memorandum war nämlich von Toqué mit der Absicht aus
Paris angefordert worden, es den Justizbehörden in Brazzaville als durchschlagendes Entlastungsmaterial vorzulegen.
Wie ein entsprechendes Schriftstück erkennen läßt, war die
von Toqué erwartete Postsendung jedoch in Brazzaville nicht
angekommen. In einem Schreiben, das er am 4. August 1905 an
Untersuchungsrichter Douillet schickte, beklagt sich Toqué
über diesen Sachverhalt und läßt deutlich durchblicken, daß
er die Kolonialbehörden des Kongo dafür verantwortlich macht.
Wie Toqué mit Hilfe eines weiteren Schriftstücks einwandfrei
nachweisen kann, war die fragliche Postsendung bereits am
25. Mai des gleichen Jahres von Antwerpen aus auf den Seeweg
gebracht worden und hätte demnach um den 14. Juni herum in
Brazzaville eintreffen müssen. "Cette indication", so fügt er
hinzu, "nous a été envoyée pour nous fournir des renseignements précis au cas de disparition." Daß Toqué und sein Anwalt von vornherein damit rechneten, die Toqué zugedachte Verteidigerpost könnte unterwegs spurlos verschwinden, zeigen
auch die weiteren Sätze des zitierten Briefes: "Je vous prie
de prendre acte, Monsieur le Juge d'Instruction, du fait
suivant: nous n'avons rien reçu (i. Orig. doppelt unterstrichen, J.M.) ce qui confirme les craintes manifestées d'ailleurs
par Me Joseph Ménard lui-même."

Im Postskriptum seines Briefes läßt Toqué keinen Zweifel daran, wen er für diesen Vorfall verantwortlich macht und wie er sich angesichts dieser Situation zu verhalten gedenkt: "Vous devez comprendre dans ces conditions, Monsieur le Juge d'Instruction, que je me refuserai énergiquement à comparaître devant une juridiction quelconque[358]."

Die in Anbetracht der geschilderten Umstände nur allzu verständliche Weigerung Toqués, sich noch länger als Objekt einer perfiden Justizfarce mißbrauchen zu lassen, rief die prompte Reaktion des zuständigen Untersuchungsrichters hervor. Diese war aber nicht etwa darauf gerichtet, der Beschwerde Toqués alsbald und in rechtlich angemessener Weise zu genügen; die Antwort von Untersuchungsrichter Douillet bestand vielmehr in einem tags darauf ausgefertigten Haftbefehl, durch den sichergestellt wurde, daß Toqué sich der ihm zugedachten Rolle im letzten Moment nicht doch noch entziehen konnte[359].

Offenbar, so läßt sich aus den hier zitierten Dokumenten folgern, hatte der Untersuchungsrichter, obgleich bereits im Besitz der abgefangenen Postsendung, Toqué aufgefordert, die darin enthaltenen Unterlagen den Justizbehörden doch nun endlich vorzulegen. Der kalte Zynismus dieses Repräsentanten kolonialer Rechtspflege sollte Toqué offenkundig die brutale Entschlossenheit des Apparates demonstrieren, sollte ihm die Aussichtslosigkeit weiteren Widerstandes drastisch vor Augen führen.

Tatsächlich ließ der Kolonialapparat keine Möglichkeit aus, um Toqué schließlich doch noch zu einer Änderung seines Verhaltens zu bewegen. So wurden neben der förmlichen Kommunikation auch informelle Gespräche geführt - "de longues causeries familières", wie Toqué sie nennt -, über deren Charakter seine Aufzeichnungen ebenfalls aufschlußreiche Hinweise geben. Nach jedem Verhör habe ihn der Untersuchungsrichter in väterlichem Ton von der Sinnlosigkeit jeden weiteren Widerstandes überzeugen wollen: "pourquoi heurter de front un système, pourquoi vouloir jouer au grand justicier[360]?" Mit seiner Halsstarrigkeit schade er nicht nur seinem Vorgesetzten Gentil, sondern der gesamten Kolonie; die ausländische Presse werde den Skandal ausschlachten; Generalkommissar Gentil sei schließlich sein Chef und werde es auch in Zukunft bleiben. Kurz: er solle sich nicht in eine Auseinandersetzung begeben, bei der er nur verlieren könne; er solle sich davor hüten, "zwischen Hammer und Amboß" zu geraten[361]. Als Toqué schließlich auch noch zur Kenntnis nehmen mußte, daß der Beamte Pujol, ehemals sein unmittelbarer Vorgesetzter in der Ober-Schari-Region, sich mit fadenscheinigen Begründungen weigerte, zu seiner Entlastung auszusagen[362], sah er endgültig keine andere Chance mehr für sich, als auf den ihm von der Kolonialjustiz angebotenen "Handel" (transaction) einzugehen und die ihm zugewiesene Komparsenrolle nicht länger zu verweigern.

Im Rahmen dieser "Transaktion" blieb Toqué nunmehr auch kein anderer Weg mehr, als sich von dem ursprünglich mit seiner Verteidigung beauftragten Pariser Anwalt Ménard zu trennen und statt dessen gemeinsam mit Gaud einen Vertrauensmann Generalkommissar Gentils als "Verteidiger" zu akzeptieren[363]. Damit war der Weg für die Kolonialbehörden frei. Das Szenario war erstellt, die Rollen verteilt; das Schauspiel konnte beginnen. Wie aussichtslos Toqués Lage inzwischen war, wird von ihm selbst in folgenden, nachträglich verfaßten Formulierungen vielleicht etwas zu pathetisch, gleichwohl aber sehr zutreffend ausgedrückt:

> "Loin de France, où ma voix n'arrivait pas, où la Poste aussi se faisait complice des grands, sans parents, sans amis, sans conseils, sans avocat, sans juges, sans aucune des garanties qu'on laisse, qu'on impose même au dernier des réprouvés, seul, tout seul devant l'opinion publique égarée, j'étais l'homme à terre, écrasé par cent forces invicibles (364)."

Nach Verkündung des für viele Beobachter überraschenden und
für die unmittelbar Betroffenen nach all den vorausgegangenen
Versprechungen in dieser Form sicherlich nicht erwarteten Urteils, schien Toqué seinen Behauptungswillen verloren zu haben. Challaye und Rouanet berichten jedenfalls übereinstimmend,
wie schon angesprochen wurde, Gaud und Toqué hätten trotz
zum Teil ganz augenfälliger Revisionsgründe auf die Möglichkeit verzichtet, innerhalb der dafür vorgesehenen dreitägigen
Frist beim Gericht in Brazzaville gegen das ergangene Urteil
Berufung einzulegen, weil man ihnen von seiten der Behörden
im Gegenzug dafür die alsbaldige Begnadigung in Aussicht gestellt habe[365]. Es habe also, so scheint es demnach, eine
Fortsetzung des "Handels" gegeben, obwohl Gaud und Toqué
nach dem Ausgang des Prozesses allen Grund hatten, den Zusagen der Kolonialbehörden mit äußerstem Mißtrauen zu begegnen.
Wie Toqué selbst berichtet, trifft die von Rouanet und Challaye
verbreitete Version in der dort geschilderten Weise jedoch
nicht zu. Zwar bestätigt auch er, daß man Gaud und ihm selbst
bereits unmittelbar nach dem Urteilsspruch die Möglichkeit
einer baldigen Aufhebung des eben ergangenen Urteils signalisiert habe. So habe ihnen der ihnen zugewiesene Verteidiger
die - unter normalen Umständen kaum glaubliche - Nachricht
überbracht, die Richter(!) hätten bereits ein Gnadengesuch
unterzeichnet, der Verwaltungsrat der Kolonie habe eine ähn-
liche Entscheidung getroffen und lasse überdies anfragen,
ob die Verurteilten nicht Revision einlegen wollten[366].

Entgegen der von Challaye und Rouanet geäußerten Auffassung
lautete das Angebot der Kolonialverwaltung also nicht auf Begnadigung gegen Verzicht auf Revision; sowohl das eine als
auch das andere wurde offeriert. Vor dem Hintergrund des bisher Dargestellten ist dies weniger überraschend, als es auf
den ersten Blick vielleicht erscheinen mag. Wenn das Kolonialministerium den durch das in Brazzaville inszenierte Gerichts-

verfahren erhofften politischen Effekt über die unmittelbare
Prozeßdauer hinaus auf längere Zeit hin bewahren wollte,
mußte es naturgemäß entsprechende Vorkehrungen treffen. Dies
bedeutete in erster Linie, die nach dem Urteilsspruch des
Gerichtes aufgebrachten Gaud und Toqué so lange wie möglich
davon abzuhalten, den direkten Weg in die Öffentlichkeit zu
suchen. Sowohl eine in Aussicht gestellte Begnadigung, als
auch ein in Brazzaville schwebendes Revisionsverfahren konnten in diesem Sinne als geeignete Mittel gelten, den Zorn
der Verurteilten zu besänftigen, aufkommende Kritik auf den
behördlichen Instanzenweg zu verweisen und auf diese Weise
weiterhin über einen längeren Zeitraum hinweg dafür zu sorgen, daß die Begleitumstände des hier besprochenen Prozesses
sowie die politischen Hintergründe des Skandals vor den Augen
der Öffentlichkeit verborgen gehalten wurden[367].

Wenn Gaud und Toqué darauf verzichteten, beim Gericht in
Brazzaville Berufung einzulegen, so lag dies also nicht etwa
daran, daß die Kolonialverwaltung entsprechende Pressionen
auf sie ausgeübt hätte. Wie soeben gesehen, war vielmehr das
genaue Gegenteil der Fall. Toqué führt für seine Weigerung,
das Angebot der lokalen Kolonialbehörden aufzugreifen, eine
einleuchtende Begründung an:

> "Je refusai - mon intérêt était de rentrer en France,
> d'exposer la vérité à quelques hommes influents qui
> voudraient l'entendre et provoquer, avec les cas de
> nullité absolue qui viciaient tout ce procès, une ré-
> vision dans laquelle les juges coloniaux n'auraient
> point part (368)."

Weil Toqué sich also aus gutem Grund der Kolonialjustiz nicht
ein zweites Mal ausliefern wollte, stellte er am 6. Dezember
1905 einen weiter oben schon erwähnten, eingehend begründeten
Revisionsantrag und reichte diesen sodann beim französischen
Justizministerium ein[369]. Wenn er allerdings geglaubt hatte,

seinen Fall damit in die Obhut einer vom Kolonialministerium
unabhängig entscheidenden Instanz gelegt zu haben, so hatte
er sich ein weiteres Mal gründlich getäuscht. Für diesen Umstand gibt es keinen geringeren Zeugen als den Kolonialminister selbst, der in seltener Offenheit vor der Deputiertenkammer erklärte, das Justizministerium habe bei ihm angefragt,
auf welche Weise es über den eingegangenen Antrag befinden
solle. Er selbst habe natürlich keine Einwände gegen eine Zulassung der Revision, - "l'administration coloniale n'ayant
rien à cacher". Die mit der Prüfung des Vorgangs befaßte Sonderkommission des Justizministeriums müsse aus eigenem Ermessen über die Zulässigkeit des Revisionsantrags entscheiden[370].

Hier wird deutlich, wie gut sich das Revisionsgesuch Toqués
in das taktische Konzept des Kolonialministeriums einfügte.
Während der soeben zitierten Parlamentsdebatte vom Februar
1906, welche die Kongoaffäre nach außen hin abschloß, konnte
sich das Ministerium gegenüber der von Rouanet und Jaurès an
seinem Verhalten vorgetragenen Kritik in diesem Punkt nämlich auf die Position zurückziehen, die zuständigen
Justizbehörden seien gerade mit der Untersuchung vorliegender Beschwerden befaßt und träfen nach sorgfältiger Prüfung
der geltend gemachten Einwände sowie der vorgelegten Beweise
aus eigenem Ermessen ihre unabhängige Entscheidung. Er sei
entschlossen, so verkündet Kolonialminister Clémentel im
gleichen Zusammenhang, jedem Vergehen und jedem Verbrechen -
sofern ausreichende Beweise erbracht werden könnten - mit
der ihm eigenen Beharrlichkeit nachzugehen[371].

Wenn auch das sich hier zeigende demagogische Geschick des
Ministers nicht bestritten werden soll, so ist seinen Ausführungen doch entgegenzuhalten, daß es der Regierung, wie sowohl die geschilderten Umstände der Prozeßinszenierung als
auch das von Clémentel selbst zur Sprache gebrachte taktische

Verhalten des Justizministeriums zur Genüge demonstrieren, in dem hier diskutierten Fall keineswegs um die strikte Beachtung geltender Rechtsvorschriften zu tun war. In Wirklichkeit ging es vielmehr darum, die endgültige Entscheidung über den offiziellen Abschluß der Gaud-Toqué-Affäre so lange hinauszuzögern und in der Schwebe zu halten, wie dieser Vorgang im Rampenlicht öffentlicher Aufmerksamkeit stand. Dies ist in der geschilderten Weise auch gelungen, denn nach der mehrtägigen Parlamentsdebatte vom Februar 1906 war, wie gesagt, die öffentliche Diskussion des Kongoskandals beendet.

Wie sehr dem Ministerium daran gelegen war, vor der in der Deputiertenkammer anstehenden Kongodebatte keine abschließende Entscheidung im Falle der Gaud-Toqué-Affäre zu treffen, zeigt sich auch an einer anderen Tatsache. So erließ Kolonialminister Clémentel im November des Jahres 1905 eine Anordnung bezüglich eines Gnadengesuchs, das von dem seinerzeit im Kongo amtierenden Generalkommissar zugunsten von Gaud und Toqué eingereicht worden war. In einem Vermerk des Kolonialministeriums heißt es hierzu:

> "le Ministre décide qu'il ne veut pas donner suite à cette affaire avant la discussion de l'interpellation Rouanet. C'est donc à ce moment-là seulement qu'il y aura lieu d'examiner les moyens à donner suite à la demande de M. le Commissaire Général p. i. du Gouvernement au Congo français (372)."

Wie die Affäre letztlich formell beendet wurde, konnte im Rahmen der hier vorgenommenen Untersuchung nicht ermittelt werden, da das hierzu konsultierte Quellenmaterial darüber keine Auskunft gibt[373]. Für die Bewertung des Prozeßverlaufs ist dieser Punkt auch nur von untergeordneter Bedeutung. Im Hinblick auf die für die hier geführte Diskussion zentrale Fragestellung kann als vorläufige resümierende Anmerkung festgehalten werden, daß es dem Kolonialministerium mit der Darbietung des in diesem Kapitel vorgeführten forensischen Schauspiels gelungen war, nach der hier schon detailliert geschilderten Lancierung einer spektakulären Pressekampagne nunmehr auch ein weiteres bedeutendes Ziel im Rahmen einer, wie gesehen, planmäßig angelegten Skandalinszenierung zu erreichen, ohne dabei auf durchschlagende öffentliche Proteste oder sonstigen nachhaltigen politischen Widerstand zu stoßen.

Wie im nachfolgenden Kapitel nunmehr zu zeigen sein wird, konnte auch Toqué erst nach Beendigung der Kongoaffäre - und selbst dann nur in sehr begrenztem Ausmaß - das erreichen, was er sich mit dem erwähnten Revisionsantrag ausdrücklich vorgenommen hatte. Durch seine im Jahre 1907 in Buchform publizierten Enthüllungen erhoffte er sich neben persönlicher Rehabilitierung, daß mit den von ihm geschilderten Zuständen in der Ober-Schari-Region und den Machenschaften der Kolonialbürokratie, die während des Prozeßverlaufs hinter den Kulissen verborgen geblieben waren, zugleich die spezifischen Hintergründe der gegen ihn gesponnenen politischen Intrige einer breiteren Öffentlichkeit doch noch bekannt gemacht werden könnten.

5. Kapitel: Hinter den Kulissen der Prozeßinszenierung: ein terroristisches System administrativer Zwangsarbeit

Von den "politischen Persönlichkeiten", denen Toqué nach eigener Aussage seine Verteidigungsdokumentation zugesandt hatte, von den "einflußreichen Männern", an die er sich nach dem Prozeß in Brazzaville im Zusammenhang mit seinem Revisionsantrag wenden wollte, um die "Wahrheit ans Licht zu bringen", von all diesen angesprochenen Personen hatten sich nur zwei seines Falles öffentlich angenommen. Challaye und Rouanet, beide aus dem sozialistischen Spektrum kommend, waren die einzigen, welche die "miserable Justizkomödie" (Rouanet) öffentlich in Frage gestellt hatten und für eine Aufklärung der tatsächlichen Vorgänge und ihrer Hintergründe eingetreten waren. Toqué spricht ihnen in seinem Buch ausdrücklich seinen Dank dafür aus[374].

Toqué selbst konnte sich erst lange Zeit nach Beendigung der Kongoaffäre öffentlich zu Wort melden. Im September 1907, nachdem die den äußeren Abschluß dieser Affäre markierende Parlamentsdebatte vom Februar 1906 also bereits schon eineinhalb Jahre zurücklag, veröffentlichte der Pariser Verlag Librairie Mondiale sein Buch, dem er den Titel gegeben hatte: "Les massacres du Congo. La Terre qui Ment. La Terre qui Tue[375]".

Trotz dieses reißerischen Titels muß es als sehr fraglich gelten, ob es dem Verfasser gelungen ist, mit diesem Buch eine größere öffentliche Resonanz auszulösen. Die immer wieder zu beobachtende Regel, daß der Marktwert von Skandalmeldungen sehr schnell absinkt, sobald die öffentliche Diskussion darüber abgeschlossen ist, dürfte sich auch in diesem Fall bestätigt haben. Jedenfalls enthält das hier untersuchte Quellenmaterial keine Hinweise auf irgendwelche öffentlichen Reaktionen. Für die Angehörigen des Kolonialdienstes dürften Toqués Aufzeichnungen zweifellos von großem Interesse gewesen sein. Aber auch dafür lassen sich keine direkten Hinweise finden, ebensowenig wie über entsprechende Reaktionen des Kolonialministeriums. Nach der bisher geschilderten Art und Weise, mit der das Ministerium den Verlauf des Skandalgeschehens bis dahin manipuliert hatte, kann aber ohne weiteres unterstellt werden, daß es nichts unversucht gelassen haben dürfte, die Verbreitung dieser Schrift nach Möglichkeit zu behindern.

Ein solcher Verdacht liegt um so näher, als die Kolonialverwaltung, wie schon mehrfach aufgezeigt wurde, in Toqués Buch, das sich teilweise wie eine Abrechnung mit dem damaligen Kolonialdienst liest, an einigen Stellen massiv angegriffen wird. Ein deutliches Indiz für den hier geäußerten Verdacht ist der in der Literatur bereits vor geraumer Zeit aufgedeckte, in der nachfolgenden Literatur dann aber merkwürdigerweise nicht weiter beachtete Umstand, daß Toqués Buch auch heute noch in öffentlichen Bibliotheken, wenn überhaupt, so nur sehr schwer aufzufinden ist[376]. Die naheliegende Annahme, daß Toqués Enthüllungen auf Betreiben des Kolonialministeriums der öffentlichen Einsichtnahme so weit wie eben nur möglich entzogen wurden, erhält durch ein aufschlußreiches Vorkommnis weitere Nahrung. Im Juni des Jahres 1906, ebenfalls also zu einem Zeitpunkt, an dem die Kongoaffäre für die französische Öffentlichkeit beendet war, hatte Kolonialminister Clémentel nämlich veranlaßt, daß eine Broschüre, die sich offenbar sehr kritisch mit der damaligen französischen Afrikapolitik auseinandergesetzt hatte und den Titel trug "En Afrique française. Blancs et Noirs - Bourreaux et Victimes", aus dem öffentlichen Verkauf zurückgezogen wurde. Die bereits fertiggestellten Exemplare der genannten Broschüre wurden zu diesem Zweck direkt in der zuständigen Druckerei aufgekauft[377]. Es kann also mit großer Wahrscheinlichkeit davon ausgegangen werden, daß Toqué bei seinem Versuch, sich mit diesem Text nachträglich zu rehabilitieren und die "Wahrheit" über den Kongoskandal öffentlich darzulegen, auf beträchtliche Schwierigkeiten gestoßen ist, zumal der weitaus größte Teil der Presse, wie weiter oben ausgiebig demonstriert wurde, mit den politischen Vorstellungen und Zielen des Kolonialministeriums nahtlos übereinstimmte.

Auch in der bisher vorliegenden Literatur wurden die von Toqué publizierten Aufzeichnungen, trotz ihrer offenkundigen Relevanz für die Erklärung des Kongoskandals, wenn überhaupt, so nur am Rande registriert. So weit erkennbar, erfährt der besagte Text zum ersten Mal in der hier vorliegenden Untersuchung die ihm gebührende Aufmerksamkeit.

Der hohe, mit einem aus heutiger Sicht kaum nachvollziehbarem Pathos vorgetragene Anspruch, mit dem der Autor vor die Öffentlichkeit tritt, offenbart sich bereits in einer einleitenden Passage, die dem eigentlichen Text als Widmung vorangestellt ist:

> "A tous mes anciens camarades, à tous les Français que leurre la grandiloquence hypocrite des politiciens, aux jeunes qu'hypnotise leur future 'carrière coloniale', je dédie ces mémoires rigoureusement sincères, où la stricte Vérité a semé son horreur."

Die hier noch einmal von Toqué mit Nachdruck unterstrichene, in seinen offziellen Eingaben und Einlassungen ebenfalls wiederholt betonte Behauptung, sich bei seinen Aussagen streng an die Wahrheit zu halten, wird, wie hier noch einmal gesagt werden kann, durch das übrige Quellenmaterial im wesentlichen bestätigt. Darin und in der Tatsache, daß Toqué seine Beobachtungen und persönlichen Eindrücke auf eine sehr unmittelbare Weise zum Ausdruck bringt, liegt der authentische Charakter seines Buches begründet. Das persönliche Engagement, mit dem der Verfasser seine Aufzeichnungen niedergeschrieben hat, drückt sich schon im zweiten Teil der hier soeben zitierten einleitenden Passage deutlich aus:

> "Et je les dédie aussi à ces 'noirs' au parler enfantin, qu'on méprise par sotte habitude, qui défendent pourtant leur passé, leurs coutumes, leurs familles, leurs biens, et parmi lesquels, au nom de la prétendue civilisation, j'ai eu la douleur de devoir sévir contre des héros dignes de l'antique (378)".

Dieses Zitat kann in Verbindung mit weiteren Textpassagen den Eindruck aufkommen lassen, Toqué habe sich im Verlaufe des Kongoskandals aufgrund der dabei gesammelten Erfahrungen zum grundsätzlichen Gegner kolonialer Expansion gewandelt. So beschreibt er z. B. wiederholt sehr drastisch die buchstäblich verheerenden Folgen der in der Ober-Schari-Region angewandten Kolonialmethoden:

> "C'étaient partout rébellions, exodes de tribus, fuites particulières ou en famille, luttes entre villages et entre parents, chefs sans villages et villages sans chefs, l'anarchie, la ruine, le déssarroi, la haine, la mort (...) Plus de dix mille Mandjias moururent cette année-là ... Des villages entier sombrèrent dans la tourmente ... (379)".

Ursache dieser nachhaltigen Zerstörung traditioneller Lebenszusammenhänge war im Ober-Schari-Gebiet der auf Zwangsarbeit beruhende, für die Zwecke der lokalen Administration organisierte Trägerdienst, auf den in einem vorangegangenen Kapitel bereits näher eingegangen wurde und dessen Funktionsfähigkeit, wie dort ausgeführt, von den zuständigen Kolonialfunktionären unter allen Umständen sicherzustellen war. Von den Mandja zuweilen mehr gefürchtet als der Tod[380], von den kleinen Agenten kolonialer Penetration abgrundtief gehaßt und verflucht, bildete der Trägerdienst mit seinem permanenten Zwang, für die Rekrutierung einheimischer Lastenträger sorgen zu müssen, den Ausgangspunkt ständig neuer Verwüstungen[381].

Die von Toqué eindrucksvoll geschilderten Methoden kolonialer Okkupationspolitik, vom Autor mit den Begriffen "Mord" und "Raub" gekennzeichnet[382], hätten das Land ruiniert, hätten es in eine "blutigrote Hölle" (enfer rouge de sang) verwandelt[383]. Angesichts solch ungeheuerlicher Zustände, an denen Toqué als Ausführender und - jedenfalls in eigener Sicht - zugleich auch als Opfer der Umstände unmittelbaren Anteil hatte, angesichts derartiger Verbrechen, die bei den verantwortlichen Politikern in der Metropole mit offenkundiger Indifferenz quittiert worden seien, erscheint ihm nunmehr die offizielle Kolonialideologie als hohe Phrase und als perverse Lüge (mensonge)[384].

Die von Toqué hier in aller Eindringlichkeit als Kennzeichen des in der Ober-Schari-Region wütenden Terrors beschriebenen "Mängel" und "Fehler" gewaltsamer Okkupation stellen sich ihm gleichwohl nicht als typische Merkmale kolonialer Herrschaft dar; sie sind für ihn nicht weniger, aber auch nicht mehr als ein beispielhafter Ausdruck einer mit unzulänglichen Mitteln und verfehlten Methoden operierenden Kolonialpolitik. Das von ihm selbst als "barbarisch" bezeichnete Vorgehen der kolonialen Eroberer im Ober-Schari-Gebiet erscheint als tragische Folge eines "schrecklichen Mißverständnisses" (malentendu)[385], dessen Ursache in der "Mentalität vorgesetzter Stellen" (mentalité des supérieurs) sowie obwaltenden Sachzwängen (force de circonstances) zu suchen sei und das den an Ort und Stelle agierenden Kolonialfunktionären keinen Spielraum bei der somit unumgänglichen Anwendung von Zwangsmitteln einräume[386]. Um die in Zentralafrika etablierte Herrschaft der Metropole, die von Toqué als solche keinen Moment lang in Frage gestellt wird, nicht zu gefährden, hätten die Kolonialfunktionäre jede menschliche Regung in sich unterdrücken, hätten sie vor dem entsetzlichen Leiden der afrikanischen Bevölkerung Augen und Ohren verschließen müssen[387].

Auch die an dieser Stelle von Toqué benutzten Erklärungsmuster, mit denen er die Ursachen für die von ihm so dramatisch beklagte Situation zu ergründen versucht, fügen sich glatt in das bisher gezeichnete Bild ein. Nur ein einziges Mal wird ein Zusammenhang zwischen bestimmten kolonialpolitischen Positionen und - nicht näher bezeichneten - "verborgenen Interessen" angedeutet, ohne indes weiter verfolgt zu werden. Ansonsten dominieren in der Betrachtungsweise des Autors psychologisierende Deutungsversuche. So ist die Rede von der "Gleichgültigkeit Frankreichs", von der "Trägheit der Minister", die es in ihrer Bequemlichkeit vorzögen, unangenehme Tatbestände einfach nicht zur Kenntnis zu nehmen[388]. Die "furchbare Realität" des schwarzen Kontinents werde von den zuständigen Politikern in der Metropole aus Sorge um die eigene Karriere lieber verdrängt[389].

Unfähigkeit der zuständigen Politiker und weitverbreitete Teilnahmslosigkeit in der Metropole auf der einen, mangelhafte materielle und personelle Ausstattung des Kolonialapparates auf der anderen Seite - so stellten sich Toqué die Ursachen für die in der Ober-Schari-Region beobachtbaren katastrophalen Konsequenzen kolonialer Penetration dar. Wie weit er davon entfernt war, diese Konsequenzen als systembedingte Folgen kolonialer Raubpolitik zu begreifen, wie wenig seine Formulierungen als Ausdruck antikolonialen Protestes zu interpretieren sind, zeigen seine Ausführungen über den belgisch verwalteten Kongostaat.

In krassem Gegensatz zu der von seinem Chef, Generalkommissar Gentil, in dem weiter oben zitierten Bericht vom November 1904 gegenüber dem Kolonialministerium geäußerten Einschätzung und in Widerspruch zu dem während der Pressekampagne in der französischen Metropole deutlich sichtbar gewordenen Meinungsbild sieht er im Kongostaat nämlich ein ausgesprochen positives Gegenbeispiel zu Französisch-Kongo. Im Kongostaat Leopolds II.

seien die notwendigen Voraussetzungen geschaffen worden, um
die Schwierigkeiten, in denen Französisch-Kongo zu versinken
drohe, erfolgreich zu bestehen: eine starke Führerpersönlich-
keit (une personne qui sait vouloir) und Finanzmittel, die so
effektiv eingesetzt würden, daß das Vergießen von Blut und
Schweiß sich auch tatsächlich rentiere, wie der Autor zu
schreiben sich nicht scheut: "La sueur et le sang y sont
fécondés par l'or intelligemment dépensé." Zwar komme man "natürlich" auch im Kongostaat nicht ohne direkte Gewalt aus,
aber dieses Blutvergießen sei nicht "unnütz", sondern diene
einem guten Zweck, einem "wirklichen" Fortschritt. Worin ein
solcher "Fortschritt" begründet sei und wem er diene, läßt
Toqué unerwähnt[390].

Es kann als eine ironische Laune der Umstände angesehen werden, daß Toqué sich ausgerechnet jene Kolonie zum Vorbild für
eine in Französisch-Kongo nach seinen Vorstellungen zu betreibende Kolonialpolitik auswählt, deren weithin berüchtigte
Terrormethoden zu lautstarken humanitären Protesten und har-
scher internationaler Kritik geführt hatten, einer Kritik,
die Toqué zwar nicht gelten lassen will, die das französische
Kolonialministerium, wie angedeutet wurde und noch im einzelnen zu zeigen sein wird, hingegen veranlaßte, sich vom Kongostaat zu distanzieren und zu eben diesem Zweck besagten Toqué
zum Opfer einer breit angelegten politischen Intrige werden
zu lassen. Ein wahrlich facettenreiches Bild, das Toqué, in
kolonialistischen Bewußtseinsformen befangen, ganz offensichtlich auch im nachhinein nicht als solches zu erkennen vermochte, wie auch die zuletzt zitierte Textstelle aus seinem Buch
deutlich ausweist.

Vor dem Hintergrund der hier soeben geschilderten Einstellung
des Autors, die, um es noch einmal zu unterstreichen, von einer
auf grundlegender Kritik beruhenden, einer antikolonialistischen

Position weit entfernt war und sich auch nicht primär an humanitären Erwägungen orientierte, sondern die Anwendung kolonialer Zwangsmittel allem Anschein nach vorrangig unter dem Aspekt des Kosten-Nutzen-Prinzips betrachtete, sind die Hinweise Toqués auf die in der Ober-Schari-Region seinerzeit herrschenden Gewaltpraktiken in ihrer Authentizität besonders ernst zu nehmen. Als Absolvent der "école coloniale" auf seinem Tätigkeitsbereich professionell vorbereitet, war Toqué, wie seine Ausführungen zweifelsfrei erweisen, uneingeschränkter Befürworter kolonialer Expansion und Exploitation, sofern diese nur rationell organisiert wurden. Gerade deshalb hatte das Kolonialministerium allen Anlaß, die öffentliche Verbreitung seiner Aufzeichnungen über das im Ober-Schari-Gebiet praktizierte "System[391]" zu fürchten und nach Möglichkeit vorsorglich zu unterbinden.

So nimmt es auch nicht wunder, daß der von Toqué zur eigenen Entlastung gegen den erwähnten Obersten Destenave eingereichte Strafantrag, von dem im vorhergehenden Kapitel die Rede war, bei den zuständigen kolonialen Behörden auf taube Ohren stieß. Wie berichtet, bezog sich die besagte Strafanzeige auf die Errichtung geheimer Geisellager, auf die Toqué in dem hier besprochenen Buch an mehreren Stellen zu sprechen kommt. Die Einrichtung jener Lager, so Toqué, sei fester Bestandteil eines "offiziellen Aktionsprogramms[392]" gewesen, mit dem er bei seiner Ankunft in der Ober-Schari-Region konfrontiert worden sei. Ziel sei es gewesen, durch die gewaltsame Entführung und Festsetzung von Frauen und Kindern männliche Arbeitskräfte zur Verrichtung von Zwangsarbeit zu erpressen[393]. Dem gleichen Zweck habe ein für die Kolonialfunktionäre als Orientierung erstellter Kodex von Strafmaßnahmen gedient, dessen abgestufter Katalog anzuwendender Sanktionen von der Auspeitschung bis zur Todesstrafe reichte, ohne daß dabei eine justizförmige Verfahrensweise vorgesehen gewesen sei[394].

Die in den Geisellagern gefangen gehaltenen Menschen seien grausamen Leiden ausgesetzt gewesen; nicht selten seien die gepeinigten Gefangenen elendig umgekommen[395].

Daß derartige Lager im Ober-Schari-Gebiet seit dem Jahre 1901 offiziell und systematisch angelegt wurden, Toqués Angaben insoweit also zutreffend sind, wird durch die vorliegende Literatur bestätigt. In den zuerst okkupierten Gegenden der Kolonie ist die Praxis der organisierten Geiselnahme noch älter[396]. Die brutale Handhabung dieser Geiselnehmerpraxis wird durch die Tatsache unterstrichen, daß die "camps d'otages" in der zitierten Literatur auch als "Konzentrationslager" (camps de concentration) bezeichnet werden[397]. Da die Existenz jener Lager in der wissenschaftlichen Literatur gleichwohl relativ knapp und summarisch, insgesamt gesehen eher marginal abgehandelt wird, ist es erforderlich, diesen Komplex anhand einiger, größtenteils bisher unveröffentlichter, einschlägiger Dokumente noch etwas näher zu beleuchten. Die sich dabei offenbarende, systematisch angewandte und nur als terroristisch zu bezeichnende Kolonialpraxis ist nämlich im Hinblick auf die im nachfolgenden Untersuchungsteil zu behandelnde Problematik der internationalen Kongofrage von besonderer Bedeutung.

Von den hier konsultierten offiziellen Dokumenten, die Aufschluß über den angesprochenen Sachverhalt geben, ist eines von außergewöhnlichem Gewicht. Es handelt sich um einen eigens zu der im folgenden detaillierter zu erörternden Frage der Geisellager veranlaßten Untersuchungsbericht, dessen Auftraggeber niemand Geringeres war als der Kolonialminister selbst. Dieser Umstand ist nicht etwa, wie man vielleicht annehmen könnte, ein Ergebnis der von Toqué zu diesem Thema gestellten Strafanzeige, die ja, wie inzwischen bekannt, von den zuständigen Kolonialbehörden ganz im Gegenteil als überhaupt nicht existent behandelt wurde. Auslöser war vielmehr die Tatsache, daß ein vom Kolonialministerium zur Neutralisierung unliebsamer Ermittlungsergebnisse im Zusammenhang mit der schon mehrfach genannten offiziellen Untersuchungsdelegation und als deren Folge eingesetzter zusätzlicher Untersuchungsausschuß - es handelt sich um die ebenfalls schon einige Male zitierte "Kongo-Enquêtekommission" - aufgrund des vorliegenden erdrückenden Beweismaterials nicht umhin konnte, die Existenz derartiger Lager zuzugeben und sich für eine strafrechtliche Verfolgung der dafür Verantwortlichen auszusprechen[398]. Da Kolonialminister Clémentel nach dem Ausgang der Parlamentsdebatte im Februar 1906 nicht mit absoluter Sicherheit ausschließen konnte, daß der Abschlußbericht der "Kongo-Enquêtekommission" in die Öffentlichkeit geraten könnte[399], beeilte er sich, entsprechende Vorkehrungen zu treffen, um etwaiger Kritik wegen der Untätigkeit seines Hauses entgegentreten zu können. So gab er bereits am 22. Februar 1906, nur einen Tag nach Beendigung der in der Deputiertenkammer geführten Kongodebatte, nach Absprache mit dem in diesem Fall ebenso involvierten Kriegsministerium eine verwaltungsinterne Untersuchung in Auftrag, welche die im Bericht der "Kongo-Enquêtekommission" gegen die dort namentlich genannten Kolonialoffiziere Destenave und Thomasset erhobenen Vorwürfe prüfen sollte[400]. Der Bericht des mit dieser Untersuchung beauftragten Kolonialfunktionärs wird schließlich am 12. November 1907 vorgelegt, lange Zeit also, nachdem der öffentliche Verlauf der Kongoaffäre sein Ende gefunden hatte. Dessenungeachtet verdient dieses Schriftstück als amtlicher Untersuchungsbericht im Lichte nachträglicher Betrachtung und im Hinblick auf den hier zu erörternden Sachverhalt ein besonderes Interesse[401].

Laut Aussagen jenes Berichtes finden sich die ersten Spuren der später als Geisellager bekannt gewordenen Anlagen im April 1901 im Verwaltungsposten Fort de Possel, im damaligen Kreis

Krébedjé gelegen. Eine Gruppe von 54 entführten Frauen und
Kindern wurde damals in ein als "Freiheitsdorf" (village de
liberté) bezeichnetes Lager verbracht. Der verantwortliche
Kolonialfunktionär rechtfertigt die merkwürdig anmutende Bezeichnung jenes Lagers mit der Behauptung, die in diesem Lager festgehaltenen Frauen seien durch ihre Entführung aus
einer sklavenähnlichen Lage befreit worden, in der sie sich
gegenüber ihren Männern befunden hätten. Ziel der Lager sei
es, so heißt es in den um logische Stringenz nicht sonderlich
bemühten Ausführungen weiter, die Männer zu den Verwaltungsposten zu locken und sie gegen das Versprechen, ihre Frauen
danach wieder in ihre Obhut zurückzugeben, zur Arbeit für
die lokale Kolonialverwaltung zu zwingen[402].

Im Jahre 1902 verstärkt sich der Druck der Kolonialadministration. Neben der Praxis der gewaltsamen Geiselnahme wird von
der systematischen Anwendung der Nilpferdpeitsche (chicotte)
und der Verwüstung ganzer Dörfer berichtet[403]. Auch vom Verwaltungsposten Les Ungourras, der ebenfalls im unmittelbaren
Bereich der zentralen Trägerroute liegt, werden massive Repressionen gegen die sich dem "portage" entziehenden Bewohner
dieser Region gemeldet[404]. Neben dem zuletzt genannten war es
der Posten von Nana, dem die zentrale Aufgabe zufiel, für die
permanente Rekrutierung der benötigten Träger zu sorgen. Auch
hier wurden sehr bald brutale Zwangsmittel eingesetzt, unter
denen die gewaltsame Geiselnahme von Anfang an als gängige
Methode einen herausragenden Stellenwert einnahm. Als die genannten Kolonialoffiziere Destenave und Thomasset im März 1901
in dieser Region ihren Dienst aufnehmen, gilt diese Methode
bereits als fester Bestandteil der dort eingeführten Kolonialpraxis. Die beiden Militärs greifen die allgemein geübte Praxis
der Geiselnahme auf und systematisieren deren Anwendung - eine
Maßnahme, die angesichts eines steigenden Bedarfs an Arbeitskräften zur Aufrechterhaltung des Transportwesens als unbedingt

notwendig erachtet wird. So wird im Verwaltungsposten von
Nana im Juli 1901 ebenfalls ein ständiges Geisellager einge-
richtet[405]. Das nunmehr systematisch betriebene und auf küh-
ler Berechnung beruhende Vorgehen der lokalen Administration
wird als ebenso geeignetes wie unentbehrliches Mittel angesehen, die dort ansässige einheimische Bevölkerung der Mandja
zu den gefürchteten und verhaßten Trägerdiensten zu pressen.
In dem hier zitierten Untersuchungsbericht wird dieser Sachverhalt mit bemerkenswertem Zynismus folgendermaßen umschrieben:

> "M. le Capitaine Thomasset, appliquant aux affaires in-
> digènes de son cercle les traditions de méthode et d'ordre
> de l'arme savante à laquelle il appartient, étudie l'état
> d'esprit des Mandjas et cherche à en déduire des règles
> d'action politique (sic!). Constatant que ces indigènes
> tiennent beaucoup à leurs femmes, il aperçoit dans ce
> trait de caractère le moyen d'avoir prise sur eux et de
> remédier à la fâcheuse condition où les a mis leur aver-
> sion au portage (sic!) (406)."

Die auf dieser methodischen Grundlage entwickelte Praxis der
organisierten Geiselnahme habe im allgemeinen die gewünschten
Resultate gezeitigt, heißt es weiter. Wo dies ausnahmsweise
nicht der Fall war, wurden weitere gezielte Repressionsmaßnahmen angeordnet[407]. In einer Reihe von schriftlichen Anweisungen wurden die von Hauptmann Thomasset aufgestellten
"règles d'action politique" bis in die Einzelheiten hinein
ausgeführt[408]. Besondere Bedeutung erlangte dabei ein ver-
trauliches Schreiben vom 16. Oktober 1901, in dem detaillierte
Anweisungen zur Führung von Geisellagern gegeben werden. Auf
dieses Dokument soll an dieser Stelle genauer eingegangen werden, als es der hier besprochene Bericht von sich aus tut.

Das besagte Schriftstück demonstriert nämlich sehr eindrück-
lich, mit welcher methodischen Akribie das System der gewaltsamen Geiselnahme als allgemeines Zwangsmittel organisiert

und wieviel Sorgfalt - zumindest anfänglich - zugleich darauf
verwendet wurde, diese ganz offenkundig auch von den beteiligten Kolonialfunktionären als unmenschlich betrachtete Praxis
gegenüber dem Einblick Außenstehender abzuschirmen. Das ausdrücklich als vertraulich deklarierte Schreiben geht zunächst
auf die "allgemeinen Bedingungen" ein, unter denen die Geiseln
in den einzelnen Verwaltungsposten des Bezirks von Nana zu behandeln seien[409]. Dabei werden vier Hauptpunkte unterschieden.
Der erste Punkt gibt präzise Anweisungen für die bauliche
Konzeption der Geisellager, wobei die Notwendigkeit sorgfältiger Tarnung und Sicherung der Anlagen besonders betont wird.
Der zweite Punkt regelt genauestens Art und Umfang der auszugebenden Verpflegungsrationen. Im dritten Punkt wird sodann
ausgeführt, für welche speziellen Arbeiten die Gefangenen
heranzuziehen seien. Zum vierten Punkt finden sich schließlich die ausführlichsten Angaben, was angesichts der Funktion
jener Lager auch nicht verwundern kann, handelt es sich doch
um die Frage, wie die Gefangenen beaufsichtigt und überwacht
werden sollten. Zentraler Aspekt ist hierbei die Sorge, der
Charakter der Geisellager als administratives Macht- und Zwangsinstrument könnte im äußeren Erscheinungsbild dieser Anlagen
allzu deutlich zum Vorschein kommen. Derartiges müsse auf
jeden Fall verhindert werden: "Il ne faut pas qu'une personne
étrangère à l'administration puisse juger que nous tenons le
pays par des moyens de rigueur extrême." Etwaigen Skrupeln,
die sich in Anbetracht des zu erwartenden Ausmaßes der Geiselnahme bei den nachgeordneten Funktionären einstellen könnten,
wird vorsorglich mit dem Hinweis auf angeblich zwingende Notwendigkeiten begegnet[410].

Die abschließend aufgelisteten Strafbestimmungen (punitions
à infliger aux indigènes) lassen keinen Zweifel an der brutalen Konsequenz, mit der die Praxis der Geiselnahme gehandhabt wurde. So reichte der Strafkatalog für Häuptlinge von

in Form von Naturalien zu begleichenden "Ordnungsstrafen" bis
zur Auspeitschung; für einfache Träger von der Fesselung an
entsprechend hergerichtete Balken bis zur Zwangseinweisung
in Geisellager, deren Status als inoffizielle administrative
Straflager somit ganz offiziell dokumentiert wird. Die Todesstrafe, so wird einschränkend ergänzt, könne nur vom Kreis-
kommandanten verhängt werden, wobei - wie von Toqué bereits
bekannt - in diesem Zusammenhang von der Notwendigkeit eines
jeweils vorhergehenden gerichtlichen oder sonstwie rechtsförmigen Verfahrens mit keinem Wort die Rede ist.

Wie wenig die hier soeben in einigen markanten Aspekten geschilderten Verhältnisse auf den Bereich des Verwaltungspo-
stens von Nana beschränkt waren, zeigen die weiteren Ausführungen des bereits zitierten Berichts aus dem Jahre 1907.
So findet, neben den schon erwähnten Verwaltungsposten, auch
der Posten von Fort Crampel, zugleich Endpunkt der Trägerroute, in dem besagten Bericht ausdrücklich Erwähnung. Auch
hier wird die Geiselnahme bald zur gängigen Praxis: "Dès 1902
(...) la geôle de Fort Crampel recommence à se remplir d'otages,
des prisonniers sont fusillés au poste, des répressions ont
lieu, dont certaines (...) font couler beaucoup de sang[411]."
In den folgenden Jahren habe sich die Situation dann allerdings entspannt, behauptet der Verfasser des Untersuchungsberichts, so daß die Methode der Geiselnahme habe aufgegeben
werden können[412]. Andere Dokumente widersprechen dieser Aussage freilich, wie noch zu zeigen sein wird.

Von wesentlichem Interesse ist schließlich noch die zusammenfassende Wertung der hier aus der Ober-Schari-Region berichteten Geschehnisse. Auf die ausdrücklich gestellte Frage, inwieweit die an der systematischen Organisation der Geiselnahme aktiv beteiligten Kolonialoffiziere persönlich zur Rechenschaft zu ziehen seien, erteilt der mit der Untersuchung der

Vorgänge befaßte Kolonialfunktionär in seinem Bericht ohne jede Einschränkung eine negative Antwort. Diese bemerkenswerte Feststellung wird damit begründet, daß die Praxis der Geiselnahme ausnahmslos von sämtlichen Kolonialfunktionären betrieben und von den vorgesetzten Kolonialbehörden ganz offenkundig gebilligt worden sei[413].

Das hier soeben zitierte, auf eingehenden offiziellen Recherchen beruhende Resümee entspricht damit auch der Aussage, welche der vom Kolonialminister zur amtlichen Aufarbeitung der Skandalgeschehnisse eingesetzte Untersuchungsausschuß zum Problem der Geiselnahme ein Jahr zuvor abgegeben hatte[414].

Als eindeutiges Ergebnis offizieller Untersuchungen tritt somit jener Sachverhalt klar zutage, der durch den gegen Gaud und Toqué geführten Prozeß vor der Öffentlichkeit offenkundig verborgen gehalten werden sollte. Grundlage des in der Ober-Schari-Region organisierten "Systems", um den von Toqué zitierten Terminus des Untersuchungsrichters von Brazzaville hier wieder aufzugreifen, war die planmäßig betriebene gewaltsame Entführung von Frauen und Kindern und ihre zwangsweise Unterbringung in dafür eigens eingerichteten Geisellagern. Der somit etablierte Terrorapparat diente als außerökonomisches Zwangsmittel zur Rekrutierung der von der Kolonialverwaltung benötigten Arbeitskräfte. Gerade der allgemeingültige, systematische Charakter jenes Gewaltzusammenhangs mußte es aus der Sicht der Kolonialbehörden als zwingend geboten erscheinen lassen, mit allen geeignet erscheinenden Mitteln dafür zu sorgen, daß dieser Sachverhalt nicht zum Gegenstand öffentlichen Interesses oder gar öffentlicher Diskussion werden konnte. Vor diesem Hintergrund ist die Art und Weise, wie die Gaud-Toqué-Affäre von Beginn an aufgezogen, öffentlich präsentiert und schließlich zum Gegenstand eines manipulierten Gerichtsverfahrens gemacht wurde, als durchaus folgerichtig zu betrachten.

Dieser, für das Verständnis der Gaud-Toqué-Affäre entscheidende Tatbestand wird durch einen weiteren Aspekt, der hier jetzt noch abschließend kurz besprochen werden soll, zusätzlich verdeutlicht. So wenig nämlich die zitierten amtlichen Berichte die Tatsache und die weitverbreitete Anwendung der Geiselnahme zu leugnen vermochten, so sehr bemühten sie sich andererseits, wie bereits angedeutet, die Brisanz ihrer Feststellungen dadurch abzumildern, daß sie diese terroristischen Methoden sei es als Ausdruck individueller Entscheidungen, sei es als zeitlich relativ eng begrenzte, abgeschlossene Vorgänge erscheinen lassen und die Verhältnisse in den Geisellagern selbst äußerst beschönigend darstellen[415]. Der systeminhärente Grundzug der Geiselnahme tritt demgegenüber zweifelsfrei zutage, wenn man sich deren tatsächliche Anwendungspraxis anhand weiteren Quellenmaterials vor Augen führt. So ist etwa nach den, freilich niemals veröffentlichten Ermittlungen der von Kolonialminister Clémentel in den Kongo entsandten Untersuchungsdelegation eindeutig davon auszugehen, daß die gewaltsame Geiselnahme und die Einrichtung von "Konzentrationslagern" nicht auf einen kurzen Zeitraum beschränkt war, sondern ungeachtet aller offiziellen Erlasse noch im Jahre 1905 als integraler Bestandteil der im Kongo betriebenen Okkupationspolitik zu betrachten ist[416]. Die solcherart fortgesetzt betriebene gewaltsame Erpressung der kolonisierten Bevölkerung stellte laut Aussage des eben zitierten Berichts ein "natürliches Begleitmittel jeder Repression" dar und galt auch in der Zeit nach 1905 weiterhin als gebräuchliches Zwangsmittel zur Rekrutierung von Arbeitskräften[417].

Während also in Brazzaville der Prozeß gegen Gaud und Toqué über die Bühne ging, wurden zur gleichen Zeit im kolonialen Hinterland weiterhin Frauen und Kinder gewaltsam entführt und in sogenannte Geisellager eingesperrt, wo sie reihenweise an den Folgen von Mißhandlungen starben, wenn sie nicht schon vorher aufgrund der miserablen Lebensbedingungen in diesen Lagern elendig zugrunde gegangen waren[418].

Im Gegensatz zu Gaud und Toqué, die ausgewählter Einzelfälle wegen angeklagt und zu mehrjährigen Haftstrafen verurteilt wurden, erhielten die an der Vorbereitung und Ausführung der organisierten Geiselnahme vorrangig beteiligten Kolonialoffiziere, wie schon gesagt, als Ergebnis einer eigens zu diesem Zweck angesetzten amtlichen Untersuchung die ausdrückliche Bestätigung, sich in keiner Weise unkorrekt verhalten, geschweige denn sich irgendwelcher Verbrechen schuldig gemacht zu haben. Die Erklärung für dieses, auf den ersten Blick widersprüchliche Bild ist im Verlaufe der obigen Ausführungen bereits mehrfach deutlich angeklungen. Während die Methode der erpresserischen Geiselnahme zum integralen Bestandteil der im Ober-Schari-Gebiet angewandten Machtmittel gehörte, gleichsam den dort herrschenden alltäglichen Kolonialismus repräsentierte, gehörten Tatbestände wie die Verwendung von Dynamitpatronen als Exekutionsmittel und Schriftstücke nach Art der von Toqué verfaßten "lettre macabre" in den Bereich spektakulärer Ausnahmen. Wie gut sich derartige Ausnahmeerscheinungen aus Sicht des Kolonialministeriums dazu eigneten, vom unmenschlichen Gewaltsystem in der Ober-Schari-Region abzulenken, wurde Toqué anscheinend erst richtig bewußt, als er sich vor dem Gericht in Brazzaville als Angeklagter wiederfand und auf eine entsprechende Frage des Gerichtsvorsitzenden verbittert feststellte: "Oh! oui! J'ai trop écrit. C'est pour cela que je suis ici en ce moment[419]." Diese verspätete Einsicht konnte Toqué freilich nicht mehr davor bewahren, die ihm in dem oben dargestellten Prozeßschauspiel zugewiesene Rolle übernehmen zu müssen. Das taktische Ziel der Kolonialbehörden wurde somit erreicht: die öffentliche Aufmerksamkeit richtete sich im wesentlichen auf die Angeklagten, während das in der Ober-Schari-Region etablierte Gewaltsystem hinter den Kulissen des Verfahrens weitgehend verborgen blieb.

6. Kapitel: Zwischenresümee: Der vorliegende neuere Erklärungsansatz erweist sich definitiv als Irrweg

In den vorhergehenden Kapiteln sind Entstehung, Verlauf und äußerer Abschluß der sogenannten Gaud-Toqué-Affäre detailliert geschildert worden. Es sollte dabei deutlich geworden sein, daß die besagte Affäre das Kernstück des Kongoskandals bildete, dessen vom Kolonialministerium im vorhinein festgelegter Ablauf mit rücksichtsloser Entschlossenheit gegenüber den betroffenen Kolonialfunktionären ins Werk gesetzt wurde. Die vom Kolonialministerium noch während der Pressekampagne getroffenen Vorbereitungen zur Entsendung einer offiziellen Untersuchungsdelegation in den Kongo haben zugleich - über entsprechende Zeitungsmeldungen, die oben zitiert wurden - bereits andeutungsweise erkennbar werden lassen, daß dieser Kolonialskandal offenbar mit einem internationalen Kongoproblem sowie damit im Zusammenhang stehenden gewichtigen Interessenkonflikten verknüpft war.

Bevor ich mich im nachfolgenden Teil III mit dieser, für die Erklärung des Kongoskandals zentralen Problematik beschäftigen werde, soll auf der Grundlage des inzwischen erreichten Kenntnisstandes sowie im Lichte einiger bislang unbeachtet gebliebener Fakten zunächst noch einmal kritisch auf jenen Interpretationsversuch eingegangen werden, der die argumentativ und empirisch am weitesten entwickelte Version der in der vorliegenden Literatur zum Skandalgeschehen verbreiteten Erklärungsmuster darstellt und mit dem ich mich im 1. Kapitel dieses Untersuchungsteiles - vornehmlich im Hinblick auf seine argumentative Stringenz - bereits befaßt habe. Dort ist schon gezeigt worden, daß der von seinem Autor, Henri Brunschwig, entwickelte Denkansatz - darin den in der übrigen Literatur vorfindbaren Interpretationsansätzen gleichend - die Möglichkeit eines kausalen Zusammenhanges des Kongoskandals mit einer die nationale Dimension übersteigenden, internationalen Konfliktformation nicht ernsthaft in Betracht zieht. Statt dessen glaubt der Autor, sich bei der Suche nach den entscheidenden Antriebskräften für das Skandalgeschehen auf die innenpolitische Szenerie konzentrieren zu können. Äußere Einflüsse spielen in dieser Betrachtungsweise, wenn überhaupt, nur eine untergeordnete Rolle am Rande.

Ein solcher Erklärungsansatz steht, wie bereits mehrfach hervorgehoben wurde, in diametralem Gegensatz zu dem im Rahmen der vorliegenden Darstellung zu entwickelnden Argumentationsgang. Zum Abschluß des vorliegenden Untersuchungsteils und als Vorbereitung auf die nachfolgenden Ausführungen erscheint es deshalb geboten, die von Brunschwig vorgetragenen Thesen im Hinblick auf ihre empirischen Grundlagen noch einmal kritisch zu durchleuchten. Dabei wird zu zeigen sein, daß die von dem genannten Autor vorgetragenen Überlegungen - abgesehen von ihren bereits kritisierten argumentativen Mängeln - auch deshalb nicht überzeugen können, weil sie in zum Teil krassem Widerspruch zu den einschlägigen Fakten stehen und somit im Kern auf spekulativen Überlegungen beruhen. Auf diese Weise soll die von Brunschwig bezogene Position dezidiert zurückgewiesen und damit zugleich der eigenen Argumentation der Weg bereitet werden. Es ist also aufzuzeigen, daß die Entwicklung eines plausiblen und empirisch einwandfrei begründeten Erklärungszusammenhangs für den Kongoskandal eine angemessene Untersuchung der mit diesem Vorgang unmittelbar verknüpften internationalen Kongoproblematik und der dabei entscheidenden Interessenkonflikte unumgänglich macht.

Von zentraler Bedeutung für die Argumentation Brunschwigs ist, wie erinnerlich, der Hinweis auf das Verhalten des Abgeordneten Le Hérissé, zugleich Berichterstatter für den Kolonialhaushalt, während der Pressekampagne im Februar 1905. Durch

den von diesem in dem Massenblatt "Le Matin" am 22. Febr. 1905
publizierten, sensationellen Artikel und durch den von ihm tags
zuvor im Parlament eingebrachten Interpellationsantrag habe
das Kolonialministerium die Deputiertenkammer unter öffentlichen Druck setzen wollen, um auf diese Weise die für seine
Reformvorhaben im Kongo benötigten finanziellen Mittel leichter bewilligt zu bekommen. Es sei beabsichtigt gewesen, das
Parlament sogleich mit der Angelegenheit zu befassen. Dies
habe sich dann aber so nicht realisieren lassen, da das Ministerium sich durch unvorhergesehene Ereignisse veranlaßt gesehen habe, eine "objektiv überflüssige" Untersuchungsdelegation in den Kongo zu entsenden und die parlamentarische Behandlung der von Le Hérissé beantragten Interpellation somit
bis auf weiteres hinauszuschieben.

Daß die hier noch einmal knapp skizzierte Argumentation wegen
der darin unterstellten widersprüchlichen, ja kopflosen Handlungsweise der Regierung als wenig plausibel angesehen werden
muß, ist an früherer Stelle bereits ausgeführt worden. Ebenfalls erwähnt worden sind auch zwei weitere Tatbestände, die
Brunschwig in diesem Zusammenhang übersehen hat und die das
Vorgehen Le Hérissés in einem ganz anderen Licht erscheinen
lassen. Ausgangspunkt ist dabei die vom Autor zwar gestellte,
aber unbeantwortet gelassene Frage, wie der Zeitpunkt für
den Beginn der Pressekampagne und damit auch für die von Le
Hérissé gestarteten Initiativen zu erklären ist. Wie im Zusammenhang mit der Schilderung der Gaud-Toqué-Affäre bereits
angedeutet wurde und wie wir gleich noch einmal sehen werden,
ist diese Frage tatsächlich von eminenter Bedeutung.

Die beiden von Brunschwig übersehenen Tatbestände, von denen
eben die Rede war, sind mit zwei Daten verknüpft, die hier
noch einmal in Erinnerung zu rufen sind. Das erste betrifft
den Zeitpunkt, an dem die Abgeordnetenkammer im Zusammenhang

mit dem Gesamtentwurf für das Haushaltsjahr 1905 die Debatte über das Kolonialbudget führte. Es handelt sich dabei um den 2. und 3. Februar 1905[420]. Wie schon berichtet, hatte Le Hérissé in seiner Eigenschaft als Berichterstatter für den Kolonialhaushalt im Rahmen jener Kolonialdebatte die Gelegenheit benutzt, um die Abgeordneten in einer Stellungnahme vom 2. Februar auf den bevorstehenden Kongoskandal einzustimmen.

Das zweite hier noch einmal zu nennende Datum bezieht sich auf den ebenfalls bereits besprochenen Interpellationsantrag des sozialistischen Abgeordneten Rouanet, den die Zeitung "L'Humanité" bereits am 18. Februar gemeldet hatte. Das heißt also, daß Rouanet schon eine Interpellation beantragt hatte, bevor Le Hérissé seinerseits mit einem entsprechenden Antrag hervorgetreten war[421].

Auf der Grundlage dieser Daten lassen sich bereits entscheidende Einwände gegen die von Brunschwig vertretenen Positionen vorbringen. Wenn es nämlich tatsächlich die Absicht des Kolonialministeriums gewesen wäre, das Parlament so schnell wie möglich mit dem Kongoskandal zu befassen, um damit die von Brunschwig unterstellten Kreditpläne zu verfolgen, so wäre es logischerweise zweckmäßig gewesen, die Pressekampagne vor Beginn der zweitägigen Debatte über den Kolonialhaushalt, d. h. also vor dem 2. Februar und nicht erst am 16. des gleichen Monats zu starten und auch den darauf bezogenen Interpellationsantrag nicht erst am 21. Februar, also fast drei Wochen nach Beendigung der genannten Parlamentsdebatte, sondern termingerecht einzubringen. Dies um so mehr, als Kolonialminister Clémentel, wie im Kapitel über die Gaud-Toqué-Affäre gezeigt worden ist, schon am 26. Januar mit eigener Hand und auf dezidierte Weise die Vorbereitungen des Skandals beschleunigt hatte, als er Toqué telegraphisch anwies, die Metropole

sofort zu verlassen und in den Kongo zurückzukehren. Die in
der Ausgabe des "Matin" vom 22. Februar von Le Hérissé auf-
gestellte Behauptung, er habe seinen Interpellationsantrag
erst am 21. Februar eingebracht, um dem erst kurz im Amte
befindlichen Clémentel die notwendige Einarbeitungszeit zu
gewähren, ist vor diesem Hintergrund und in Anbetracht des
von Rouanet kurz zuvor gestellten Interpellationsgesuchs nur
als durchsichtiges Ablenkungsmanöver zu begreifen. Daß der
von Le Hérissé im Anschluß an Rouanet eingebrachte Interpellationsantrag weder in dem von Brunschwig unterstellten, noch
in einem anderen Sinne als Ausdruck einer eigenständigen parlamentarischen Initiative, sondern lediglich als Reaktion auf
das Vorgehen Rouanets anzusehen ist und die Funktion hatte,
die von diesem gegen die Politik des Kolonialministeriums vorgebrachte Kritik zu konterkarieren, geht im übrigen, wie hier
schon ergänzend angemerkt werden kann, aus dem Verlauf der im
Februar 1906 über die vorliegenden Interpellationsgesuche geführten Parlamentsdebatte eindeutig hervor[422]. In Paranthese
sei an dieser Stelle zudem noch einmal daran erinnert, daß
Kolonialminister Clémentel während eben dieser Parlamentsdebatte selbst einräumt, eine parlamentarische Behandlung der
von Rouanet in der Abgeordnetenkammer zur Sprache gebrachten
Skandalereignisse von sich aus nicht gewünscht zu haben[423].
Daß derselbe Minister die von seinem Hause im Zusammenhang mit
den Skandalgeschehnissen für den Kongo erlassenen Reformdekrete, wie von Brunschwig selbst erwähnt wird[424], nicht etwa
unter Mitwirkung der Deputiertenkammer beschlossen hatte,
sondern im Gegenteil ganz gezielt wenige Tage vor Beginn der
seit Monaten über den Kongo anstehenden Parlamentsdebatte offiziell verkünden ließ, unterstreicht die Tatsache, daß die
Initiative für die parlamentarische Behandlung des Kongoskandals nicht von der Regierung ausging, sondern gegen deren Willen von Rouanet erzwungen wurde.

Angesichts der eben angeführten Datenfolge kann also festgehalten werden, daß die zentrale These Brunschwigs, die Pressekampagne sowie der von Le Hérissé gestellte Interpellationsantrag hätten die Funktion gehabt, die Deputiertenkammer im Interesse der Regierung zu einer Debatte über die in Französisch-Kongo herrschenden Verhältnisse zu veranlassen, um das Parlament - unter dem moralischen Druck einer empörten Öffentlichkeit - dazu zu bewegen, den vom Kolonialministerium verfolgten Plänen einer zugunsten des Kongo aufzulegenden, staatlich garantierten Anleihe seine Zustimmung zu geben, allein schon wegen der aufgezeigten Unstimmigkeiten in der chronologischen Abfolge dabei entscheidender Einzelvorgänge auf ganz erhebliche Zweifel stoßen muß.

Wenn also - abgesehen von den soeben aufgewiesenen übrigen Unstimmigkeiten - bereits der zeitliche Ablauf der Geschehnisse gegen die Argumentation des Autors spricht, lassen sich dann wenigstens erkennbare Anzeichen dafür ausmachen, daß das Kolonialministerium tatsächlich das nach Aussage des genannten Verfassers als äußerst dringlich eingeschätzte Vorhaben verfolgte, den Kongo mit einer öffentlich garantierten Anleihe auszustatten? Auch hier, so das vorweggenommene Fazit, ist die Antwort negativ. Hätte nämlich die Pressekampagne die ihr von Brunschwig zugeschriebene Funktion gehabt, so müßte sich dies ja durch entsprechende inhaltliche Aussagen in den einschlägigen Presseartikeln ausweisen lassen. Die in den vorausgegangenen Ausführungen vorgenommene, eingehende Untersuchung der Pressekampagne hat nun aber offenbart, daß davon keine Rede sein kann. Mit keinem Wort wird die angebliche Notwendigkeit einer Kapitalanleihe für den Kongo - ob nun staatlich garantiert oder nicht - auch nur angedeutet. Selbst in jenen Artikeln, die unmittelbar aus der Hand der beiden an der Kampagne federführend beteiligten und als inoffizielle Sprecher des Kolonialministeriums auftretenden Politiker Le Hérissé und

Doumergue stammten, wird der Skandal völlig anders interpretiert, als dies nach Brunschwigs Argumentation der Fall sein müßte. Auch hier werden die Gaud und Toqué angelasteten Handlungen als Ausdruck abnormen Verhaltens innerhalb eines ansonsten über jede Kritik erhabenen kolonialen Umfelds dargestellt. So nimmt es nicht wunder, daß - abgesehen von dem Vorschlag einer eher kosmetischen Änderung im Ausbildungsgang junger Kolonialfunktionäre - als einzige Konsequenz eine juristische Behandlung der Skandalvorgänge gefordert und in Aussicht gestellt wird. Im Widerspruch zu den Ausführungen Brunschwigs wird das Skandalgeschehen in den öffentlichen Verlautbarungen der genannten Kolonialpolitiker also nicht als Ausdruck einer generellen Problematik gewertet, sondern als persönliches Fehlverhalten, mithin also als isolierter Vorgang ausgegeben.

Der Autor versucht sich nun damit zu behelfen, daß er im weiteren Verlauf seiner Ausführungen auf einen Bericht verweist, dem wir während unserer bisherigen Darlegungen schon einige Male begegnet sind[425]. Es handelt sich um den Bericht der mehrfach genannten "Kongo-Enquêtekommission", die aus führenden Vertretern der Kolonialadministration und des Ministeriums bestand und von Kolonialminister Clémentel den Auftrag erhalten hatte, die von der in den Kongo entsandten Untersuchungsdelegation mitgebrachten Materialien im Sinne des Ministeriums zu einem offiziellen Abschlußbericht zu verarbeiten. Als Fazit ihrer Ausführungen schlägt diese Kommission zur Verbesserung der Infrastruktur des Kongo verschiedene Reformmaßnahmen vor und verweist in diesem Zusammenhang auf die ihrer Ansicht nach bestehende Notwendigkeit, die Kolonie mit einer zusätzlichen Finanzhilfe durch die Metropole auszustatten. Brunschwig zitiert eine entsprechende Passage aus diesem Bericht[426]. Kolonialminister Clémentel, so fährt der Autor fort, habe sich auf den genannten Bericht stützen wollen, um seine eigenen, mit den darin enthaltenen Zielperspektiven identischen Reform-

vorstellungen im Februar 1906, während der Debatte über das
Kolonialbudget, in der Abgeordnetenkammer durchzusetzen. Wie
der Autor selbst feststellt, faßte die Kammer im Jahre 1906
indes keinen entsprechenden Beschluß. Ein erster Kredit über
21 Millionen Francs wurde erst im Jahre 1909 bewilligt. Warum
dies so war, läßt Brunschwig allerdings offen. Diese Lücke
wird im folgenden noch zu schließen sein.

Zunächst ist anzumerken, daß auch in diesem Punkt chronologische Unstimmigkeiten zu verzeichnen sind. Der genannte Bericht, mit dem das Parlament angeblich im Februar 1906 beeindruckt werden sollte, wurde nämlich erst im nachfolgenden Jahr 1907 gedruckt, und zwar in der beschränkten Auflage von lediglich zehn Exemplaren, versehen mit dem eigens aufgedruckten Vermerk "streng vertraulich" (strictement confidentiel). Brunschwig deutet dies selbst an, verschweigt allerdings das genannte Erscheinungsdatum[427]. Nicht nur dieses verspätete Erscheinungsdatum, sondern auch der streng vertrauliche Charakter des von Brunschwig zitierten Dokuments sprechen also eindeutig gegen die Annahme, daß dieser Bericht jemals als Vorlage des Kolonialministeriums für die Parlamentsdebatte vom Februar 1906 gedacht war. Im Gegensatz zur Auffassung Brunschwigs ist vielmehr davon auszugehen, daß eine Veröffentlichung besagten Berichtes von der Regierung selbst zu einem späteren Zeitpunkt nicht ernsthaft erwogen worden ist, auch wenn Clémentel, im Verlaufe der Parlamentsdebatte durch ungeschicktes Taktieren in die Enge getrieben, entgegen seiner ursprünglich geäußerten Auffassung einer vorläufigen Zusage für eine
- freilich ohnehin erst nachträgliche - Veröffentlichung schließlich nicht mehr auszuweichen vermochte. In Teil III wird darauf noch näher einzugehen sein. Wie Brunschwig selbst feststellt, wurde diese Zusage dann auch nicht eingehalten, weil nämlich - und dies ist ein weiterer bemerkenswerter Hinweis auf die außenpolitischen Implikationen der Kongoaffäre - das

Außenministerium gegen jede Form einer Veröffentlichung, sofern
diese Möglichkeit unter dem Eindruck des von Clémentel unfreiwillig gegebenen Versprechens im Kolonialministerium tatsächlich jemals ernsthaft erwogen worden sein sollte, vorsorglich
energischen Einspruch erhob[428]. "On se demande pourquoi", kommentiert der Autor, unterläßt es dann aber, dieser - wie sich
im weiteren Verlauf der vorliegenden Studie noch zeigen wird -
entscheidenden Frage weiter nachzugehen.

Abgesehen von den eben genannten Einwänden, ist zu der von
Brunschwig zitierten Aussage der "Kongo-Enquêtekommission" zu
bemerken, daß diese für sich allein genommen nichts weiter als
die wenig bemerkenswerte Tatsache beweist, daß die Gruppe hoher Kolonialbeamter, welche den Bericht ausgearbeitet hatte,
eine finanzielle Hilfe der Metropole für den Kongo offenbar
für angebracht hielt. Wie das Kolonialministerium und wie vor
allem die übrigen Teile der Regierung, insbesondere das Finanzressort, zu dieser Ansicht standen, ist hingegen eine ganz andere Frage, zu deren Beantwortung es eigener Recherchen bedarf,
was Brunschwig aber anscheinend für entbehrlich hält. Dabei
fordern seine eigenen Ausführungen geradezu imperativ dazu auf.
Wenn Clémentel nämlich angeblich das Parlament im Februar 1906
von der Notwendigkeit einer staatlich garantierten Anleihe für
den Kongo überzeugen wollte - was im übrigen eine kaum plausibel zu erklärende einjährige Verzögerung gegenüber der Pressekampagne vom Februar 1905 bedeuten würde, die ja laut Brunschwig demselben Ziel dienen sollte -, dieses Vorhaben dann
aber aller aufwendigen Skandalmanöver zum Trotz nicht zu erreichen vermochte, so liegt es doch nahe, den Verlauf der Parlamentsdebatte und das dortige Agieren des zuständigen Ministers zu untersuchen, um auf diesem Wege eine Erklärung für
einen derart paradoxen Sachverhalt zu erhalten.

Werfen wir also einen Blick auf das einschlägige Quellenmaterial. Als erstes wollen wir den für unsere Frage wichtigen Be-

Bericht betrachten, den der Abgeordnete Le Hérissé, Berichterstatter für den Kolonialhaushalt und eine der Schlüsselfiguren im taktischen Spiel des Kolonialministeriums, für die Parlamentsberatungen über den Kolonialhaushalt des Jahres 1906 vorgelegt hat[429]. In einem längeren Einleitungsteil geht Le Hérissé eigens auf die Ereignisse des Kolonialskandals ein, ohne Gaud und Toqué dabei namentlich zu erwähnen. In diesen Ausführungen finden wir erneut das schon aus der Pressekampagne vertraute Bild einiger "vereinzelter Verrückter" (quelques fous isolés), durch die der "große humanitäre und zivilisatorische Ruf Frankreichs" nicht einen einzigen Moment lang kompromittiert werden dürfe, "sans que les représentants de la nation fassent entendre une énergique protestation[430]." An dieser Stelle begnügt sich Le Hérissé indes nicht mit der Wiederholung bereits bekannter Erklärungsmuster. Neben einer angeblich unzulänglichen Rekrutierung und Ausbildung der Kolonialfunktionäre - auch dieser Punkt wurde in der Pressekampagne bereits angesprochen - stellt er einen weiteren Umstand als Grund für die bekannten "tristes incidents" heraus. Man habe sich, so führt er aus, bei der Penetration mancher kolonialer Territorien zu rasch in unbekannte Regionen vorgewagt, ohne sich dort in ausreichendem Maße etablieren zu können[431]. In seinen weiteren Ausführungen nennt er sodann - in auffallendem Unterschied zur Pressekampagne - als wichtigste Ursache "aller Gewalttaten und aller Übergriffe" die "entsetzlichen" Bedingungen des Trägerdienstes deutlich beim Namen[432]. Hier liege die eigentliche Erklärung für die Vorgänge in der Ober-Schari-Region - ein Umstand, der die dort begangenen Gewalttaten allerdings nicht entschuldigen könne[433].

Haben wir hiermit also endlich einen bislang vergeblich gesuchten Beleg für die von Brunschwig vertretene These ausfindig gemacht? Handelt es sich bei den Ausführungen Le Hérissés tatsächlich um ein Plädoyer für die Gewährung einer Anleihe zur Verbesserung der Infrastruktur des Kongo?

Die Antwort ist auch hier eindeutig negativ; das genaue Gegenteil ist vielmehr zutreffend. Die theoretisch beste Lösung, so stellt Le Hérissé nämlich fest, sei zwar der Bau einer Eisenbahnlinie, um den Trägerdienst abzuschaffen, doch sei daran aus finanziellen Gründen überhaupt nicht zu denken. Es gebe nützlichere Verwendungsmöglichkeiten für das Geld des französischen Steuerzahlers[434].

Die einzige - notabene: <u>die einzige</u> - praktikable Möglichkeit zur Abschaffung des auf Zwangsarbeit beruhenden Trägerdienstes sieht er in einer möglichst weitgehenden Einschränkung militärischer Operationen und kolonialer Penetration in der Tschad-Region, deren armselige Ressourcen ohnehin keine größeren Opfer lohnten. Zu dieser Auffassung sei er bereits ein Jahr zuvor gelangt und sehe sich nun durch die erst kurze Zeit zurückliegenden Skandalereignisse in dieser Ansicht durchaus bestätigt: "Les tristes incidents de ces derniers mois ne sont point faits pour modifier notre opinion." Der von ihm unterbreitete Vorschlag mache es nicht nur möglich, die vorhandenen, begrenzten finanziellen Mittel sinnvoller einzusetzen, sondern würde auch das lokale Verwaltungskorps entlasten und es ihm ermöglichen, sich "zivilisatorischen" Aufgaben zuzuwenden[435].

In diametralem Gegensatz zu der von Brunschwig aufgestellten These und unter ausdrücklicher Bezugnahme auf den Kongoskandal vertrat Le Hérissé also ein Konzept, das ausdrücklich gegen eine Ausweitung finanzieller Zuwendungen durch die Metropole gerichtet war und statt dessen einer sparsameren Verwendung der vorhandenen Finanzmittel das Wort redete. Auf diese Position verwies er auch während der Debatte über den Kongoskandal, die vom 19. bis 21. Februar 1906 in der Abgeordnetenkammer stattfand und in der er gegen Rouanet seine eigene Interpellation begründete. Dort erwähnt er freilich noch eine weitere Möglichkeit, welche durch Kolonialminister Clémentel

ins Gespräch gebracht worden sei, nämlich die Errichtung
einer Schmalspurbahn, die auf einer Länge von 180 Kilometern
die Flußtäler des Ubangi und des Schari miteinander verbinden
könnte. Eine derartige Maßnahme, so Le Hérissé, könne als
"ideale Lösung" bezeichnet werden, allerdings nur unter der
Voraussetzung, daß das Parlament sich dazu bereit finde, die
Gelder des französischen Steuerzahlers für einen derartigen
Zweck zur Verfügung zu stellen. An diesem Punkt seiner Ausführungen erhält er ein Zeichen des Kolonialministers, das
Ablehnung signalisiert[436]. Der Abgeordnete versteht das ihm
gegebene Zeichen so, daß dem Minister als Alternative zu der
soeben angesprochenen Vorgehensweise offenbar vorschwebt, die
erforderlichen Finanzmittel über eine von der Kolonie aufzunehmende Anleihe aufzubringen, wobei die Metropole in Form
einer Bürgschaft entsprechende Sicherheitsgarantien übernehmen
müßte. Faktisch liefe das auf das Gleiche hinaus, wie Le Hérissé
dem Minister vorhält. In beiden Fällen würden der Metropole
beträchtliche finanzielle Verpflichtungen (sacrifices considérables) auferlegt.

Weit davon entfernt, die von ihm referierten Vorstellungen
des Ministers engagiert zu unterstützen, läßt Le Hérissé vor
den Abgeordneten deutlich durchblicken, daß er solchen Erwägungen wegen der damit verbundenen zweifelhaften Rentabilitätsaussichten äußerst skeptisch gegenübersteht[437]. So vermeidet
er es denn auch sorgfältig, sich zugunsten derartiger Überlegungen auszusprechen.

Insgesamt gesehen ist die Haltung Le Hérissés zu der Frage
finanzieller Sonderzuwendungen für den Kongo in dem hier
interessierenden Zeitraum also als zurückhaltend bis ablehnend zu charakterisieren. Es kann mithin festgehalten werden, daß der regierungsnahe Abgeordnete und Berichterstatter für den Kolonialhaushalt bei näherem Hin-

sehen keineswegs die Rolle innehatte, die ihm von Brunschwig im
Rahmen angeblicher Investitionspläne des Kolonialministeriums
zugeschrieben wird. Weder in den an früherer Stelle besprochenen Verlautbarungen während der Pressekampagne vom Februar
1905, noch in dem von ihm als Vorlage für die parlamentarische Debatte über den Kolonialhaushalt erstatteten Bericht,
noch bei der Darlegung seiner Interpellation während der eben
erwähnten Parlamentsdebatte im Februar 1906 lassen sich einschlägige Belege für die These ausfindig machen, daß der genannte Parlamentarier den Kongoskandal als Vehikel benutzte,
um etwaige Widerstände zu überwinden, die in der Abgeordnetenkammer gegenüber wie auch immer gearteten Kreditplänen des
Kolonialministeriums hätten aufkommen können. Eine derartige
These ist somit nicht nur deshalb anfechtbar, weil sie die
Tatsache außer acht läßt, daß die von Le Hérissé vorgetragene Interpretation der Skandalereignisse in keinem erkennbaren Zusammenhang mit angeblichen Investitionsplänen des
Kolonialministeriums steht; sie ist auch deshalb abwegig, weil
Le Hérissé, um es noch einmal zu unterstreichen, von einem
ökonomischen Nutzeffekt zusätzlicher öffentlicher Aufwendungen keineswegs überzeugt war und deshalb anderen Alternativen
zur Lösung des in der Ober-Schari-Region bestehenden Trans-
portproblems letztlich den Vorzug gab.

Nach den hier soeben getroffenen Feststellungen kann es nicht
mehr überraschen, daß das bisher gezeichnete Bild sich nicht
wesentlich ändert, wenn der parlamentarische Redebeitrag des
Kolonialministers selbst zu Rate gezogen wird.

Auffällig ist dabei zunächst, daß der Minister, der dem Argumentationsschema Brunschwigs zufolge eigens einen umfänglichen
kolonialpolitischen Skandal inszeniert haben soll, um seine
Investitionspläne im Parlament leichter durchsetzen zu können,
vor der Abgeordnetenkammer nur sehr sporadisch und nicht aus

eigener Initiative, sondern stets nur als Reaktion auf die Beiträge anderer Abgeordneter in die Debatte eingreift. Wo er dies tut, stoßen wir auf die uns bereits von den anderen kolonialpolitischen Wortführern hinlänglich vertrauten Argumentationsmuster, denen zufolge man es bei den zurückliegenden Skandalereignissen lediglich mit einigen "fautes individuelles" zu tun habe[438].

Auf die kritischen Bemerkungen des Abgeordneten Rouanet eingehend, verteidigt Clémentel die Zustände im Kongo mit den bemerkenswerten Worten: "On ne saurait (...) sans partialité nier l'admirable épopée qui se vit là-bas[439]." Wo die koloniale Welt im Grunde so in Ordnung, die Zustände so "wunderbar" sind, bedarf es logischerweise keiner einschneidenden, keiner materiellen Veränderungen, sondern allenfalls gewisser Anstrengungen im personellen Bereich, um einer Wiederholung vereinzelter Übergriffe nach Möglichkeit vorzubeugen:

> "Mais précisément parce que la tâche de nos fonctionnaires est lourde et pénible, nous devons exiger sans cesse d'eux des garanties plus grandes de compétence, d'intelligence et de caractère et nous devons, par contre, sans cesse nous efforcer d'améliorer leur sort. (...) C'est le meilleur moyen d'éviter le retour des abus qu'on a signalés (Hervorhebung von mir, J.M.) (440)."

Im weiteren Verlauf seiner hier zitierten Erklärung zum Kongoskandal und den daraus zu ziehenden Konsequenzen beschreibt der Minister einige Vorkehrungen, die er zugunsten einer noch besseren Qualifizierung und noch wirksameren Kontrolle des Kolonialpersonals getroffen habe und erwähnt abschließend die bereits einige Tage vor Beginn der laufenden Parlamentsdebatte erlassene Dekrete, die sich auf einige Änderungen im organisatorischen Bereich der Kolonialadministration des Kongo beziehen[441]. Alles in allem finden wir hier also erneut die Interpretation des Skandalgeschehens, die bereits während der Pressekampagne aus dem Munde der Abgeordneten Le Hérissé und Doumergue zu vernehmen war.

Dort, wo Clémentel auf die im Kongo bestehenden Transportprobleme zu sprechen kommt, geschieht dies im Rahmen allgemeinerer Erörterungen über sich abzeichnende Entwicklungsperspektiven der Kolonie und bleibt ohne erkennbaren Zusammenhang mit dem Kongoskandal. Ähnlich wie Le Hérissé unterscheidet er dabei im Hinblick auf denkbare Lösungswege zur Entlastung des Trägerdienstes zwischen kurzfristigen und längerfristigen Alternativen. Im Gegensatz zu Le Hérissé spricht er sich allerdings aus strategischen Gründen gegen eine partielle Evakuierung der Tschad-Region aus. Statt dessen favorisiert er einen Ausweg, der sich bereits als gangbar erwiesen habe. Dieser Plan sah vor, daß ein wesentlicher Teil der für die Tschad-Region bestimmten Nachschublieferungen auf dem Flußweg über benachbarte Kolonien in den Norden der Kongokolonie transportiert werden sollte. Verbleibende Wegstrecken zu Lande sollten mit Hilfe von Lasttieren bewältigt werden. Auf diese Weise sei das Problem des Trägerdienstes innerhalb kürzester Zeit erheblich zu entschärfen[442]. Die in diesem Zusammenhang am Rande zu vermerkende Tatsache, daß der Abgeordnete Le Hérissé in derselben Parlamentsdebatte ausdrückliche Vorbehalte gegen die eben genannte, von Clémentel vorgetragene Problemlösung anmeldet[443] - so wie Clémentel, wie schon erwähnt, sich seinerseits gegen einen von Le Hérissé in dieser Angelegenheit an gleicher Stelle unterbreiteten Vorschlag ausspricht -, ist ein weiteres deutliches Indiz gegen ein angeblich zur Lösung im Kongo bestehender Transportprobleme aufeinander abgestimmtes Vorgehen dieser beiden Kolonialpolitiker. Aber betrachten wir uns noch die weiteren Darlegungen des Kolonialministers.

An einer Stelle seiner Ausführungen kommt Clémentel in dem hier diskutierten Zusammenhang nämlich tatsächlich auf eine Anleihe für den Kongo zu sprechen. Allerdings tut er dies lediglich mit einigen wenigen Worten und in Form eher vager Andeutungen anstatt sich über Umfang und Zeitpunkt eines derar-

tigen Projekts konkret auszulassen. Außerdem - und hier wird
ein entscheidender Punkt berührt - beziehen sich diese Aussagen des Ministers, wie schon deren grammatische Form ausweist, auf in unbestimmter Zukunft liegende, nicht aber auf
aktuelle Vorhaben. Weiterhin ist entscheidend, daß Clémentel,
wie das gleich folgende Zitat ebenfalls zeigt, die Notwendigkeit eines solchen Projektes weder mit dem Kongoskandal, noch
überhaupt irgendeinem Rekurs auf humanitäre Erwägungen zu begründen sucht, sondern daß er schlicht mit einem klassischen
ideologischen Motiv kolonialer Penetration, dem Motiv der
"Pazifizierung" operiert:

> "C'est à la suppression totale du portage que doit
> s'appliquer notre premier effort; je demanderai incessament à la Chambre l'autorisation d'émettre un
> emprunt pour lequel nous ne solliciterons pas le concours financier de la métropole; cet emprunt sera destiné à établir une voie Decauville allant de Fort-de-Fossel à Fort-Crampel et une autre allant de Léré à Lai.
> La suppression du portage aura pour effet d'asseoir définitivement notre influence pacifique dans ce pays (444)."

In der hier soeben zitierten Passage finden sich die gesamten
Aussagen zusammengefaßt, die Clémentel dem Parlament zur Frage einer Anleihe für den Kongo vorträgt. Mit der Bemerkung,
die laufende Debatte nicht unnötig verlängern zu wollen, verzichtet er ausdrücklich darauf, zu diesem Thema weitere Ausführungen zu machen. Es sei ihm bei seinem Vortrag lediglich
darum gegangen, die mit seiner Politik verfolgte Zielsetzung
zu skizzieren und die Mittel zu benennen, mit denen diese erreicht werden könnte. Die noch zu lösenden Aufgaben seien beträchtlich und im Rahmen seiner Amtsperiode nicht zu bewältigen[445].

Wortlaut wie Kontext der Ausführungen, die der Minister zum
Thema einer für den Kongo in Aussicht genommenen Anleihe vorträgt, lassen keinen Zweifel daran, daß es sich dabei um ein
für eine nicht näher bestimmte Zukunft ins Auge gefaßtes Vor-

haben handelte und nicht etwa, wie von Brunschwig unterstellt, um ein für die Jahre 1905/1906 geplantes konkretes Regierungsprojekt. So kann es denn auch nicht verwundern, daß ein für eine Realisierung etwaiger Kreditpläne auf jeden Fall notwendiger Gesetzentwurf den Mitgliedern der Deputiertenkammer im Februar 1906 im Verlauf der genannten Debatte überhaupt nicht zur Abstimmung vorgelegt wurde. Ohne eine entsprechende Gesetzesvorlage konnte das Parlament natürlich kein Votum abgeben, konnte mithin das von Brunschwig behauptete Ziel der Skandalinszenierung schon aus diesem einfachen Grunde nicht erreicht werden. Wenn das Kolonialministerium den Kongoskandal tatsächlich hätte benützen wollen, um ein wie auch immer geartetes Kreditvorhaben zugunsten des Kongo im Parlament durchzusetzen, so hätte es nach der Lancierung einer breit angelegten Pressekampagne, der Einberufung einer in den Kongo zu entsendenden Untersuchungsdelegation und der Inszenierung einer "miserablen Justizkomödie" sich ohne Frage auch noch der vergleichsweise geringen Mühe unterziehen können, eine dazu notwendige Gesetzesvorlage in der Abgeordnetenkammer zur Abstimmung zu stellen. Dieser Schritt wurde aber, um es noch einmal zu unterstreichen, von der Regierung gar nicht erst unternommen - aus dem einfachen Grund, weil sie in dem hier interessierenden Zeitraum das von Brunschwig angenommene Ziel überhaupt nicht verfolgte.

Wir können zu der von Brunschwig geäußerten These somit das eindeutige Fazit ziehen, daß der von ihm konstruierte Zusammenhang zwischen Kongoskandal und angeblichen Investitionsplänen des Kolonialministeriums nicht nur nicht nachweisbar ist, sondern durch die einschlägigen Fakten auch klar widerlegt wird. Das von dem genannten Autor vorgetragene Argumentationsschema, so läßt sich nach den obigen Ausführungen festhalten, zeichnet sich eher durch zuweilen recht gewagt anmutende spekulative Züge aus als durch schlüssige Gedankenführung und einwandfreie empirische Fundierung. Eine folgerichtig argumentierende und empirisch solide gestützte Interpretation des Kongoskandals steht somit weiterhin aus. Nachdem in den vorstehenden Ausführungen mit der eingehenden Erörterung der Skandalinszenierung bereits begonnen wurde, diese Lücke zu schließen, soll in den nachfolgenden Kapiteln dieser Studie nunmehr versucht werden, die verbleibenden offenen Stellen in dem hier zu entwickelnden Erklärungszusammenhang sukzessive auszufüllen.

Zur Abrundung des eben vorgeführten Bildes soll aber zunächst noch kurz beleuchtet werden, wie es sich mit den von Brunschwig in einen ursächlichen Zusammenhang mit dem Kongoskandal gerückten Kreditplänen des Kolonialministeriums tatsächlich verhalten hat. In seinen Ausführungen stellt der Autor selbst zutreffend fest, daß eine erste staatlich garantierte Anleihe für den Kongo erst im Jahre 1909 - also volle vier Jahre nach Auslösung des Kongoskandals - bewilligt wurde. Unter welchen Voraussetzungen dies geschah und worin diese sich von denen des Jahres 1906 unterschieden, geht aus den Protokollen jener Parlamentssitzung klar hervor, in der über das genannte Finanzprojekt der Regierung debattiert und entschieden wurde. Es handelt sich um den Tagesordnungspunkt Nr. 13 der Sitzung vom 29. März 1909 mit dem Titel: "Discussion d'un projet de loi autorisant le Gouvernement Général du Congo à contracter un emprunt[446]". Damit ist bereits ein entscheidender Unterschied markiert; im Gegensatz zum Jahre 1906 war ein zur parlamentarischen Kreditbewilligung erforderlicher Gesetzentwurf vom Kolonialministerium eingebracht worden. Über die Vorgeschichte dieses Entwurfs gibt der Verlauf der Debatte einschlägige Auskünfte. Wie der seinerzeit amtierende Kolonialminister, Milliès-Lacroix, ausführt, wurden erste konkrete Vorbereitungen für die Ausarbeitung eines Kreditprojektes erst nach Beendigung der Kongoaffäre in die Wege geleitet. Dies geschah

nicht mehr in der Amtszeit von Minister Clémentel, sondern
erst unter der Ägide seines Nachfolgers Georges Leygues, der
Clémentel im März 1906 als Kolonialminister abgelöst hatte.
Ein dem zuständigen Finanzminister von Leygues zugeleiteter
Vorschlag für eine Anleihe in Höhe von 75 Millionen Francs
wurde indes von jenem mit der Begründung abgelehnt, "que la
colonie n'avait pas des ressources suffisantes pour faire
face aux charges d'un emprunt aussi considérable, et, en outre,
que les études n'étaient pas assez complètes pour justifier
un programme aussi important[447]."

Nach dieser Auskunft kann also kein Zweifel darüber bestehen,
welche Kriterien erfüllt sein mußten, damit die Kreditpläne
des Kolonialministeriums überhaupt erst einmal die Zustimmung
des Kabinetts erhalten konnten, um daran anschließend erst
dem Parlament vorgelegt werden zu können. Weder skandalträchtige Zeitungsmeldungen, noch die Rücksicht auf eine angeblich
aufgebrachte "öffentliche Meinung" bestimmten den Entscheidungsprozeß innerhalb der Regierung, sondern - wie bei nüch-
terner Betrachtung nicht überraschen kann - ausschließlich
finanzpolitische und ökonomische Zweckmäßigkeitserwägungen.
So wird nach einer längeren Vorbereitungszeit schließlich Ende
des Jahres 1908 unter dem Ministerium des schon genannten Milliès-Lacroix ein Kreditprogramm in dem gegenüber der ursprünglich geforderten Höhe wesentlich reduzierten Umfang von 21 Millionen Francs vorgelegt. Bei der Begründung dieser Vorlage in
der Deputiertenkammer - auch dies ist deutlich zu unterstreichen - geht der amtierende Minister mit keiner Silbe auf den
zurückliegenden Kongoskandal ein, noch spielen humanitäre Gesichtspunkte in seinen Ausführungen irgendeine Rolle. Auch hier
geht es ausschließlich um Fragen eines Kosten-Nutzen-Kalküls
aus Sicht der kolonisierenden Metropole. Worin der Minister
den Kern des Problems erblickt, erhellt aus einer als Fazit
formulierten Aussage eines von ihm zur Prüfung der Situation

in den Kongo entsandten Inspekteurs, die Milliès-Lacroix seinerseits zustimmend vor der Kammer zitiert: "Le Congo manque de l'outillage économique qui lui est indispensable; il manque surtout des ressources nécessaires pour faire face aux charges que lui impose la création de cet outillage[448]." Wie wenig der mehrere Jahre zurückliegende Kongoskandal in der hier besprochenen Regierungsvorlage seinen Niederschlag gefunden hatte, geht auch aus der Tatsache hervor, daß der zur Entschärfung der mit dem zwangsweisen Trägerdienst verbundenen Transportprobleme angesetzte Betrag von insgesamt 4,5 Millionen Francs lediglich ein gutes Fünftel der veranschlagten Gesamtsumme ausmacht. Oberste Priorität hat demgegenüber die Erstellung von Telegraphenlinien, die dazu dienen sollten, den Kommunikationsfluß zwischen Metropole und Kolonie sowie innerhalb der Kolonie zu verbessern. Daneben stehen Aufwendungen für eine effektivere Okkupation des Territoriums sowie solche zur Finanzierung verschiedener Explorationsvorhaben[449]. Aus dem Gesamtbild dieses Kreditprojektes ergibt sich ohne jeden Zweifel, daß von einem Zusammenhang zwischen Kongoskandal und Investitionsplänen des Kolonialministeriums, so wie Brunschwig dies selbst für das Jahr 1909 noch suggeriert[450], nach Prüfung der einschlägigen Quellen ernsthaft nicht gesprochen werden kann.

Dessenungeachtet ist bei dieser Gelegenheit anzumerken, daß die in Verbindung mit dem Kongo bekannt gewordenen Skandalereignisse bei der Beratung der eben besprochenen Gesetzesvorlage gleichwohl noch zur Sprache gebracht wurden. Im Namen von elf weiteren Abgeordneten seiner Partei hatte nämlich der Sozialist Allemane einen Gegenantrag zur Regierungsvorlage eingebracht, in dem gefordert wurde, das Volumen der beantragten Anleihe auf eine Million Francs zu beschränken und diese Summe ausschließlich für eine Verbesserung medizinischer Einrichtungen zu verwenden. Unter wiederholtem Hinweis auf skandalöse Vorkommnisse im Kongo, bei denen lediglich diejenigen bestraft

worden seien, die noch am wenigsten Schuld auf sich geladen
hätten, bezeichnet Allemane die Situation in der Kolonie als
ein "wahrhaftes Martyrium für die Eingeborenen". Das im Kongo
praktizierte System der Zwangsarbeit und die dabei angewandten terroristischen Methoden, wie sie in den als Pressions-
mittel eigens erstellten "Konzentrationslagern" ihren entsetzlichen Ausdruck fänden, ließen keinen Zweifel daran, so
Allemane in seiner einleuchtenden Begründung, daß die von der
Kolonie zur Amortisation der geplanten Anleihe aufzubringen-
den Mittel auf dem Rücken der "unglückseligen, mißhandelten"
Menschen des Kongo erwirtschaftet würden, deren Situation
sich somit durch den Kredit keineswegs verbessern, sondern im
Gegenteil weiter verschlechtern würde. Um wenigstens einen
bescheidenen Beitrag zur Verbesserung der Lage jener Menschen
zu leisten, solle lediglich der in der Regierungsvorlage enthaltene Posten für den Bau medizinischer Einrichtungen vom
Parlament verabschiedet werden[451]. Angesichts der in der Abgeordnetenkammer herrschenden Mehrheitsverhältnisse überrascht
es nicht, daß der von Allemane begründete Antrag keine Chance
und die Regierung keine Mühe hatte, ihre Vorlage mit großer
Mehrheit durchzubringen[452].

Für die vorliegende Fragestellung ist an diesem Vorgang in
erster Linie die Tatsache von Bedeutung, daß das Quellenmaterial hier ein weiteres Mal etwas völlig anderes ausweist,
als von Brunschwig behauptet wird. Soweit nämlich die Skandalereignisse um Französisch-Kongo bei der parlamentarischen Behandlung eines Gesetzes über eine staatlich garantierte Kolo-
nialanleihe überhaupt eine Rolle spielten, geschah dies nicht
- um es noch einmal hervorzuheben - im Jahre 1906, sondern
erst drei Jahre später, im Jahre 1909. Nicht der Kolonialminister war es zudem, der die zurückliegenden Skandalereignisse
und die fortbestehenden unmenschlichen Zustände in der Kolonie
in Verbindung mit besagter Anleihe vor dem Parlament zur Sprache

brachte, sondern eine Gruppe oppositioneller, sozialistischer Abgeordneter. Schließlich geschah dies auch nicht, um die Kreditpläne des Kolonialministeriums zu unterstützen, sondern ganz im Gegenteil mit der Absicht, das Regierungsprojekt in der vorgesehenen Form zu Fall zu bringen.

Angesichts seines, wie nunmehr ohne Einschränkung gesagt werden kann, nachweislich abwegigen Interpretationsansatzes erscheint es schwer nachvollziehbar, wie unbeirrt Brunschwig dessenungeachtet sein Argumentationsschema vorträgt. Demgegenüber ist an dieser Stelle noch einmal herauszustellen, daß im Verlauf der in den vorangegangenen Kapiteln untersuchten Skandalinszenierung eine Reihe von markanten Orientierungspunkten freigelegt werden konnte, die unübersehbar signalisieren, in welche Richtung die Suche nach einem bündigen Erklärungszusammenhang für den Kongoskandal zu erfolgen hat. Beginnend mit dem Bericht Generalkommissar Gentils vom August 1904, in dem er den Kolonialminister vor der Gefahr "bedauerlicher Vergleiche" zwischen Französisch-Kongo und dem benachbarten Kongostaat warnt, über die während der Pressekampagne wiederholt zu beobachtenden Versuche, die genannte französische Kolonie bzw. die dort herrschenden Praktiken über Vergleiche mit denen anderer Kolonialmächte, insbesondere den belgischen Kolonialmethoden, zu legitimieren, bis hin zu jenem prägnanten Presseartikel aus dem "Petit Parisien" vom 2. März 1905, wo die im unmittelbaren Zusammenhang mit der kurz zuvor abgeschlossenen Pressekampagne avisierte offizielle Untersuchungsdelegation im Hinblick auf das auf der Berliner Kongokonferenz fixierte internationale Kongostatut als politische und diplomatische Mission von höchster Bedeutung gekennzeichnet wird, spannt sich der Bogen einschlägiger Fingerzeige, die auf eine kausale Verflechtung des Kongoskandals mit einem, im nachfolgenden Teil III zu analysierenden internationalen Interessenzusammenhang verweisen.

Wie sorglos Brunschwig derartige Hinweise übergeht, ist weiter oben bereits erwähnt worden, als der Autor zwar einerseits erklärtermaßen nicht verstehen konnte, weshalb denn das Außenministerium daran interessiert war und durch entsprechende Intervention auch durchsetzte, daß der unter der Regie des Kolonialministeriums erstellte, abschließende Untersuchungsbericht über den Kongoskandal unter Verschluß gehalten wurde, dieser Irritation dann aber andererseits nicht weiter nachgibt, sondern unbekümmert in seinem Argumentationsschema fortfährt[453].

Ein weiteres signifikantes Beispiel für den auf weiten Strecken recht großzügigen Umgang des zitierten Autors mit dem für den diskutierten Zusammenhang relevanten Faktenmaterial sei im folgenden als einführende Überlegung zu dem gleich anschließenden Untersuchungsteil noch angeführt.

Hierzu muß noch einmal auf das im Verlauf obiger Ausführungen mehrfach erwähnte Interpellationsverlangen des Abgeordneten Le Hérissé zurückgekommen werden. Dieses nimmt, wie erinnerlich, nach Brunschwigs Argumentation einen zentralen Stellenwert innerhalb der von ihm unterstellten Regierungstaktik ein. Der ursprüngliche Plan habe dabei vorgesehen, daß die Abgeordnetenkammer, noch unter dem unmittelbaren Eindruck der Pressekampagne stehend, mit Hilfe des von Le Hérissé gestarteten parlamentarischen Vorstoßes für die Kreditpläne der Regierung empfänglich gemacht werden sollte[454]. Dieser Weg habe dann aber nicht fortgesetzt werden können, da Kolonialminister Clémentel wenige Tage später die Entsendung einer Untersuchungsdelegation in den Kongo angekündigt habe, "ajournant ainsi l'intervention du Parlement[455]." Daß die hier noch einmal knapp zusammengefaßte Argumentation nicht nur von vornherein wenig plausibel erscheint, sondern bei näherer Nachprüfung sich auch als nachweislich unzutreffend herausstellt, wurde in den vorhergehenden Darlegungen ausführlich und detailliert aufgezeigt. Für das eben angekündigte Beispiel ist ein anderer Aspekt von Belang, der bisher noch nicht angesprochen wurde.

Nach Brunschwigs soeben zitierter Darstellung war es der Kolonialminister selbst, der durch die Ankündigung einer Untersuchungsdelegation eine sofortige parlamentarische Behandlung des von Le Hérissé eingebrachten Interpellationsantrags bis auf weiteres verhinderte. Folgte man dieser Argumentation, so würde dies bedeuten, daß der jeweilige Minister, an den sich ein Interpellationsverlangen richtete, aus eigener Machtvollkommenheit und aufgrund eigener Entscheidung den Zeitpunkt bestimmen konnte, an dem eine anstehende Interpellation im Parlament zu behandeln sei. Damit wäre ihm die Möglichkeit gegeben, diesen Zeitpunkt immer wieder hinauszuzögern und sich somit der Kontrolle durch das Parlament nach Belieben zu entziehen. In der Tat ist es ja bemerkenswert, daß nicht weniger als ein volles Jahr vergangen war, ehe die von Rouanet und - als Reaktion darauf - von Le Hérissé verfaßten parlamentarischen Eingaben in der Abgeordnetenkammer behandelt wurden.

Wie gleich gezeigt werden soll, trifft es aber keineswegs zu, daß der jeweils zuständige Minister von sich aus und aus freien Stücken entscheiden konnte, wann ein an ihn gerichtetes und beim Parlamentspräsidenten regulär hinterlegtes Interpellationsverlangen im Parlament zu behandeln sei. Tatsächlich ist es vielmehr so, daß die einschlägigen Artikel der parlamentarischen Geschäftsordnung bestimmten, auf welche Weise das Interpellationsrecht auszuüben war. Danach war vorgesehen, daß die Deputiertenkammer von sich aus den Termin festlegte, an dem ein beim Parlamentspräsidenten eingegangenes und von diesem vor der Kammer verlesenes Interpellationsgesuch behandelt werden sollte. Zwar geschah dies im allgemeinen nicht ohne Anhörung des betroffenen Ministers, erfolgte aber grundsätzlich nach den in der dafür zuständigen Geschäftsordnung angegebenen Regeln. Diese sahen zwei Alternativen vor, die sofortige Behandlung oder die Verschiebung auf einen späteren Zeitpunkt. Wurde letzteres entschieden, so gab es - und damit berühren wir den hier wesentlichen Punkt - wiederum zwei Möglichkeiten. Die seinerzeit geltende parlamentarische Prozedur unterschied nämlich zwischen Interpellationen zu Fragen der auswärtigen und solchen zu Fragen der inneren Politik. Während erstere auf unbestimmte Zeit vertagt werden konnten, durften letztere nicht länger als einen Monat aufgeschoben werden[456].

Indem Brunschwig diesen immerhin bemerkenswerten Sachverhalt außer acht läßt, übersieht er erneut ein wegweisendes Indiz. Allein schon die Tatsache, daß die von Rouanet und Le Hérissé im Februar 1905 beantragten Interpellationen erst im gleichen Monat des darauffolgenden Jahres in der Abgeordnetenkammer diskutiert wurden, läßt es nämlich vor dem Hintergrund des soeben aufgezeigten Tatbestandes als durchaus naheliegend erscheinen, die Möglichkeit eines internationalen Ursachenzusammenhangs für die Skandalinszenierung nicht von vornherein auszublenden, sondern dieser Frage im Gegenteil sorgfältig nachzugehen[457].

Dies gilt um so mehr, als sich, neben den im Verlauf der bisherigen Ausführungen bereits erwähnten Anhaltspunkten auch der in der Literatur vielfach zitierten Parlamentsdebatte vom Februar 1906 ein weiterer, von seinem Wortlaut her äußerst interessanter Hinweis auf einen derartigen Kausalzusammenhang entnehmen läßt. So wies der hier schon mehrfach genannte sozialistische Abgeordnete Rouanet, der die Debatte mit der Begründung seiner Interpellation eröffnete, gleich zu Beginn seiner Ausführungen auf den internationalen Kontext der von ihm vor das Parlament gebrachten Kongofrage sowie auf möglicherweise schwerwiegende Konsequenzen hin, die sich aus dieser Frage für Frankreich ergeben könnten:

> "D'ailleurs, messieurs, il n'y a pas que des intérêts moraux engagés dans la question du Congo, et à ceux que les considérations morales laisseraient indifférents, je dis qu'elle est liée à des intérêts matériels considérables, à des intérêts internationaux importants, car un jour la France peut se trouver en face de revendications européennes de nature à nous blesser dans notre fierté et aussi à nous atteindre dans nos intérêts, puisque derrière ces revendications se dresseraient les bénéficiaires d'un solde créditeur qui se traduirait pour la France en un solde débiteur de plusieurs centaines de millions. Vous voyez, messieurs, l'urgence qui s'attache à ce débat (458)."

In seinen weiteren Darlegungen kommt der genannte Abgeordnete nicht noch einmal auf den angesprochenen Sachverhalt zurück, sondern beläßt es bei den soeben zitierten Bemerkungen. Dem sich nun anschließenden Teil III fällt deshalb die Aufgabe zu, die in dem hier wiedergegebenen Zitat nur ganz grob und lediglich in Andeutungen skizzierte Sachlage einer umfassenden und detaillierten Untersuchung zu unterziehen.

TEIL III: DIE INTERNATIONALE KONGOFRAGE ALS URSACHE
DER SKANDALINSZENIERUNG

1. Kapitel: Der spezifische koloniale Status des Kongobeckens: Freihandel und Zivilisation

1. Historischer Hintergrund und Vorgeschichte

In den vorhergehenden Untersuchungsteilen habe ich versucht, den Nachweis zu führen, daß die bisher vorliegenden Erklärungen des französischen Kongoskandals - von denen lediglich die Brunschwigsche Interpretation einer eingehenden Erörterung bedurfte - logisch und empirisch nicht zu halten sind. Allen diesen Deutungsversuchen ist gemeinsam, daß sie von der Annahme ausgehen, die Ursachen des Skandals seien in vermeintlichen innenpolitischen Kontroversen über Methoden oder Mittel der in Französisch-Kongo praktizierten Kolonialpolitik zu finden. Entgegen dieser Betrachtungsweise sind die tatsächlichen Beweggründe für die vom Kolonialministerium veranlaßte Inszenierung des Kongoskandals jedoch nur dann zu ermitteln, wenn man die von dem sozialistischen Abgeordneten Rouanet als solche bezeichneten "bedeutenden internationalen Interessen", denen er in seiner eben zitierten Aussage vor der Abgeordnetenkammer ein beträchtliches materielles Gewicht beimißt, konkret zu bestimmen versucht. Welches waren also diese Interessen?

Um diese Frage beantworten zu können, muß zunächst der besondere koloniale Status des sogenannten konventionellen Kongobeckens, das, wie noch zu zeigen sein wird, weit über das geographisch definierte Kongobecken hinausreichte, näher erläutert werden. Ausdehnungsbereich und der im folgenden noch im einzelnen darzulegende Open-Door-Status des konventionellen Kongobeckens wurden auf der im Jahre 1884/85 in Berlin abgehaltenen Kongokonferenz vertraglich vereinbart und in der sogenannten Generalakte (Kongoakte) niedergelegt.

Bevor auf diesen Sachverhalt, der für die Erklärung der französischen Kongoaffäre 1905/06 von grundlegender Bedeutung ist, näher eingegangen werden kann, sollen hier zunächst zum besseren Verständnis des Gesamtzusammenhanges einige einführende Bemerkungen zu den allgemeinen politisch-ökonomischen Rahmenbedingungen folgen, unter denen die Vereinbarungen über den Kongostatus getroffen wurden.

Die Berliner Kongokonferenz kann bekanntlich als ein Markstein auf dem Wege zur Herausbildung des "formellen Kolonialismus im Zeichen imperialistischer Konkurrenz" (Tetzlaff 1975, S. 168) angesehen werden. Für unsere Zwecke ist es nicht erforderlich, auf die besonders im Verlaufe der 1970er Jahre wieder aufgelebte und kontrovers geführte internationale Diskussion über die Ursachen des "klassischen" Imperialismus näher einzugehen[1]. Ich schließe mich hier jenen Autoren an, die die im letzten Viertel des 19. Jahrhunderts stürmisch einsetzende koloniale Expansionsbewegung weder nach dem apologetischen Grundmuster überkommener Kolonialideologien zu rechtfertigen suchen, noch mit diesem oder jenem Einzelfaktor, sei es von der Metropole, sei es von der Peripherie her, ausreichend interpretieren zu können glauben, sondern die den "klassischen" Imperialismus als "Funktion der Industriellen Revolution" erklären, indem sie den Wettlauf um formellen Kolonialbesitz als "Ergebnis und Konsequenz konkurrierender kapitalistischer Akkumulation" (Krippendorff 1982, S. 117) darstellen. In der dabei entwickelten Argumentation, die als Einführung in die nachfolgenden Darlegungen an dieser Stelle nur sehr knapp und in ganz groben Umrissen wiedergegeben werden soll, wird ein zweifacher Bezug zwischen Industrieller

Revolution und "klassischen" Imperialismus herausgearbeitet (ebd., S. 117 ff). So kann zum einen am Beispiel Englands die enge Verbindung zwischen kapitalistischer Industrialisierung, politischer Macht und Weltmarktbeherrschung nachgewiesen werden. Um seinen Industrialisierungsprozeß vorantreiben und seine Produkte profitabel absetzen zu können, war England bereits in einem frühen Stadium seiner Entwicklung auf die Welt als Markt und Rohstofflieferant angewiesen. Solange es eine überragende Position im internationalen System einnahm, konnte es dabei noch auf eine formelle Kontrolle der von ihm ökonomisch beherrschten Territorien weitgehend verzichten und im Rahmen eines Freihandelsimperialismus nach dem pragmatischen Grundsatz verfahren: "Handel und informelle Herrschaft wenn möglich, Handel und direkte Herrschaft wenn nötig" (Gallagher/Robinson 1979, S. 196). In engem Zusammenhang mit diesem ersten Bezug steht als zweiter Aspekt die im Verlaufe des 19. Jahrhunderts zunehmende Bedeutung der internationalen Konkurrenz um die Beherrschung von Märkten und die Kontrolle von Rohstoffquellen. Englands Vorsprung gegenüber seinen in rascher Industrialisierung begriffenen kapitalistischen Rivalen begann besonders im letzten Viertel des 19. Jahrhunderts zunehmend zu schwinden. Diese Entwicklung führte zu einer Veränderung im Kräfteverhältnis zwischen den sich herausbildenden kapitalistischen Metropolen und zu einer weiteren Verschärfung der internationalen Konkurrenzsituation, in der das Monopol des englischen Freihandels immer stärker bedroht wurde. Der schließlich erfolgte Rückgriff auf die Strategie der direkten Kolonialherrschaft kann somit als Versuch interpretiert werden, die auf dem Weltmarkt gewonnenen Positionen gegenüber den nachdrängenden imperialistischen Rivalen abzusichern. Diese hatten wiederum das Modell des britischen Imperiums vor Augen, das zur Errichtung entsprechender eigener Kolonialreiche herausforderte. Vor dem Hintergrund einer nach 1873 einsetzenden weltwirtschaftlichen Phase aufeinander-

folgender zyklischer Krisen ("Große Depression") erschien der
Erwerb imperialer Besitzungen weithin als ein unerläßliches
Mittel, um im internationalen Konkurrenzkampf bestehen und in
Verbindung damit die als Folge der Krise zunehmenden inner-
gesellschaftlichen Spannungen abmildern bzw. nach außen ableiten zu können. Aggressiver Nationalismus verband sich im
Zuge dieser Entwicklung mit dem Wiedererstarken protektioni-
stischer Tendenzen. Ein Land nach dem anderen begann damit,
zur Schutzzollpolitik zurückzukehren. Angesichts der als Bedrohung eigener Märkte und eigener Expansionsmöglichkeiten
auf dem Weltmarkt empfundenen Konkurrenz durch die übrigen
kapitalistischen Mächte und der damit einhergehenden Sorge
um die Aufrechterhaltung der durch die anhaltende internationale Wachstumskrise gefährdeten innergesellschaflichen Ordnung trat die Tatsache in den Hintergrund, daß die Rentabili-
tät der für den eigenen Kolonialbesitz beanspruchen und besetzten Gebiete die Kosten einer direkten politischen Kontrolle, im nachhinein gesehen und rein ökonomisch betrachtet,
nicht rechtfertigen konnte[2]. Gerade die Aufteilung Afrikas
zeigt, daß Kolonien in vielen Fällen als Reservegebiete für
eine erhoffte zukünftige Ausbeutung in Besitz genommen wurden.
Ausschlaggebend war dabei der Gesichtspunkt, eine Annektion
durch andere Kolonialmächte zu verhindern, um bei dem einsetzenden Wettrennen um die Aufteilung bis dahin noch nicht exklusiver Kontrolle unterworfener Gebiete nicht ins Hintertref-
fen zu geraten. In diesem Sinne kann man mit Ziebura von
einem "Imperialismus defensiver Natur" sprechen: "Bei der kolonialen Expansion stand wenn nicht eine Existenz- so doch
eine Konkurrenzangst Pate" (Ziebura 1975, S. 287 u. 318). In
dieser Situation galt das Streben nach kolonialen Besitzungen
als eine zwingende, eine "historische Notwendigkeit" zur Sicherung künftiger Entwicklungsmöglichkeiten (Coquery-Vidrovitch 1976a, S. 111).

Für das Verständnis der internationalen Kongofrage ist dieser hier nur ganz grob skizzierte Zusammenhang[3] im Auge zu behalten. Die Entwicklung der Kongofrage vollzieht sich im Spannungsverhältnis der Konkurrenz zwischen den europäischen Kolonialmächten, in erster Linie den führenden Mächten England, Frankreich und Deutschland. Der noch zu schildernde internationale Kongostatus, so wie er auf der Berliner Kongokonferenz vereinbart und fünf Jahre später auf der Brüsseler Antisklavereikonferenz in modifizierter Form bestätigt wurde, ist seinerseits lediglich als ein Zwischenresultat dieser imperialistischen Konkurrenz zu verstehen, das keineswegs dazu führen konnte, die kolonialen Rivalitäten im Kongobecken und im übrigen Afrika ein für allemal zu beenden. Die sich im allgemeinen öffentlichen Bewußtsein anscheinend noch immer zählebig haltende Vorstellung, auf der Berliner Kongokonferenz seien "fast alle Kolonial-Streitigkeiten beigelegt" worden, indem "mit dem Lineal fast alle kolonialen Grenzen neu gezogen" worden seien[4], hat mit der historischen Realität wenig zu tun. Wie wir noch sehen werden, ging es bei den Verhandlungen der Berliner Konferenz von vornherein nicht um den Versuch, die kolonialen Rivalitäten in Afrika als solche zu beenden, was angesichts der fortdauernden und sich weiterhin ständig verschärfenden imperialistischen Konkurrenz auch gar nicht vorstellbar erscheint, sondern lediglich darum, eine noch zu beschreibende, besonders angespannte internationale Krisensituation zu entschärfen, indem multilaterale Vereinbarungen über die Art und Weise getroffen wurden, in der die Konkurrenz auf dem afrikanischen Kontinent künftig ausgetragen werden sollte. Dabei handelte es sich nicht zuletzt auch darum, die im Zuge kolonialer Expansion ständig drohende und sich schon einige Jahre später im Faschoda-Konflikt spektakulär manifestierende Gefahr militärischer Zusammenstöße zwischen den imperialistischen Rivalen weitgehend zu mindern (Emerson 1980, S. 117).

Der auf der Berliner Konferenz ausgehandelte Kongostatus ist ein Produkt dieser Bemühungen. An der Rivalität um die Kontrolle des Kongobeckens waren fünf Imperialmächte unmittelbar beteiligt: England, Frankreich, Deutschland, Portugal und Belgien. Entscheidendes Gewicht hatten dabei nur die drei erstgenannten Staaten. Die Situation der beiden schwächeren Staaten war von den jeweiligen Interessen der drei Großmächte und deren taktischen Kalkülen abhängig. Im Windschatten der zwischen den genannten Großmächten bestehenden Rivalität gelang es dem belgischen König Leopold II. nach langjährigem zähen diplomatischen Ringen, sich selbst und den mit ihm kooperierenden internationalen Finanzgruppen einen komfortablen Anteil an der Ausbeutung Zentralafrikas zu sichern. Allerdings wurden dafür bestimmte Bedingungen gesetzt, die im internationalen Kongostatut ihren Ausdruck fanden. Welches waren nun die entscheidenden Merkmale dieser internationalen Vereinbarung? Ich beschränke mich hier auf die Darstellung jener Aspekte, die für die Entwicklung der hier behandelten internationalen Kongofrage wesentlich sind.

Danach läßt sich als ein entscheidendes Merkmal zunächst die Tatsache festhalten, daß die Kongokonferenz einem merkwürdigen völkerrechtlichen Gebilde zur internationalen Anerkennung verhalf, dem sogenannten Kongostaat, auch Kongo-Freistaat genannt (englisch: Congo Free State; französisch: Etat Indépendant du Congo), dessen Verwaltung dem belgischen König Leopold II. übertragen wurde. Dieser Kongostaat, zu dessen Entstehungsgeschichte gleich noch einige Ausführungen folgen werden, bildete den Kern einer riesigen Freihandelszone, deren Ausdehnungsbereich und deren politisch-rechtliche Statuten auf der Kongokonferenz festgelegt wurden. Es handelt sich bei diesem Gebiet um das weiter oben schon erwähnte konventionelle Kongobecken. Neben dem Kongostaat umfaßte dieses sogenannte konventionelle Kongobecken außerdem noch Gebietsteile deutschen, portugiesischen, italienischen und englischen Kolonialbesitzes sowie - was für den hier aufzuklärenden Problembereich entscheidend ist - den größten Teil der sich in den folgenden Jahren konstituierenden Kolonie Französisch-Kongo. Wie im folgenden noch näher zu erläutern sein wird, sollte in dem genannten Territorium nach den Bestimmungen der Berliner Kongoakte das Prinzip der "offenen Tür" praktiziert werden. Allen interessierten Mächten wurde vertraglich ungehinderter Zugang sowie freie Handelsausübung garantiert. Diese Vereinbarung scheint auf den ersten Blick im Widerspruch zu stehen zu der in den einführenden Darlegungen getroffenen Feststellung, daß es den Mächten beim Wettlauf um Kolonien in erster Linie darum ging, möglichst viele Gebiete der eigenen exklusiven Kontrolle zu unterwerfen. Dieser Widerspruch löst sich auf, wenn man sich vor Augen hält, daß es gerade deswegen zu besagter Vereinbarung über Zentralafrika kam, weil es keiner der miteinander rivalisierenden Großmächte gelungen war, im Kongogebiet eigene exklusive Kontrollansprüche gegen diejenigen der anderen interessierten Mächte durchzusetzen. Die Voraussetzungen für die Herausbildung dieser internationalen Patt-Situation sollen nun im folgenden näher beleuchtet werden. Dabei kann darauf verzichtet werden, die Einzelheiten zur Vorgeschichte der Kongokonferenz, die in der Literatur verschiedentlich detailliert dargestellt worden sind[5], noch einmal zu wiederholen. Ich will mich bei der im folgenden nur mit ganz groben Strichen umrissenen Darstellung der Geschehnisse vielmehr auf die hier unmittelbar interessierenden Aspekte beschränken.

Die Entwicklung, die zur Internationalisierung des Kongobeckens führte, wurde wesentlich durch den belgischen König Leopold II. mitbestimmt. Welches waren nun die näheren Umstände, die es dem Oberhaupt dieser relativ kleinen Macht ermöglichten, einen derart gewichtigen Einfluß innerhalb der europäischen Mächtekonstellation auszuüben? Es ist schon angedeutet worden, daß dies nur gelingen konnte, weil die Rivalität der großen imperialistischen Mächte den dafür nötigen Spielraum überhaupt erst eröffnet hatte. Das Bestreben Leopolds II., in Afrika Fuß zu fassen, steht dabei in der Tradition der von seinem Vater erfolglos betriebenen zahllosen Kolonialprojekte. Schon deshalb erscheint es äußerst fragwürdig, die von Leopold II. verfolgte Politik so gut wie ausschließlich auf dessen persönliche Ambitionen zurückführen zu wollen, wie dies in der Literatur häufig zu beobachten ist. Weder die Kolonialpläne Leopolds I. noch die seines Sohnes Leopold II. lassen sich auf individuelle Antriebe reduzieren. Hinter den zweifellos vorhandenen persönlichen Motiven stand das größere Ziel, dem sich stürmisch entwickelnden belgischen Industriekapitalismus, besonders im Hinblick auf den zunehmenden Protektionismus in den europäischen Nachbarstaaten, neue Absatzmärkte und Rohstoffquellen zu erschließen, wobei die holländischen Besitzungen in Indonesien als direktes Vorbild dienten[6]. Nach mehreren vergeblichen Versuchen in Asien konzentrierte sich das Interesse dabei schließlich auf Afrika. Wegen der relativen Schwäche Belgiens auf dem Felde kolonialer Rivalitäten bestand allerdings kaum Aussicht, daß Leopold seine Kolonialpläne gegen den Widerstand der großen imperialistischen Mächte realisieren konnte. Das Vorgehen des belgischen Königs mußte deshalb darauf abzielen, einer von den Großmächten drohenden Blockierung seines afrikanischen Kolonialprojektes präventiv zu begegnen. Dabei galt es vor allem, die seinerzeit zwischen den Mächten herrschenden Kräfteverhältnisse zu berücksichtigen: "Tout le débat sur l'Afrique, tant du point de vue politique que du point de vue moral, avait son centre de gravité en Angleterre[7]". Auf diese Situation hatte sich die Politik Leopolds einzustellen: "Léopold II ménagera surtout l'Angleterre sans laquelle il n'est rien en Afrique[8]".

Die ökonomischen und politischen Interessen Englands, die Leopold bei seinem Vorhaben in Rechnung zu stellen hatte und auf die im folgenden etwas genauer eingegangen werden muß, weil sie für die Entwicklung der internationalen Kongofrage von zentraler Bedeutung sind, waren in Afrika seit Beginn des 19. Jahrhunderts bekanntlich mit dem Kampf gegen den Sklavenhandel und dem gleichzeitigen Eintreten für Freihandel ursächlich verknüpft. Unter den Antriebskräften, die diese politisch-ökonomische Zielsetzung maßgeblich beeinflußt haben und die hier nur angedeutet werden können, spielen die Aktivitäten der englischen Antisklavereibewegung, wie man weiß, eine herausragende Rolle. Ihre nationale und internationale Durchschlagskraft konnte die Antisklavereibewegung freilich nur deshalb erreichen, weil sich mit ihr die in einem Wandlungsprozeß begriffenen Interessen des britischen Überseehandels verbanden, die eine Änderung der bis dahin betriebenen Kolonialpolitik bewirkten. Mit dem Aufkommen neuer Industrien und Produktionsmethoden in der englischen Metropole veränderte sich auch der Stellenwert der afrikanischen Peripherie. Im Verlauf der fortschreitenden Industriellen Revolution wurde, wie oben schon erwähnt, die Erschließung neuer Rohstoffquellen und Absatzmärkte immer dringlicher. Seit Beginn des 19. Jahrhunderts gewannen somit in England jene Interessen an Gewicht, die den Wert Afrikas nicht länger in seiner Funktion als Lieferant von Arbeitskräften für andere koloniale Territorien sahen, sondern in der Ausbeutung seiner natürlichen Ressourcen sowie als Absatzgebiet für britische Produkte, was wiederum ein ausreichendes Arbeitskräfte- und Käuferpotential in Afrika selbst voraussetzte. Hinzu kommt die Tatsache, daß die Stellung der an dem Fortbestand der Sklaverei interessierten Pflanzer, Kaufleute und Sklavenhändler nach dem Verlust der nordamerikanischen Kolonien und dem damit besiegelten Ende des dortigen britischen Zuckermonopols derart geschwächt war, daß sie der wachsenden Abolitionsbewegung keinen entscheidenden Widerstand mehr entgegenzusetzen vermochten[9].

Bevor aber der afrikanische Kontinent wirtschaftlich durchdrungen werden konnte, mußte er zumindest in groben Zügen geographisch erkundet werden. Dem Ziel einer planmäßigen Afrikaforschung diente die Gründung der bereits im Jahre 1788 in London ins Leben gerufenen "African Association", die sich außerdem die Förderung des Afrikahandels zur Aufgabe machte. In den 20er Jahren des 19. Jahrhunderts folgten dann Gründungen entsprechender geographischer Gesellschaften in Paris und in Berlin. Seit etwa 1850 beschleunigte sich der Prozeß der Erschließung Afrikas erheblich. Dabei spielten auch missionarische Antriebe, wie sie sich beispielhaft bei Livingstone zeigten, eine wichtige Rolle. In Gestalt dieses Missionars vereinten sich die verschiedenen Motive für das europäische Interesse an Afrika. Seine Berichte über den innerafrikanischen Sklavenhandel verbanden sich mit einem an seine Landsleute gerichteten Appell, die afrikanischen Gesellschaften durch den Import der bekannten drei "C" aus dem Elend zu erlösen: "Christianity, commerce and civilization". In dieser inzwischen klassischen Formel konzentrierte sich ein in weiten Kreisen Englands seinerzeit verbreitetes Bewußtsein: "It was widely believed in Britain that slavery would be gradually extinguished by the development of 'legitimate' trade, and the antislavery policy of the government therefore included the promotion of commerce[10]".

Wegen der unmittelbaren Verknüpfung von Abolitionsbewegung und Freihandelsimperialismus konnte England seine Position als führende Antisklavereimacht in der ersten Hälfte des 19. Jahrhunderts dazu nutzen, seine politische, ökonomische und militärische Machtstellung gegenüber den Konkurrenten auf dem Weltmarkt weiter zu festigen. So ließ es sich in Verträgen, die mit afrikanischen Würdenträgern zur Verhinderung des Sklavenhandels abgeschlossen wurden - wie übrigens später dann auch Frankreich - das Recht auf Handelsfreiheit und Meistbegünstigung garantieren. Seine dominierende Stellung als See- und

Handelsmacht konnte England weiterhin dadurch stärken, daß es zur Überwachung der gegen den Sklavenhandel ergangenen Verbote ein Recht auf gegenseitige Kontrolle des Seeverkehrs durchsetzte[11]. Es waren also vielfältig ineinander verschlungene wirtschaftliche, politische und humanitäre Motive, die das britische Streben nach internationaler Abolition bestimmten.

Für die im vorliegenden Untersuchungsteil zu behandelnde Problematik ist es dabei von wesentlicher Bedeutung, daß die Antisklavereibewegung, um die Formulierung einer einschlägigen Untersuchung aufzugreifen, zur "Wiege der Zivilisationsidee im Völkerrecht" wurde (Bülck 1953, S. 22). Der späterhin nachhaltige Bedeutung erlangende Begriff der "nations civilisées" erscheint im zwischenstaatlichen Recht zum ersten Male anläßlich der Erklärung des Wiener Kongresses vom 8. Februar 1815, in der sich die Unterzeichnerstaaten verpflichteten, bei der Abschaffung des Sklavenhandels aktiv mitzuwirken. Hier verdichten sich die in besagter Erklärung ebenfalls beschworenen Formeln "Grundsätze der Humanität" und "allgemeingültige Moral" (principes d'humanité, morale universelle) zur Zivilisationsidee einer Völkergemeinschaft, die fortan nur solche Staaten umfassen sollte, die den Sklavenhandel für sich abgeschafft hatten: "Der Zusammenklang dieser dreifachen zivilisatorischen Verantwortung (...) wurde von nun an das Leitmotiv[12]". In den folgenden Jahrzehnten setzte sich England weiterhin energisch für die internationale Anerkennung und Durchsetzung des Abolitionsgedankens ein. Diese anhaltenden und nachrücklichen Bemühungen Großbritanniens führten dazu, daß sich die mit der Bekämpfung des Sklavenhandels verbundene Zivilisationsidee im Laufe des 19. Jahrhunderts im internationalen Recht immer größere Geltung verschaffen konnte, bis ihre Stellung im Völkerrecht schließlich genügend gefestigt war, um auf der Berliner Kongokonferenz von 1884/85 und der Brüsseler Antisklavereikonferenz von 1889/90 als allgemeinverbindliche legitimatorische Grundlage der dort ausgehandelten Kolonialabkommen dienen zu können[13].

Vor diesem, von den Interessen des britischen Freihandelsimperialismus geprägten politisch-ideologischen Hintergrund begann Leopold II. von Belgien, seine afrikanischen Kolonialpläne in Angriff zu nehmen. Ganz folgerichtig knüpfte er dabei in einem ersten Schritt an die internationalen Aktivitäten zur Erforschung und "Zivilisierung" Afrikas an, als er im Jahre 1876 zu einer Internationalen Geographischen Konferenz nach Brüssel einlud. Offizielles Ziel dieser Zusammenkunft war es, Afrika "der Zivilisation zu öffnen" und dem Sklavenhandel im Inneren des Kontinents ein Ende zu bereiten. Als Ergebnis dieser Konferenz wurde eine "Association Internationale Africaine" (AIA) gegründet, deren Vorsitz Leopold übertragen wurde und die er fortan für seine Kolonialpläne geschickt einzusetzen wußte. Die von ihm verfolgte Taktik bestand darin, seine als Souverän eines kleinen Landes begrenzten politischen Möglichkeiten zur Förderung belgischer Kolonialinteressen unter dem Deckmantel eines von humanitären Zielsetzungen bestimmten internationalen Unternehmens optimal zu nutzen[14]. Schon bald zeigte sich nämlich, daß die AIA in den damaligen Plänen Leopolds die Funktion hatte, in Zentralafrika erste Voraussetzungen zur Gründung einer von ihm kontrollierten, mächtigen kolonialen Handelskompanie zu schaffen. So wurde der genannten Organisation zur angeblichen Unterstützung ihres offiziell humanitären Auftrages von ihrem Vorsitzenden zugleich die Aufgabe zugewiesen, Zugangswege ins Innere der Kongoregion - "eine der schönsten und reichsten Landschaften, die Gott geschaffen hat" - zu erschließen sowie "feste Stationen" zu gründen, die nicht nur bei der "Bekehrung der Schwarzen", sondern auch bei der "Einführung von modernem Handel und modernen Produktionsinteressen von großem Nutzen sein" würden (zit. bei Mommsen 1977, S. 182).

Nach der Gründung der AIA erfolgte im Jahre 1878 als ein zweiter Schritt die Konstituierung eines "Comité d'Etudes du Haut-Congo". Diesem als finanzielle Basis und als konkrete organisatorische Vorstufe der projektierten Handelsgesellschaft unter internationaler Beteiligung gegründeten Komitee war die Aufgabe zugedacht, entlang dem Kongofluß mehrere Handelsstationen anzulegen, das Gebiet des oberen Kongo systematisch unter dem Gesichtspunkt kommerzieller Nutzungsmöglichkeiten zu erforschen und die Voraussetzungen für die Errichtung einer Schiffahrtslinie sowie einer Eisenbahnverbindung zwischen dem Unter- und dem Oberkongo zu erkunden. Weiterhin erhielt der im Auftrag Leopolds im Kongogebiet operierende Stanley die Anweisung, für das genannte Komitee möglichst viel Landbesitz zu erwerben, mit den Afrikanern exklusive Handelsverträge abzuschließen sowie vielfältige Ausbeutungsmonopole zu erlangen und vorsorglich alles Elfenbein zu kaufen, das er an den Kongoufern auftreiben könne. Nachdem es bei der Finanzierung dieses Unternehmens zu hier nicht näher darzulegenden Komplikationen gekommen war, wurde das Projekt in seiner ursprünglichen Form indes nicht weiter verfolgt. Ende des Jahres 1882 wurde vielmehr eine neue Gesellschaft ins Leben gerufen, die "Association Internationale du Congo" (AIC).

Mit der Gründung dieser letztgenannten Gesellschaft wurde eine neue Richtung eingeschlagen. War es bisher lediglich um die Vorbereitungen zum Aufbau einer kolonialen Handelsgesellschaft mit dem Anspruch auf exklusive Nutzungsrechte gegangen, so zwang die zwischenzeitlich im Kongogebiet eingetretene Entwicklung nunmehr dazu, das geplante Kolonialunternehmen zunächst einmal auf der politischen Ebene solide abzusichern. Anfang der 1880er Jahre war nämlich in Gestalt von Frankreich ein mächtiger Rivale in offene Konkurrenz mit den belgischen Kongoprojekten getreten. Eine von de Brazza - der übrigens 25 Jahre später im Zuge der französischen Kongoaffäre wieder eine wichtige Rolle spielen sollte - geleitete Expedi-

tion hatte sich im Jahre 1880 von einem hohen afrikanischen
Würdenträger namens Makoko die Abtretung eines nördlich des
Stanley-Pools gelegenen Gebietes vertraglich zusagen lassen
und zur Sicherung französischer Ansprüche eine Station am
Kongoufer gegründet, die später den Namen Brazzaville erhielt.
Zwei Jahre später wurde dieser "Vertrag" vom französischen
Parlament einstimmig ratifiziert. Damit hatte Frankreich seinen ernsthaften Anspruch auf den Besitz einer französischen
Kongokolonie offiziell bekundet. Von der durch den Makoko-
Vertrag gewonnenen Position aus, die aufgrund ihrer geographischen Lage an der Kongomündung von großem strategischen
Wert war, konnte ein weiter Bereich des Kongobeckens unter
französische Kontrolle gebracht werden. Durch diese Entwicklung sah Leopold seine eigenen Kongopläne auf das schwerste
gefährdet. Ein privates Handelsunternehmen wäre niemals in
der Lage, so sein Kalkül, sich gegen die politisch begründeten Souveränitätsansprüche einer Großmacht durchzusetzen. Er
vollzog deshalb einen taktischen Kurswechsel und reklamierte
nunmehr seinerseits - im Gegenzug zu Frankreich - für sein
Kongoprojekt eine territoriale Basis mit entsprechenden Souveränitätsrechten, für deren internationale Anerkennung er
seinen bisherigen Monopolanspruch freilich - jedenfalls offiziell - aufgeben und das Freihandelsprinzip akzeptieren mußte.
Unter diesen Voraussetzungen und im Zeichen der lauthals propagierten Zivilisationsidee erreichte Leopold im Verlaufe
der folgenden Jahre Schritt für Schritt die internationale
Anerkennung der von ihm geführten AIC als Vorstufe eines offiziell erst noch zu proklamierenden Kongostaates. Im Hinblick auf dieses Ziel wurden mit den USA erste erfolgreiche
Verhandlungen geführt. Der neue Staat, so verlautete in diesem Zusammenhang, solle ein Banner führen, "under which there
would be neither slavery, nor privileges for anyone, no customs barrier" (zit. bei Stengers 1971, S. 151). Zielstrebig
trieb der belgische König seine Pläne zur Bildung eines Kon-

gostaates weiter voran. Dabei kamen ihm die zwischen den europäischen Großmächten zunehmenden Rivalitäten sehr zustatten. Frankreichs Zugriff auf den Kongo hatte nämlich England auf den Plan gerufen, das sich nunmehr zur Wahrung seiner Handelsmöglichkeiten im Kongogebiet des schwachen Portugal zu bedienen gedachte, indem es dessen mit "historischen Rechten" begründete Territorialansprüche an der westafrikanischen Küste durch Abschluß eines entsprechenden bilateralen Vertrages unterstützen wollte. Gegen Zusicherung von Handelsfreiheit und Maßnahmen gegen den Sklavenhandel sollte das Mündungsgebiet des Kongo sowie ein darüber hinausreichender Küstenstreifen als integrierender Bestandteil des portugiesischen Kolonialreiches anerkannt werden. Im Endeffekt scheiterte dieses Vorhaben allerdings angesichts einer internationalen Protestfront und nicht zuletzt am Widerstand englischer Handelskreise, die darauf hinwirkten, daß der im Februar 1884 mit Portugal ausgehandelte Vertrag im englischen Parlament nicht ratifiziert wurde, weil sie trotz entsprechender Vertragsklauseln eine portugiesische Protektionspolitik im Kongo befürchteten (Stengers 1971, S. 147). Das britische Vorgehen hatte gleichwohl eine neue Front in der Kongofrage eröffnet. In der mittlerweile zwischen England und Portugal sowie zwischen Belgien und Frankreich entstandenen kontroversen Interessenkonstellation versuchte Leopold nunmehr, zwischen den beiden rivalisierenden Großmächten England und Frankreich zu lavieren. In diesem Sinne gab er im April 1884, als ein Scheitern des englisch-portugiesischen Vertrages noch nicht endgültig absehbar war, gegenüber der Regierung Frankreichs eine politische Erklärung ab, die - wie sich später noch erweisen wird - im Verlaufe der Kongoaffäre von 1905/06 für die französische Diplomatie eine entscheidende Rolle spielen sollte. Im Zuge eines bilateralen Notenwechsels sicherte Leopold der französischen Regierung zu, die Besitzungen der AIC an keine ausländische Macht abzutreten. Mit dieser Erklärung sollte den in Frankreich aufgekommenen Befürchtungen begegnet werden,

Leopold werde, nach einem bei vielen Beobachtern erwarteten
Scheitern seines Kongounternehmens, seinen Kolonialbesitz womöglich
an England veräußern[15]. In einem zusätzlichen Vermerk
ging die erwähnte Erklärung sogar noch über den eben zitierten
Inhalt hinaus. Um den französischen Befürchtungen jegliche
Grundlage zu entziehen, räumte sie für den Fall, daß
"eines Tages unvorhergesehene Umstände die Gesellschaft (gemeint
ist die AIC, J.M.) entgegen ihrer Absicht dazu veranlassen
würden, ihre Besitzungen zu verkaufen", der Regierung
Frankreichs ausdrücklich ein Vorkaufsrecht ein[16]. Indem Frankreich
dieses Optionsangebot akzeptierte, trug es dazu bei,
Leopolds Projekt zur Gründung eines Kongostaates in zweifacher
Hinsicht den Rücken zu stärken. Die französische Haltung
konnte nämlich zum einen als zumindest indirekte Anerkennung
der AIC interpretiert werden. Zum anderen bedeutete sie, daß
England - und als weitere rivalisierende Großmacht auch Deutschland -
an einem Scheitern der AIC insofern kein Interesse
mehr haben konnten, als dadurch eine Situation eintreten würde,
in der Frankreich sein Vorkaufsrecht geltend machen könnte.
Nach der ebenfalls im April 1884 erfolgten Anerkennung
der AIC durch die USA war dies ein weiterer durchschlagender
Erfolg der Leopoldschen Diplomatie.

Angesichts des zwei Monate zuvor, im Februar 1884, abgeschlossenen
englisch-portugiesischen Vertrages hatten sich die diplomatischen
Auseinandersetzungen um das Kongobecken dadurch
freilich nur noch weiter kompliziert. Die Politik der bis dahin
an der Rivalität um die Kontrolle des Kongogebietes unmittelbar
beteiligten vier Mächte hatte sich im Frühjahr 1884
in den imperialistischen Interessenwidersprüchen so gründlich
verfangen, daß bilaterale Lösungen nicht mehr möglich waren.
Die von England gestützten portugiesischen Ambitionen auf
Kontrolle der Kongomündung standen den belgischen und französischen
Territorialansprüchen diametral entgegen. Diese Situation,
in der sich die kolonialen Expansionsbestrebungen
der imperialistischen Konkurrenten Deutschlands wechselsei-

tig blockierten, wurde von Bismarck als politische Chance zur Sicherung deutscher Kolonialinteressen erkannt und sogleich genutzt. "Unser Bedürfnis ist die Zwickmühle zwischen Belgien-Portugal und zwischen Frankreich-England", kommentierte er die Lage (zit. bei Wehler 1972, S. 384). So nahm er die Bitte des belgischen Königs um Anerkennung des projektierten Kongostaates zum Anlaß, feste Garantien für die uneingeschränkte Freiheit des deutschen Kongohandels zu verlangen, was Leopold bereitwillig zusagte. Auf dieser Grundlage erkannte Deutschland schließlich im November 1884 als erste europäische Macht die "Association Internationale du Congo" (AIC) an. Aufgrund seines Vorkaufsrechtes auf Territorium und Besitzungen der AIC konnte sich Frankreich nunmehr ebenfalls zu einer taktischen Unterstützung der belgischen Kolonialpläne gegenüber den britisch-portugiesischen Ansprüchen bereit finden. Aus diesem Sachverhalt sowie aus der grundlegenden Tatsache, daß die beiden Kontinentalmächte seinerzeit in England ihren Hauptrivalen sahen, ergab sich ein zeitlich begrenztes deutsch-französisches Einvernehmen auf kolonialem Gebiet, das schließlich im Laufe des Jahres 1884 zur Einigung beider Regierungen über die Einberufung einer internationalen Kongokonferenz führte.

2. Die völkerrechtlichen Vereinbarungen über den Kongostatus

Die Berliner Kongokonferenz tagte vom 15. November 1884 bis zum 26. Februar 1885. Neben den bereits genannten fünf Staaten nahmen die Vertreter zehn weiterer Länder an den Beratungen teil. Die "Association Internationale du Congo" (AIC), bis dahin noch ohne allgemein anerkannten internationalen Status, wurde von den Mitgliedern der belgischen Delegation vertreten. Im Verlaufe von Einzelverhandlungen, die außerhalb des offiziellen Konferenzprogrammes geführt wurden, gelang es der AIC schließlich, die Anerkennung aller an der Konferenz beteiligten Mächte zu finden. Fortan trat sie, nachdem sie sich am

Ende der Verhandlungen ausdrücklich zur Anerkennung der Konferenzbeschlüsse verpflichtet hatte, unter der Bezeichnung "Kongo-Freistaat" auf.

Entsprechend dem zwischen Deutschland und Frankreich vereinbarten Konferenzprogramm wurde die Tagesordnung auf drei politische Hauptziele konzentriert. Erstens sollte es darum gehen, die Handelsfreiheit im Kongobecken zu garantieren, zweitens waren Vereinbarungen über die Sicherung der freien Schiffahrt auf dem Kongo und dem Niger zu treffen (die Nigerfrage stellte ein spezielles Problem zwischen Frankreich und England dar); und drittens handelte es sich darum, die Bedingungen festzulegen, unter denen zukünftige Gebietsbesetzungen an der afrikanischen Küste von den übrigen Mächten als "effektive" Okkupation anerkannt werden könnten.

Ich beschränke mich im weiteren Verlauf meiner Darstellung auf jene Aspekte, die für die nachfolgenden Erörterungen der Kongofrage von unmittelbarer Bedeutung sind. Entscheidender Gesichtspunkt ist dabei die weiter oben in Verbindung mit der Antisklavereibewegung bereits erläuterte enge Verknüpfung von Freihandelspostulat und Zivilisationsidee. Es wurde schon darauf hingewiesen, daß die Zivilisationsidee seit dem Wiener Kongreß von 1815 als eine zentrale Kategorie des Völkerrechts in die internationale Diskussion eingeführt worden war und sich in der Folgezeit zu einem legitimatorischen Stützpfeiler internationaler Diplomatie entwickelt hatte. Ebenso wie in dieser Frage, so stellte sich die Berliner Konferenz auch bei den handelspolitischen Themen ausdrücklich in die Tradition früherer internationaler Abkommen und Vereinbarungen. Im Hinblick auf eine in den nachfolgenden Kapiteln zu behandelnde internationale Kontroverse um die Auslegung der von der Konferenz verabschiedeten Generalakte (Kongoakte) kann die Bedeutung einer historisch gewachsenen und im damaligen Völkerrecht tief verwurzelten Verflechtung von expansiven Handelsinteressen und zivilisatorischer Mission nicht nachdrücklich genug hervorgehoben werden. Dieser politisch-ökonomische Zusammenhang, der beim Studium der auf der Kongokonferenz geführten Verhandlungen immer wieder in den Blick gerät und auch in diversen Artikeln der Generalakte selbst, die noch näher zu besprechen sein werden, seinen deutlichen Niederschlag fand, wird bereits in dem einleitenden Redebeitrag Bismarcks plastisch vor Augen geführt. So heißt es gleich zu Beginn:

> "En conviant à la Conférence, le Gouvernement Impérial a été guidé par la conviction que tous les Gouvernements invités partagent le désir d'associer les indigènes d'Afrique à la civilisation en ouvrant l'intérieur de ce continent au commerce, en fournissant à ses habitants les moyens de s'instruire, en encourageant les missions et les entreprises de nature à propager les connaissances utiles, et en préparant la suppression de l'esclavage, surtout de la traite des noirs, dont l'abolition graduelle fut déjà proclamée au Congrès de Vienne de 1815, comme un devoir sacré de toutes les Puissances.
> L'intérêt que prennent toutes les nations au développement matériel de l'Afrique assure leur coopération et la tâche de régler les relations commerciales avec cette partie du monde (17)."

Ziel der zu treffenden Vereinbarung sei es, die zwischen den Mächten bestehenden Rivalitäten nach dem Muster der in Ostasien praktizierten Open-Door-Politik, d. h. auf der Basis prinzipiell gleicher Interessen (solidarité des intérêts) und daraus resultierender gleicher Rechte, auf eine in rechtlich geregelten Bahnen verlaufende "legitime Konkurrenz" zu beschränken. Auf diese Weise sei eine erfolgreiche Förderung von Handel, Zivilisation, Friede und Humanität sichergestellt[18]. In einem anschließenden Redebeitrag greift der Vertreter der britischen Regierung seinerseits den von Bismarck formulierten Zusammenhang zwischen Freihandel und Zivilisation ausdrücklich auf und stellt für seine Regierung fest:

"Le principe qui emportera la sympathie et l'appui du Gouvernement de Sa Majesté Britannique sera le progrès du commerce légitime avec garantie pour l'égalité de traitement envers toute nation et le bien-être des indigènes (19)."

Die in den hier zitierten Äußerungen deutlich ausgeprägten, sich wechselseitig überschneidenden handelspolitischen und ideologischen Leitlinien, an denen sich die auf der Kongokonferenz getroffenen Übereinkünfte orientierten, spiegeln sich in Form einer programmatischen Aussage noch einmal in der Präambel der Generalakte wider[20]. Es folgen die in insgesamt 38 Artikeln geregelten Ausführungsbestimmungen der Generalakte, auf die im folgenden nur insoweit näher eingegangen wird, als sie für das hier behandelte Thema von unmittelbarem Interesse sind. So ist der Artikel 1 für unseren Zusammenhang von zentraler Bedeutung. Hier wird die grundlegende Feststellung getroffen: "Le commerce de toutes les nations jouira d'une complète liberté". Der Geltungsbereich dieses Grundsatzes erstreckte sich, wie die weiteren Ausführungen des Artikels 1 dokumentieren, auf ein genau limitiertes Gebiet zwischen dem Atlantischen und dem Indischen Ozean, das weit über das geographische Kongobecken und damit auch über das Territorium des in besagtem Artikel als "Etat indépendant" bezeichneten zukünftigen Kongostaates hinausreichte[20a] (s. Karte in: Fage/Verity 1978, Nr.55). Die Ausdehnung des Freihandelspostulats auf den Bereich des konventionellen Kongobeckens wurde auf der Kongokonferenz von England und Deutschland gegen die Absicht Portugals und Frankreichs durchgesetzt[21]. Hier, wie auch in anderen Punkten, zeigt sich, daß die Berliner Konferenz die widersprüchlichen Interessen der imperialistischen Mächte natürlich nicht miteinander zu harmonisieren vermochte, sondern daß die getroffenen Vereinbarungen bereits zum Zeitpunkt ihrer Formulierung den Keim neuer Konflikte in sich trugen.

Neben der soeben zitierten Regelung ist im Hinblick auf die in den nachfolgenden Kapiteln zu schildernden Vorgänge des weiteren der Wortlaut des Artikels 5 von großem Interesse. Hier wird in Ergänzung zu Artikel 1 ausdrücklich festgehalten, daß innerhalb des konventionellen Kongobeckens keine der dort die Souveränitätsrechte ausübenden Mächte irgendwelche Monopolrechte oder Handelsprivilegien vergeben dürfe[22]. Die Zivilisationsidee findet in den Regelungen des unmittelbar nachfolgenden Artikels 6 und in Artikel 9 ihren Ausdruck. Artikel 6 besagt in der hier entscheidenden Passage: "Toutes les Puissances exerçant des droits de souveraineté ou une influence dans les dits territoires s'engagent à veiller à la conservation des populations indigènes et à l'amélioration de leurs conditions morales et matérielles d'existence et à concourir à la suppression de l'esclavage et surtout de la traite des noirs". Zu diesem Zweck sollten alle religiösen, wissenschaftlichen oder karitativen Bemühungen "tendant à instruire les indigènes et à leur faire comprendre les avantages de la civilisation" unterstützt werden[23]. "In Übereinstimmung mit den von den Signatarmächten anerkannten Prinzipien des Völkerrechts" verpflichten sich die Unterzeichnerstaaten in Artikel 9 darüber hinaus, "alles in ihrer Macht stehende zu unternehmen", um den Sklavenhandel auf ihrem jeweiligen Territorium zu unterbinden und diejenigen zu bestrafen, die diesen Handel ausüben[24]. In den Formulierungen des sich anschließenden Artikels 10, der das konventionelle Kongobecken als neutrales Territorium deklariert, wird die Vermischung von humanitärem Anspruch und dem Interesse an politisch abgesicherter, ungehemmter ökonomischer Durchdringung des afrikanischen Kontinents noch einmal auf handgreifliche Art demonstriert[25].

Neben den genannten Artikeln sind für den im Verlauf der weiteren Ausführungen zu diskutierenden Problemzusammenhang noch einige technische Regelungen wesentlich. So schreibt Artikel 12 im Falle von "ernsten Unstimmigkeiten" über die Auslegung der für das konventionelle Kongobecken vereinbarten Regelungen vor,

die beteiligten Parteien sollten entweder auf die Vermittlung
befreundeter Mächte zurückgreifen oder sich der Prozedur eines
internationalen Schiedsspruchs unterwerfen, bevor militärische
Schritte unternommen würden (avant d'en appeler aux armes)[26].
Wie man sieht, wurde die potentielle Sprengkraft der zwischen
den rivalisierenden imperialistischen Mächten bestehenden Interessengegensätze von den Signatarmächten der Generalakte
als nicht eben gering eingeschätzt. Um derartigen Konfliktpotentialen auch im nachhinein noch mit politischen Mitteln
begegnen zu können, wurden zwei weitere, für unseren Zusammenhang ebenfalls entscheidende Artikel in die Kongoakte aufgenommen. In Artikel 36 findet sich eine generelle Feststellung,
in der die Unterzeichnerstaaten sich ausdrücklich das Recht
vorbehalten, späterhin solche Änderungen oder Verbesserungen
der Generalakte einvernehmlich zu beschließen, die sich aufgrund zwischenzeitlich gesammelter Erfahrungen als notwendig
erweisen würden[27]. Im Zusammenhang mit der für das konventionelle Kongobecken vereinbarten vollständigen Zollfreiheit wird
in Artikel 4 der Kongoakte eine in die gleiche Richtung zielende Übereinkunft getroffen, die zugleich - und dieser Zusatz
ist von entscheidender Bedeutung für die Auslösung des französischen Kongoskandals - eine präzise Zeitangabe enthält.
Der erwähnte Zusatz sah nämlich vor, daß die Signatarmächte
nach Ablauf von genau zwanzig Jahren, d. h. im Februar 1905,
die Möglichkeit haben sollten, über die in besagtem Artikel 4
der Kongoakte fixierten Regelungen erneut zu entscheiden[28].
In Verbindung mit den gerade zitierten Bestimmungen von Artikel 36, die einen unbegrenzten Spielraum zur Änderung der
Kongostatuten eröffneten, bedeutete die zuletzt genannte Regelung, daß der gesamte Kongostatus, einschließlich der damit
für das konventionelle Kongobecken verbundenen internationalen Anerkennung nationaler Souveränitätsansprüche, auf einer
im Jahre 1905 möglicherweise stattfindenden Folgekonferenz in
nicht vorhersehbarer Weise in Frage gestellt bzw. abgeändert

werden konnte. Auf den Monat genau zwanzig Jahre nach dem Inkrafttreten dieser Übereinkunft wurde, wie erinnerlich, am 16. Februar 1905 der französische Kongoskandal ausgelöst. Wie sich noch zeigen wird, besteht zwischen beiden Daten ein kausaler Zusammenhang. An dieser Stelle soll es zunächst genügen, auf die auffallende Koinzidenz dieser beiden Zeitpunkte aufmerksam zu machen.

Zum allgemeinen Stellenwert, den die Berliner Kongokonferenz im Rahmen der hier entwickelten Überlegungen einnimmt, sind abschließend zwei grundsätzliche Tatbestände noch einmal festzuhalten. Einmal klang ja schon an, daß die in der Berliner Kongoakte verankerte Zielvorstellung, die imperialistischen Rivalitäten in Afrika auf den Rahmen einer "legitimen", d. h. auf Freihandel beruhenden Konkurrenz festschreiben zu können, sich in der Realität nicht durchzusetzen vermochte. Die in der Folgezeit im Kongostaat und nach dessen Vorbild bald darauf auch in Französisch-Kongo aufgezogenen Systeme monopolistischer Ausbeutung, auf die in den anschließenden Kapiteln noch näher einzugehen sein wird, führten das Scheitern des Freihandelspostulats im konventionellen Kongobecken drastisch vor Augen und bildeten den Anlaß jahrelanger internationaler Auseinandersetzungen, von denen ebenfalls noch die Rede sein wird.

Im Zusammenhang mit diesen innerimperialistischen Auseinandersetzungen spielte der Rekurs auf die Zivilisationsidee eine bedeutsame politische Rolle. Mit der in Artikel 6 der Berliner Generalakte enthaltenen und oben schon zitierten Verpflichtung, über das Wohl der "Eingeborenen" zu wachen und deren Lebenssituation zu verbessern, hatten die Unterzeichnermächte nämlich nach eigenem Bekunden ein "zivilisatorisches Mandat" übernommen, das ihnen nach international anerkannter Auffassung die offizielle politische Aufgabe zuwies, als Treuhänder "rückständiger" Völker tätig zu werden, indem sie diese vor Sklaverei und Ausbeutung zu schützen und zu zivilisierten Menschen zu erziehen hatten. Im Bericht der Konferenzkommission, die den Artikel 6 für den Entwurf der Generalakte ausgearbeitet hatte, kommt dieser Gedanke klar zum Ausdruck[29].

Daß der in der Zivilisationsidee wurzelnde Mandatsgedanke, dem die Kongokonferenz zum internationalen Durchbruch verhalf und dessen nachhaltige Wirkung sich darin zeigte, daß er nach dem Ersten Weltkrieg vom Völkerbund wieder aufgegriffen wurde, - daß dieser Mandatsgedanke als ideologische Begründung imperialistischer Dominanzansprüche "sehr irdischen Zwecken" diente (Bülck 1953, S. 26), braucht dabei nicht besonders betont zu werden[30]. Für den hier zu behandelnden Fragenkomplex kommt es vor allem darauf an, daß Zivilisationsidee und Mandatsgedanke mit den untereinander rivalisierenden kapitalistischen Expansionsinteressen unlösbar verbunden waren und daher nicht nur als Herrschaftsideologie gegenüber den "unzivilisierten Völkern" fungierten, sondern auch als politisches Instrument bei innerimperialistischen Konflikten zur Geltung kamen. Bei ernsthaften Verletzungen der Mandatspflichten - sei es nun aus humanitärer, sei es aus handelspolitischer Sicht (beide Aspekte waren ja, wie gesehen, untrennbar miteinander verbunden) - verlor nämlich die betreffende Kolonialmacht nach den dargelegten Regeln des Völkerrechts ihren legitimatorischen Anspruch auf Treuhänderschaft und konnte somit in letzter Konsequenz auch ihres politischen Anrechts auf das "betreute" Territorium verlustig gehen. Gegen sie konnte dann das später noch genauer zu erläuternde Instrument der sogenannten "Humanitätsintervention" eingesetzt werden, das - wie mit der soeben besprochenen Kongoakte beispielhaft geschehen - ansonsten nur gegen Gesellschaften der Peripherie angewandt wurde. Im äußersten Fall konnte dies, wie gesagt, den Entzug des in Frage stehenden Kolonialbesitzes durch die

übrigen Mächte bedeuten, so wie dies z. B. Deutschland nach
dem verlorenen Ersten Weltkrieg widerfuhr. Dafür mußte freilich die unabdingbare Voraussetzung gegeben sein, daß die
übrigen Mächte in diesem Punkte einig und daß sie stark genug
waren, ihre "Humanitätsintervention" bis zu einer derart weitgehenden Konsequenz in die Tat umzusetzen. Obwohl es, wie hier
schon gesagt werden kann und im übrigen ja auch weitgehend
bekannt sein dürfte, im Zusammenhang mit der internationalen
Kongofrage letztlich nicht zu einem derartigen Mandatsentzug
kam, spielten die hier soeben angeschnittenen Fragen in Verbindung mit einer von England ausgehenden und vor allem gegen
den Kongostaat gerichteten "Humanitätsintervention" für die
Entwicklung der französischen Kongoaffäre gleichwohl eine entscheidende Rolle.

Bevor ich mich diesem Problembereich zuwende, muß aber zunächst
auf ein zweites internationales Vertragswerk eingegangen werden, dessen Bedeutung für den internationalen Stellenwert von
Zivilisationsidee und Mandatsgedanken nach der Kongoakte ebenfalls noch kurz zu erläutern ist. Es handelt sich um die Generalakte der schon erwähnten Brüsseler Antisklavereikonferenz
mit Datum von 2. Juli 1890, deren politisch-ökonomische Hintergründe und deren einzelne Bestimmungen hier im Detail nicht
dargestellt werden sollen[31]. Bei fortschreitender effektiver
Okkupation der Kolonialterritorien, nur so viel sei gesagt,
mußte als unerläßliche Vorbedingung für die geplante systematische Ausplünderung jener Gebiete ein dreifaches Problem gelöst werden: der Widerstand der indigenen Bevölkerung war zu
brechen, die Konkurrenz autochtoner, vor allem arabischer Händler mußte beseitigt werden und schließlich galt es, für die Sicherung eines ausreichenden Arbeitskräftepotentials zu sorgen.
Diese Zielsetzungen sind es, die den materiellen Interessenhintergrund für die in der Brüsseler Generalakte festgelegten
Übereinkünfte bezeichnen. Nachdem dem Handel mit Sklaven, wie

berichtet, bereits auf mehreren vorhergehenden Konferenzen der Kampf angesagt worden war, sollten die Brüsseler Vereinbarungen nunmehr einen Schritt weitergehen und die soziale Institution der Sklaverei selbst zum Gegenstand eigens beschlossener Interventionsmaßnahmen machen. Ziel dieser neuen Antisklavereipolitik war es, die "freigesetzten" Sklaven in den kolonialen Ausbeutungsprozeß zu integrieren. In diesem Sinne ist die Aussage zu verstehen, der zufolge "Abolition und Mandatsgedanke (...) durch die Generalakte der Brüsseler Antisklaverei-Konferenz vom 2. Juli 1890 noch enger verbunden" worden seien (Bülck 1953, S. 27). Diese enge Verbindung wird in der Präambel der Brüsseler Generalakte folgendermaßen umschrieben: die Konferenzteilnehmer seien

> "animés de la ferme volonté de mettre un terme aux crimes et aux dévastations qu'engendre la traite des esclaves africains, de protéger efficacement les populations aborigènes de l'Afrique et d'assurer à ce vaste continent les bienfaits de la paix et de la civilisation (32)".

Unter ausdrücklichem Bezug auf die früher in diesem Sinne bereits getroffenen internationalen Abkommen werden alsdann in sehr ausführlicher und detaillierter Form jene Maßnahmen aufgelistet, welche am besten geeignet seien, den Sklavenhandel im Innern Afrikas zu bekämpfen. Dabei geht es im wesentlichen um die Errichtung einer tragfähigen Infrastruktur, um die imperialistische Durchdringung des Kontinentes organisatorisch voranzutreiben, oder anders ausgedrückt: "Die Maßnahmen gegen den Sklavenhandel sind also gleichsam das Gerüst, mit dessen Hilfe die europäische Zivilisation in Afrika aufgebaut wird[33]." Für unsere Zwecke können wir es bei diesen Bemerkungen zur allgemeinen Charakterisierung der Brüsseler Generalakte belassen. Ihre Bestimmungen stellen eine Ergänzung und partielle Korrektur der Berliner Kongoakte dar, was sich auch in einer im Anhang der Brüsseler Akte befindlichen Vereinbarung ausdrückt, welche die Signatarmächte der Berliner Generalakte in Form einer Zusatzerklärung zu den Brüsseler Konferenzbeschlüssen abgaben. In dieser Erklärung wird die in der Kongoakte festgelegte absolute Zollfreiheit aufgehoben und zur Entlastung der Kolonialhaushalte ein Zolltarif bis zu 10% des jeweiligen Warenwertes zugelassen. Diese Regelung sollte, in Übereinstimmung mit Artikel 4 der Berliner Kongoakte, nach 15 Jahren auf einer dann stattfindenden Folgekonferenz neu verhandelbar sein – mit einer leichten zeitlichen Verschiebung vom Februar (Unterzeichungsmonat der Kongoakte) zum Juli (Unterzeichnungsmonat der Brüsseler Akte)[34].

Auch hier wird also das Jahr 1905 als voraussichtlicher Zeitpunkt für eine neu einzuberufende Kongokonferenz ausdrücklich bestätigt. Dieser Sachverhalt ist mit Blick auf das exakt dazu passende Datum des französischen Kongoskandals noch einmal deutlich hervorzuheben.

In die Reihe der für die Auslösung und den Verlauf der französischen Kongoaffäre entscheidenden internationalen Verträge gehört schließlich auch noch ein zwischen Frankreich, dem Kongostaat und Portugal in Ergänzung zur Brüsseler Generalakte für die westliche Region des konventionellen Kongobeckens abgeschlossenes Zollabkommen, das sogenannte Lissabonner Protokoll, dessen Geltungsdauer durch wechselseitige Erklärungen am 10. Mai 1902 bis zum 2. Juli 1905 verlängert wurde[35]. Die Laufzeit des Lissabonner Protokolls endete also am gleichen Tag, für den die Brüsseler Akte die Neueinberufung einer internationalen Kongokonferenz vorgesehen hatte.

Der hier in seinen wesentlichen Zügen aufgezeigte politisch-ökonomische und völkerrechtliche Zusammenhang bildet den allgemeinen Hintergrund des im Februar 1905 ausgelösten französischen Kongoskandals. Unter den genannten internationalen Vertragswerken, in denen der als politischer Interessenkompromiß ausgehandelte Kongostatus seinen völkerrechtlichen Ausdruck fand, wird die Berliner Kongoakte in den nachfolgenden Kapiteln eine herausragende Rolle spielen.

2. Kapitel: Systematische Verletzung des Kongostatus -
Frankreich folgt dem belgischen Beispiel

1. Monopolistische Ausbeutung im Kongostaat

Gegen Ende des 19. Jahrhunderts war die Phase der kolonialistischen Landnahme und der wechselseitigen Abgrenzung der in Afrika eroberten Territorien im wesentlichen abgeschlossen. Nun begann der Prozeß der militärischen, administrativen und ökonomischen Durchdringung, der dazu führte, daß das afrikanische Binnenland zunehmend in eine direkte Abhängigkeit von den Mechanismen des kapitalistischen Weltmarktes geriet[36]. Im Zuge dieser Entwicklung wurden im konventionellen Kongobecken umfangreiche Gebiete, soweit sie nicht von der belgischen Krone exklusiv ausgebeutet wurden, an eine Reihe privater Landgesellschaften vergeben, die in den ihnen überlassenen Territorien das alleinige Nutzungsrecht ausübten. In Verbindung damit etablierte sich ein auf außerökonomischem Zwang beruhendes System blutiger Raubwirtschaft. Die von Bismarck in seiner Eröffnungsrede zur Berliner Kongokonferenz beschworene "legitime" Freihandelskonkurrenz war damit in weiten Teilen des konventionellen Kongobeckens faktisch abgeschafft.

Den Anfang machte auch hier wieder der belgische König Leopold II. Die völkerrechtlichen Vereinbarungen über den Kongostatus waren kaum zu Papier gebracht und feierlich beschlossen worden, als Leopold schon erste Schritte unternahm, um die natürlichen Ressourcen des Kongobeckens - Elfenbein, Kautschuk, Palmöl, wertvolle Hölzer sowie Gold und Kupfer im Katangagebiet - unter exklusiver Kontrolle planmäßig auszubeuten. Das dazu erforderliche Projekt einer Eisenbahnlinie war schon vor der Berliner Konferenz in die Wege geleitet worden. Unter Beteiligung internationaler Finanzgruppen wurde es nach deren Beendigung energisch weiterverfolgt und schließlich im Jahre

1898 in Gestalt einer knapp 400 km langen Eisenbahnstrecke fertiggestellt. Diese Linie eröffnete einen durchgehenden Transportweg von der Küste zum schiffbaren Teil des Kongoflusses und damit ins Innere der Kolonie. Somit war eine wesentliche Voraussetzung für die Ausplünderung der Kongoregion geschaffen worden[37].

Unter den ausbeutbaren Rohstoffen hatten in der ersten Ausplünderungsphase Elfenbein und Kautschuk einen vorrangigen Stellenwert. Beide waren in den Metropolen seinerzeit äußerst gefragt und ließen sich auf den internationalen Märkten zu rasch steigenden Preisen mühelos absetzen. Ihre Ausbeutung bot somit die Möglichkeit, schwindelerregende Profitraten zu erzielen. Die ständig wachsende Nachfrage ließ z. B. die Elfenbeinpreise in Antwerpen von knapp 16 Francs pro Kilo im Jahre 1896 über knapp 17 Francs im folgenden Jahr auf mehr als 18 Francs im Jahre 1898 ansteigen[38]. Eine noch größere Profitquelle als die begrenzten Elfenbeinvorkommen stellte der Kautschuk dar. Seit den 1870er Jahren hatte sich bereits seine Ausbeutung in den brasilianischen Urwäldern - zu jener Zeit die größte Quelle für Naturkautschuk - zu einem wahren Boom gesteigert[39]. Nach dem Erfinden des luftgefüllten Gummireifens Ende der achtziger Jahre, mit dem Anwachsen der Fahrradproduktion und dem sich abzeichnenden Durchbruch des Automobils als gängiges Verkehrsmittel stieg die Kautschuknachfrage unablässig an und löste einen steilen Preisanstieg aus. Seit dem Jahre 1895 kletterten die Preis unaufhörlich. Gegen Ende des Jahrhunderts lag die jährliche Preissteigerungsrate bei etwa 20%. Auf dem Antwerpener Markt wurden - bei steigender Tendenz - durchschnittlich zwischen 8 und 10 Francs pro Kilogramm gezahlt[40]. Bedenkt man, daß die afrikanischen Kautschuksammler, sofern ihre Lieferungen überhaupt vergütet wurden, bestenfalls 0,50 Francs für dieselbe Menge erhielten[41], so läßt sich die erreichbare Gewinnspanne leicht vorstellen.

Mit Fertigstellung der eben erwähnten Eisenbahnlinie konnte
der Kongostaat seine Exportquote so weit anheben, daß stattliche Profite angehäuft wurden[42]. Dafür mußten freilich nach
dem Eisenbahnbau zunächst zwei weitere Voraussetzungen geschaffen werden. Einmal war die Frage der Besitzrechte zu regeln
und zum anderen galt es, die benötigten Arbeitskräfte zu beschaffen. Beides wurde in gängiger kolonialistischer Manier
bewerkstelligt.

Noch im gleichen Jahr, in dem die Berliner Kongokonferenz vornehmlich dem Kongostaat die Verpflichtung auferlegt hatte, das
"materielle und moralische Wohl der Eingeborenen" zu fördern,
beschloß der König, ihnen zunächst einmal ihr Land zu rauben.
So erließ er im Juli 1885 ein Dekret, dem zufolge alles angeblich "ungenutzte Land" (terres vacantes), d. h. alles von den
Afrikanern nicht direkt besetzte und genutzte Land in den Besitz des Staates überging. Wenige Jahre später wurden, in Ergänzung zu diesem Dekret, auch die Naturprodukte Elfenbein
und Kautschuk zu Staatsbesitz erklärt. Auf diese Weise
wurde ein Staatsmonopol für die Ausbeutung dieser Naturprodukte juristisch festgeschrieben, das den Widerstand der mit
der belgischen Krone im Kongo rivalisierenden Handels- und Finanzgruppen hervorrief. Der Streit wurde schließlich durch
eine im Jahre 1892 gefundene Regelung beigelegt, nach der das
gesamte Territorium des Kongostaates in drei verschiedene Zonen aufgeteilt wurde. Eine erste Zone, die sogenannte "Domaine
privé", umfaßte jene Gebiete, die vom König bzw. dem Kongostaat für die eigene Ausbeutung reserviert wurden. Hier waren
private Händler und Finanzgruppen ausgeschlossen. In einer
zweiten Zone wurde das Land unter eine Gruppe von privaten
Landkonzessionsgesellschaften aufgeteilt, wobei auch hier der
König unter der Bezeichnung "Domaine de la Couronne" wiederum
eine eigene Gesellschaft betrieb. An den privaten Landgesellschaften, die neben der Krone das alleinige Recht zur Ausbeu-

tung des Territoriums besaßen, Produktion und Verkauf also exklusiv kontrollierten, war der Staat, d. h. abermals der König, jeweils mit der Hälfte des Aktienkapitals beteiligt. Die vordem auf dem Territorium des Kongostaates tätigen privaten belgischen und ausländischen Handelsgesellschaften wurden in das von dem belgischen Monarchen weitgehend dominierte System der Landgesellschaften integriert. Mit der Schaffung dieser zweiten Zone konnten im Kongostaat selbst die wegen der Monopolpolitik Leopolds entstandenen Streitpunkte, von denen eben kurz die Rede war, somit im wesentlichen ausgeräumt werden. Eine dritte Zone umfaßte schließlich jene noch verbleibenden Gebietsteile, die gerade erst besetzt worden sowie solche Gebiete, die erst noch näher zu erforschen waren. Um das Jahr 1900 war somit das ausbeutbare Land, mit Ausnahme eines zu vernachlässigenden Restteiles, in verschiedener Form unter das Monopol der belgischen Krone und mit ihr kooperierender Finanzgruppen gefallen. Artikel 1 der Berliner Kongoakte war damit im Kongostaat zu einer leeren Formel geworden.

Nachdem somit die traditionellen Besitzverhältnisse im Kongostaat mit wenigen Federstrichen zugunsten der kolonialistischen Eroberer auf grundlegende Weise verändert worden waren, erfolgte als nächste einschneidende Maßnahme die Einführung von Zwangsarbeit. Hierzu wurde eine Kopfsteuer eingeführt, die in der Regel mit Kautschuk zu entrichten war und die geknechtete Bevölkerung zwang, den größten Teil ihrer Arbeitskraft unter unmenschlichen Bedingungen zum Sammeln von Kautschuk einzusetzen. Ein Prämiensystem, das die Agenten des Staates und der privaten Konzessionsgesellschaften an der Menge des von ihnen eingetriebenen Kautschuks beteiligte und ihnen zugleich bei der Wahl der Mittel freie Hand ließ, hatte zur Folge, daß der Druck auf die afrikanische Bevölkerung unerträgliche Ausmaße annahm, zumal dieser daneben weitere Formen von Zwangsarbeit sowie eine Reihe von Zwangsabgaben auferlegt wurden. Es versteht sich von selbst, daß ein derartiges System extremer Ausbeutung nur mit brutalsten Terrormethoden aufrechtzuerhalten war, auf die hier nicht näher eingegangen werden muß, da sie in der vorliegenden Literatur mehr oder minder eingehend geschildert werden. Eigens zu erwähnen ist in diesem Zusammenhang jedoch, daß im Kongostaat eine Trennung zwischen privater und staatlicher Ausbeutungspraxis nicht existierte. So hatten die privaten Gesellschaften zugleich auch staatliche Hoheitsrechte. Neben allgemeinen Verwaltungsaufgaben oblag ihnen das Recht der Steuererhebung und die Ausübung von Polizeigewalt zur Durchführung von sogenannten Strafexpeditionen. Hinter diesem außerökonomischen Zwang stand als Terrorinstrument eine Armee von über 25.000 Mann, die unter Ausnutzung traditioneller Stammesrivalitäten operierte und beim geringsten Anlaß mit gnadenloser Härte vorging. So hatte der Kongostaat unter der verantwortlichen Leitung des belgischen Monarchen durch die Installierung eines - soeben nur in den hier wesentlichsten Aspekten und ganz grob erläuterten - Systems monopolistischer Ausbeutung[43] nicht nur das für den Kongostatus konstitutive Freihandelsgebot allmählich untergraben, ohne daß formell gegen dieses Gebot verstoßen worden wäre, sondern zugleich auch gegen die mit dem Freihandelsgedanken unlösbar verknüpfte Zivilisationsidee und das darauf beruhende Humanitätsmandat verstoßen[44]. Selbst ein im Jahre 1905 in Belgien veröffentlichter offizieller Untersuchungsbericht kommt bei der Beurteilung der Landgesellschaften zu dem Resümee: "Ces sociétés n'ont rien fait dans l'intérêt des natifs ou pour améliorer les régions qu'elles occupent[45]."

Die eiserne Konsequenz, mit der dieses System brutaler Raubwirtschaft praktiziert wurde, trug freilich, wie schon gesagt, ihre finanziellen Früchte. Der Kongostaat gehörte schon wenige Jahre nach seiner Konstituierung zu den profitabelsten Kolonien überhaupt. Das dort investierte Kapital erbrachte phan-

tastische Renditen. Dieser Tatbestand drückte sich u. a. in
einer atemberaubenden Steigerung der Kurswerte für die Aktien
der im Kongostaat operierenden Gesellschaften aus (Coquery-
Vidrovitch 1972, S. 49). Es kann daher nicht verwundern, daß
das im Kongostaat etablierte Ausbeutungssystem bald auch in
anderen Kolonien nachgeahmt wurde. So kam es im Jahre 1898
unter der Beteiligung belgischen Kapitals in der deutschen
Kolonie Kamerun zur Gründung zweier nach belgischem Muster
konzipierter Konzessionsgesellschaften, die aber nie den von
ihren Vorbildern im Kongostaat erzielten Erfolge verbuchen
konnten. Unter dem Eindruck heftiger Kritik konkurrierender
Handelskreise wurde das ursprüngliche Projekt schließlich
aufgegeben. So mußten sich die Gesellschaften im Jahre 1905
mit den Eigentumsrechten an einem - immerhin beträchtlichen -
Teil des anfangs an sie vergebenen Landes begnügen und das
übrige Territorium dem Freihandel wieder öffnen[45a].

2. Frankreich übernimmt das System des Kongostaates

Die im Kamerun bis zum Jahre 1905 vergebenen Konzessionen spielen in unserem Zusammenhang nur eine marginale Rolle, ganz im
Gegensatz zu der in Französisch-Kongo einsetzenden Entwicklung,
der ich mich jetzt zuwenden will. Hier wurden nach dem vom
Kongostaat vorgegebenen Grundmuster in den Jahren 1899/1900
vierzig Landkonzessionen vergeben, durch die der größte Teil
der Kolonie in beträchtliche Monopolanteile parzelliert wurde.
Bevor ich mich mit den entsprechenden Einzelheiten näher befasse und die Folgewirkungen dieser Entscheidung darstelle,
soll zunächst die Frage behandelt werden, welche spezifischen
Interessen sich mit der Errichtung des in dieser französischen
Kolonie eingeführten Monopolsystems verbanden. Wegen der mit
der Etablierung des Konzessionssystems einhergehenden grundlegenden Verletzung des Kongostatus und dadurch in der Folgezeit

ausgelöster beachtlicher internationaler Komplikationen, von denen noch ausführlich zu sprechen sein wird, verdient diese Frage eine besondere Aufmerksamkeit. In der vorliegenden Literatur wird sie allerdings nur unbefriedigend beantwortet. Dort heißt es übereinstimmend, das System der Landkonzessionen sei in Französisch-Kongo auf staatliches Betreiben hin eingeführt worden. Nach dem Grundsatz, daß der Metropole durch die Kolonien keine Kosten entstehen dürften, hätten sich Regierung und Parlament geweigert, die in der französischen Kongokolonie notwendigen Infrastrukturmaßnahmen (Bau von Transportwegen und Bahnlinien, Befestigung von Flußufern etc.) über staatliche Investitionen zu finanzieren. Es sei deshalb beschlossen worden, diese Aufgabe privaten Kapitalgruppen zu überlassen und ihnen als Gegenleistung entsprechende Privilegien zu gewähren. Hier liege der entscheidende Grund für die Errichtung des Konzessionssystems in Französisch-Kongo[46].
Eine derartige Version wäre freilich nur dann plausibel zu begründen, wenn es auf diese Weise tatsächlich zu nennenswerten privaten Investitionen im Infrastrukturbereich gekommen wäre. Dies war aber nicht der Fall: "Les Sociétés n'avaient rempli aucune des tâches que l'on attendait d'elles. Elles n'avaient rien investi sur place[47]." Das Ausbleiben der von seiten der damaligen französischen Regierung von den Konzessionären angeblich erwarteten Investitionen war allerdings von vornherein abzusehen. Die den Konzessionären vertraglich auferlegten Verpflichtungen reichten nämlich noch nicht einmal dafür aus, die durch ihre terroristischen Operationen für den kolonialen Repressionsapparat entstehenden Mehrkosten auszugleichen[47a]. Ernsthafte Verpflichtungen zum Ausbau einer tragfähigen kolonialen Infrastruktur konnten den Konzessionsverträgen schon gar nicht entnommen werden. So verwundert es nicht, daß die Gesellschaften es strikt ablehnten, sich auch nur in geringstem Maße an der Finanzierung öffentlicher Arbeiten zu beteiligen[48]. Die Behauptung, das Konzessionssystem sei in Fran-

zösisch-Kongo auf staatliche Initiative zur Entlastung der öffentlichen Haushalte installiert worden, bietet also keine überzeugende Erklärung.

Anders verhält es sich, wenn man die privaten Interessen in Augenschein nimmt, die mit dem Konzessionssystem verknüpft waren. Diese wurden zum einen durch belgische Finanzgruppen repräsentiert, welche ihre im Kongostaat errungenen Positionen auf die benachbarte französische Kolonie auszudehnen bestrebt waren[49]. Sie hätten die französische Regierung freilich kaum zur Konzessionsvergabe bewegen können, wenn sich mit ihnen nicht bedeutende Privatinteressen aus der französischen Metropole verbunden hätten. Um welche Interessen handelte es sich dabei? Coquery-Vidrovitch, die dieser Frage in ihrer Studie über das Konzessionssystem in Französisch-Kongo nicht weiter nachgeht, gibt dazu zwei erste Hinweise. So erwähnt sie die in den Hafenstädten Le Havre, Dünkirchen, Bordeaux und Marseille auf Kolonialhandel spezialisierten Geschäftskreise und nennt daneben die Namen zweier bedeutender Textilunternehmen aus Nordfrankreich[50]. Anläßlich der Disputation ihrer Arbeit an der Pariser Sorbonne hebt auch der in solcherlei Fragen einschlägig bewanderte Jean Bouvier die Interessen der auf Raubwirtschaft spezialisierten Handelskreise in den französischen Hafenstädten und die "großen Namen der französischen Textilindustrie" hervor. Als dritte Interessengruppe, die im Zusammenhang mit den Landkonzessionen in Französisch-Kongo eine Schlüsselrolle spielte, identifiziert er zudem einige aufstrebende Bankiers aus dem unteren Pariser Bankenmilieu[51]. Die dominierende Position dieser drei "Mikromilieus", wie Bouvier sie umschreibt, ohne daß sein, lediglich als protokolliertes Zitat wiedergegebener Hinweis an der eben genannten Stelle im einzelnen belegt oder näher ausgeführt wird, läßt sich in der Tat aus den Aktionärslisten der Konzessionsgesellschaften unschwer herauslesen[52]. Der Einfluß, den die genannten "Mikromilieus" auf die französische Regierung auszuüben vermochten, wurde durch zwei Tatsachen unterstützt, die in dem - im vorhergehenden Kapitel umrissenen - allgemeinen Rahmen sich verschärfender imperialistischer Konkurrenz von wesentlicher Bedeutung waren. Als erste dieser Tatsachen ist zu nennen, daß Import und Export in Französisch-Kongo bis zu der 1899/1900 erfolgten Errichtung des Konzessionssystems von ausländischen Handelshäusern beherrscht wurden, unter denen wiederum zwei britische Firmen eine herausragende Stellung einnahmen. Der französische Handelsanteil war demgegenüber sehr gering geblieben und hatte sich im Rahmen einer "legitimen" Freihandelskonkurrenz nicht steigern lassen. Die zitierten internationalen Vereinbarungen über den Kongostatus ließen es auch nicht zu, durch eine protektionistische Zollpolitik offen gegen das für das konventionelle Kongobecken geltende Freihandelsgebot zu verstoßen, um auf diese Weise die ökonomische Kontrolle der Metropole in Französisch-Kongo zu verstärken. Daß Frankreich sich andererseits nicht damit zufrieden geben konnte, seine Kongokolonie militärisch und politisch zu kontrollieren, die ökonomische Nutzung aber seinen imperialistischen Rivalen zu überlassen, liegt auf der Hand und bedarf keiner besonderen Erläuterung. Dies um so mehr - und damit kommen wir zu der zweiten ausschlaggebenden Tatsache - als die Kongokolonie einen potentiellen Absatzmarkt für französische Textilprodukte darstellte und darüber hinaus auch als Kautschukproduzent von Bedeutung war. Beide Produkte hatten seinerzeit auf unterschiedliche Weise für die französische Industrieproduktion einen hohen Stellenwert, wie im folgenden zunächst für die Textilindustrie näher ausgeführt werden soll.

In der Phase industrieller Entwicklung, in der das Konzessionssystem in Französisch-Kongo eingeführt wurde, war die Textilindustrie immer noch der quantitativ führende Industriesektor in Frankreich. Ihre Bedeutung innerhalb der französischen Industrieproduktion zeigte aber bereits eine abnehmende Tendenz. Mit einer durchschnittlichen jährlichen Wachstumsrate von lediglich etwa 1,5% gehörte sie schon zu den "alten Sektoren" (Braudel/Labrousse 1979, S. 287), deren Wachstum unterhalb der gesamten industriellen Wachstumsrate lag und deren prozentualer Anteil an der industriellen Produktion stagnierte. Aufgrund eines lediglich mittleren Konzentrationsgrades und eines uneinheitlichen Modernisierungsstandes war der Textilsektor, insgesamt gesehen, für die Preis- und Nachfrageschwankungen eines "unsicheren" Binnenmarktes sowie die seit Ende des Jahrhunderts steigenden Preise für Rohbaumwolle besonders anfällig und der internationalen Konkurrenz gegenüber wenig wettbewerbsfähig. So betrug die Exportquote bei Baumwolltextilien zwischen 1905 und 1913 lediglich 18% des gesamten Produktionswertes, wobei die Hälfte der Exporte auf die kolonialen Besitzungen entfiel. Die französische Textilindustrie war also in besonderem Maße auf geschützte Märkte angewiesen, die sie, wie auch die soeben genannte Zahl verdeutlicht, nicht zuletzt in den Kolonien zu finden hoffte[53].

Das Bestreben der französischen Textilfabrikanten, vor der als existenzbedrohend angesehenen Gefahr der ausländischen Konkurrenz auf den Bereich des eigenen Kolonialimperiums auszuweichen, drückte sich auch in entsprechenden Stellungnahmen ihrer Interessenvertreter aus. So beschwor ein Deputierter als Sprecher der "Association cotonnière coloniale" in einem im Jahre 1905 vor der Abgeordnetenkammer an die Regierung gerichteten dramatischen Appell nicht nur die Bedrohung durch die europäischen Rivalen, sondern auch die zunehmenden Anstrengungen amerikanischer und asiatischer Produzenten, die darauf abzielten, einen wachsenden Anteil am Weltmarkt zu erobern. Nur dank der eigenen Kolonien könne die Baumwollproduktion, könne eine "große französische Industrie" mit ihren 250.000 Arbeitsplätzen in diesem weltumspannenden Kampf auf ein Überleben hoffen: "Quel sera le vaincu de cette grande guerre industrielle? Si nous n'avions pas nos colonies, la réponse ne serait pas douteuse; mais grâce à elles, nous devons et nous pouvons espérer la victoire[54]." Getreu dem Worte Chamberlains, daß England alles, was es benötige, aus den Kolonien beziehen und alles, was es verkaufen wolle, dorthin exportieren könne, gelte es auch für Frankreich, eine enge wirtschaftliche Verklammerung zwischen Metropole und Kolonien herzustellen[55]. Es kann demnach nicht verwundern, daß das Argument der geschützten Kolonialmärkte für eine international wenig konkurrenzfähige französische Textilindustrie auch im Zusammenhang mit der Vergabe von Landkonzessionen eine zentrale Rolle spielte[56]. Nach alledem läßt sich festhalten, daß für die französische Textilindustrie auch vergleichsweise weniger bedeutende Absatzgebiete wie die Kongokolonie im internationalen Gesamtzusammenhang einen nicht zu vernachlässigenden Stellenwert einnahmen[56a].

Im Gegensatz zu dem stagnierenden Textilsektor gehörte die Kautschukindustrie zu den aufstrebenden, dynamischen Sektoren. Auf die gegen Ende des 19. Jahrhunderts rasch zunehmende Bedeutung des Kautschuks für bestimmte Schlüsselbereiche der industriellen Produktion ist in Verbindung mit dem im Kongostaat eingeführten System monopolistischer Ausbeutung bereits hingewiesen worden. Die jährliche Wachstumsrate der französischen Kautschukindustrie betrug zwischen 1896 und 1913 8,5% und lag damit deutlich über der durchschnittlichen industriellen Wachstumsrate in Frankreich (Braudel/Labrousse 1979, S. 286). Von 1896 bis 1901 stieg die Anzahl der in der Kautschukindustrie beschäftigten Personen von 5.000 auf 9.000 und hatte sich damit innerhalb von nur fünf Jahren annähernd verdoppelt[57]. Abgesehen von seiner Verwendung in der chemischen und elektrotechnischen Industrie fand der Kautschuk vornehmlich in der Reifenindustrie - für Fahrräder, Pferdefuhrwerke und im steigenden Ausmaß für Automobile - einen schnell expandieren Ab-

satzmarkt[58]. Die jährliche Produktionsziffer für französische
Automobile stieg von 1.850 im Jahre 1898 auf 24.000 im Jahre
1906 und hatte sich am Vorabend des Ersten Weltkrieges auf
45.000 erhöht. Nach den USA war Frankreich damit zweitgrößter
Automobilhersteller und führender Exporteur in der Welt (Braudel/Labrousse 1979, S. 303).

Der infolge einer sprunghaft steigenden Nachfrage auf den internationalen Märkten ausgelöste und sich in steigenden Verkaufspreisen ausdrückende Kautschukboom wurde im Zusammenhang mit den Vorgängen im Kongostaat schon erwähnt. An dieser profitablen Entwicklung waren französische Märkte freilich kaum beteiligt. Die Position des mit Abstand bedeutendsten europäischen Kautschukmarktes hatte gegen Ende des 19. Jahrhunderts die englische Hafenstadt Liverpool inne. Das französische Le Havre war zunächst zwar auch noch ein relativ wichtiger Umschlagplatz für den bis zu diesem Zeitpunkt fast ausschließlich aus dem Amazonasgebiet importierten Rohgummi[59], sah sich aber alsbald einer zunehmenden Konkurrenz durch neu entstehende Märkte ausgesetzt. Mit der Entdeckung der afrikanischen Vorkommen und bei steigendem Verbrauch dieses begehrten Rohstoffes bildeten sich in der Folgezeit nämlich mit Antwerpen und Hamburg zwei weitere bedeutende Märkte heraus. Dadurch wurde die Stellung Le Havres im internationalen Wettbewerb geschwächt. Dies führte schließlich dazu, daß selbst die Exporte aus den französischen Kolonien überwiegend auf ausländische Märkte gelenkt wurden, so daß die französische Industrie den von ihr benötigten Rohstoff nach Frankreich reimportieren mußte. Angesichts dieser Situation fehlte es nicht an Stimmen, die darauf drängten, diese Entwicklung zu korrigieren[60].

Eine in den Jahren 1899/1900 zwischen dem Finanz-, Handels- und dem Kolonialministerium geführte Korrespondenz weist aus, daß die fast vollständige Abhängigkeit von ausländischen Be-

zugsquellen bei einem Rohstoff, dessen vitale Bedeutung für
die dynamischen Industriesektoren ich erwähnt habe, die zuständigen Regierungsstellen in Frankreich schon frühzeitig zu
Überlegungen veranlaßt hatte, auf welche Weise die Kautschukexporte der französischen Kolonien auf dem direkten Weg in die
französische Metropole umgelenkt werden könnten[61]. Soweit dies
die Kongokolonie betraf, wo der Kautschukexport, wie noch genauer zu zeigen sein wird, zum überwiegenden Teil von englischen Handelsinteressen kontrolliert wurde, so mußte der dort
seinerzeit amtierende Verwaltungschef dem Kolonialminister in
einem Schreiben vom März 1899 mitteilen, daß zolltechnische
Maßnahmen für diese Kolonie nicht in Betracht kommen konnten[62].
Wenige Monate später wurde die englische Konkurrenz dann durch
die Einführung eines aus dem Kongostaat schon bekannten Systems
privilegierter Landkonzessionen aus der französischen Kongokolonie verdrängt. Dieser Vorgang, der später noch genauer zu
schildern sein wird, soll an dieser Stelle zunächst nur als ein
für die Auslösung der Kongoaffäre wesentlicher Tatbestand
festgehalten werden. Parallel zu der eben angedeuteten Vertreibung der englischen Konkurrenz aus Französisch-Kongo und
im Zuge staatlicher wie privatwirtschaftlicher Bemühungen,
einen möglichst großen Anteil der Kautschukausfuhren direkt nach
Frankreich zu lenken, wurde neben dem schon genannten Le Havre
in Bordeaux ein zweiter französischer Kautschukmarkt aufgebaut.
Durch jahrelange intensive Bemühungen des Kolonialministeriums
gefördert[63], hatte sich in dieser Hafenstadt aus zunächst bescheidenen Anfängen im Laufe der Jahre ein auch international
zunehmend konkurrenzfähiger Kautschukmarkt entwickelt, dessen
Regie in Händen traditioneller kolonialer Handelsunternehmen
lag. So wuchs die Menge des nach Bordeaux eingeführten Kautschuks beständig an und vergrößerte sich zwischen 1899 und 1906
um das Zehnfache: "Bordeaux est ainsi en passe de prendre une
place honorable parmi les grands marchés de caoutchouc du
monde[64]". Die prosperierende Situation des Kautschukmarktes von

Bordeaux veranlaßte eine der bekannten Kolonialzeitschriften im Jahre 1907 zu der zufriedenen Feststellung, daß die von Jahr zu Jahr steigenden Einfuhren den in Bordeaux ansässigen Importeuren "schöne Gewinne" beschert hätten[65].

Neben Bordeaux bemühte sich auch Le Havre mit wachsendem Erfolg darum, seine Kautschukimporte aus den französischen Kolonien zu steigern. An dieser Entwicklung hatten, weit mehr als in Bordeaux, die in der "Union congolaise" zusammengeschlossenen Konzessionsgesellschaften Französisch-Kongos einen relativ gewichtigen Anteil. Ein Bericht aus dem Jahre 1909 erwähnt entsprechende Kontakte zwischen der "Union congolaise" und der Handelskammer von Le Havre und hebt dabei besonders den von den Konzessionsgesellschaften für den raschen Aufschwung des dortigen Kautschukmarktes geleisteten Beitrag hervor[66]. Diese Angaben werden einige Jahre später durch einen amtlichen Bericht der Kolonialverwaltung bestätigt, in dem es für das Jahr 1912 heißt, daß mittlerweile nicht weniger als drei Viertel der aus der französischen Kongokolonie kommenden und von den dort installierten Konzessionsgesellschaften getätigten Kautschukexporte über Le Havre direkt in die Metropole eingeführt wurden und lediglich ein kleinerer Restteil den Weg ins Ausland nahm[67].

Mit dem soeben Gesagten sollte der von imperialistischer Rivalität geprägte Interessenhintergrund beleuchtet werden, ohne dessen Einbeziehung die tieferen Beweggründe für die Vergabe monopolistischer Landkonzessionen in Französisch-Kongo nicht ausfindig zu machen sind. Die Absatzschwierigkeiten der französischen Textilindustrie - so läßt sich noch einmal festhalten - und das mit privatwirtschaftlichen Einzelinteressen verknüpfte Bestreben der französischen Regierung, einen möglichst großen Anteil des in den eigenen Kolonien produzierten Kautschuks auf direktem Wege nach Frankreich zu importieren, drängten darauf, den Aktionsradius der in Französisch-Kongo bis dahin dominierenden englischen Konkurrenz zugunsten französischer Wirtschaftsinteressen erheblich einzuengen. So gesehen mußte die Entwicklung in der französischen Kongokolonie fast zwangsläufig zu einem System führen, das eigenen Kolonialinteressen exklusive Nutzungsrechte garantierte, ohne formell gegen das dort geltende Freihandelspostulat zu verstoßen, weil in Anbetracht des internationalen Kongostatus der ausländischen Konkurrenz auf andere Weise nicht beizukommen war. Insoweit erwies sich die 1899/1900 erfolgte Vergabe von Landkonzessionen zumindest in den ersten Jahren auch als ein relativ erfolgreiches Unternehmen.

Wenn die in Französisch-Kongo erzielten Profite auch nicht im entferntesten an jene heranreichten, die aus dem benachbarten Kongostaat herausgepreßt wurden, so gelang es den weiter oben genannten drei Interessengruppen aus den Kreisen kleinerer Pariser Bankiers, führender Textilfabrikanten und Vertretern des in den Hafenstädten etablierten Kolonialhandels nämlich gleichwohl, sich mit Hilfe des Konzessionssystems gegen die ausländische Konkurrenz einen wachsenden Anteil an der ökonomischen Nutzung der Kolonie zu sichern. So stieg z. B. der Anteil der französischen Textilimporte von lediglich 23% im Jahre 1900 auf immerhin 43% im Jahre 1904, hatte sich im Laufe von nur vier Jahren mithin annähernd verdoppelt. Die Quote der nach Frankreich gehenden Exporte, die bis zum Jahre 1898 lediglich ein Siebentel des Gesamtexportes betrug, vergrößerte sich bis zum Jahre 1904 auf ein Drittel des gesamten Exportvolumens und war damit ebenfalls fast um das Doppelte angewachsen[68]. Im Jahre 1906 hatte der für die französische Metropole bestimmte Exportanteil bereits die 50%-Marke knapp überschritten. Diese, verglichen mit der eben erwähnten Ausgangssituation, bemerkenswert günstige Zahl konnte in den folgenden Jahren allerdings nicht weiter gesteigert werden[69]. Parallel zu dieser Entwicklung verringerte sich der Anteil der nach England gehenden Exporte, die bis zum Jahre 1898 über die Hälfte der Gesamtexporte ausmachten, in zusehendem Maße[70]. Wie eben schon angemerkt, war es somit gelungen, den bis zur Einführung des Konzessionssystems beherrschenden Einfluß englischer Handelsunternehmen entscheidend zurückzudrängen und im Laufe der folgenden Jahre den größten Teil des aus der französischen Kongokolonie exportierten Kautschuks auf einen der französischen Kautschukmärkte zu lenken. Allerdings geschah dies, wie noch darzustellen sein wird, um den Preis einer mit England geführten, jahrelang andauernden Auseinandersetzung, die wegen der dabei im Mittelpunkt stehenden Interpretation der Berliner Kongoakte zugleich eine weitreichende internationale Dimension annahm. Entstehung und Verlaufsformen dieser Kontroverse sollen nun, soweit sie für das Verständnis der Kongoaffäre wesentlich sind, im folgenden geschildert werden.

Die Anfänge dieses Konfliktes, aus dem die französische Kongoaffäre zu einem entscheidenden Teil ihre politische Brisanz bezog, reichen einige Jahre vor die im Februar 1905 erfolgte Skandalauslösung zurück. Wie berichtet, war im Jahre 1898 eine Eisenbahnlinie eröffnet worden, welche die Stromschnellen am Unterlauf des Kongo umging und eine Verbindung zum schiffbaren Teil des Kongoflusses herstellte. Damit - um die Bedeutung dieser Linie noch einmal zu unterstreichen - war die Möglichkeit gegeben, den Kongo und seine Nebenflüsse als Verkehrsadern für den Abtransport der im Inneren des Kongobeckens zusammengeraubten Rohprodukte zu nutzen. Der Weg für eine direkte und systematische Ausplünderung auch des nördlich des Kongo gelegenen, französisch kontrollierten Binnenlandes war somit geebnet. Schon im darauffolgenden Jahr vergab das Kolonialministerium in Paris die ersten von insgesamt vierzig Landkonzessionen, die den größten Teil Französisch-Kongos bedeckten und damit, wie schon zuvor im benachbarten Kongostaat, auch in dieser Kolonie

dem Freihandel buchstäblich den Boden entzogen. Daß dies die
zentrale Zielsetzung des gesamten Unternehmens war, geht aus
einer entsprechenden, an den Kolonialminister gerichteten
Stellungnahme des Vorsitzenden der zuständigen Konzessionskommission eindeutig hervor. Hier werden die bei der Abfassung des Konzessionsdekrets leitenden Gesichtspunkte erläutert. Da die für die Metropole nützlichen ökonomischen Aktivitäten im Kongo sich lediglich auf die Ausbeutung der El-
fenbein- und Kautschukvorkommen beschränkten, sei den Konzessionären, wie als entscheidender Gesichtspunkt herausgestellt wird, nur mit einem exklusiven Nutzungsrecht an diesen Produkten gedient: "Il faut donc donner aux sociétés
en voie de formation, sinon d'une manière explicite, du moins
d'une manière implicite le monopole de ce commerce[71]." Gewiß
entstünden dadurch Probleme mit den einschlägigen Bestimmungen der Berliner Kongoakte, diese seien aber nach einem bereits erprobten Muster ohne weiteres zu bewältigen:

> "Mais dira-t-on, comment concilier un monopole commer-
> cial avec les stipulations de l'acte de Berlin? La so-
> lution est des plus simples et elle a l'avantage d'être
> empruntée à la doctrine et à la pratique de l'Etat In-
> dépendant du Congo lui-même (72)."

Der belgische König habe nämlich, während er rein theoretisch
am Prinzip der Handelsfreiheit weiterhin festhalte, in der
Praxis auf der Grundlage des von ihm an allen "herrenlosen"
Territorien und den darauf befindlichen Gütern beanspruchten
Eigentumsrechtes ein faktisches Monopol etabliert. Handels-
freiheit bedeute demnach in der Interpretation des Kongostaa-
tes lediglich die freie Benutzung der Verkehrswege, gleiche
Behandlung bei Zolltarifen und anderen Gebühren sowie freien
Warenaustausch mit den "Eingeborenen", soweit er sich auf
die diesen zustehenden, d. h. von ihnen "effektiv besetzten"
Gebiete beschränke. Auf dem übrigen Gebiet, das dem Staat ge-
höre, sei ein freier Warenaustausch hingegen nicht möglich.

Hier habe der Staat vielmehr das Recht, von sich aus exklusive Nutzungsrechte zu vergeben. Was die Möglichkeit zur freien Handelsausübung betreffe, so hänge demnach alles vom Umfang der den "Eingeborenen" zugestandenen Enklaven ab. Auch hier habe der Kongostaat eine praktikable und für Frankreich vorbildliche Lösung gefunden:

> "Tout réside donc dans la part faite aux indigènes (Unterstreichung i. Orig., J.M.). Or nous croyons qu'elle a été faite assez petite dans l'Etat Indépendant du Congo pour ne point gêner le monopole de fait que l'Etat a fait découler à son profit, de sa théorie sur les biens sans maître. Rien ne nous empêche de faire autant (73)".

Im übrigen brauche man sich angesichts des gewaltigen Zivilisationsgefälles zwischen Europäern und Afrikanern um das Wohlergehen der letzteren keine Gedanken zu machen. Was auch immer von den Europäern unternommen würde, es könne sich stets nur zum Vorteil der indigenen Bevölkerung auswirken[74].

Auf der Basis dieser Argumentation sei es möglich, nunmehr auch in Französisch-Kongo ein faktisches Handelsmonopol zu errichten, ohne sich von den entgegengesetzten Bestimmungen der Berliner und der Brüsseler Akte irritieren zu lassen. Diese hätten freilich, wie die Kommission offen einräumt, in Artikel 1 des entsprechenden Konzessionsdekrets eine den französischen Monopolansprüchen gemäße Interpretation erfahren: "nous les avons interprêtés de manière à constituer - et nous ne nous en cachons nullement - un monopole de fait au profit de nos concessionnaires. C'est l'objet de l'article premier (des Konzessionsdekrets, J.M.). Qui veut la fin veut les moyens[75]." In Artikel 1 des von der eben zitierten Kommission ausgearbeiteten und für alle Konzessionäre gleichlautenden Dekrets wird denn auch in der eben geschilderten Weise ein faktisches Handelsmonopol festgeschrieben. Dabei wird der Begriff selbst in den entsprechenden Formulierungen selbstver-

ständlich nicht verwendet. Auf die grundlegenden Bestimmungen
der Berliner und der Brüsseler Akte sowie auf die "Rechte
Dritter" wird im Gegenteil ausdrücklich hingewiesen. Das faktische Monopol gründet sich vielmehr nach dem von der Kommission übernommenen Muster des Kongostaates auf die für dreißig
Jahre ausgesprochene Verleihung sämtlicher "Nutzungs- und
Ausbeutungsrechte" (tous droits de jouissance et d'exploitation) in den überlassenen Territorien[76]. Rein formaljuristisch
gesehen wurde die für den internationalen Kongostatus konstitutive Freihandelsvereinbarung mit dieser Formulierung also
nicht berührt. Auf ebenso formale Weise wurde der für den Kongostatus gleichfalls zentralen Zivilisationsidee Rechnung getragen. Artikel 10 des Konzessionsdekrets begrenzte die Rechte
der Konzessionäre auf die Gebiete außerhalb der den "Eingeborenen" zugesprochenen Ländereien, deren Grenzen von der örtlichen Kolonialadministration in der Folgezeit bestimmt werden
sollten, was aber niemals geschah. Die sogenannten "Eingeborenenreservate" (réserves indigènes) existierten lediglich auf
dem Papier. Dies gilt ebenso für weitere Bestimmungen, die dem
Schutze autochtoner Lebensformen gewidmet waren und nach außen
die besondere Fürsorge dokumentieren sollten, mit der die Kolonialadministration angeblich ihr Humanitätsmandat ausübte[77].

3. Die Verdrängung der ausländischen Konkurrenz aus
   Französisch-Kongo

Wenngleich die Kolonialbürokratie somit annehmen mochte, sie
habe die Vergabe von Monopolrechten auf der juristischen Ebene
hinreichend gegen die wegen der Verletzung des Kongostatus zu
erwartenden Einwände und Proteste abgesichert, so war sie doch
andererseits nicht naiv genug zu glauben, sie habe sich damit
genügend gegen die nunmehr in der Kolonie anstehenden Auseinandersetzungen gewappnet. Solche heftigen Auseinandersetzungen

ergaben sich nicht nur mit den ehedem als Zwischenhändler zwischen Küstenregion und Binnenland operierenden indigenen Bevölkerungsgruppen, die sich, wie hier nur erwähnt, nicht aber weiter ausgeführt werden soll, durch die zugunsten der Landgesellschaften vorgenommene Übertragung des Nutzungsmonopols an den natürlichen Ressourcen des Landes betrogen sahen und ihren Unmut in blutig niedergeschlagenen Rebellionen ausdrückten[78].

Auch dem Widerstand der mit diesen indigenen Gruppen ehemals kooperierenden und traditionell etablierten Handelsunternehmen mußte die Kolonialverwaltung Rechnung tragen, was sie frühzeitig veranlaßt hatte, entsprechende Vorkehrungen zu treffen. So hatten sich diejenigen Konzessionäre, deren Ausbeutungsmonopole für die Küstenregion vergeben worden waren und dort mit den Aktivitäten der etablierten ausländischen Handelshäuser kollidierten, zuvor in einer geheimen Erklärung dazu verpflichten müssen, "mit Rücksicht auf etwaige diplomatische Schwierigkeiten" für die Dauer von zwei Jahren besagten Handelshäusern bei deren Unternehmungen freie Hand zu lassen und alles zu vermeiden, was zu Reklamationen Anlaß geben könnte. Nach Ablauf der genannten Frist sollten die Konzessionsinhaber den betroffenen ausländischen Händlern anbieten, deren Besitzungen zu einem fairen Preis aufzukaufen[79].

Neben dieser Vorsichtsmaßnahme wurde wenig später der Justizapparat der Kolonie unter ausdrücklichem Hinweis auf "delikate Rechtsstreitigkeiten", die sich wegen der begonnenen Verteilung der Landkonzessionen ergeben könnten, vorsorglich umorganisiert und in seiner personellen Ausstattung aufgewertet[80].

Die vom Kolonialministerium erwarteten "delikaten Rechtsstreitigkeiten" und "diplomatischen Schwierigkeiten", denen es mit den genannten Schritten zu begegnen hoffte, sollten sich denn auch alsbald einstellen. Im Hinblick auf die Kongoaffäre braucht uns hier nur die Auseinandersetzung mit den beiden englischen Handelsfirmen Hatton & Cookson und John Holt zu interessieren, die beide seit langem im Kongo etabliert waren und dort die mit Abstand führenden Positionen einnahmen. Sie besaßen zusammen etwa die Hälfte der größeren Handelsposten, welche enklavenförmig über das Territorium einiger Landkonzessionen verteilt waren. Die mit ihnen geführte Auseinandersetzung lief gleichzeitig auf drei verschiedenen Ebenen ab:

- auf einer Ebene direkter Verhandlungen mit dem Ziel einer einvernehmlichen Lösung,

- auf einer juristischen Ebene und schließlich

- auf der diplomatischen Ebene.

Im Rahmen des vorliegenden Kapitels werde ich mich in knapper Form mit den ersten beiden Konfliktebenen befassen, während die Darstellung der diplomatischen Auseinandersetzung im anschließenden Kapitel erfolgen soll.

Die Streitigkeiten begannen, kaum daß die Konzessionen vergeben worden waren. Bereits im Mai 1899 berichtet die Presse, daß drei Angestellte der Firma John Holt mit Gewalt vom Territorium einer Landgesellschaft vertrieben und ihre Waren entwendet worden seien[81]. Im folgenden Jahr wiederholen sich die Meldungen über gewaltsame Übergriffe der Konzessionäre gegen die englischen Händler und über entsprechende britische Proteste[82]. Dies veranlaßte den Generalkommissar des Kongo, seine Beamten im Oktober 1900 aufzufordern, die Konzessionäre unbedingt dazu anzuhalten, nicht auf eigene Faust gegen die ausländische Konkurrenz vorzugehen, sondern sich im Interesse eines auf jeden Fall notwendigen rechtsförmigen Verfahrens an die dafür zuständigen Justizorgane zu wenden[83]. Es waren indessen die englischen Händler, die von sich aus den Gerichtsweg beschritten, nachdem sie sich wiederholt dem eigenmächti-

gen Vorgehen der Landgesellschaften ausgesetzt sahen, weil
sie nicht bereit waren, deren Druck nachzugeben und ihre Handelsstationen in eine gemeinsam zu betreibende Konzessionsgesellschaft einzubringen. Eine derartige Lösung erschien den
englischen Firmen nämlich weniger lukrativ als die Möglichkeit,
sich als Gegenleistung für die ihnen entzogene Handelsfreiheit
mit einer angemessenen Summe entschädigen zu lassen. So wurden die direkten Verhandlungen zwischen den Kontrahenten im
Juli 1902 ergebnislos abgebrochen[84]. Zu dieser Entwicklung
hatten die in der Zwischenzeit von den Kolonialgerichten ergangenen Urteile Entscheidendes beigetragen. Wie eben schon
angedeutet, hatte die Firma John Holt beim Gericht in Libreville gegen das willkürliche Vorgehen der Konzessionäre Beschwerde eingelegt, war aber in dem daraufhin eröffneten Verfahren unterlegen und mußte auch in zweiter Instanz eine Bestätigung des gegen sie ausgesprochenen Urteils durch das zuständige Appellationsgericht hinnehmen. Ebenso erging es der
Firma Hatton & Cookson. In einer Serie weiterer Urteile wurde
jeweils das von der englischen Seite vorgebrachte Argument
zurückgewiesen, wonach die Landgesellschaften ein faktisches
Handelsmonopol ausübten, welches eine flagrante Verletzung
der Berliner Kongoakte darstelle. Die Gerichte vertraten den
Standpunkt, daß die Wahrnehmung eines exklusiven Nutzungsrechtes kein Handelsmonopol impliziere, weil der Verkauf von Bodenerzeugnissen nach herrschender internationaler Rechtsauffassung nicht als Handelsakt anzusehen sei. Die Verleihung
von Nutzungsrechten werde aber durch die Bestimmungen der
Berliner Akte nicht ausgeschlossen und stehe daher nicht im
Widerspruch zum dort verankerten Freihandelsgebot[85]. Diese
Urteile, welche den englischen Händlern nicht nur untersagten,
auf dem Gebiet der Landgesellschaften in Zukunft irgendwelche
Handelsgeschäfte zu tätigen, sondern die ihnen zugleich auch
empfindliche Geldstrafen auferlegten, zwangen sie dazu, im
Laufe des Jahres 1902 ihre Transaktionen in Französisch-Kongo

einzustellen und einstweilen die Ergebnisse der auf Regierungsebene inzwischen begonnenen Vermittlungsversuche abzuwarten[86]. Bevor ich im anschließenden Kapitel näher darauf eingehe, soll im folgenden wenigstens in Umrissen erläutert werden, daß mit der Installierung der Landgesellschaften in Französisch-Kongo nicht nur das in der Berliner und in der Brüsseler Akte festgelegte Freihandelspostulat verletzt wurde, sondern im gleichen Zusammenhang auch Zivilisationsidee und Humanitätsmandat sich in ihr Gegenteil verkehrten.

4. Zwangsarbeit und Terror statt Freihandel und Zivilisation

Ebenso wie in dem eingangs dieses Kapitels schon besprochenen Fall des Kongostaates, und darin dem südamerikanischen Amazonasgebiet vergleichbar[87], bildete auch in der französischen Kongokolonie ein mit äußerster Brutalität praktiziertes, terroristisches System von Zwangsarbeit die Basis der dortigen Kautschukproduktion. Kolonialadministration und private Landgesellschaften arbeiteten dabei Hand in Hand[88]. Offizielle Legitimationsgrundlage für dieses Vorgehen bildete die schon aus dem Kongostaat bekannte Kopfsteuer. Diese Steuer - vom Kolonialministerium "im vollständigen Einvernehmen" mit den Konzessionsgesellschaften vorbereitet (Coquery-Vidrovitch 1972, S. 117) - war von allen Afrikanern, die das zehnte Lebensjahr erreicht hatten, in der Regel in Form von Rohprodukten zu entrichten. Anfangs betrug sie zwischen einem und drei Francs pro Kopf und Jahr, wurde aber in der Folgezeit auf vier bis fünf Francs und später noch weiter erhöht. Diese Zahlen sind wenig aussagekräftig, wenn man sich dabei nicht vor Augen hält, daß diese Zwangsabgabe, wie eben bereits gesagt, in Naturalien, d. h. primär in Form von Kautschuk zu erbringen war, wobei dessen Wert von der Kolonialadministration beliebig manipuliert werden konnte. Der von der Verwaltung eingezogene Kautschuk

wurde von dieser gegen einen Betrag von 0,50 bis 1 Franc pro
Kilo an die Konzessionsgesellschaften abgetreten. Derselbe
Betrag wurde - im günstigsten Fall - den Afrikanern als Steuerleistung angerechnet, während der tatsächliche Marktwert in
der Kolonie fünf bis sechs Francs pro Kilo betrug. Um ihrer
Steuerverpflichtung nachzukommen, die sie als eine willkürliche Strafe der kolonialistischen Eroberer auffaßte, mußte
die indigene Bevölkerung - Männer, Frauen und Kinder - pro
Kopf und Jahr mindestens vier Kilo Kautschuk abliefern. Daß
eine solche Menge nicht so gering einzuschätzen ist, wie dies
auf den ersten Blick vielleicht erscheinen mag, wird deutlich,
wenn man die Bedingungen in Betracht zieht, unter denen der
Kautschuk gesammelt und aufbereitet werden mußte. Um ein Kilo
Latexsaft aus den entsprechenden Pflanzenarten abzuzapfen und
anschließend zu einer klebrigen Gummimasse gerinnen zu lassen,
waren von einem sehr guten, von morgens bis abends ununterbrochen tätigen Arbeiter mindestens drei bis vier Tage harter Arbeit aufzuwenden. Überdies brauchte die betreffende
Person wenigstens einen Tag für den Weg in das jeweilige Erntegebiet, wo sie sich von mitgebrachten Lebensmitteln ernähren
mußte. Der Vorgang der Latexaufbereitung war zudem äußerst
mühsam und schmerzhaft. Der Latexsaft wurde auf die eigene
Haut aufgetragen, wo er unter der Einwirkung des abgesonderten Schweißes zu einer fest auf der Haut haftenden Masse geronn, die nur unter empfindlichen Schmerzen wieder von der
Körperoberfläche entfernt werden konnte. Diese unmenschlichen
Arbeitsbedingungen veranlaßten selbst einen Verwaltungschef
der Kolonie dazu, sich beim Kolonialminister über einen "procédé aussi barbare" zu beschweren und dabei festzustellen:
"Tous les conseils des agents de l'Administration, qui poussent
les indigènes à la fabrication du caoutchouc, viennent échouer
contre la répugnance que leur cause le procédé employé [89]."
Eine Steuerleistung von vier Kilogramm Gummimasse bedeutete
pro Kopf der Bevölkerung - den mehrmals anzutretenden Hin-

und Rückmarsch zwischen Dorf und Erntegebiet sowie den Transport zum nächsten Verwaltungsposten eingerechnet – einen Arbeitsaufwand von insgesamt rund dreißig Tagen pro Jahr, wobei diese Arbeit nicht nur unmenschlich hart, sondern inmitten von Stechfliegen auch extrem gesundheitsgefährdend war. Kein Wunder, daß die Afrikaner zu einer derartigen Tortur freiwillig nicht bereit waren. Um so mehr verstärkte sich der Druck des Kolonialapparates. Eine Anweisung des Kolonialministeriums forderte die koloniale Verwaltungsspitze auf, die nachgeordneten Kolonialbeamten nach der Menge des von ihnen als Steuer eingetriebenen Kautschuks zu beurteilen – eine Anweisung, die sich prompt in entsprechenden Rundschreiben der Verwaltungschefs niederschlägt: "Ainsi les chefs de la colonie étaient-ils prisonniers du système: accroître le rendement tel était le souci dominant. Il fallait faire de l'impôt à tout prix" (Coquery-Vidrovitch 1972, S. 125 f). Alle einschlägigen Repressionsmethoden kommen zur Anwendung – von der Verhängung empfindlicher Geldstrafen über die in einem früheren Kapitel schon erwähnte Geiselnahme bis zur Vernichtung von Pflanzungen und der Zerstörung ganzer Dörfer. Der permanente Einsatz von offener Gewalt wird zur conditio sine qua non der Steuereintreibung, wie ein Funktionär der Kolonialverwaltung selbst zum Ausdruck bringt: "Quelle que soit la répugnance que l'on éprouve pour les moyens violents, je n'en vois pas d'autre[90]." Bei ihren Streifzügen verbreiten die als Hilfstruppen der Kolonialadministration eingesetzten senegalesischen Milizen unter der Bevölkerung panisches Entsetzen (Coquery-Vidrovitch 1972, S. 127). Die terrorisierten Menschen, soweit sie nicht die Flucht ergreifen, leisten verzweifelten Widerstand. Überall brechen Revolten aus, spontane Erhebungen, die sich während der gesamten Kolonialperiode ständig wiederholten und eine ihrer entscheidenden Ursachen in der Praxis der Steuererhebung hatten – einer nur schlecht kaschierten Form der Zwangsarbeit, die im unmittelbaren Zusammenspiel von Kolonialverwaltung und privaten Landgesellschaften mit blanker Gewalt aufrechterhalten wurde. Dieses am Beispiel des Kongostaates schon vorgestellte System außerökonomischen Zwangs war völlig auf das faktische Handelsmonopol der privaten Landgesellschaften zugeschnitten, weil die Kolonialverwaltung die Afrikaner zu einer Produktion zwang, deren Ertrag, gegen ein konkurrenzlos niedriges Entgelt, ausschließlich den Konzessionären zugute kam.

So sehr die Konzessionäre also über das Steuersystem von der Zusammenarbeit mit der Kolonialadministration profitierten, so energisch bemühten sie sich daneben, den begehrten Kautschuk auch auf direktem Wege von den Afrikanern zu erlangen. Das System der über die Kopfsteuer eingeführten Zwangsarbeit wurde daher durch einen auf offener Gewalt beruhenden Zwang zum Tauschhandel ergänzt. Piel (1980, S. 234) spricht in diesem Zusammenhang von einem "Zwangshandel". Im Grunde handelt es sich beim "Zwangshandel" ebenfalls um eine Form von Zwangsarbeit. Die Afrikaner werden von den Agenten der Landgesellschaften zum Sammeln und Aufbereiten des Latexsaftes gezwungen und bekommen im Gegenzug für den weit unter Wert berechneten Kautschuk Waren angeboten, die ihren Wünschen und Bedürfnissen zumeist nicht entsprechen, die aber dessenungeachtet für ein Vielfaches ihres tatsächlichen Wertes in Rechnung gestellt werden. Ein doppelter Betrug an den Afrikanern, ein doppelter Gewinn für die Konzessionäre, die auf diese Weise "enorme Gewinne" machten[91]. Daß ein solcher "Handel" nur auf der Grundlage permanenter und brutalster Gewalt funktionieren kann, liegt auf der Hand und braucht an dieser Stelle nicht weiter ausgeführt zu werden. Nach einem von Coquery-Vidrovitch erstellten Schaubild bestand eine direkte Korrelation zwischen der Anzahl der von einer Landgesellschaft bei ihren Terrorakten verschossenen Patronen und der Menge des von ihr dadurch erpreßten Kautschuks - ein Tatbestand, der eine diesbezügliche

lapidare Feststellung eines Agenten dieser Gesellschaft vollauf bestätigt: "Plus d'hommes armés, plus de caoutchouc [92]."
So wie im Kongostaat und in den südamerikanischen Urwaldgebieten entschied auch in der französischen Kongokolonie in letzter Instanz der Karabiner über die Bereitschaft der indigenen Bevölkerung, sich der Tortur der Kautschukaufbereitung zu unterwerfen[93].

Als ein abschließendes Resümee für die hier nur in den wichtigsten Grundzügen erfolgte Schilderung des Systems der "Raubwirtschaft und des Terrors" (Albertini 1976, S. 285), wie es sich in enger Kooperation zwischen Kolonialverwaltung und Landgesellschaften herausgebildet hatte, bietet sich das Urteil an, mit dem der vom Kolonialminister im Jahre 1905 offiziell eingesetzte Untersuchungsausschuß das Konzessionssystem bezüglich seiner ökonomischen und sozialen Folgen belegt. Mit Blick auf den zivilisatorischen Anspruch kolonialer Expansion wird hier für die Kongokolonie zusammenfassend festgestellt, das dort eingeführte System habe zum Schaden der Afrikaner nicht nur "das belebende Element" der Konkurrenz verschwinden lassen, die Administration zum Erfüllungsgehilfen der Konzessionäre degradiert und der zügellosen Anwendung von Gewalt Tür und Tor geöffnet, sondern werde zugleich auch sämtliche Grundlagen für eine fortschrittliche Entwicklung nachhaltig zerstören:

> "des mesures brutales auront aliéné à notre influence les populations que nous prétendons appeler à la civilisation et notre oeuvre pacificatrice et économique demeurera stérile, compromise par ceux-là mêmes que nous aurons associés à nos efforts. Nous aurons présidé au rétablissement du travail servile, si contraire à notre conception des droits individuels, et nous aurons fait exécrer le travail lui-même (94)."

3. Kapitel: Die englische Gegenattacke

1. Einführung

Wie das vorangegangene Kapitel gezeigt haben sollte, liegt der Anlaß für die hier diskutierte internationale Kongofrage, die uns auch in den nachfolgenden Ausführungen weiterhin beschäftigen wird, in der Tatsache begründet, daß der in der Berliner Kongoakte vereinbarte internationale Kongostatus sowohl in der belgischen, als auch in der französischen Kongokolonie wenn auch nicht formell aufgekündigt, so doch in der Praxis systematisch unterlaufen worden war. Bei aller grundsätzlichen Gemeinsamkeit der für sie charakteristischen Organisationsmuster wies dabei die Situation der beiden Kongokolonien gleichwohl einige Unterschiede auf, die für den Verlauf der nun zu schildernden Kontroverse zwischen den vornehmlich von England repräsentierten Verfechtern des Freihandelsprinzips auf der einen sowie Belgien und Frankreich auf der anderen Seite eine wichtige Rolle spielten. So war der belgisch kontrollierte Kongostaat kritischen Attacken gegenüber weitaus stärker exponiert als seine französische Nachbarkolonie. Dies lag einmal daran, daß der Kongostaat, d. h. letztlich in erster Linie der belgische Monarch Leopold II., am kolonialen Ausplünderungsprozeß nicht nur direkt beteiligt, sondern vor allem auch als dessen hauptsächlicher Nutznießer für die barbarischen Exploitationsmethoden unmittelbar verantwortlich war. Im Gegensatz zu Französisch-Kongo konnte hier also noch nicht einmal auf die Schutzbehauptung zurückgegriffen werden, eine unabhängige Kolonialverwaltung sei unablässig darum bemüht, die Konzessionsgesellschaften bei ihren Operationen zu kontrollieren sowie die in jeder anderen Kolonie ebenfalls vorkommenden Übergriffe einzelner Funktionäre unnachsichtig zu ahnden, kurz: das Prinzip der zivilisatorischen Mission den jeweiligen Umständen entsprechend stets zur

Richtschnur administrativen Handelns zu machen. Hinzu kommt, daß die gegenüber der französischen Kongokolonie weitaus größere Repressionsarmee im Kongostaat zu einer entsprechend gesteigerten Intensität des dortigen Terrorsystems mit all seinen brutalen Begleiterscheinungen und blutigen Folgen geführt hatte. Demgegenüber wurden sogar die Zustände in Französisch-Kongo, trotz einer weitgehenden Übereinstimmung der Exploitationsmechanismen, noch als relativ weniger brutal angesehen[94a]. Diese Tatsache war um so bedeutsamer, als der Kongostaat, wie dargestellt, den Richtlinien des internationalen Kongostatuts in besonderer Weise verpflichtet war. Seine Gründung und damit zugleich auch seine Fortexistenz waren mit den über das konventionelle Kongobecken getroffenen diplomatischen Vereinbarungen unmittelbar verknüpft. Die systematisch praktizierte Verletzung der Berliner Kongoakte richtete sich insofern also zugleich gegen die legitimatorischen Grundlagen des Kongostaates selbst. Schließlich - und damit berühren wir den letztlich entscheidenden Gesichtspunkt - war der Kongostaat allein schon wegen der im internationalen Mächtespiel relativ schwachen belgischen Position dazu prädestiniert, den Hauptstoß der gegen die Verletzung der Kongoakte alsbald einsetzenden Reformagitation auf sich zu ziehen, während die um die gleiche Frage mit Frankreich geführte Auseinandersetzung vornehmlich mit den Mitteln klassischer Diplomatie ausgetragen wurde. Dies änderte freilich nichts daran - und alle Beteiligte waren sich darüber auch vollkommen im klaren -, daß die aus taktischen Gründen in erster Linie gegen den Kongostaat gerichtete Kampagne zugleich auch die französische Kongopolitik unmittelbar betraf, auch wenn Frankreich ständig darum bemüht war, sich vom Kongostaat zu distanzieren.

In der in diesem Kapitel darzustellenden internationalen Kontroverse waren also die Positionen der beiden Kongokolonien eng miteinander verbunden. Die französischen Interessen, auf die ich mich hier im wesentlichen zu konzentrieren habe, waren dabei in zweifacher Hinsicht von der Entwicklung im Kongostaat abhängig. Einmal, so wurde bereits angedeutet, konnte eine von außen erzwungene Revision des belgischen Konzessionssystems die Situation in Französisch-Kongo nicht unberührt lassen, sondern hätte auch hier fast zwangsläufig zu einer mehr oder weniger weitreichenden Modifizierung des Konzessionssystems führen müssen, um den ausländischen Freihandelsinteressen genügen zu können. In einem solchen Fall wären nicht nur beträchtliche Regreßforderungen der durch das Konzessionssystem geschädigten englischen Handelsfirmen, sondern auch erhebliche Schadenersatzforderungen der in ihren ursprünglichen Rechten verletzten Konzessionsgesellschaften auf die französische Regierung zugekommen. Zum anderen hätte eine im Zusammenhang mit dem Kongostaat erfolgte internationale Verurteilung der in Französisch-Kongo praktizierten Kolonialmethoden die seit dem Jahre 1884 bestehende französische Option auf den Kongostaat ganz massiv in Frage stellen müssen. Wäre es nämlich tatsächlich dazu gekommen, daß der Kongostaat auf einer erneuten Kongokonferenz wegen gravierender Verletzungen der Berliner Generalakte aufgelöst worden wäre, so hätte ein gleichermaßen belastetes Frankreich kaum damit rechnen können, einen auf sein Vorkaufsrecht gestützten Anspruch auf Territorium und Besitz des Kongostaates auch nur ernsthaft geltend machen zu können. Dieser umfassendere Aspekt der Kongoproblematik war es, der dem begrenzten Konflikt zwischen französischen Konzessionären und englischen Händlern eine grundsätzlichere Bedeutung verlieh und das französische Außenministerium dazu veranlaßte, während der gesamten Dauer dieser Auseinandersetzung auf das an einer starren Rechtsposition festhaltende Kolonialministerium einzuwirken, um dieses Ressort zu einer flexibleren, kompromißbereiten Haltung zu bewegen. Dies gelang, wie sich später noch zeigen wird, allerdings erst, nachdem die Konfliktstrategie des Kolonialministeriums infolge seiner letztlich mißglückten Skandalinszenierung in der ursprünglichen Art und Weise nicht länger fortgesetzt werden konnte.

Im Laufe der weiteren Ausführungen wird noch deutlich werden, daß die rein formaljuristisch begründete Haltung des Kolonialministeriums im Außenministerium auf zunehmende Verärgerung und Besorgnis stieß, zumal man hier den im Kolonialressort bezogenen Rechtsstandpunkt als höchst anfechtbar einschätzte. Sollte der Konflikt mit den englischen Händlern, so wurde am Quai d'Orsay befürchtet, zu einer offen ausgetragenen Kontroverse um die in Französisch-Kongo praktizierte Kolonialpolitik führen, so würde dies aus den oben genannten Gründen die politische Position Frankreichs in der gesamten Kongofrage, deren weitere Entwicklung wegen einer möglichen Neuauflage einer internationalen Kongokonferenz völlig offen sei, ganz erheblich schwächen. Ein starres Festhalten an - überdies unhaltbaren - Rechtspositionen sei angesichts einer derartigen Perspektive ein völlig ungeeignetes politisches Mittel. Wie bereits gesagt, konnte sich das Außenministerium mit seiner Einschätzung gegen das Kolonialressort zunächst nicht durchsetzen. Dieses verfolgte vielmehr bis zum Kongoskandal seine eigene Taktik und konnte nach deren eben schon angedeuteten Scheitern schließlich von Glück sagen, daß es letztlich in dem hier interessierenden Zeitraum doch nicht zu einer erneuten Kongokonferenz kam, auf der die von ihm eingenommene Position aller Wahrscheinlichkeit nach weder rechtlich noch politisch Bestand gehabt hätte. Wie nun anschließend gezeigt werden soll, konnten sich die Vertreter des Freihandelsprinzips nämlich nicht nur auf den Wortlaut der Berliner Kongoakte berufen, sondern sich darüber hinaus auch auf den völkerrechtlichen Grundsatz der sogenannten "Humanitätsintervention" stützen, der ihren Forderungen nach einer Revision der in den Kongokolonien installierten Monopolsysteme zusätzliche politische Durchschlagskraft verlieh.

2. "Humanitätsintervention" als politisches Druckmittel

Es wurde bereits dargestellt, daß die Kolonialverwaltung Französisch-Kongos die dort operierenden englischen Händler durch eine Serie von Gerichtsbeschlüssen dazu gezwungen hatte, ihre Transaktionen vollständig einzustellen. Das Vorgehen der Kolonialbehörden gegen die englischen Händler hatte schon in einem sehr frühen Stadium der Auseinandersetzung zu Protesten der britischen Botschaft geführt[95]. Im Oktober des Jahres 1900 wurde der britische Botschafter in dieser Sache erneut am Quai d'Orsay vorstellig[96]. Weitergehende Schritte wurden vom Foreign Office zunächst nicht unternommen. Ein Vorgehen auf der juristischen Ebene wurde von der zuständigen Rechtsabteilung als wenig erfolgversprechend angesehen. Nachdem es in der französischen Kongokolonie unterdessen zu weiteren Gerichtsurteilen gegen die Liverpooler Handelsfirmen gekommen war, hatte sich die Situation zunehmend verschärft. Das französische Kolonialministerium war daraufhin bemüht, dem Streit durch ein Vermittlungsangebot die Spitze zu nehmen, konnte aber zwischen den streitenden Parteien keine Einigung herbeiführen. Ein in der Folgezeit unternommener zweiter Anlauf, zwischen den betroffenen Konzessionären sowie den Firmen John Holt und Hatton & Cookson eine direkte Verständigung zu erreichen, schlug nach längeren, zähen Verhandlungen ebenfalls fehl. Auch die im April 1904 geschlossene britisch-französische Entente konnte nicht verhindern, daß der Versuch einer gütlichen Einigung im August 1904 bis auf weiteres gescheitert war[97].

Die genannten britischen Handelsfirmen hatten sich freilich schon recht bald darauf eingestellt, daß der Rechtsweg allein nicht zum Ziele führen konnte. So vertrauten sie von Beginn an vor allem auf diplomatische Aktivitäten zur Durchsetzung ihrer Interessen. Die eben erwähnten, mit dem Ziel einer direkten Vereinbarung geführten Verhandlungen waren denn auch ihrerseits

ein Resultat entsprechender diplomatischer Schritte. Eine mit
größerem Gewicht vorgetragene diplomatische Initiative des
Foreign Office setzte aber, wie sie bald erkannten, einen angemessenen politischen Druck in England selbst voraus. Das Beklagen verletzter Rechtsansprüche bzw. der Hinweis auf die geschädigten Interessen einzelner Handelsunternehmen allerdings
konnte kaum ausreichen, um die britische Öffentlichkeit umfassend und nachhaltig zu mobilisieren. Um erfolgreich aufgezogen und in effektive diplomatische Aktionen umgesetzt werden
zu können, mußte die Kampagne zur Durchsetzung britischer Handelsinteressen im Kongogebiet vielmehr in eine übergreifende
politische Strategie eingebunden werden.

Die von der "Aborigines Protection Society" (A.P.S.) seit langem
entwickelten Aktivitäten boten hierzu eine willkommene Gelegenheit. Diese humanitäre Organisation hatte dank unermüdlichen
Einsatzes ihres Sekretärs. H. R. Fox Bourne bereits in den 1890er
Jahren beim britischen Foreign Office und beim belgischen König
gegen die im Kongostaat praktizierten Zwangsmethoden protestiert.
In ihren detaillierten Protestschreiben hatte sie dabei bereits all jene Argumente entwickelt, die von der wenige Jahre
später entstehenden Kongoreformbewegung mit dann weitaus größerem Erfolg in der britischen Öffentlichkeit vorgetragen wurden. So wurde z. B. in einem Memorandum aus dem Jahre 1896 auf
die Verantwortung hingewiesen, welche die Unterzeichnermächte
der Berliner und der Brüsseler Akte für die Einhaltung der dort
festgelegten humanitären Bestimmungen wahrzunehmen hätten. Als
das Foreign Office in seiner Antwort die Zustände im Kongostaat
verharmlosend darstellt, folgt eine weitere Erklärung der A.P.S.,
in der eine Reform der im Kongostaat offiziell verfolgten Politik gefordert wird: "It was the first time that the reports of
the atrocities committed in the Congo State had been directly
linked with the legislation existing in that country and the
responsibility of the powers to intervene invoked[98]." Das For-

eign Office gab indes erneut zu verstehen, daß es sich zu einer
Aktion gegen den Kongostaat nicht bereit finden könne. Nachdem
es somit nicht gelungen war, die Regierung durch direkte Appelle
zum Handeln zu bewegen, folgten einige parlamentarische Initiativen, die aber ebenfalls nicht zu dem gewünschten Ergebnis
führten. Dessenungeachtet besteht die A.P.S. weiterhin auf
ihrer Forderung nach Einberufung einer neuen Kongokonferenz,
und auch die britische Presse befaßt sich nun zunehmend mit
den Greueln im Kongostaat. In der öffentlichen Kritik gegen das
dortige Kolonialsystem reichen die Äußerungen bis zu der Forderung, den Kongostaat aufzulösen und sein Territorium unter
Deutschland, Frankreich und England aufzuteilen. Aufgrund eigener Erkenntnisse gelangte Ende der 1890er Jahre auch das Foreign Office zu der Einschätzung, daß sich im Kongostaat ganz
offenkundig ein Terrorregime etabliert habe: "It was generally
agreed that the Congo administration was 'horrible'[99]". Dennoch
hielt das Foreign Office in dieser Angelegenheit weiterhin
still. Die sich gerade zu jener Zeit durch das direkte Aufeinandertreffen des britischen und des französischen Expansionsinteresses im Niltal zuspitzende Konfliktlage, in der der Kongostaat eine wichtige strategische Position einnahm, ließen
es der britischen Regierung als wenig geraten erscheinen, den
belgischen Monarchen durch unbedachte Aktionen womöglich an
die Seite Frankreichs zu drängen[100].

Obwohl die humanitäre Agitation der A.P.S. in der britischen
Öffentlichkeit bis zur Jahrhundertwende durchaus einiges Aufsehen erregt hatte, blieb ihrer von spontanen und unkoordinierten Aktionen getragenen Kampagne der politische Durchbruch
letztlich also versagt. Dies änderte sich erst, als sich gewichtige britische Handelsinteressen mit der humanitären Zielsetzung der Kongoagitation verbanden. Die Verbindung zwischen
Zivilisationsidee und Freihandelsinteresse, die schon der Antisklavereibewegung ihre politische Durchschlagskraft verliehen

hatte, gab auch der an die Tradition jener Bewegung anknüpfenden Kongoreformagitation eine massive und nachhaltig wirkende Schubkraft[101].

Das Interesse britischer Handelskreise an der Kampagne der A.P.S. war just in dem Augenblick erwacht, in dem die französischen Kolonialbehörden damit begonnen hatten, die englischen Firmen John Holt und Hatton & Cookson aus Französisch-Kongo zu verdrängen. Die nun entstehende Allianz zwischen humanitären Bestrebungen und Freihandelsinteressen wurde durch die Verbindung zweier Männer symbolisiert, die in der Kongoreformbewegung fortan eine führende Rolle spielen sollten: E(dmund) D(ene) Morel, der den publizistischen Part übernahm, und John Holt, Besitzer des gleichnamigen Handelshauses mit Sitz in Liverpool. Morel überzeugte den zunächst zögernden, weil eher auf diskrete diplomatische Bemühungen setzenden Holt von der Notwendigkeit einer breit angelegten politischen Kampagne[101a]. Das in den beiden Kongokolonien sukzessive eingeführte Konzessionssystem stellte in den Augen Morels als ein wucherndes "Krebsgeschwür" bzw. eine raubgierige "Krake" eine schleichende Gefahr für den gesamten britischen Afrikahandel dar[102]. Auf einer neuen Kongokonferenz müsse dieses System deshalb ein für allemal beseitigt werden: "he recognized that the policy of Free Trade and the Open Door was the only one that could be beneficial to European interests as a whole in Western Africa[103]." Nachdem es, wie erwähnt, mit der französischen Seite auch nach mehrmaligen Verhandlungen zu keiner Einigung über die britischen Schadensersatzforderungen gekommen war, fand sich Holt schließlich dazu bereit, die von Morel vorgeschlagene Kampagne mitzutragen. Damit begann sich der usprünglich um die Interessen zweier britischer Handelsfirmen in Französisch-Kongo begrenzt geführte Konflikt zu einer politischen Auseinandersetzung um die Grundlagen der im Kongo betriebenen monopolistischen Exploitationspolitik auszuweiten und nahm somit eine Entwicklung, vor der das französische Außenministerium, wie wir noch sehen werden, das eigene Kolonialressort von Anfang an gewarnt hatte.

Mit der Beteiligung Holts hatte die englische Kongoreformkampagne entscheidendes Gewicht bekommen. Jetzt standen der Bewegung nicht nur die notwendigen finanziellen Mittel zur Verfügung; als Vizepräsident der Handelskammer von Liverpool verfügte Holt auch über beträchtlichen Einfluß in britischen Handelskreisen und bei der englischen Regierung. Ähnliches galt für Cookson[104], den Repräsentanten der anderen bedeutenden britischen Firma, deren Interessen in Französisch-Kongo durch das Konzessionssystem geschädigt worden waren. Der weitreichende Einfluß der genannten Kaufleute machte sich alsbald öffentlich bemerkbar. Im September 1901 protestierte die Handelskammer von Liverpool beim britischen Außenminister gegen die in Französisch-Kongo betriebene Monopolpolitik und forderte die Regierung auf, sich für die Respektierung der Berliner und der Brüsseler Generalakte einzusetzen sowie durch geeignete Schritte sicherzustellen, daß die Handelsfreiheit im Kongo vollständig wiederhergestellt würde[105]. Zugleich wurde die Besorgnis geäußert, daß das Konzessionssystem auf Dahomey sowie die übrigen westafrikanischen Kolonien Frankreichs ausgedehnt und dem britischen Handel somit weiterer Schaden zugefügt werden könnte[106]. Derartige Befürchtungen waren durchaus nicht unbegründet. So hatte sich die beim französischen Kolonialministerium zuständige Konzessionskommission im Frühjahr 1900 mit einer ganzen Reihe von Konzessionsanträgen für die westafrikanischen Kolonien zu befassen. Der Versuch, das im Kongo bereits installierte Konzessionssystem auf die genannten Territorien auszudehnen, scheiterte freilich am Widerstand des dort traditionell etablierten französischen Kolonialhandels und der mit ihm verbundenen lokalen Kolonialadministration[107]. Die Gefahr einer weiteren möglichen Ausbreitung des monopolistischen Konzessionssystems über die bereits okkupierten Ge-

biete hinaus hatte gleichwohl konkrete Gestalt angenommen
und gab der britischen Kampagne zusätzlichen Auftrieb. Innerhalb weniger Wochen wurde der Protest der Liverpooler Handelskammer von den übrigen Kammern des Landes übernommen. In ihrer Protestschrift mischten sich, ganz in der Tradition der Abolitionsbewegung, humanitäre und kommerzielle Motive zu einer unlösbaren Einheit. Mit dieser Entwicklung war die Kampagne, deren weiterer Fortgang im folgenden nur in den hier wesentlichen Punkten geschildert werden soll, auf breiter Front eröffnet worden: "The ball had been set rolling." (...) "The Belgian policy and its French prototype had been challenged in their fundamental claims and pretensions. A new force had been swept into the fray[108]." Im Jahre 1902 erfuhr die britische Kampagne zudem eine Unterstützung durch entsprechende deutsche Proteste. So forderten die Hamburger und die Bremer Handelskammern das deutsche Außenministerium dazu auf, sich für eine erneute Kongokonferenz einzusetzen[109]. Die deutsche Regierung war freilich an einer Verschlechterung ihrer Beziehungen zu Frankreich und Belgien nicht interessiert und darüber hinaus auch deshalb nicht geneigt, von sich aus die Initiative für eine neue Kongokonferenz zu ergreifen, weil mit der weiter oben schon erwähnten Südkamerungesellschaft innerhalb des konventionellen Kongobeckens unter deutscher Verantwortung das System monopolistischer Landkonzessionen ebenfalls angewendet worden war[110]. Auch das britische Foreign Office stand zu jener Zeit der Idee einer neuen Kongokonferenz weiterhin sehr reserviert gegenüber[111]. Man befürchtete im britischen Außenministerium, eine derartige Konferenz könnte die gesamte Frage der Teilung Afrikas wieder auf die Tagesordnung setzen, was den britischen Interessen nicht dienlich sei. Ohne einen entsprechenden öffentlichen Druck, so eine offizielle Aussage des Foreign Office vom April 1902, werde die englische Regierung keine Initiative für eine neue internationale Afrikakonferenz ergreifen[112].

Daraufhin wurde die Kongoagitation verstärkt auf das Ziel ausgerichtet, "to force the hand of the Foreign Office[113]." So fand im Mai 1902 unter breiter Beteiligung humanitärer Organisationen sowie der führenden Handelskammern des Landes eine große öffentliche Protestveranstaltung statt, das sogenannte "Meeting at the Mansion House". In einer dort verabschiedeten Resolution wurden die Unterzeichnerstaaten der Berliner und der Brüsseler Generalakte aufgefordert, ihrer Verantwortung gerecht zu werden und sich für eine Reform des im Kongo etablierten Kolonialsystems einzusetzen. An die britische Regierung wurde appelliert, eine dahingehende Initiative zu ergreifen und die verantwortlichen Mächte zu einer internationalen Konferenz einzuladen. Dieses Treffen demonstrierte auf eindrucksvolle Weise die geschlossene Haltung der britischen Öffentlichkeit in der Kongofrage. Von nun an stand die britische Presse einmütig auf der Seite der Reformer[114]. Dies drückte sich in einer breit angelegten publizistischen Kampagne aus, die sich an das "Mansion House Meeting" anschloß. Parallel dazu erfolgten mehrere Anfragen im Unterhaus, die sich auf die Situation des britischen Handels in Französisch-Kongo bezogen[115]. Im März 1903 verabschiedete dann die Vereinigung der britischen Handelskammern in London eine Resolution, in der die Regierung erneut aufgefordert wurde, in Verbindung mit den übrigen betroffenen Großmächten bezüglich der Kongofrage zu prüfen, "how far fresh action and reform are necessary[116]." Weitere parlamentarische und außerparlamentarische Schritte der Kongoreformbewegung schlossen sich an. Die mit Beginn des Jahres 1903 mit aller Energie vorgetragenen Proteste führten im Mai desselben Jahres zu einem Höhepunkt der Kampagne. In einer aus dem üblichen Parlamentsbetrieb herausragenden Debatte vom 20. Mai 1903 wurde die Regierung einstimmig dazu aufgefordert, zusammen mit den übrigen Signatarstaaten der Berliner Kongoakte durch wirksame Maßnahmen dafür zu sorgen, daß die Bestimmungen dieser Akte, "by virtue of which the Congo Free State exists", im Kongogebiet zukünftig strikt eingehalten würden[117]. Im Verlaufe der Debatte wurde ausdrücklich darauf hingewiesen, daß die britische Regierung das Recht habe, im Kongo zu intervenieren[118]. Auf den an dieser Stelle zum ersten Mal eigens erwähnten völkerrechtlichen Aspekt der an die englische Regierung gerichteten Interventionsforderung wird im weiteren noch zurückzukommen sein. Hier ist zunächst noch darauf hinzuweisen, daß die zitierte Resolution sich aus taktischen Gründen im Wortlaut zwar nur auf den Kongostaat bezieht, daß aber das französische Konzessionssystem im Falle einer internationalen Erörterung der Kongoproblematik von der Natur der Sache her ganz unvermeidlich ebenfalls auf der Tagesordnung stünde. Wie wenig sich das französische Auswärtige Amt darüber im unklaren war, wird im anschließenden Kapitel noch darzustellen sein.

Die Parlamentsdebatte vom 20. Mai 1903 markiert, im nachhinein betrachtet, einen Wendepunkt in der Kongoagitation. Morel sieht in ihr "the first nail in the coffin of the Congo Free State[119]." Ähnlich äußert sich Cookey[120]. Angesichts des überwältigenden Parlamentsvotums konnte die britische Regierung von nun an nicht mehr umhin, in der Kongofrage eigene Aktivitäten zu entwickeln[121]. Solchermaßen zur Aktion gedrängt, übersandte das englische Außenministerium am 8. August 1903 an die Unterzeichnerstaaten der Berliner Kongoakte eine Note, in der diese dazu aufgefordert wurden, in gemeinsamen Beratungen zu prüfen, ob die Bestimmungen der Berliner Generalakte im Kongostaat eingehalten worden seien, oder ob es sich als notwendig erweise, durch ein gemeinsames Vorgehen zu erwirken, daß die Kongoakte in Zukunft gebührend beachtet würde. Die weitreichende Bedeutung dieser Note erhellt aus einigen Schlüsselpassagen, auf die hier etwas näher eingegangen werden soll. Unter Hinweis auf die erwähnte Unterhausdebatte wird eingangs ein ausdrücklicher Bezug zur Abolitionsbewegung hergestellt, indem die Zustände im Kongostaat als faktische Sklaverei bezeichnet werden[122]. Im weiteren Verlauf der Argumentation wird eine Unterscheidung eingeführt, die für das Verständnis der französischen Kongoaffäre von zentraler Bedeutung ist. Es wird nämlich zwischen singulären Übergriffen einzelner Kolonialagenten einerseits sowie einer systematischen Terrorpolitik andererseits differenziert, wobei für den Kongostaat letzteres als zutreffend unterstellt wird[123]. Auch wenn das genaue Ausmaß jener Vorgänge nicht mit letzter Sicherheit zu bestimmen sei, sei es gleichwohl nicht möglich, die Zustände im Kongostaat weiterhin zu ignorieren. Es müsse vielmehr festgestellt werden, daß der Kongostaat die Prinzipien, denen er seine Existenz verdanke, in der Praxis aufgegeben habe. Somit sei eine Situation eingetreten, die ein Eingreifen der übrigen Mächte erforderlich mache[124].

Vor dem Hintergrund des bisher schon erörterten Gesamtzusammenhanges, in dem der hier zitierte Text abgefaßt wurde, überrascht es nicht, wenn im Anschluß an den Hinweis auf die systematische Verletzung der in der Kongoakte niedergelegten zivilisatorischen Grundsätze als zweites Thema die Frage der Handelsfreiheit angeschnitten wird. Dabei ist wesentlich, daß die Note das System der Landkonzessionen, soweit es die Bestimmungen der Berliner Akte berührt, als solches prinzipiell in Frage stellt und somit die französische Kongokolonie, ohne sie explizit zu nennen, in den diskutierten Problemzusammenhang unmittelbar mit einbezieht[125]. Dieses grundsätzliche Problem, so endet der Text der Note, könne möglicherweise dem Internationalen Gerichtshof in Den Haag zur Entscheidung vorgelegt werden. Weitere Vorschläge zur Regelung "dieser wichtigen Frage" würden von der britischen Regierung gerne entgegengenommen.

Trotz dieser direkten Aufforderung zur Reaktion fand sich indes keine der angesprochenen Regierungen zu einer Antwort bereit. Soweit die Unterzeichnerstaaten der Kongoakte sich nicht selbst auf direkte oder indirekte Weise als Adressaten der erhobenen Vorwürfe betrachten mußten (Belgien, Frankreich und - wegen der Südkamerungesellschaft - auch Deutschland) waren sie, da eigene Belange nur unwesentlich berührt waren, an einer Diskussion der Kongoproblematik nicht interessiert. So blieb die Diskussion um die Legitimität und die rechtliche Zulässigkeit der im konventionellen Kongobecken vergebenen Landkonzessionen vorerst auf den engen Kreis der unmittelbaren Kontrahenten beschränkt, was sich mit dem Eingreifen der USA in den folgenden Jahren freilich ändern sollte. Im anschließenden Kapitel wird darauf noch einzugehen sein.

Bevor die weitere Entwicklung der Kongofrage skizziert wird, soll zunächst die völkerrechtliche Grundlage des britischen Vorgehens näher untersucht werden. Worauf stützte die britische Regierung ihren Anspruch, in den Souveränitätsbereich des Kongostaates unmittelbar einzugreifen, um diesen zu einer Änderung seines internen Organisationssystems zu zwingen? Wie die aus der Regierungsnote vom August 1903 zitierten Textauszüge gezeigt haben, gründete sich der britische Interventionsanspruch vornehmlich auf die in der Berliner Akte formulierte Zivilisationsidee und den darin enthaltenen Humanitätsgedanken. Die vom belgischen König Leopold II. zur Legitimierung des Kongostaates in propagandistischer Absicht strapazierte Humanitätsdoktrin kehrte sich also nunmehr gegen den Kongostaat selbst (Loth 1981, S. 298). Der ursprünglich als ein Mittel zur ideologischen Rechtfertigung kolonialer Eroberung vorgetragene Anspruch auf humanitäre Intervention erhielt im Zusammenhang mit dem englischen Vorgehen gegen den Kongostaat eine neue Dimension, indem er jetzt auch zum Austragen innerimperialistischer Rivalitäten benutzt wurde. Dies war um so eher möglich, als die Humanitätsdoktrin im Verlaufe der zweiten Hälfte des 19. Jahrhunderts im internationalen Recht einen hervorragenden Platz eingenommen hatte: "Der durch die Abolitionsbewegung geförderte Humanitätsgedanke war im Völkerrecht jener Jahrzehnte so stark geworden, daß er sogar den zum unbeweifelbaren Dogma erstarrten Souveränitätsgrundsatz einzuschränken vermochte. Denn wenn auch das positive Völkerrecht grundsätzlich die Unabhängigkeit des Staates gegen jede Intervention Dritter schützte, so ließ es doch die Einmischung aus humanitären Gründen zu[126]." Die Anwendung dieses internationalen Rechtsgrundsatzes beschränkte sich nach dem ausdrücklichen Verständnis der damals herrschenden Völkerrechtslehre freilich auf die Beziehungen zwischen "zivilisierten" Staaten einerseits sowie "halb zivilisierten" und "barbarischen" Regionen andererseits, oder anders ausgedrückt, zwischen dominierenden Metropolen und abhängigen Territorien[126a]. Bei der "Humanitätsintervention" handelte es sich mit anderen Worten in Wahrheit um ein auf die imperialistische Praxis jener Zeit zugeschnittenes internationales Polizeirecht[127], dessen gegenüber der ursprünglichen Begründung und Funktion grundsätzlich nur wenig veränderte Gestalt sich übrigens bis in die jüngste Zeit hinein verfolgen läßt[128].

Allein schon der soeben bezeichnete politische Stellenwert der "Humanitätsintervention" läßt es, abgesehen von anderen Gründen, als ohne weiteres einleuchtend erscheinen, daß dieses Instrument von der englischen Regierung nur gegen den "unzivilisierten" Kongostaat, nicht aber gegen das ebenfalls betroffene, freilich zu den "zivilisierten" Nationen zählende Frankreich auf direkte Weise eingesetzt werden konnte. Dennoch hatte auch Frankreich, wie später noch näher auszuführen sein wird, letztlich kaum eine Möglichkeit, sich den übergreifenden Folgen einer gegen den Kongostaat gerichteten Intervention erfolgreich zu entziehen. Darin lag der taktische Doppelsinn der gegen den Kongostaat unternommenen Intervention.

Der Kongostaat bot sich dabei für England in mehrfacher Hinsicht als ein ideales Interventionsziel an. Abgesehen davon, daß eine "Humanitätsintervention" sich per definitionem nur gegen solche Territorien richten konnte, die nicht zur Gruppe der "zivilisierten" Staaten gehörten, mußte sie nämlich ein weiteres, hier wesentliches Kriterium erfüllen: beim intervenierenden Staat durften keine eigenen materiellen Interessen im Spiele sein[129]. Diese Voraussetzung konnte - ganz im Gegensatz zu Französisch-Kongo - im Falle des Kongostaates als erfüllt gelten, weil unmittelbare Interessen einzelner britischer Unternehmen hier nicht berührt waren. Das Gleiche gilt für ein weiteres zentrales Kriterium der Humanitätsdoktrin. Eine Intervention aus humanitären Gründen konnte völkerrechtlich nämlich nur dann legitimiert werden, wenn die inkriminierten Menschenrechtsverletzungen zu Lasten offizieller Institutionen gingen; Gewaltakte von Einzelpersonen reichten als Interventionsgrund nicht aus[130]. Das Fehlverhalten der öffentlichen Gewalt konnte dabei entweder durch aktives Betreiben oder aber durch passives Gewährenlassen verursacht sein[131].

Im nachfolgenden Kapitel wird noch genauer zu zeigen sein, daß die hier soeben zitierte Unterscheidung zwischen staatlicher und privater, zwischen systematischer und singulärer Brutalität und Grausamkeit - eine Unterscheidung, auf die schon im Zusammenhang mit der oben ausführlich besprochenen Note des britischen Außenministeriums hingewiesen wurde - der französischen Regierung als Ausgangs- und als Angelpunkt für die von ihr inszenierte Kongoaffäre dienen sollte. Im Verlaufe der in Teil II geschilderten Gaud-Toqué-Affäre ist dabei ja schon deutlich geworden, auf welche massiven Manipulationen sie bei der Verfolgung ihres Zieles zurückgreifen mußte. Für den Kongostaat waren vergleichbare Entlastungsversuche von vornherein zum Scheitern verurteilt. Das dort etablierte System erfüllte auf geradezu klassische Weise die grundlegenden Kriterien einer "Humanitätsintervention", eine Tatsache, die im Endeffekt denn auch zu einer schrittweisen Lockerung des dortigen Konzessionssystems und des damit verbundenen belgischen Monopolanspruches beitrug. Im übernächsten Kapitel wird auf diese Entwicklung noch einzugehen sein.

Mit Blick auf den weiteren Verlauf des Kongokonfliktes sind hier aus der völkerrechtlichen Doktrin der "Humanitätsintervention" abschließend noch zwei weitere Fragen zu behandeln, die sich auf die Mittel und die Ziele einer derartigen Intervention beziehen. Welche Mittel waren erlaubt und welche Interventionsziele legitim? Oder anders ausgedrückt: Zu welchen Folgen konnte eine "Humanitätsintervention" letztlich führen? Der hier bereits mehrfach zitierte zeitgenössische Autor Rougier, dessen Ausführungen, wie bei dieser Gelegenheit übrigens hervorzuheben ist, für den um die Jahrhundertwende ausgeprägten völkerrechtlichen Grundsatz der "Humanitätsintervention" durchaus repräsentativ waren[131a], gibt auch hierüber Auskunft. Demnach war die Palette der Interventionsmittel sehr breit gefächert: "Depuis la simple protestation de l'opinion publique jusqu'à l'intervention armée[132]". Zwischen diesen beiden Polen haben Pressekampagnen und parlamentarische Entschließungen ebenso ihren Platz wie offiziöse diplomatische Bescheide, offizielle Noten, Vermittlungsgespräche etc., kurz: "toute la gamme des moyens d'action internationale, déguisés ou manifestes se trouve à la disposition des gouvernements qui en usent selon les circonstances[133]". Ähnlich verhielt es sich mit den Zielen einer "Humanitätsintervention". Auch hier gab es einen Katalog abgestufter Möglichkeiten. Die Interventionsmächte konnten sich damit begnügen, die Unterlassung bestimmter Handlungen bzw. die Annullierung bestimmter Maßnahmen zu fordern. Sie konnten sich darüber hinaus aber auch zum Ziel setzen, eine mögliche Wiederholung kritisierter Vorkommnisse zu verhindern. In "dringenden" Fällen wurde es schließlich sogar als legitim angesehen, die Souveränitätsrechte des "kontrollierten Staates" zugunsten der Interventionsmächte zeitweise zu suspendieren[134]. Es zeigt sich also, daß die möglichen Folgen einer einmal gestarteten "Humanitätsintervention" für die davon betroffenen Mächte nur schwer kalkulierbar und insofern auch besonders risikoreich waren, als anfänglich rein diplomatische Aktionen letztlich in militärische Operationen einmünden konnten. So wurde z. B. auch im Falle des Kongostaates der belgischen Regierung im Verlaufe der jahrelang andauernden Kontroverse schließlich mit dem gewaltsamen Entzug der Kolonie gedroht, falls sie sich zu den verlangten Reformmaßnahmen von sich aus nicht bereit finden würde[135] - eine Entwicklung, die Frankreich aus den in den vorhergehenden Ausführungen dargelegten Gründen keineswegs gleichgültig lassen konnte. Dies erklärt die im nachfolgenden Kapitel noch näher zu erläuternde Besorgnis des französischen Außenministeriums, die angesichts einer seit der erwähnten britischen Note aus dem Jahre 1903 sich ständig verschärfenden Konfliktentwicklung fortlaufend neu belebt wurde.

Die hier wiederholt zitierte Note des britischen Foreign Office hatte zwar, wie schon gesagt, bei den angesprochenen Unterzeichnerstaaten der Berliner Kongoakte keine Resonanz ausgelöst, dies tat der Agitation in England selbst aber keinen Abbruch. Die gesamte Presse unterstützte weiterhin die Initiative der englischen Regierung. Diese war unterdessen bereits einen Schritt weiter gegangen. Das Foreign Office hatte nämlich dem offiziellen Vertreter Englands im Kongostaat, Roger Casement, im Anschluß an die oben erwähnte parlamentarische Entschließung im Mai 1903 den Auftrag erteilt, eine Untersuchung über die im Kongostaat praktizierten Kolonialmethoden anzustellen. Der so entstandene Bericht, der sogenannte Casement Report, wurde dem Unterhaus im Februar 1904 vorgelegt und erregte in der englischen Öffentlichkeit großes Aufsehen, bestätigte er doch in vollem Umfang die gegen den Kongostaat seit langem erhobenen Vorwürfe[136]. Zusammen mit einer zweiten Note des Foreign Office wurde der Casement Report den Signatarstaaten der Berliner Akte zugestellt, verbunden mit dem erneuten Hinweis auf die dringende Notwendigkeit einer gegen den Kongostaat zu richtenden internationalen Aktion[137]. Zugleich kam es unter dem Einfluß der von Casement entfalteten Aktivitäten in England selbst zu einer weiteren Steigerung der Agitationskampagne. Im März 1904 wurde die sogenannte "Congo Reform Association" (C.R.A.) gegründet, die unter führender Beteiligung des weiter oben bereits genannten E. D. Morel eine intensive Öffentlichkeitsarbeit betrieb und eine rege publizistische Tätigkeit entfaltete[138]. Angesichts der reservierten Haltung anderer europäischer Regierungen und dem als zu zögerlich empfundenen Vorgehen des eigenen Außenministers versuchten die Reformer jetzt zunehmend, die USA für ein gemeinsames Vorgehen zu gewinnen. Durch ihre ungebrochenen Aktivitäten hatten sie unterdessen erreicht, daß das britische Unterhaus im Juni 1904 ein weiteres Mal über die Kongofrage debattierte. Erneut wurde die Regierung zu energischen Schritten gegen den hart kritisierten Kongostaat aufgefordert.

Die in England anhaltend heftig geführte und allmählich auf die USA übergreifende Reformkampagne zwang den belgischen König schließlich, dem britischen Ansinnen auf Einsetzung einer international besetzten Untersuchungskommission nachzugeben. Die im Casement Report gegen den Kongostaat zusammengestellten Anschuldigungen sollten von einer derartigen Kommission einer unparteiischen Überprüfung unterzogen werden[139]. Der internationale Charakter der von Leopold II. selbst eingesetzten Kommission, die im Oktober 1904 in den Kongostaat abreiste und im Februar 1905 zurückkehrte, beschränkte sich freilich auf die Tatsache, daß zwei der vom König ernannten drei Kommissions-

mitglieder nicht die belgische, sondern jeweils eine andere
Nationalität besaßen. Obwohl es sich also keineswegs um ein
unabhängiges Gremium handelte und der abschließende Untersuchungsbericht denn auch äußerst vorsichtig formuliert war, trug
die Tätigkeit dieser Kommission dazu bei, die tatsächlichen
Verhältnisse im Kongostaat in das Rampenlicht einer breiten
internationalen Öffentlichkeit zu rücken und somit die Position des für den Kongostaat verantwortlichen belgischen Monarchen bereits vor der schließlich im November 1905 erfolgten
Veröffentlichung des Untersuchungsberichts weiter zu schwächen[140].

Während noch der offizielle Abschlußbericht der Untersuchungskommission erwartet wurde, hatte die Kongoreformbewegung in
England unterdessen ihre Agitation mit unverminderter Heftigkeit fortgesetzt und in ihrem Druck auf die Regierung nicht
nachgelassen. So wurden zwischen Februar und August 1905
nicht weniger als sechzehn parlamentarische Anfragen zur Situation im Kongostaat eingebracht. Auch außerhalb des Parlaments konnte die C.R.A. ihre Stellung durch weitere prominente
und zugleich kapitalkräftige Unterstützung stärken, so z. B.
durch den finanziell potenten Schokoladenfabrikanten Cadbury,
zugleich Besitzer der Tageszeitung "Daily News"[141]. Eine für
den Kongostaat bedrohliche Wendung erhielt die Kampagne zur
Reform und zur Öffnung des dortigen Monopolsystems durch das
ebenfalls auf eine Open-Door-Politik abzielende, wachsende
Engagement aus den USA. Bereits im Oktober 1904 wurde in der
"New York Times" der Ruf laut, die USA seien zur Intervention
im Kongo verpflichtet. Diese Stimmung gewann rasch an Boden[142].
Die gemeinsame Interventionsdrohung durch England und die USA
zwang Belgien schließlich dazu, den Forderungen dieser Großmächte mit einiger Verzögerung zu entsprechen und die mit dem
Konzessionssystem verbundene Monopolpolitik zugunsten wachsender ausländischer Investitionen zu ändern. Davon wird im über-

mächsten Kapitel im Zusammenhang mit der Beendigung der Kongoaffäre noch einmal zu sprechen sein. Für unsere Zwecke ist es an dieser Stelle zunächst nicht erforderlich, den Verlauf der seit dem Jahre 1904 in wachsendem Maße von den USA mitgetragenen "Humanitätsintervention" über die folgenden Jahre hinweg weiter zu verfolgen. Statt dessen soll nunmehr dazu übergegangen werden, den in den vorangegangenen Darlegungen skizzierten Geschehensablauf auf die französische Perspektive zu beziehen.

4. Kapitel: Frankreichs Kongopolitik in der Defensive

Es wurde zu zeigen versucht, daß die von England ausgehende und ab dem Jahr 1904 zu einem britisch-amerikanischen Unternehmen erweiterte "Humanitätsintervention" nicht nur die belgische, sondern auch die französische Kongopolitik in die Defensive gedrängt hatte. Im folgenden soll nun mit der eigentlichen Begründung für die These begonnen werden, daß die im Februar 1905 ausgelöste Kongoaffäre, zu der wir im nächsten Kapitel wieder zurückkehren werden, ein gegen die "Humanitätsintervention" gerichtetes taktisches Abwehrmanöver der französischen Regierung darstellte. Der als Beleg für diese These zu führende empirische Nachweis stützt sich dabei zunächst im wesentlichen auf einen einschlägigen innerfranzösischen Schriftwechsel, an dem auf der einen Seite das Kolonialressort und auf der anderen das Außenministerium beteiligt waren. Dieser - soweit erkennbar - bisher noch nicht publizierte Schriftwechsel setzt mit Beginn des zwischen englischen Händlern und französischen Konzessionsgesellschaften ausbrechenden Konfliktes ein und läßt sich in den folgenden Jahren über die einzelnen Etappen der Auseinandersetzung bis zur abschließenden Regelung der Problematik verfolgen. Ich beschränke mich hier auf die Besprechung der im vorliegenden Zusammenhang unmittelbar interessierenden Textauszüge.

Bei der Durchsicht der genannten interministeriellen Korrespondenz zeigt sich, daß zwischen den Positionen der beiden Ressorts ein durchgängiger Widerspruch besteht, der für das Verständnis der Kongoaffäre äußerst aufschlußreich ist. Während nämlich das Kolonialministerium nach dem Scheitern seiner zwischen den in Französisch-Kongo streitenden Parteien geführten Vermittlungsbemühungen offensichtlich weder eine zwingende Notwendigkeit, noch eine Möglichkeit sah, den Konflikt mit den englischen Handelsfirmen kurzfristig und mit eigenen Mitteln zu lösen[143], nahm das Außenministerium eine völlig entgegengesetzte Haltung ein. Hier befürchtete man, daß die Auseinandersetzung zwischen Konzessionären und britischen Handelshäusern wegen ihrer grundsätzlichen Implikationen den Anlaß für außenpolitische Schwierigkeiten abgeben könnte, deren Beschaffenheit und deren potentielles Ausmaß im vorangegangenen Kapitel näher erläutert worden sind. So drängte man das Kolonialressort von Anfang an, den in Französisch-Kongo geführten lokalen Konflikt so schnell wie möglich aus der Welt zu schaffen, zumal der englische Botschafter in dieser Sache bereits im August 1899 bei der französischen Regierung vorstellig geworden war und sich dabei ausdrücklich auf die Bestimmungen der Berliner Generalakte bezogen hatte[144]. Diese Demarche hatte den französischen Außenminister sogleich dazu veranlaßt, seinen Kollegen aus dem Kolonialressort eindringlich auf die prinzipielle Bedeutung der Angelegenheit sowie auf die darin begründete Tatsache hinzuweisen, daß aus diesem vorläufig noch begrenzten Vorgang Folgen von unabsehbarer Tragweite entstehen könnten[145].

Entgegen dem dringenden Ersuchen des Quai d'Orsay wurde der zunächst nur lokale Konflikt vom Kolonialministerium indes nicht bereinigt, sondern gab dem englischen Botschafter zwei Jahre später erneut Anlaß, sich bei der französischen Regierung für die Interessen der englischen Händler zu verwenden und zugleich gegen die Verletzung der Berliner Kongoakte zu protestieren. Außenminister Delcassé appelliert daraufhin ein weiteres Mal an seinen Kollegen vom Kolonialressort, in dieser Angelegenheit mit größter Sorgfalt zu agieren und alles zu vermeiden, was dazu führen könnte, die französische Konzessionspolitik zum Gegenstand einer Debatte werden zu lassen, bei der es kaum möglich sei, "de prévoir les conséquences[146]."

In seiner betont vorsichtigen Haltung sieht sich das Außenministerium auch durch den Umstand bestärkt, daß sich die französische Konzessionspolitik im Kongo, abgesehen von der zunehmend in internationalen Verruf geratenden Politik des Kongostaates, auf keine entsprechenden ausländischen Kolonialpraktiken berufen kann. Selbst die deutsche Regierung hatte sich bei ihrer im Kamerun praktizierten Konzessionspolitik von dem französischen Vorgehen abgegrenzt. So hatte sie auf eine Anfrage der französischen Regierung hin im Frühjahr 1901 klargestellt, daß der Südkamerungesellschaft, der einzigen im konventionellen Kongobecken operierenden deutschen Konzessionsgesellschaft, im Gegensatz zur französischen Praxis ausdrücklich "nur Land-Eigenthum mit hierauf bezüglichen Rechten und Pflichten, dagegen keine Zusicherung über alleinige Rechte zur Verwerthung von Landesprodukten ertheilt worden" sei[147]. Dies sei mit Rücksicht auf die Berliner Kongoakte so gehandhabt worden. Die Vergabe exklusiver Verwertungsrechte über die natürlichen Produkte einer bestimmten Region würde sich nämlich nach Ansicht der deutschen Regierung "praktisch von einem Handelsmonopol nicht wohl unterscheiden und daher nicht im Einklang mit Artikel 5 der Congo-Akte stehen[148]". Wie erinnerlich, hatte das französische Kolonialministerium, im Unterschied zu der hier zitierten deutschen Position, den in Französisch-Kongo installierten Landgesellschaften ein solches exklusives Nutzungsrecht an den Landesprodukten ausdrücklich zugestanden und sich dabei lediglich auf das Beispiel des Kongostaates beziehen können. Die Tatsache, daß nicht nur die englische, sondern auch die deutsche Regierung, die im konventionellen Kongobecken selbst nach dem Prinzip privilegierter Landkonzessionen verfuhr, die französische Konzessionspolitik als einen offensichtlichen Verstoß gegen die Bestimmungen der Berliner Generalakte betrachtete, läßt die Befürchtungen des französischen Außenministers vor den unabsehbaren Folgen einer über diese Frage möglicherweise aufkommenden internationalen Grundsatzdebatte als nur zu verständlich erscheinen.

Anders dachte man im französischen Kolonialministerium. Hier
wurde an der Auffassung festgehalten, daß die eigene Konzessionspolitik im Kongo "im Prinzip" keinen Verstoß gegen die
Kongoakte darstelle. Außenminister Delcassé hält es daraufhin für angebracht, seinem Ministerkollegen unmißverständlich
vor Augen zu führen, daß dieser mit seiner Rechtsposition nicht
nur international weitgehend isoliert sei, sondern auch am
Quai d'Orsay auf entschiedenen Widerspruch stoße. Die Rechtsauffassung des Außenministeriums, so wird der Kolonialminister
belehrt, gehe nämlich wie diejenige der englischen und der
deutschen Regierung davon aus, daß die französische Konzessionspolitik im Kongo mit den Bestimmungen der Berliner Akte
nicht vereinbar sei:

> "Le Ministère des Affaires Etrangères estime, en effet, que
> l'octroi de certains droits exclusifs, stipulé dans des concessions accordées par votre Département dans l'intérieur
> du bassin conventionnnel du Congo, constitue des monopoles
> véritables, inconciliables avec les dispositions de l'acte
> Général de la Conférence Africaine (149)."

Das anläßlich des mit den englischen Händlern geführten Streites vom Kolonialministerium gewählte Verfahren, Kolonialgerichte über die Auslegung internationaler Abkommen befinden zu
lassen, um sich auf diese Weise den Verpflichtungen zu entziehen, welche die französische Regierung gegenüber ihren internationalen Vertragspartnern eingegangen sei, stelle ein untaugliches politisches Mittel dar. Es komme vielmehr darauf an,
für die in Französisch-Kongo streitenden Parteien einen Weg zu
einer gütlichen Einigung zu suchen. In einem Zusatz zu dem hier
zitierten Schreiben wird noch einmal auf die unhaltbare Position des Kolonialministeriums sowie damit verbundene gravierende politische Risiken eindringlich hingewiesen:

> "Je suis obligé de renouveler les avertissements qu'à plusieurs reprises j'ai présentés et notamment au dernier conseil
> des Ministres: nous allons délibérément au devant de difficultés très graves, ayant contre nous la lettre aussi bien

que l'esprit des traités au bas desquels nous avons mis notre signature. Je ne puis que dégager la responsabilité du Ministère des Affaires Etrangères (150)."

Auch im Verlauf der weiteren Korrespondenz gibt Delcassé dem Kolonialminister unmißverständlich zu verstehen, daß er es ablehne, die aus seiner Sicht rechtlich unhaltbare und politisch törichte Haltung des Kolonialressorts mitzutragen und eine mit der britischen Regierung zu führende Kontroverse zu unterstützen, "qui peut avoir, notamment pour le Congo français, des conséquences si considérables[151]."

Im darauffolgenden Jahr eröffnete die britische Regierung, wie im vorhergehenden Kapitel bereits ausführlich dargestellt, mit der an alle Signatarstaaten der Berliner Kongoakte adressierten Note vom 8. August 1903 ihre gegen den Kongostaat gerichtete "Humanitätsintervention". Obgleich dieser Vorstoß, wie schon gesagt, offiziell nur dem Kongostaat gilt, beeilt sich das französische Auswärtige Amt, dem Kolonialministerium nicht nur den Wortlaut der englischen Note, sondern auch eine eigene politische Einschätzung dieses Textes zu übermitteln. Die britische "Einmischung" in die Angelegenheiten des Kongostaates wird dabei als ein Präzedenzfall "d'une importance particulière" herausgestellt, der um so bemerkenswerter sei, als der Inhalt der englischen Note auch die französische Kongopolitik unmittelbar berühre: "nous ne saurions nous dissimuler que les griefs dirigés contre le régime commercial appliqué par le Roi-Souverain dans ses territoires atteignent par contrecoup le régime de concessions établi par le Ministère des Colonies dans la partie française du bassin conventionnel." Der noch immer nicht bereinigte, anfangs lediglich begrenzte Konflikt zwischen Konzessionären und englischen Handelsfirmen habe sich inzwischen somit zu einer Angelegenheit europäischen Ausmaßes entwickelt. Angesichts einer derartigen Situation, so schließt das zitierte Schreiben, sei zunächst einmal abzuwarten, wie die Verantwortlichen des Kongostaates auf die gegen sie gerichteten Angriffe reagieren würden und sich mit eigenen Reaktionen tunlichst zurückzuhalten[152].

In der zuletzt zitierten Aussage findet sich der Grundsatz formuliert, an dem sich die französische Kongopolitik in den folgenden Jahren orientieren sollte: Man wartete ab, wie sich die Verantwortlichen in Belgien gegenüber der englischen bzw. ab 1904 britisch-amerikanischen Intervention verhielten und richtete seine eigenen Reaktionen danach aus. Diese taktische Grundhaltung ist für den Ursprung und Verlauf der französischen Kongoaffäre, wie sich im nachfolgenden Kapitel im einzelnen noch zeigen wird, von wesentlicher Bedeutung. An dieser Stelle ist zunächst weiterhin zu verfolgen, wie die zuständigen französischen Regierungsressorts die Entwicklung der Kongofrage bis zur Auslösung des Kongoskandals jeweils einschätzten und welche Folgerungen daraus gezogen wurden. Dabei ist als erstes festzuhalten, daß das Kolonialministerium unter dem Eindruck entsprechender Ermahnungen aus dem Auswärtigen Amt im Frühjahr 1904 noch einmal den Versuch unternahm, den Konflikt zwischen den britischen Händlern und den betroffenen Konzessionsgesellschaften durch eigene Vermittlungsbemühungen gütlich beizulegen, indem es letzteren eine Entschädigung anbot, falls sie auf ihre Konzessionsrechte verzichten und somit in der Küstenregion der Kolonie freie Handelsmöglichkeiten wieder zulassen würden. Dieser Schritt scheiterte allerdings ebenso wie vorhergehende Versuche, von denen im vorigen Kapitel schon die Rede war, weil den Konzessionären die angebotene Summe von 500.000 Francs zu gering erschien[153]. Angesichts der Tatsache, daß das Foreign Office seinerseits nicht müde wurde, sich beim französischen Botschafter in London für die Interessen der genannten Liverpooler Handelshäuser einzusetzen, wobei auch nicht versäumt wurde, auf nicht näher erläuterte "bedauerliche Auswirkungen" dieser strittigen Angelegenheit hinzuweisen[154], sah sich die französische Regierung nach dem Scheitern des vom Kolonialministerium unternommenen Vermittlungsversuches in zunehmende Bedrängnis gebracht.

Im Juni 1904 nahm der britisch-französische Kongokonflikt dann eine entscheidende Wendung. Wie am Quai d'Orsay von Anfang an befürchtet, wurde die Auseinandersetzung von der englischen Seite nunmehr unmittelbar mit der internationalen Kongofrage verknüpft und somit von einer bilateralen auf eine multilaterale Ebene gehoben. Von der Einschätzung ausgehend, daß eine direkte und einvernehmliche Regelung zwischen den britischen Händlern und den französischen Konzessionären offenbar nicht länger erwartet werden könne, war das Foreign Office zu der Auffassung gelangt, daß den britischen Interessen nur noch durch einen Urteilsspruch des Internationalen Haager Gerichtshofes Geltung zu verschaffen sei. Die französische Regierung wurde deshalb aufgefordert, sich zusammen mit dem Kongostaat und England einem derartigen Schiedsverfahren zu stellen, dessen Ziel es sein müsse, die von den genannten Mächten im konventionellen Kongobecken betriebene Kolonialpraxis daraufhin zu überprüfen, inwieweit sie mit den Bestimmungen der Berliner Kongoakte jeweils zu vereinbaren sei. Die wegen der Vergabe privilegierter Landkonzessionen entstandene Kontroverse könne auf diese Weise im Rahmen einer allgemeinen Übereinkunft beigelegt werden, was der grundsätzlichen internationalen Bedeutung dieser Frage im übrigen auch nur angemessen sei[155]. Der Rekurs auf einen Urteilsspruch des Haager Gerichtshofs, so die weitere Begründung, sei unumgänglich, weil nur ein solches Urteil eine endgültige und unparteiische Auslegung der in der Berliner Akte niedergelegten Handelsbestimmungen gewährleisten könne. Ein derartiges Ergebnis liege im Interesse sämtlicher betroffener Staaten, weil es die entstandene Rechtsunsicherheit beseitige, welche einer rationellen Nutzung kolonialer

Ressourcen nur hinderlich sei. Im übrigen sei die britische
Regierung durchaus bereit, mit den betroffenen Mächten über
eine Neuregelung einzelner Bestimmungen der Kongoakte gemeinsam nachzudenken[156].

Es verging mehr als ein halbes Jahr, bis die französische Regierung auf diesen britischen Vorstoß offiziell reagierte, ein
Vorstoß, der sie vor eine neue Situation stellte, weil eine
Fortsetzung der bis dahin von ihr verfolgten Hinhaltetaktik
jetzt zunächst einmal nicht mehr möglich war. So verwundert es
nicht, daß die zuständigen Regierungsressorts geraume Zeit
brauchten, bis sie sich auf die weiterhin zu verfolgende taktische Linie verständigt hatten. Auswärtiges Amt und Kolonialministerium hatten, wie die vorhergehenden Ausführungen gezeigt
haben, in der Kongofrage diametral entgegengesetzte Standpunkte bezogen, die sich im Laufe der weiteren Entwicklung zunächst
auch nicht annäherten. Für den hier zu erstellenden Erklärungszusammenhang ist dabei die Tatsache wichtig, daß sich bis zur
Auslösung der vom Kolonialministerium inszenierten Gaud-Toqué-
Affäre im Kabinett die Position des Kolonialressorts durchsetzen konnte. Erst nachdem dessen Taktik im weiteren Verlauf der
Kongoaffäre Schiffbruch erlitten hatte, wovon im nächsten Kapitel im einzelnen noch zu sprechen sein wird, setzte sich
schließlich das Außenministerium mit seiner Ansicht durch, daß
der die französische Afrikapolitik belastende Konflikt mit
den englischen Händlern so rasch wie möglich durch finanzielle
Zugeständnisse aus der Welt zu schaffen sei, um der eigenen
Kongopolitik ein unnötiges Hindernis aus dem Wege zu räumen.
Eine solche Lösung konnte aber erst im Jahre 1906 gefunden
werden, nachdem die letztlich erfolglos inszenierte Kongoaffäre
ihr unrühmliches Ende gefunden hatte. Bis dahin zeigte sich
das Kolonialministerium gegenüber den ständig wiederholten Einwendungen aus dem Auswärtigen Amt uneinsichtig und hielt unbeirrt an seinem eigenen taktischen Konzept fest. Man glaubte im

Kolonialministerium offenbar allen Ernstes, den eigenen Rechtsstandpunkt, der, wie gesagt, selbst in den Reihen der französischen Regierung nicht unumstritten war, auf internationaler Ebene erfolgreich vertreten zu können. So beharrte das Kolonialressort unverrückbar auf dem Standpunkt, das in Französisch-Kongo etablierte Konzessionssystem verstoße weder gegen die in der Berliner Kongoakte niedergelegten Freihandelsbestimmungen, noch verletze es den damit theoretisch unlösbar verbundenen Zivilisations- und Humanitätsgedanken[157].

Den erwähnten britischen Vorschlag, die gegenseitigen Rechtsstandpunkte bei der Auslegung der Berliner Generalakte vor dem Haager Gerichtshof zu erörtern, mochte der französische Kolonialminister unter Hinweis auf verfahrenstechnische Erwägungen gleichwohl nicht akzeptieren. Eine derartige Prozedur, so teilte er dem Quai d'Orsay im Juli 1904 mit, an der nur die unmittelbar betroffenen Parteien, nicht aber die übrigen Signatarmächte der Kongoakte beteiligt seien, sei mit dem gravierenden Nachteil behaftet, daß sie zu keiner grundsätzlichen und damit allgemeingültigen Regelung der bestehenden Kontroverse führen könne, sondern zwangsläufig weitere Verfahren nach sich ziehen müsse. Es sei deshalb weitaus vorteilhafter, die anstehenden Fragen auf einer neuen Kongokonferenz zu behandeln, ein Verfahren, das im übrigen in der Kongoakte selbst vorgesehen sei. Im Hinblick auf eine somit ohnehin zu erwartende neue Kongokonferenz müsse die präjudizierende Wirkung irgendwelcher Haager Gerichtssprüche nach Möglichkeit vermieden werden. Akzeptabel sei allenfalls ein Schiedsverfahren, wie es von der französischen Regierung zu einem früheren Zeitpunkt selbst vorgeschlagen worden war. Danach sollte sich ein solches Verfahren strikt auf die Regelung des zwischen englischen Händlern und den direkt betroffenen Konzessionsgesellschaften schwelenden Rechtsstreites beschränken, ohne die prinzipielle Frage nach einer etwaigen Verletzung der Kongoakte zu berühren[158].

Auf der Grundlage dieses Schreibens wies Außenminister Delcassé den Londoner Botschafter im Dezember 1904 an, der britischen Regierung mitzuteilen, Frankreich sei zu einem Schiedsverfahren unter der Bedingung bereit, daß dieses sich auf die zwischen englischen Händlern und einzelnen Konzessionsgesellschaften bestehenden Streitigkeiten beschränke; das Prinzip der Landkonzessionen selbst könne hingegen nicht zum Gegenstand eines derartigen Verfahrens gemacht werden[159]. Dem französischen Kolonialminister teilte er gleichzeitig mit, er sei mit dieser, von ihm nur nach außen vertretenen Position keineswegs einverstanden, weil sie geeignet sei, die französische Kongopolitik in unnötige Schwierigkeiten zu bringen. In vorwurfsvollem Ton erinnerte er an die von seinem Hause wiederholt vorgebrachten, aber erfolglos gebliebenen Ermahnungen, den bedauerlicherweise noch immer nicht gelösten Konflikt schnellstens beizulegen, um der britischen Regierung keinen Anlaß zu geben, die Frage einer prinzipiellen Neuregelung der Kongofrage zu einem Gegenstand britisch-französischer Auseinandersetzungen zu machen[160].

Die geschickte Art und Weise, mit der das Foreign Office auf die genannte französische Stellungnahme reagierte, war geeignet, den am Quai d'Orsay gehegten Befürchtungen neue Nahrung zu geben. Man könne der französischen Regierung durchaus entgegenkommen, gab das Foreign Office nämlich im Januar 1905 zu verstehen. Die britische Regierung sei bereit, der von der französischen Seite gewünschten Unterscheidung zwischen dem konkreten Konfliktanlaß einerseits und der durch das System der Landkonzessionen aufgeworfenen Grundsatzfrage andererseits zu folgen. Die beiden strittigen Sachverhalte müßten dann eben vom Haager Gerichtshof in jeweils eigenständigen Verfahren voneinander getrennt beurteilt werden[161]. Mit dieser ebenso einfachen wie cleveren Replik gelang es dem Foreign Office mühelos, die französische Absicht zu konterkarieren, der zu-

folge die grundsätzliche Frage nach einer Vereinbarkeit des
Konzessionssystems mit den Beschlüssen der Berliner Kongokonferenz aus der Diskussion gänzlich herausgehalten werden
sollte. Mehr noch - die französische Regierung hatte sich, ungeachtet der wiederholten Warnungen aus dem eigenen Außenministerium, mit ihrer formaljuristischen Argumentationsweise in
eine Position manövriert, in der sie dem englischen Verlangen
nach einer prinzipiellen und international kontrollierten Überprüfung ihrer Kongopolitik nur noch schwer ausweichen konnte.

Wie bereits dargestellt, wollte das französische Kolonialministerium das von der englischen Seite vorgeschlagene Schiedsverfahren unter allen Umständen vermeiden, weil es davon unerwünschte präjudizierende Auswirkungen auf eine neue internationale Kongokonferenz befürchtete. Man ging in diesem Ressort
davon aus, daß es für die Vertretung der französischen Interessen vorteilhafter sei, den britisch-französischen Kongokonflikt im Rahmen einer solchen Konferenz und im allgemeinen
Zusammenhang der internationalen Kongofrage zu erörtern. Wegen ihrer zentralen Bedeutung für die im Rahmen der vorliegenden Arbeit zu entwickelnden Argumentation soll die hier zitierte Position des Kolonialressorts ebenso wie die anschließend
zu betrachtende Gegenposition des Auswärtigen Amtes in einem
längeren, wörtlich wiedergegebenen Textauszug vorgestellt werden. Zunächst zur Position des Kolonialressorts. Zu dem englischen Vorschlag, die mit dem britisch-französischen Streit
aufgeworfenen Grundsatzfragen vor ein internationales Entscheidungsgremium zu bringen, heißt es in einem an Außenminister
Delcassé gerichteten Schreiben vom Frühjahr 1905:

> "le gouvernement anglais se préoccupe (...) des questions
> générales que soulèvent les litiges existants et il est
> d'avis de les soumettre à l'appréciation, soit d'un arbitre
> investi de pouvoirs plus étendus, soit d'une conférence internationale. Cette deuxième solution me paraîtrait seule
> possible. Les difficultés de principe à examiner alors s'analyseraient finalement, en effet, dans une application ou une

> modification de l'Acte Général de Berlin qui, issu lui-même d'une conférence internationale, devrait être révisé ou même, s'il y a lieu, simplement interprété, par une conférence nouvelle." (...) "La réunion d'une conférence internationale nouvelle est à un autre point de vue un événement d'autant plus naturel à prévoir que cette année même et dans quelques jours expire le délai de vingt ans à l'expiration duquel les Puissances signataires de l'Acte Général du 26 février 1885 se sont réservé d'examiner si la franchise d'entrée dans le bassin conventionnel du Congo 'serait ou non maintenue'."

Es folgt der Hinweis auf die Brüsseler Generalakte vom Juli 1890, deren fünfzehnjährige Geltungsdauer im Jahre 1905 ebenso ende wie das weiter oben im Zusammenhang mit der Brüsseler Akte gleichfalls schon erwähnte Protokoll von Lissabon. Weil die durch die Berliner Generalakte gesetzte Frist bereits im Februar auslaufe, der in der Brüsseler Akte festgelegte Zeitraum aber bis zum Juli 1905 reiche, sei der Zeitpunkt einer neuen Kongokonferenz zwar nicht mit letzter Genauigkeit vorherzusagen, in jedem Fall sei aber für das Jahr 1905 mit einer Neuverhandlung des internationalen Kongoproblems zu rechnen. In diesem Zusammenhang könne es aus Anlaß des in Französisch-Kongo zwischen englischen Handelsfirmen und einigen Konzessionären entstandenen Konfliktes zu einer generellen Debatte über das französische Konzessionssystem kommen.

Wie schon dargelegt, wird hier genau jene Entwicklung beschrieben, die Außenminister Delcassé von Beginn des britisch-französischen Kongozwistes an befürchtet und nach Kräften zu vermeiden versucht hatte. Im Kolonialministerium sah man hingegen, wie der gleich folgende Schluß des hier zitierten Schreibens noch einmal deutlich vor Augen führt, auch unter den durch die jüngste englische Reaktion veränderten Umständen nach wie vor keinen Anlaß, sich wegen dieser Entwicklung übermäßig zu beunruhigen:

> "Je me demande toutefois, si, dans ces conditions, il est possible, et surtout s'il est habile de paraître redouter

une procédure qui permette de se prononcer, sauf à en déterminer les conditions, sur les questions générales que le gouvernement britannique accepte de séparer des réclamations particulières (claims) présentées par les maisons Holt et Hatton-Cookson (162)."

Die aus seiner Sicht allzu sorglose Haltung seines Kabinettskollegen veranlaßt Außenminister Delcassé, seine Argumentation in einem mehr als vierzig Schreibmaschinenseiten umfassenden Bericht, der dem Kolonialressort umgehend zugestellt wird, in detaillierter Form darzulegen[163]. Ich beschränke mich im folgenden auf die Wiedergabe der wichtigsten Gesichtspunkte. Im Zentrum der im Außenministerium angestellten Überlegungen steht das Problem einer möglichen territorialen Neuaufteilung des gesamten konventionellen Kongobeckens. In Übereinstimmung mit dem Kolonialressort geht man am Quai d'Orsay zunächst davon aus, daß mit dem Erreichen der in der Berliner und im Anhang der Brüsseler Akte für eine Überprüfung des Kongostatus genannten Frist die Möglichkeit einer neuen Kongokonferenz vom Februar 1905 an ernsthaft in Rechnung gestellt werden müsse[164]. Die möglichen Folgen einer solchen Konferenz werden freilich unter einem umfassenderen Aspekt beurteilt, als dies das Kolonialministerium aus seiner beschränkten Sicht heraus für notwendig hielt. Der in der Frage der französischen Konzessionspolitik bestehende britisch-französische Gegensatz wird nämlich in einen unmittelbaren Zusammenhang mit der von England aus gegen den Kongostaat gerichteten Intervention gerückt, die weniger von humanitären als von machtpolitischen Beweggründen bestimmt werde und deren möglicherweise weitreichende Auswirkungen auch die französische Kongopolitik kaum unberührt lassen könne:

"<u>Il semble qu'un orage se forme. En serions-nous indemnes?</u> (Unterstreichung von mir, J.M.) Nous ne saurions, en effet, oublier que le régime de nos concessions dans le bassin conventionnel est également attaqué par le Gouvernement Britannique (165)."

Sollte dem belgischen Monarchen das ihm von den europäischen
Mächten aus moralischen Gründen übertragene Mandat wieder entzogen werden, so sei für Frankreich der Zeitpunkt gekommen,
kraft des ihm von König Leopold im Jahre 1884 zugesicherten
Vorkaufsrechts seine Anwartschaft auf den Kongostaat geltend
zu machen, was freilich schon deshalb keine Kleinigkeit darstelle, weil dem französischen Anspruch ein in der Zwischenzeit von Leopold an Belgien übertragener Erbanspruch entgegenstehe[166]. Gelinge es Frankreich daher nicht, die eigene Konzessionspolitik von den entsprechenden belgischen Kolonialpraktiken überzeugend abzugrenzen, sei eine erfolgreiche Durchsetzung des französischen Vorkaufsrechts von vornherein als aussichtslos zu betrachten. Es sei dann im Gegenteil eine Entwicklung denkbar, die für Frankreich gegenüber dem Status quo unter
Umständen sogar eine Verschlechterung der eigenen Position zur
Folge haben könne:

> "si nous-mêmes étions mis en échec sur la question des
> concessions, le résultat final de ce règlement pourrait
> être très éloigné de nos prévisions comme de nos désirs.
> On sait d'ailleurs que le principe de notre droit de préférence serait sans doute lui-même très fortement contesté.
> Evidemment ces occurrences peuvent ne pas se présenter.
> Mais rien ne les exclut, et on doit les calculer. Convient-il d'en courir le risque (167)?"

Im Resümee des hier zitierten Berichtes unterstreicht Außenminister Delcassé noch einmal ausdrücklich seine ernsten Bedenken vor den Risiken einer neuen Kongokonferenz. Wie der "überraschende Verlauf" (les surprises) der Brüsseler Antisklaverei-Konferenz gezeigt habe, sei jede internationale Konferenz ohnehin stets mit unkalkulierbaren Risiken behaftet. Dies gelte
unter den gegebenen Umständen besonders für eine neue Kongokonferenz, die für die französischen Interessen sehr "unangenehme Auswirkungen" haben könne. Nach Prüfung aller bis dato
bekannten Gesichtspunkte sei deshalb davon auszugehen, daß es
für Frankreich wohl am günstigsten sei, in der Kongofrage auf
die Erhaltung des Status quo hinzuwirken[168].

Während am Quai d'Orsay also mit Nachdruck die Position vertreten wurde, eine neue Kongokonferenz sei tunlichst zu vermeiden, weil sie England die Möglichkeit eröffne, im Zuge der gegen den Kongostaat gerichteten und nur vordergründig auf humanitäre Ziele abhebenden Intervention zu seinen Gunsten und zum Nachteil Frankreichs im konventionellen Kongobecken eine Revision kolonialer Besitzverhältnisse zu betreiben[169], schätzte man im Kolonialministerium die Lage nach wie vor so ein, daß Frankreich von einer neuen Kongokonferenz nicht nur nichts zu befürchten, sondern bei einer etwaigen Veränderung des Kongostatus vermutlich sogar "mehr zu gewinnen als zu verlieren" habe[170]. Diese Sichtweise bestimmt denn auch den Tenor des Antwortschreibens, welches Kolonialminister Clémentel seinem Kabinettskollegen im Auswärtigen Amt auf dessen hier soeben ausführlich zitierten Bericht im April 1905 zukommen läßt[171]. Da der Standpunkt des Kolonialministeriums bereits ausgiebig dargestellt wurde, kann darauf verzichtet werden, die in dem zuletzt genannten Schriftstück vorgetragenen Argumente in allen Einzelheiten wiederzugeben. Festzuhalten ist aber noch einmal die Tatsache, daß der Kolonialminister nach Lage der Dinge keine Möglichkeit finden zu können glaubte, um eine vom Außenministerium im Streit mit den britischen Handelsfirmen dringend gewünschte einvernehmliche Lösung von sich aus in die Wege zu leiten und überdies auf der Meinung beharrte, daß die französischen Erfolgsaussichten - sollte es, was keineswegs gewiß sein, tatsächlich zu einer internationalen Diskussion über diese Frage kommen - in einem derartigen Rechtsstreit durchaus nicht so gering zu veranschlagen seien, wie dies im Außenministerium angenommen werde: "Si néanmoins ce débat se trouvait ouvert, n'est-il nullement certain que nous ne puissions l'affronter avec des chances de succès[172]." Die am Quai d'Orsay vertretene Ansicht, wonach die internationale Anerkennung der französischen Option auf den Kongostaat durch die britisch-französische Auseinandersetzung um das in Frankzösisch-Kongo etablierte Konzessionssystem ernstlich gefährdet sei, könne man deshalb im Kolonialministerium nicht teilen, zumal das französische Konzessionssystem, entgegen der am Quai d'Orsay vertretenen Auffassung, keine Verletzung der Berliner Kongoakte darstelle. Sollte England also, wie im Außenministerium geargwöhnt, mit der gegen den Kongostaat entfesselten Kampagne tatsächlich das Ziel einer gegen die Interessen aller übrigen Kongomächte gerichteten, "planmäßig betriebenen territorialen Expansionspolitik" (le développement raisonné de tout un plan d'extension territoriale) verfolgen, wobei der französische Anspruch auf den Kongostaat unversehens unter die Räder zu geraten drohe, so ließe sich einer derartigen Entwicklung mit Unterstützung Deutschlands noch immer ein Riegel vorschieben. Was nun den Umstand angehe, daß die französische Position auf einer internationalen Kongokonferenz dadurch ausgehöhlt werden könne, daß eine von England über die im Kongostaat praktizierten Kolonialmethoden initiierte Debatte zugleich auch die französische Kongopolitik in Frage stellen würde, so könne dieser Gefahr durch entsprechende Vorkehrungen in ausreichendem Maße begegnet werden. Man müssen nur deutlich genug herausstellen, daß zwischen den beiden Systemen, dem belgischen und dem französischen, "fundamentale Unterschiede" bestünden[173].

Im gleichen Atemzug mit der soeben zitierten Feststellung folgt eine Aussage, der für die Interpretation der gesamten Kongoaffäre - neben weiteren, später noch zu zitierenden Dokumenten - eine Schlüsselfunktion zukommt. Da ich im anschließenden Kapitel auf diese zentrale Textpassage in Form eines wörtlichen Zitats noch einmal zurückkommen werde, begnüge ich mich an dieser Stelle damit, auf den Inhalt dieser Aussage zu verweisen. Die englische Kampagne gegen den Kongostaat, so fährt Kolonialminister Clémentel also fort, hebe laut Außenminister Delcassés eigener Feststellung in der nach außen vertretenen

Argumentation weniger auf ökonomische als auf humanitäre Gesichtspunkte ab. Was nun aber jenen letzten Aspekt betreffe, so sei er gewiß, daß Frankreich sich mit Hilfe einer von ihm eigens nach Französisch-Kongo entsandten Untersuchungsdelegation in dieser Hinsicht ausreichend gewappnet habe. Es sei damit also ohne weiteres möglich, die französische Kongopolitik auf internationaler Ebene erfolgreich zu vertreten[174].

Da am Quai d'Orsay während der gesamten Dauer des britisch-französischen Kongokonfliktes davon ausgegangen wurde, daß die letzte Entscheidung, damit freilich auch die alleinige Verantwortung für die in dieser Angelegenheit jeweils einzuschlagende Marschroute beim Kolonialministerium liege, wurde der französische Botschafter in London von Minister Delcassé nach Erhalt des eben vorgestellten Schreibens umgehend instruiert, der englischen Regierung entsprechend der von Kolonialminister Clémentel vertretenen Affassung mitzuteilen, daß Frankreich nicht dazu bereit sei, über den mit den britischen Handelsunternehmen bestehenden Streit im Zuge eines vor dem Haager Gerichtshof abzuwickelnden Schiedsverfahrens in eine Erörterung darüber einzutreten, inwieweit das in Französisch-Kongo etablierte Konzessionssystem mit der Berliner Kongoakte vereinbar sei. Etwaige Zweifel an der Rechtmäßigkeit des französichen Vorgehens könnten nur auf einer internationalen Konferenz geklärt werden[175].

Auf diese im Mai 1905 erhaltene Auskunft antwortete die britische Regierung im Oktober des gleichen Jahres. In seiner Stellungnahme teilte das Foreign Office dem französischen Botschafter Cambon mit, man betrachte den französischen Einwand lediglich als ein "technisches" Problem, über das man sich ohne weiteres verständigen könne. Die britische Regierung erhebe gegen den französischen Vorschlag einer neuen Kongokonferenz keine Bedenken und sei - bei entsprechender französischer Unterstützung - überdies bereit, eine dahingehende Initiative zu ergreifen und die Unterzeichnerstaaten der Berliner Kongoakte zu einem solchen internationalen Treffen einzuladen[176].

Nach den vorangegangenen Ausführungen überrascht es nicht, daß auch der neue französische Außenminister Rouvier, der Delcassé inzwischen im Amt abgelöst hatte, diese Entwicklung mit Sorge betrachtete und seinen Kabinettskollegen Clémentel aufforderte, den verhältnismäßig geringfügigen Anlaß für den mittlerweile zu einem Grundsatzstreit gewordenen britisch-französischen Kongokonflikt durch eine Entschädigungszahlung endlich aus der Welt zu schaffen[177].

Dieses Schreiben, mit dem Rouvier die am Quai d'Orsay seit langem verfolgte Linie fortsetzte, stellt, wie gesagt, keine Überraschung dar. Ganz anders verhält es sich hingegen mit dem Antwortschreiben des Kolonialministers. Entgegen seiner in deutlichem Widerspruch zum Außenministerium jahrelang vertretenen Auffassung vollzog das Kolonialressort nämlich im Spätherbst 1905 einen abrupten und auf den ersten Blick völlig irritierenden Stellungswechsel, indem es sich nun plötzlich der am Quai d'Orsay geäußerten Ansicht nahtlos anschloß. Hatte es sich im Frühjahr 1905 noch entschieden gegen jede Möglichkeit einer gütlichen Einigung mit den britischen Handelshäusern ausgesprochen und statt dessen für die Einberufung einer neuen Kongokonferenz plädiert, so bezog es nunmehr, nachdem die britische Regierung inzwischen auf seinen eigenen Vorschlag eingegangen war, eine genau entgegengesetzte Position. Die Aussicht auf eine solche Konferenz, so Kolonialminister Clémentel in einem an Rouvier adressierten Schreiben vom November 1905[178], rufe bei ihm "tiefe Besorgnis" (une réelle appréhension) hervor. Es müsse deshalb ein Weg gefunden werden, auf dem man dem diesbezüglichen britischen Vorschlag "ausweichen" (éluder) könne. So sei es nach Ansicht des Kolonialressorts trotz bisheriger Fehlschläge immer noch möglich, im Streit zwischen französischen Konzessionären und den beteiligten Liverpooler Handelsunternehmen zu einer einvernehmlichen Lösung zu gelangen[179].

Falls dafür, wie von Botschafter Cambon vorgeschlagen, finanzielle Opfer zu erbringen seien, die letztlich vom Staat übernommen werden müßten, so bitte er, Clémentel, Minister Rouvier um entsprechende Unterstützung im Kabinett, zumal besagter Streit inzwischen eine größere politische Dimension angenommen habe:

> "Il est, en effet, évident que le litige actuel a déjà dépassé, et menace d'excéder encore davantage, les conséquences ordinaires des mesures administratives que le Départment des Colonies peut se croire autorisé à prendre en vue du développement économique de nos possessions (180)."

Wie die hier soeben zitierte Passage deutlich ausweist, war nun auch das Kolonialministerium ganz offenkundig zu der im Auswärtigen Amt schon seit geraumer Zeit und von Anbeginn an vorhandenen Erkenntnis gelangt, daß der in Französisch-Kongo entstandene britisch-französische Konflikt im Begriff war, eine politische Entwicklung zu nehmen, die über den Kompetenz- und Entscheidungsbereich des Kolonialressorts weit hinausreichte und für die französischen Interessen in Äquatorialafrika gefährliche Ausmaße anzunehmen drohte. So spricht sich Clémentel am Ende des hier zitierten Schreibens, in krassem Gegensatz zu der von seinem Ministerium bis dahin verfochtenen Linie, noch einmal nachdrücklich dagegen aus, die in Französisch-Kongo betriebene Konzessionspolitik auf einer internationalen Konferenz - "que le gouvernement britannique croit nécessaire aujourd'hui" - grundsätzlich zur Diskussion zu stellen. Eine "Interpretation diplomatischer Texte" sei in dem begrenzten Rahmen einer Regelung des in dieser Kolonie schwelenden britisch-französischen Rechtsstreits (litige) weder möglich noch notwendig, sondern schlicht "überflüssig"[181].

Ein derart augenfälliger Positionswechsel, wie er im Kolonialministerium bezüglich der Kongofrage zwischen Frühjahr und Herbst 1905 vollzogen wurde, verlangt natürlich eine entsprechende Erklärung, mit der sich gleich anschließend das nachfolgende Kapitel zu befassen haben wird. Bevor ich mich indes dem letzten Abschnitt der französischen Kongoaffäre im einzelnen zuwende, sei an dieser Stelle vorwegnehmend bereits festgestellt, daß die entscheidende Ursache für den hier soeben konstatierten taktischen Schwenk des Kolonialministeriums in der Tatsache zu suchen ist, daß die von diesem Ressort im Hinblick auf eine erwartete internationale Diskussion der Kongofrage im Februar 1905 als politischer Flankenschutz vorsorglich präsentierte Skandalinszenierung im Herbst desselben Jahres unter lebhafter Anteilnahme der französischen Presse kläglich gescheitert war. Wie es dazu kam und welche Folgen dies hatte, wird nachfolgend im einzelnen zu untersuchen sein.

5. Kapitel: Höhepunkt und Ende der Affäre

1. Die Skandalinszenierung erreicht ihre entscheidende Phase: eine Untersuchungsdelegation im Dienste einer Desinformationskampagne

Nach den bisherigen Ausführungen können wir davon ausgehen, daß die Kongopolitik des französischen Kolonialministeriums vor dem Hintergrund der englischen "Humanitätsintervention" im Frühjahr 1905 darauf abzielte, sich im Hinblick auf die Möglichkeit einer neuen Kongokonferenz nachdrücklich vom Kongostaat zu distanzieren. Wie wir sahen, waren die dabei maßgeblichen französischen Interessen zum einen darauf gerichtet, die Schadenersatzansprüche britischer Handelsfirmen abzuwehren; zum anderen galt es aber auch, den Fortbestand des Konzessionssystems als solches gegen ausländische Angriffe abzusichern und somit den von seiten der französischen Landgesellschaften für den Fall einer Rücknahme ihrer Konzessionsrechte bereits frühzeitig angedrohten Regreßforderungen (Jaugeon 1961, S. 402) vorzubeugen. Auf diese, von zwei Seiten drohenden Regreßansprüche hatte der sozialistische Abgeordnete Rouanet angespielt, als er in seiner weiter oben zitierten Stellungnahme vor dem Parlament die dem französischen Staat durch den internationalen Kongokonflikt drohenden finanziellen Verluste mit mehreren Hundert Millionen Francs bezifferte[182]. Neben der Abwehr solchermaßen drohender Regreßansprüche ging es der französischen Regierung, wie gezeigt wurde, nicht zuletzt aber auch darum, mit der Wahrung ihrer Option auf den Kongostaat, sollte dessen Auflösung auf einer neuen Afrikakonferenz tatsächlich beschlossen werden, eigene Expansionsansprüche durchzusetzen. Für beide Ziele, mit denen sich also durchaus gewichtige Interessen verbanden, war es von entscheidender Bedeutung, die in Französisch-Kongo betriebene Kolonialpolitik auf einer solchen Konferenz kritischen Attacken gegenüber erfolgreich abschirmen zu können.

Wie im vorhergehenden Kapitel ausführlich dargestellt worden ist, war die hierfür einzuschlagende taktische Marschroute zwischen den beiden unmittelbar zuständigen Ressorts, dem Außen- und dem Kolonialministerium, im Verlaufe der internationalen Konfliktentwicklung strittig geblieben. Das Kolonialministerium, nicht bereit, dem Vorschlag des Quai d'Orsay zu folgen und den Streit mit den englischen Händlern durch eine angemessene Entschädigungszahlung gütlich beizulegen, glaubte, die gegen das in Französisch-Kongo etablierte Konzessionssystem zu erwartenden Attakken auf andere Art und Weise parieren zu können. Gegen den im Gewande einer humanitären Intervention geführten britischen Vorstoß müsse von französischer Seite lediglich der Nachweis geführt werden, daß die in der eigenen Kongokolonie angewandten Methoden sich von dem in Kongostaat praktizierten Vorgehen grundlegend unterscheide.

Für einen solchen Zweck war eine im eigenen Hause erstellte Dokumentation natürlich nicht ausreichend. Die vom Kolonialministerium verfolgten Distanzierungsbemühungen mußten vielmehr von dem jeweiligen Stand der gegen den Kongostaat gerichteten "Humanitätsintervention" ausgehen. Nachdem der belgische König, wie im vorhergehenden Kapitel erwähnt wurde, in der zweiten Hälfte des Jahres 1904 unter massivem englischen Druck eine international besetzte Untersuchungsdelegation in den Kongostaat entsenden mußte, war damit zugleich das Terrain abgesteckt worden, auf dem sich die französischen Distanzierungsbemühungen zu bewegen hatten. Die von König Leopold eingesetzte Delegation war im Oktober 1904 in den Kongostaat aufgebrochen und im Februar 1905 nach Belgien zurückgekehrt. Der Februar 1905 markiert somit den Zeitpunkt, zu dem das Manöver des französischen Kolonialministeriums nicht nur deshalb spätestens seinen Anfang nehmen mußte, um der naheliegenden Gefahr einer englischen Aufforderung zur Entsendung einer analogen, gleichfalls international zusammengesetzten Delegation in die französische Kongokolonie zuvorzukommen. Der genannte Zeitpunkt ist auch deswegen als ein entscheidender Einschnitt zu begreifen, weil von da an aufgrund entsprechender Vereinbarungen über die Geltungsdauer des in einem früheren Kapitel erläuterten Kongostatus zugleich die Möglichkeit zur Neueinberufung einer Kongokonferenz eröffnet war, auf die es sich entsprechend vorzubereiten galt. Angesichts der sich im Kongostaat vollziehenden Entwicklung war es im Sinne der vom französischen Kolonialministerium verfolgten Distanzierungstaktik somit unumgänglich, auch in die französische Kongokolonie eine Untersuchungsdelegation zu entsenden, wobei es aus naheliegenden Gründen so scheinen mußte, als sei diese aus eigenem Antrieb eingesetzt worden, um die Frage einer internationalen Beteiligung bzw. Kontrolle gar nicht erst aufkommen zu lassen.

Dazu bedurfte es freilich zunächst eines geeigneten Anlasses. Wie in Teil II dieser Arbeit im Zuge einer eingehenden Untersuchung dargelegt worden ist, wurde hierfür die von dem Kolonialbeamten Gaud am 14. Juli 1903 mit einer Dynamitpatrone vollzogene Exekution eines afrikanischen Rebellen ausgewählt und zum Ausgangspunkt für die später so genannte, von Anfang bis Ende manipulierte Gaud-Toqué-Affäre bestimmt. Der Vorfall vom 14. Juli 1903, den Generalkommissar Gentil, wie berichtet, erst im August 1904 nach Paris gemeldet hatte, mußte dem Kolonialministerium als wie gerufen erscheinen, so gut eignete er sich als Angelpunkt für die um die Jahreswende 1904/1905 in der Phase konkreter Vorbereitung befindliche Desinformationskampagne, die dann wenige Wochen später mit den ausgiebig geschilderten Sensationsmeldungen in der Massenpresse ihren Anfang nahm. Die Beamten Gaud und Toqué, dies sei zur Verdeutlichung noch einmal hervorgehoben, boten sich aus einer Reihe von Gründen als Opfer dieser Kampagne besonders an:

- Die eigentümlichen Umstände der von Gaud begangenen Tat machten es unschwer möglich, ihn und Toqué als anormale Einzeltäter erscheinen zu lassen.

- Dies um so mehr, als beide eine für sie schon bald verhängnisvoll werdende Neigung besaßen, die schrecklichen Eindrücke, mit denen sie als Agenten eines Terrorregimes täglich konfrontiert waren, in einer von ihnen später als "ironisch" nur unzulänglich charakterisierten Korrespondenz zu verarbeiten, wobei sie es versäumten, die jeweils empfangenen Briefe vorsorglich zu vernichten. Diese Korrespondenz bot sich als Stoff für eine Sensationskampagne nur allzu sehr an und erleichterte es der Regierung erheblich, beide Beamte als vom tropischen Klima geschädigte Wahnsinnstäter abzustempeln.

- Der Beamtenstatus von Gaud und Toqué war ein weiterer wesentlicher Umstand, der das Kolonialministerium in seinem Vorhaben bestärken mußte, gerade diese beiden als Komparsen einer zynischen Skandalinszenierung zu benutzen, waren sie doch als weisungsgebundene Funktionäre, wie im einzelnen dargelegt worden ist, in ihren Verteidigungsmöglichkeiten gegenüber den vorgesetzten Dienststellen sehr stark eingeschränkt und somit den weitgehend unkontrollierten Machenschaften des Ministeriums, die durch eine überwiegend unkritische Presse sowie durch willfährige Justizorgane vorbehaltlos unterstützt wurden, letztlich hilflos ausgeliefert.

- Schließlich - und dies ist im Hinblick auf den politischen Zweck der Desinformationskampagne besonders zu unterstreichen - hatte die Gaud-Toqué-Affäre keinen Bezug zum Konzessionssystem und bot somit die Möglichkeit, von dem bei der internationalen Kongofrage entscheidenden Problem monopolistischer Exploitationsmethoden abzulenken.

Der letzte Punkt war auch deshalb von besonderer Bedeutung, weil im Verlaufe des Jahres 1904 im Zusammenhang mit der brutalen Ausplünderungspraxis der großen Landgesellschaften in verschiedenen Teilen Französisch-Kongos wieder einmal heftige Revolten ausgebrochen waren, in deren Verlauf sich jene, als Gegenbei-

spiel zu der Gaud-Toqué-Affäre weiter oben erwähnten blutigen
Repressionen in der Lobaye-Region ereignet hatten (Teil II,
Kap. 2), in denen sich die im Zeichen eines buchstäblich mörderischen kolonialen Raubsystems betriebene, nahtlose Kooperation
zwischen Kolonialadministration und Konzessionsgesellschaften
exemplarisch offenbarte. Diese Geschehnisse waren von dem Verwaltungschef der Kolonie, Generalkommissar Gentil, wie oben
im einzelnen ausgeführt wurde (Teil II, Kap. 2, 4), als derart
gravierend eingeschätzt worden, daß er dem Kolonialministerium
in dem an der soeben genannten Stelle bereits zitierten Bericht
vom 11. November 1904 davon eigens Mitteilung gemacht und zugleich darauf hingewiesen hatte, die berichteten Vorkommnisse
seien geeignet, "bedauerlichen Vergleichen" Vorschub zu leisten, womit er, wie wir nach den bisherigen Ausführungen feststellen können, zweifellos auf die zur gleichen Zeit im benachbarten Kongostaat begonnene Tätigkeit der von König Leopold
unter englischem Druck eingesetzten Untersuchungsdelegation
anspielte.

Mußte also bereits der von Gentil übersandte Bericht im französischen Kolonialministerium zu der Erkenntnis führen, daß die
jüngsten Ereignisse in der eigenen Kongokolonie einer internationalen Kritik am dort etablierten Konzessionssystem und damit zugleich einer unmittelbaren Gleichsetzung mit dem belgischen Kongostaat reichlich Ansatzpunkte boten, so konnte die
auf die Unruhen in Französisch-Kongo alsbald einsetzende internationale Resonanz eine solche Ansicht nur bestärken.

Die monatelang anhaltenden und sich zum Teil bis in das Jahr
1905 hinziehenden heftigen Revolten in der Lobaye- und der
Ibenga-Region hatten nämlich bereits einen Teil der belgischen
Presse auf den Plan gerufen, die diese Geschehnisse offenkundig
in der Absicht aufgegriffen hatte, die im belgischen Kongostaat
begangenen Kolonialgreuel mit dem Hinweis auf vergleichbare Vor-

gänge in der französischen Kongokolonie zu relativieren und
den Kongostaat somit vor der internationalen Öffentlichkeit zu
entlasten. Auf dem Umweg über die belgische Presse gelangten
Meldungen über die jüngsten Unruhen im Kongo schließlich auch
in französische Presseorgane[183] und gaben während der im französischen Parlament über den Kolonialhaushalt geführten Debatte schließlich den Anlaß für ein an den Kolonialminister gerichtetes Auskunftsersuchen. Wie das folgende Zitat ausweist,
geht es dabei unter dem Aspekt der britischen "Humanitätsintervention" vornehmlich um die Gefahr einer möglichen Gleichsetzung der französischen mit der belgischen Kongokolonie. So
heißt es in der an den zuständigen Minister gerichteten Bitte
um nähere Auskunft:

> "L'opinion publique est, à juste titre, inquiète de ce qui
> peut se passer dans le Congo français, étant donné surtout
> le très grand problème humain qui a été posé à propos de
> l'Etat belge.
> Nous voudrions savoir si, de quelque manière, il se serait
> produit dans les postes français ces exactions, ces très
> graves incidents qui se seraient passés, au dire des Anglais, dans le Congo belge (184)."

In einer offensichtlich vorbereiteten, kurzen Stellungnahme
bemüht sich der Minister darum, die Berichte der belgischen
Presse als übertrieben und die "bedauerlichen", aber "nicht sehr
gravierenden" Vorgänge selbst als weitgehend erledigt dazustellen[185]. Insgesamt gesehen, so faßt Kolonialminister Clémentel
seinen von zustimmenden Zurufen begleiteten Vortrag zusammen,
stellten die fraglichen Vorkommnisse "keinerlei Gefahr für den
Kongo dar".

Daß eine derartige Verlautbarung dem französischen Parlament
zwar einstweilen genügen mochte, zur Abwehr einer internationalen Kritik hingegen kaum ausreichen und die französische Position auf einer etwaigen neuen Afrikakonferenz gewiß nicht verbessern konnte, dürfte Kolonialminister Clémentel selbst nur

allzu klar gewesen sein. Es kann somit festgehalten werden, daß die aus der Sicht der französischen Regierung bestehende Notwendigkeit, sich vom belgischen Kongostaat zu distanzieren, vor dem Hintergrund der eben angesprochenen Tatbestände als nur noch dringlicher erscheinen mußte.

Wir haben gesehen, daß die ersten Schritte für die zu diesem Zweck von langer Hand vorbereitete Desinformationskampagne schon relativ frühzeitig unternommen wurden. Die entsprechenden Vorgänge, deren detaillierte Analyse schon in einem relativ frühen Stadium der Untersuchung erste markante Anhaltspunkte für einen internationalen Ursachenzusammenhang der Skandalinszenierung zutage gefördert hat, sind im vorhergehenden Teil der vorliegenden Arbeit ausführlich behandelt worden und brauchen deshalb an dieser Stelle nicht noch einmal dargestellt zu werden. Es sollte deutlich geworden sein, daß die Abfolge der einzelnen Skandalgeschehnisse im Zuge eines etappenweise angelegten taktischen Vorgehens vom Kolonialministerium aus planmäßig gesteuert worden war. Nachdem Gaud und Toqué, wie an früherer Stelle eingehend geschildert (Teil II, Kap. 2, 4) zu Spielfiguren eines auf ihre Kosten eigens arrangierten Skandalszenarios bestimmt worden waren und die in der zweiten Februarhälfte 1905 aufgezogene Pressekampagne im Sinne des vom Kolonialministerium verfolgten taktischen Konzeptes erfolgreich in die gewünschte Richtung gelenkt werden konnte, während zugleich der gegen Gaud und Toqué wenige Monate später zu führende Schauprozeß vorbereitet wurde - nachdem im Ablauf dieses aufwendig betriebenen politischen Manövers bis dahin also bereits entscheidende Wegsteine passiert worden waren -, galt es nunmehr, die als das Kernstück der gesamten Desinformationskampagne eingesetzte Untersuchungsdelegation propagandistisch geschickt in Szene zu setzen. Es wurde gezeigt, daß besagte Delegation bereits im unmittelbaren Anschluß an die Pressekampagne in den Massenblättern angekündigt und dabei zugleich in einen kausalen Bezug zu der Gaud-Toqué-Affäre einerseits sowie der in ersten Umrissen angedeuteten internationalen Kongofrage andererseits gesetzt worden war (Teil II, Kap. 3, 5). Aus dieser doppelten Zuordnung und der sich darin bereits abzeichnenden politischen Funktion der Untersuchungsdelegation ergab sich für das taktische Konzept des Kolonialministeriums eine spezifische Schwierigkeit.

Da der offizielle Anlaß für die in der eigenen Kongokolonie durchzuführende Untersuchung interner Natur war, die tatsächlichen Beweggründe und der vorbestimmte Zweck des Unternehmens aber im außenpolitischen Bereich angesiedelt waren, was nach außen hin natürlich nicht erkennbar werden sollte, konnte das Vorhaben einerseits nur von der französischen Regierung selbst in die Wege geleitet und unter ihrer unmittelbaren Kontrolle abgewickelt werden. Auf der anderen Seite mußte aber zugleich dafür gesorgt werden, daß das Unternehmen für außenstehende Beobachter möglichst glaubhaft als eine regierungsunabhängige Untersuchung dargestellt werden konnte. Nur so konnte sich die französische Regierung eine gewisse Chance ausrechnen, die bereits im vorhinein festgelegten Ergebnisse der von ihr selbst arrangierten "Untersuchung" im Rahmen einer internationalen Konferenz als akzeptables Entlastungsmaterial präsentieren zu können. Der scheinbar unabhängige Charakter der Untersuchung mußte daher bei der personellen Besetzung der in den Kongo zu entsendenden Delegation deutlich sichtbar zum Ausdruck gebracht werden. So mußte denn auch Kolonialminister Clémentel von seiner ursprünglichen Absicht, einen hohen Beamten aus dem eigenen Hause mit der Leitung der "mission d'inspection" zu betrauen[186], sehr schnell wieder Abstand nehmen. Auf Betreiben anderer hochrangiger Politiker, sei es des damals als Innenminister amtierenden, führenden Kolonialpolitikers Etienne, wie ein an der Untersuchungsaktion beteiligter zeitgenössischer Beobachter versichert, sei es des Präsidenten der Republik, wie Brun-

schwig angibt[187], wurde vielmehr der damals über die Grenzen
Frankreichs hinaus berühmte Kolonialpionier Savorgnan de Brazza
zum Leiter der Untersuchungsdelegation bestellt. Das von ihm
geleitete Unternehmen trug fortan die Bezeichnung "Mission
Brazza". Brazza, im Jahre 1898, kurz vor Installierung des
von ihm in dieser Form nicht gewollten Konzessionssystems seines Amtes als Generalkommissar Französisch-Kongos unter undurch-
sichtigen und für ihn demütigenden Umständen enthoben, hatte
seitdem kein öffentliches Amt mehr bekleidet und stand mit dem
Kolonialministerium nicht auf bestem Fuße. Insofern war er für
die ihm angetragene delikate politische Mission, wie Brunschwig
(1977, S. 119) mit Recht betont, sicherlich nicht sonderlich
geeignet. Anderseits war er, dessen "glühender" Nationalismus
in der Literatur besonders unterstrichen wird (Coquery-Vidrovitch 1972, S. 46) und der einen Teil des Kongobeckens vor dem
Zugriff des im Auftrag des belgischen Königs tätigen Stanley
für Frankreich gesichert hatte, ein geeigneter Mann, wenn es
darum ging, die französischen Kongointeressen gegen ausländische Angriffe zu verteidigen. Der ausschlaggebende Grund für
die Nominierung de Brazzas ist aber in der Tatsache zu sehen,
daß dieser sich im Laufe seiner afrikanischen Expeditionen,
ähnlich wie andere Pioniere des Kolonialismus, den internationalen Ruf eines wegweisenden, die europäische Zivilisationsidee
verkörpernden Afrikaforschers erworben hatte. Da es dem nur
mit verhältnismäßg geringer bewaffneter Unterstützung agierenden de Brazza zudem gelungen war, das französische Kongogebiet,
wenn auch nicht gewaltfrei, so doch ohne die aus anderen Kolonien bekannten größeren militärischen Operationen in Besitz
zu nehmen, weil die afrikanischen Häuptlinge die Tragweite der
von ihnen abgeschlossenen "Verträge" erst erkannten, als der
eigentliche koloniale Penetrationsprozeß begann[188], umgab ihn
bis an sein Lebensende und darüber hinaus die Aura eines, besonders für seine "friedlichen" und "humanen" Kolonialmethoden
bekannten, strahlenden Kolonialhelden ohne Fehl und Tadel, des-

sen von der zeitgenössischen Kolonialpublizistik gezeichnetes Bild von der nachfolgenden Geschichtsschreibung bis in die jüngste Zeit hinein oft genug unkritisch übernommen wurde[189].

Diese Sonderstellung de Brazzas, seine gegenüber der Kolonialbürokratie unabhängige Position sowie sein internationales Renommee, waren geeignet, den Glaubwürdigkeitsmangel einer ohne internationale Beteiligung ablaufenden Untersuchungsaktion zu kompensieren. Die von Brunschwig (1977, S. 119) getroffene Feststellung: "Son nom seul garantissait l'impartialité de l'enquête autant que le caractère international de la commission léopoldienne", ist keineswegs als Übertreibung anzusehen, wie die gleich noch zu zitierenden Reaktionen in England deutlich zeigen. In der französischen Presse wurde die Nominierung de Brazzas denn auch einhellig begrüßt. Seine hervorragende Qualifikation, sein hohes internationales Prestige und sein ausgeprägtes Urteilsvermögen wurden als beste Garantie für einen erfolgreichen Verlauf der Mission in hohen Tönen gepriesen und von den führenden Massenblättern mit propagandistischem Elan herausgestellt[190]. Daß es bei der "Mission Brazza" trotz des offenkundigen Bemühens, den gegenteiligen Anschein zu erzeugen, in Wahrheit weniger um die Aufklärung der mit den Namen Gaud und Toqué verknüpften "scandales coloniaux" als vielmehr darum ging, aus Brazzas berufenem Munde eine Bestätigung zu erhalten, daß es sich bei den Skandalereignissen um Einzelgeschehnisse handele, daß Frankreichs "Würde" im Kongo nicht tangiert sei, wird in den Berichten, vornehmlich der Kolonialpresse, zum Teil unverhohlen ausgedrückt. So erscheint die "Mission Brazza" zum Beispiel an einer Stelle als "une sorte de garantie donnée à l' opinion, que rien ne se passera au Congo qui ne soit pas, comme l'a dit le Ministre des Colonies, digne de la France[191]".

Wie sich denken läßt, war man in den Reihen der englischen Kongoreformbewegung nicht bereit, einer solchen Betrachtungsweise

ohne weiteres zu folgen. Der Name de Brazzas blieb jedoch auch
hier nicht ohne Wirkung. Insoweit war das taktische Manöver der
französischen Regierung, das - zumindest zu diesem Zeitpunkt -
auf englischer Seite als solches allem Anschein nach auch nicht
erkannt wurde, durchaus nicht gänzlich erfolglos. So sprach
die "Aborigines Protection Society" der französischen Regierung
für ihre Entscheidung, de Brazza als Leiter einer mehrköpfigen
Untersuchungsdelegation mit der Aufklärung der im Kongo gesche-
henen "Mißbräuche" zu betrauen, ihre ausdrückliche Anerkennung
aus. Neben einer ihm als spezifischer Charakterzug attestierten
humanitären Grundhaltung wird die besondere Eignung de Brazzas
für die ihm übertragene Mission in seiner dezidierten Gegner-
schaft gegen das im Kongo nach seiner Amtsenthebung installierte
Konzessionssystem gesehen:

> "No better choice, it would seem could possible have been
> made by the French Government, in appointing a man to set
> things right, and the heartiest thanks are due to M. de
> Brazza for undertaking the arduous task at his advanced
> time of life (192)."

Die hier geäußerte Erwartung, der von de Brazza geleiteten Mission möge es gelingen, eine in England verlangte Reform des
Konzessionssystems im Sinne einer Öffnung zum Freihandel hin
zu bewirken, kommt auch in den Kommentaren zum Ausdruck, mit
denen der publizistische Kopf der "Congo Reform Association"
und herausragende Agitator für eine britische Kongointervention,
der weiter oben schon erwähnte E. D. Morel, in der von ihm herausgegebenen Zeitschrift "The West African Mail" die von ihm
als "Enthüllungen" (The French Disclosures) apostrophierten
Skandalmeldungen über den Kongo belegt. Auch er spart nicht
mit Lob für de Brazza (under de Brazza, some of the finest of
her /Frankreich, J.M.7 colonial pages are written) und glaubt
darüber hinaus, Humanität als einen "natürlichen" Grundzug des
französischen Nationalcharakters herausstellen zu können: "Every-
one knows that the French are naturally a human people", ein

Volk, dem die aus dem belgischen Kongostaat übernommenen Kolonialpraktiken im Grunde zuwider seien. Um so mehr müsse an der Forderung festgehalten werden, das Konzessionssystem im Kongo schnellstens abzuschaffen: "A remedy can only come by radical reform at the root". Nur so könne sichergestellt werden, daß die aus dem Kongo gemeldeten Greuel - "it is absurd to call them isolated" - ein Ende nehmen würden[193]. Wenn die nunmehr aufgedeckten Vorkommnisse die französische Regierung dazu bewegen würden, das Konzessionssystem als solches von Grund auf in Frage zu stellen, so hätten die gepeinigten Opfer jener skandalösen Ereignisse ihr Leben nicht gänzlich umsonst verloren[194]. Mit der Nominierung de Brazzas, die nachdrücklich begrüßt wird (No better appointment could have been made), wird auch in der "West African Mail" die Hoffnung und Erwartung verknüpft, die von ihm geleitete Untersuchung möge den in Französisch-Kongo dringend notwendigen Reformen den Weg bereiten. In diesem Sinne wird die französische Regierung für die Auswahl de Brazzas ausdrücklich gelobt. Mit der Ernennung "des französischen Livingstone" habe sie ihrer Glaubwürdigkeit einen guten Dienst erwiesen. Im Namen seiner Regierung sei de Brazza nunmehr dazu berufen, "to survey the chaos wrought since his absence, and advise as to remedial measures[195]."

Die Ankündigung einer unter der Leitung de Brazzas stattfindenden Überprüfung der in Französisch-Kongo aus englischer Sicht durch die Konzessionsgesellschaften angerichteten "chaotischen" Zustände hatte in der englischen Öffentlichkeit mithin ein für die französische Regierung zwiespältiges Echo gefunden. Auf der einen Seite war ihr mit der Beauftragung de Brazzas ganz offensichtlich ein hervorragender propagandistischer Schachzug geglückt, auf der anderen Seite hatte sie damit aber zugleich, entgegen ihrer Absicht, der englischen Forderung nach einer Revision ihrer im Kongo betriebenen Kolonialpolitik zusätzlichen Auftrieb gegeben. Es war ihr somit auch mit der Nominierung de Brazzas nicht gelungen, sich aus der Defensive zu befreien, in die sie die britische "Humanitätsintervention" gedrängt hatte. Am Beispiel zweier Artikel, die zur gleichen Zeit und im selben Zusammenhang in der "West African Mail" publiziert wurden wie die soeben zitierten Kommentare, soll dieser Sachverhalt noch etwas ausführlicher illustriert werden.

Unter der Überschrift "The British Case in French Congo" wird mit allem Nachdruck an der Forderung festgehalten, daß die britischen Händler in Französisch-Kongo für die ihnen durch das Konzessionssystem zugefügten Verluste angemessen entschädigt werden müßten: "from the point of view of elementary justice, it is as imperative for the French Government to compensate our merchants for the injury and losses they have suffered, as it is imperative for the British Government to press that view upon the Government of France." Im Sinne eines "settlement in the general interest" wird an Kolonialminister Clémentel der eindringliche Appell gerichtet, sich den wohlbegründeten britischen Forderungen nicht zu verschließen:"We appeal to M. Clémentel, the new French Colonial Minister (...) to remove a cause of friction, and to mete out justice in a case where injustice has been done[196]". Noch unangenehmer als dieser Appell dürften der französischen Regierung die Resolutionen in den Ohren geklungen haben, welche die vereinigten britischen Handelskammern Anfang März 1905 an die englische Regierung gerichtet hatten. In der ersten Entschließung wurde die Regierung zum wiederholten Male aufgefordert, den im ausdrücklich genannten Französisch-Kongo sowie anderen Teilen des konventionellen Kongobeckens begangenen Verletzungen der Berliner Generalakte energisch Einhalt zu gebieten und in Verbindung mit den übrigen Großmächten die Signatarstaaten der Kongokonvention zu einer neuen Konferenz einzuladen, "in order to consider how far fresh action and reform are necessary." Darüber hinaus wurde die englische Regierung in einer anschließenden

zweiten Resolution massiv gedrängt (his Majesty's Government
is strongly urged), die französische Regierung zu veranlassen,
den im Kongo mit einem Handelsverbot belegten britischen Firmen eine "fair compensation" zu gewähren und "to take every
possible step with the least possible delay to obtain a settlement". In einem kommentierenden Begleittext wird das Vorgehen
der vereinigten britischen Handelskammern von der "West African
Mail" voll unterstützt und der eigenen Regierung bei dieser
Gelegenheit der Vorwurf gemacht, ihre Politik sei in der erwähnten Angelegenheit bislang völlig erfolglos geblieben[197].

Obgleich es der französischen Regierung durch das von ihr inszenierte Skandalmanöver trotz des mit der Präsentation de Brazzas errungenen Teilerfolgs bis dahin also nicht gelungen war,
den von der englischen Kongoreformbewegung ausgehenden politischen Druck entscheidend zu vermindern, ging der französische
Kolonialminister dessenungeachtet im April 1905 weiterhin davon aus, Frankreich könne sich mit Hilfe der "Mission Brazza"
bezüglich seiner Kongopolitik gegen jegliche ausländische Kritik ausreichend verteidigen und somit einer neuen Kongokonferenz in aller Ruhe entgegensehen. Diese Auffassung hatte Kolonialminister Clémentel seinem Kabinettskollegen Delcassé, wie
im vorigen Kapitel bereits angedeutet, im Zuge der zwischen
seinem Hause und dem Außenministerium über die in der Kongofrage zu verfolgende Taktik kontrovers geführten Korrespondenz
im April 1905 ausdrücklich unterbreitet. Die im vorhergehenden
Kapitel bereits angekündigte, einschlägige Passage des erwähnten vertraulichen Schreibens soll an dieser Stelle nun in
Form eines zusammenhängenden Zitats vorgestellt werden, um
die der "Mission Brazza" im Kolonialministerium von Anfang an
zugewiesene politische Funktion deutlich zu markieren. Um die
englische Interventionskampagne, die sich nur vordergründig
auf den belgischen Kongostaat beschränke, in Wirklichkeit
aber auch auf das - nach Ansicht des Kolonialressorts rechtlich

freilich unangreifbare - französische Konzessionssystem abziele, auch auf der politischen Ebene abwehren zu können, genüge es, so Kolonialminister Clémentel, den Nachweis zu führen, daß zwischen dem belgischen und dem französischen System sowohl vom Prinzip, als auch von der Anwendung her tiefgreifende Unterschiede bestünden. Diesen Nachweis, so die Hoffnung Clémentels, werde Frankreich mit Hilfe der "Mission Brazza" gegen eine - wie Delcassé selbst eingeräumt habe - vornehmlich mit humanitären Argumenten operierende ausländische Kritik erfolgreich führen können:

> "on peut établir (...) qu'il y a des différences profondes, quant aux principes et quant à l'application, entre le système belge et le système français. Vous avez reconnu vous-même, au cours de votre lettre du 4 mars, que les griefs du gouvernement britannique contre l'Etat Indépendant du Congo sont moins d'ordre économique que d'ordre humanitaire. A ce dernier point de vue, je conserve l'espoir que la France, surtout après l'enquête dont vient d'être chargé M. de Brazza, pourra répondre à toutes les critiques tendant à condamner, contre elle-même, un mode de gouvernement (198)."

Am gleichen Tag, dem 19. April, an dem Kolonialminister Clémentel sein taktisches Konzept gegenüber dem nach wie vor skeptischen Außenministerium in dem hier soeben auszugsweise zitierten Schreiben noch einmal zu begründen suchte und dabei, wie gesehen, den zentralen Stellenwert der "Mission Brazza" deutlich hervorhob, stellte der im Zusammenhang mit seiner tragenden Rolle bei der Skandalinszenierung bereits mehrfach aufgetretene Abgeordnete Le Hérissé als Berichterstatter für den Kolonialhaushalt eine Gesetzesvorlage vor, in der die Bewilligung eines außerordentlichen Kredites zur Abdeckung der für die "Mission Brazza" aufzuwendenden Kosten beantragt wurde und die das Parlament einen Tag später einstimmig billigte[199].
Zur Unterstützung seines beim Haushaltsausschuß bereits drei Wochen zuvor, am 29. März 1905, eingereichten Kreditantrages hatte das Kolonialministerium den angeblich vollständigen Text der Instruktionen beigefügte, die de Brazza zur Er-

füllung seines Untersuchungsauftrages mit auf den Weg gegeben worden seien. In Wirklichkeit handelt es sich bei diesem Text lediglich um den ersten Teil der an de Brazza übermittelten Instruktionen. Während dieser erste, offizielle und für die Verbreitung in der Öffentlichkeit bestimmte Teil, sei es in kürzeren, sei es in längeren Auszügen sogleich in der Presse erschien[200], wurde der zweite Teil vor der Öffentlichkeit geheimgehalten, weil sich aus ihm die wahren Motive für die "Mission Brazza" und deren tatsächliche politische Funktion für den kundigen Betrachter unschwer herauslesen lassen. Doch bleiben wir noch einen Moment beim offiziellen Teil der Instruktionen. Im Sinne der von der Regierung verfolgten Desinformationspolitik werden einleitend zunächst die in der erst kurze Zeit zurückliegenden Pressekampagne präsentierten und mit den Namen Gaud und Toqué verknüpften Skandalereignisse als angeblicher Beweggrund für das geplante Untersuchungsvorhaben deutlich herausgestellt: "L'attention des pouvoirs publics s'est trouvée tout récemment portée sur des faits d'une exceptionnelle gravité dont se sont rendus coupables certains agents de nos possessions du Congo. Le Gouvernement a pensé qu'il y avait lieu de procéder à une enquête approfondie sur la situation de ces territoires[201]".

Im weiteren Verlauf der Ausführungen bezieht sich der Text an mehreren Stellen auf gewaltsame Aktionen, die von Verwaltungsbeamten und Agenten der privaten Landgesellschaften in einzelnen Fällen hie und da möglicherweise begangen wurden, insgesamt gesehen sicherlich aber nur als "actes indivuels extrêmement rares" anzusehen seien. Ihre Ursachen, so die vorweggenommene Diagnose, seien in einer ungenügenden Auswahl und Vorbereitung des Verwaltungspersonals sowie gewissen Funktionsmängeln des Verwaltungsapparates zu suchen. Durch eine effektivere administrative Organisationsweise sowie eine straffere Kontrolle der Kolonialfunktionäre und der Konzessionsgesellschaften, so läßt der Minister im Hinblick auf die von ihm erwarteten Schlußfolgerungen deutlich durchblicken, seien die beobachteten Mißstände zweifellos zu beseitigen[202].

Sowohl de Brazza als auch der Öffentlichkeit gegenüber wurde somit nicht der geringste Zweifel darüber gelassen, daß von der Untersuchungsdelegation lediglich solche Feststellungen und Anregungen erwartet wurden, die sich mit der Beseitigung dieser oder jener Organisationsmängel befaßten und dabei nichts weiter als das Ziel eines optimal funktionierenden Verwaltungsapparates (une administration rationnelle) vor Augen hatten. Dabei wurde von vornherein als unverrückbare Tatsache unterstellt, daß auch die im Kongo praktizierten Kolonialmethoden im wesentlichen den universell geltenden "zivilisatorischen Traditionen" Frankreichs verpflichtet seien. Die abschließenden Formulierungen des hier zitierten Textteiles bringen diesen Grundtenor noch einmal in aller Deutlichkeit zum Ausdruck:

> "notre oeuvre demeurerait inachevée et stérile si nous ne parvenions enfin non seulement à donner à ces possessions und administration rationnelle, mais encore à y faire prévaloir les idées généreuses et les sentiments élevés qui dominent nos moeurs et nos institutions. L'action de la France dans le monde n'a cessé de se confondre avec une oeuvre de progrès intellectuel et d'amélioration sociale; ce serait un démenti donné à nos traditions civilisatrices s'il en était autrement au Congo français. La mission que vous allez accomplir et qui sera la préface d'une organisation définitive de nos possessions doit être dans ce but décisive (203)."

Während der offizielle Teil der ministeriellen Instruktionen sich somit ebenso wortreich wie unverbindlich über allgemeine koloniale Verwaltungsprinzipien ausläßt, wird - und dies ist im Sinne der vom Kolonialministerium verfolgten taktischen Linie natürlich durchaus folgerichtig - über die tatsächliche Kernfrage der gesamten Kongoproblematik kaum ein Wort verloren. Auf das Problem der Konzessionsgesellschaften geht der Text nämlich lediglich mit einigen wenigen Sätzen ein, in denen kategorisch klargestellt wird, daß das Konzessionssystem als solches nicht zur Diskussion stehe, die von der Regierung gegenüber den Konzessionären eingegangenen vertraglichen Verpflichtungen vielmehr strikt einzuhalten seien[204].

Nach der Veröffentlichung des hier soeben zitierten offiziellen Teils der an de Brazza ergangenen Instruktionen konnte es nicht ausbleiben, daß sich in den Kreisen der englischen Kongoreformbewegung gegenüber den mit der "Mission Brazza" von Kolonialminister Clémentel verfolgten Absichten, im Gegensatz zu den weiter oben zitierten ersten positiven Reaktionen, nunmehr Skepsis und offenes Mißtrauen äußerten. Die Weigerung Clémentels, das Konzessionssystem als die eigentliche Wurzel allen Übels anzuerkennen, so stellt die "West African Mail" mit ironischem Unterton fest, müsse zwangsläufig dazu führen, daß sich die Untersuchung nur auf der Oberfläche der Ereignisse bewegen und somit zur Lösung der tatsächlichen Probleme nichts beitragen könne:

> "We are (...) not disposed to quarrel with M. Clémentel, because he says that the question of the system of concessions cannot be re-opened. We merely venture to express a respectful doubt that the root of things can be reached in French Congo without looking into the causa causans (Hervorhebung im Orig., J.M.) of a general state of affairs, the disquieting nature of which is amply prooved by M. Clémentel's instructions, and by the despatch of M. de Brazza."

Das Konzessionssystem beruhe zweifellos auf einem mit Waffengewalt aufrechterhalten System von Zwangsarbeit, das die "Eingeborenen" ihrer persönlichen und ökonomischen Freiheit beraube, sie zu Sklaven (serf) mache. Diese evidente Tatsache müsse nicht erst durch eine Untersuchungsdelegation bewiesen werden. Die von Clémentel erlassenen Instruktionen stellten selbst eine weitere Bestätigung dieses Sachverhaltes dar[205].

So zweifelhaft die Erfolgsaussichten des vom französischen Kolonialministerium eingeleiteten Ablenkungsmanövers von Anfang an

also auch erscheinen mußten, wie die soeben zitierte englische
Reaktion noch einmal deutlich gemacht hat, so sicher kann doch
andererseits davon ausgegangen werden, daß der von der französischen Regierung inszenierte Kongoskandal und die in diesem
Zusammenhang unter der Leitung de Brazzas eingesetzte Untersuchungsdelegation kein anderes Ziel hatten, als Frankreich gegenüber der auf seine im Kongo praktizierten monopolistischen
Ausbeutungsmethoden zielenden englischen Kritik eine als dringend erforderlich angesehene politische Entlastung zu verschaffen. Der zweite, ausdrücklich als "vertraulich" gekennzeichnete Teil der von Minister Clémentel erteilten Instruktionen,
dem wir uns nun im einzelnen zuzuwenden haben, läßt hierüber
keinen Zweifel aufkommen. Wegen des entscheidenden Stellenwertes, den dieses Dokument innerhalb der hier entwickelten Argumentation einnimmt, ist es unumgänglich, die entsprechende
Textpassage in aller Ausführlichkeit zu zitieren. Zwar sind
weite Teile dieser Geheiminstruktionen bereits an anderer
Stelle publiziert worden (Brunschwig 1977, S. 122 f). Da der
Autor aber just jene Passagen aus seinem Zitat eliminiert hat,
die zu seiner eigenen Argumentation quer liegen, für meine Beweisführung aber von zentraler Bedeutung sind, und da das Gesamtzitat dort völlig anders interpretiert wird, als dies hier
versucht werden soll, kann auf eine eigene wörtliche Wiedergabe des betreffenden Textes an dieser Stelle nicht verzichtet
werden.

Die Instruktionen Clémentels haben einen Gesamtumfang von 20
Schreibmaschinenseiten und tragen das Datum vom 13. März 1905.
Darin nimmt der öffentlich vorgestellte, offizielle Teil, der
weiter oben aus der "Quinzaine Coloniale" bereits in seinen
wesentlichen Aussagen zitiert wurde, mit etwa sechzehn Seiten
den weitaus größten Teil ein, während die vertraulichen Passagen nur wenig mehr als vier Seiten umfassen[206]. Auf diesen
wenigen Seiten finden sich die oben bereits mehrfach angedeute-

ten Kerngedanken jenes taktischen Kalküls konzentriert, das der vom Kolonialministerium um die Skandalinszenierung herum aufgezogenen Desinformationskampagne tatsächlich zugrunde lag. Ausgangspunkt ist die verhältnismäßig ausführliche Darstellung der internationalen Kongofrage, die in den vorhergehenden Kapiteln einer eingehenden Untersuchung unterzogen wurde. Dabei wird die Bedeutung der von England aus gegen den Kongostaat gerichteten Agitation (vives critiques), die den belgischen König schließlich gezwungen habe, eine internationale Untersuchungskommission in den Kongo zu entsenden, als ein entscheidender Faktor ebenso hervorgehoben wie die Tatsache, daß die von jener Kommission erstellten Schlußfolgerungen "in Kürze bekannt werden" würden. In den weiteren Ausführungen fehlt weder der Hinweis auf die somit gegebene, naheliegende Möglichkeit einer unter Umständen bereits im Laufe des Jahres 1905 stattfindenden neuen Kongokonferenz, noch wird versäumt, die damit unmittelbar verknüpften Auseinandersetzungen (certaines difficultés) zwischen Konzessionsgesellschaften und englischen Handelsfirmen gebührend hervorzuheben. Auch der dazu bezogene französische Rechtsstandpunkt wird bei dieser Gelegenheit noch einmal knapp dargestellt. Diese einleitende, längere Textpassage hat folgenden Wortlaut:

> "Le Gouvernement serait heureux que votre mission vous permît de lui apporter une opinion décisive sur les conditions dans lesquelles s'exécutent, doivent être maintenues ou modifiées, certaines obligations d'ordre international que la France a pris l'engagement d'observer. Il s'agit des dispositions applicables au bassin conventionnel du Congo, en vertu de l'acte général de Berlin du 26 Février 1885, complété par l'acte général de Bruxelles du 2 Juillet 1900 et la déclaration y annexée, ainsi que par le Protocole de Lisbonne du 8 Avril 1892 prorogé pour trois ans en 1902.
>
> Vous savez que les Puissances intéressées peuvent très prochainement, et peut-être même dans le courant de la présente année, être appelées à se prononcer sur le régime particulier ainsi applicable au bassin conventionnel du Congo. Deux ordres de fait peuvent rendre nécessaire à bref délai cette consultation solennelle des Puissances.

D'une part, le système politique et économique en vigueur dans l'Etat Indépendant du Congo est depuis deux ans, en Angleterre surtout, l'objet de vives critiques; pour répondre à ces attaques et en démontrer selon lui l'inanité, le Roi souverain de cet Etat a constitué une commission internationale dont les conclusions ne vont pas tarder à être connues. D'autre part, l'Acte Général de Berlin du 26 février 1885 a lui-même prévu qu'après un délai de vingt ans, c'est à dire après le vingt six février 1905, les Puissances devraient examiner si la 'franchise d'entrée' dans le bassin conventionnel serait ou non maintenue. La déclaration annexée à l'acte de Bruxelles du 2 Juillet 1890 et le Protocole de Lisbonne du 8 Avril 1892, qui ont sensiblement restreint cette franchise d'entrée pour la France, l'Etat Indépendant du Congo et le Portugal, permettent également aux Puissances intéressées de reprendre leur liberté d'action dans le courant de cette année 1905.

Je dois ajouter que certaines difficultés, survenues au Congo entre des maisons anglaises et des Sociétés concessionnaires françaises peuvent se trouver prochainement soumises à un arbitrage particulier. Cet arbitrage porterait exclusivement sur l'évaluation de dommages matériels, toutes questions de principe se trouvant réservées jusqu'à la réunion d'une nouvelle conférence internationale. C'est du moins ce que propose le gouvernement français et ce que le gouvernement britannique semble disposé à accepter. S'il en est ainsi, ce différend spécial ne peut lui-même que contribuer à hâter une consultation générale des Puissances signataires de l'Acte de Berlin.

Cette consultation, la France ne la redoute pas pour elle-même. Elle s'est efforcée de sauvegarder le principe de la liberté commerciale dans la partie du bassin conventionnel sur lequel s'exerce sa souveraineté. Elle a, dans le système de concessions territoriales qu'elle a adopté, respecté les droits des tiers et ceux des indigènes (207)."

Nachdem der politische Hintergrund der de Brazza aufgetragenen Sondermission somit in seinen wesentlichen Aspekten umrissen worden ist, beschäftigt sich der zweite Teil der Geheiminstruktionen ganz konkret mit dem Ziel und dem Zweck der Mission. Die vom Kolonialministerium mit Hilfe der "Mission Brazza" verfolgte außenpolitische Zielsetzung ist in den bisherigen Ausführungen des vorliegenden Kapitels anhand des von Clémentel an Außenminister Delcassé gerichteten vertraulichen Schreibens vom 19. April 1905 bereits in ersten Umrissen zutage getreten.

Die sogleich zu zitierenden Ausführungen der Geheiminstruktionen liegen exakt auf der dort sichtbar gewordenen taktischen Linie. Wie das folgende Zitat nunmehr im einzelnen eindeutig ausweist, geht es der französischen Regierung darum, im Rahmen der von Clémentel selbst noch einmal angedeuteten internationalen Kongorivalitäten und im Hinblick auf eine mögliche Neudiskussion des internationalen Kongostatus die in Französich-Kongo praktizierten Methoden gegenüber dem im belgischen Kongostaat etablierten System deutlich abzusetzen, um sich auf diese Weise aus dem Zielbereich der englischen "Humanitätsintervention" möglichst weit entfernen und somit die eigene internationale Verhandlungsposition in der Kongofrage stärken zu können. "Um der Gefahr zu begegnen", so heißt es in besagter Textpassage, daß die französische Regierung "in die gegen den belgischen König gerichteten Attacken einbezogen würde", sollte die von de Brazza geleitete "mission spéciale" Frankreich dazu verhelfen, im "entscheidenden Augenblick" "einwandfrei beweisen" zu können, daß das in Französisch-Kongo installierte System sich von demjenigen des benachbarten Kongostaates "prinzipiell unterscheide". In den hierzu eigens aufgelisteten fünf Punkten sind die Leitsätze jener Argumentation enthalten, mit der die französische Regierung ihre im Kongo verfolgte Politik nach außen hin zu rechtfertigen gedachte. Während die Punkte eins bis vier die Behauptungen enthalten, die in Französisch-Kongo praktizierte Konzessionspolitik habe, anders als im Kongostaat, weder das Prinzip der Handelsfreiheit, noch die Rechte der "Eingeborenen" verletzt und beruhe auch nicht auf der Grundlage gewaltsam durchgesetzter Zwangsarbeit, befaßt sich der fünfte und letzte Punkt eigens mit dem, wie wir gesehen haben, für Frankreich im vorliegenden Zusammenhang politisch besonders brisanten humanitären Aspekt der britischen Intervention. Hier wird noch einmal deutlich der kausale Bezug erkennbar, der die mit den Namen Gaud und Toqué verknüpfte Skandalkampagne mit der unter der internationalen Autorität de

Brazzas ins Werk gesetzten "mission spéciale" verbindet. Letztere, so geben die Instruktionen nämlich unmißverständlich zu verstehen, habe - und an dieser Stelle ist zu ergänzen: am Beispiel des dazu eigens in Brazzaville gegen Gaud und Toqué inszenierten Prozesses - den Nachweis zu erbringen, daß Frankreich es niemals versäume, jene einzelnen Gewaltakte, mit denen sich die zuständigen Behörden zu befassen hätten, unnachsichtig zu bestrafen. Im Gegensatz zum Kongostaat sei es mithin "nicht möglich", solche Einzelvorkommnisse als Ausdruck "systematischen Terrors" (tyrannie méthodique) zu interpretieren.

Der hier von der "Mission Brazza" verlangte Nachweis war zur Abwehr einer Französisch-Kongo drohenden "Humanitätsintervention" deshalb besonders wichtig, weil eine derartige Intervention, wie an früherer Stelle dieses Untersuchungsteils gezeigt wurde (Kap. 3, 2), nur dann zum Zuge kommen konnte, wenn es sich bei den jeweils registrierten Gewaltakten nicht um Einzelfälle, sondern um typische Erscheinungen eines von den offiziellen politischen Machtträgern entweder selbst praktizierten oder aber tolerierten terroristischen Gewaltsystems handelte.

Wegen ihrer eminenten Bedeutung für die im Verlaufe dieser Arbeit entwickelte Beweisführung sollen auch die hier soeben knapp skizzierten Ausführungen des zweiten Teils der Clémentelschen Geheiminstruktionen im Wortlaut vorgestellt werden. Frankreich, so hatte es im letzten Absatz des vorhergehenden Zitates geheißen, fürchte eine neue Kongokonferenz nicht für sich selbst. Das nun folgende Zitat schließt an diese Feststellung an:

> "Mais ce que la France ne saurait admettre, c'est qu'on ait tendance, sciemment ou par erreur, à confondre les règles qu'elle applique à ses possessions du Congo avec les procédés en usage dans l'Etat Indépendant. Il serait facile ainsi d'englober le gouvernement de la République dans les

attaques qu'on dirige contre le Gouvernement du Roi Léopold. Pour obvier à ce danger, il importe que la France puisse se dégager de toute solidarité semblable, en établissant nettement le moment venu:

1° que le système de concessions territoriales qu'elle a mis en vigueur repose sur des principes différents de celui qu'a inauguré l'Etat du Congo; qu'elle n'a jamais institué un régime analogue à celui du 'domaine privé' du roi en évitant ainsi de confondre, dans l'intérêt direct d'une exploitation commerciale qu'elle pratiquerait elle-même, les idées de souveraineté, de dominialité, et de propriété privée;

2° qu'elle entretient une force publique uniquement destinée au maintien de la sécurité générale, sans obliger jamais les indigènes, par des moyens de coercition quelconques, à se mettre au service d'une entreprise commerciale agricole ou industrielle;

3° qu'elle a pris toutes les précautions nécessaires pour qu'un tiers puisse toujours commercer librement, dans la partie française du bassin conventionnel du Congo, même en territoire concédé;

4° qu'elle a scrupuleusement réservé tous les droits usagers et toutes les cultures vivrières des indigènes, même en territoire concédé;

5° qu'elle a toujours eu soin de réprimer, quand ils ont été portés à la connaissance des autorités, les actes de violence commis envers les indigènes; que ces violences se sont du reste toujours bornés à des actes individuels, sans qu'il soit possible d'y voir un système organisé; qu'on n'a jamais vu au Congo français toute une entreprise publique ou privée recourir par principe, pour subsister ou pour accélérer son succès, à des procédés de tyrannie méthodique analogues à ceux employés dans les parties de l'Etat Indépendant du Congo actuellement soumises à une enquête.

Sur ces divers points, il est nécessaire que vous procédiez à une enquête comparée au Congo belge et au Congo français. Il vous sera loisible dans ce but de visiter l'Etat Indépendant du Congo pour y recueillir de façon discrète tous les renseignements qui vous paraitront de nature à éclairer le Gouvernement sur les réformes qu'il conviendrait de faire dans le Congo français. Je vais prier, du reste, M. le Ministre des Affaires Etrangères de prévenir de votre voyage le gouvernement du Roi Souverain, afin que vous trouviez toutes les facilités désirables auprès des autotés de l'Etat (208)."

Im vorletzten Satz der hier soeben zitierten Textpassage findet sich mit dem Stichwort "Reformen" ein Begriff, dessen Bedeutung vom Absender und vom Empfänger der Instruktionen jeweils unterschiedlich interpretiert wurde. Während Kolonialminister Clémentel, wie gesehen, die von der "Mission Brazza" zu erarbeitenden Änderungsvorschläge auf den Bereich des administrativen Organisationswesens eingrenzen wollte, werden die nun folgenden Ausführungen zeigen, daß de Brazza nicht bereit war, sich einer derartigen Einschränkung seines Handlungsspielraums zu unterwerfen, sondern im Gegenteil gewillt war, neben der Funktionsweise auch die Voraussetzungen und die Folgen des in Französisch-Kongo etablierten Systems in den Gang der Untersuchung einzubeziehen. Wie sich leicht vorstellen läßt und nun näher aufgezeigt werden soll, mußte dieser, mit der Nominierung de Brazzas vorprogrammierte Widerspruch den erfolgreichen Abschluß der von der Regierung eingeleiteten Desinformationskampagne auf das schwerste gefährden.

2. Das Unternehmen scheitert

Daß de Brazza von seinem eigenen Selbstverständnis her und aufgrund der ihm von allen Seiten gleichermaßen eingeräumten Sonderstellung kaum bereit sein würde, sich nach Art eines weisungsgebundenen Beamten buchstabengetreu an die ihm vorgegebenen Richtlinien zu halten, mußte die Regierung von vornherein einkalkulieren. Im Hinblick auf die für das Gelingen ihres taktischen Manövers unabdingbare internationale Respektierung der von der Untersuchungsdelegation erwarteten Ergebnisse hatte sie, wie zum besseren Verständnis der anschließenden Ausführungen noch einmal unterstrichen werden soll, indes kaum eine andere Wahl, als die Mission von einer Person mit dem klangvollen Namen eines de Brazza leiten zu lassen, zumal das für ihre Zwecke reklamierte internationale Renomee de Brazzas nicht zu-

letzt auf der ihm zugeschriebenen Integrität und der Fähigkeit
zur unabhängigen Urteilsbildung beruhte. Wenn die Regierung
somit einerseits auch in Rechnung zu stellen hatte, daß es zwischen de Brazzas Auffassung über den Aufgabenbereich der ihm
übertragenen Mission und ihrer eigenen Sicht zu Differenzen
kommen konnte, so konnte sie doch andererseits davon ausgehen, daß in den grundsätzlichen Fragen der französischen Expansionspolitik, insbesondere was das Ziel betraf, die nationalen Kolonialpositionen gegenüber der ausländischen Konkurrenz zu verteidigen, Übereinstimmung herrschte. Dies ergibt
sich schon allein aus der Tatsache, daß de Brazza auch nach
seinem erzwungenen Abschied aus dem aktiven Kolonialdienst zu
den um die Person des leitenden Kolonialpolitikers und seinerzeit amtierenden Innenministers Etienne konzentrierten, führenden französischen Kolonialkreisen weiterhin engen Kontakt hielt[209]
Anhand von Aufzeichnungen aus dem Nachlaß de Brazzas, auf die
noch zurückzukommen sein wird, läßt sich denn auch zeigen, daß
dieser entgegen der in der Literatur hier und da anzutreffenden Ansicht, er sei von vornherein nicht gewillt gewesen - sei
es aus einem unbändigen Wahrheitsdrang heraus (Morel 1920, S.
189), sei es aufgrund ungestillter Ressentiments gegenüber der
Kolonialbürokratie (Brunschwig 1977, S. 119) -, sich auf das
"politisch-diplomatische Spiel" der Regierung (Morel, ebd.)
überhaupt erst einzulassen, im Gegenteil durchaus bereit war,
die der Mission gesetzte außenpolitische Zielsetzung vollauf
zu akzeptieren. Wie noch näher auszuführen sein wird, stieß
er freilich im Laufe seiner Nachforschungen im Kongo auf derart gravierende Beispiele eines von ihm in diesem Ausmaß und
in dieser Ausprägung offenbar nicht erwarteten terroristischen
Zwangssystems, daß er schließlich zu der Überzeugung gelangte,
das französische Vorgehen im Kongo könne einer internationalen
Kritik nur dann standhalten, wenn die monopolistischen Ausbeutungspraktiken der Konzessionsgesellschaften zumindest eingeschränkt und überdies einschneidende Änderungen der Verwal-

tungsmethoden durchgesetzt würden. Beides, so meldete er noch vor seiner Rückkehr aus dem Kongo nach Paris, setzte seiner Ansicht nach zwingend einen personellen Wechsel an der Verwaltungsspitze der Kolonie voraus. Die von der Regierung erwünschte Unbedenklichkeitbescheinigung konnte nach der von ihm durchgeführten Untersuchung somit nicht mehr erwartet werden. Es waren also gegensätzliche Auffassungen über die Art und Weise, wie die von der Regierung und von de Brazza gleichermaßen angestrebte Rehabilitierung der französischen Kongopolitik erreicht werden könne, die letztlich zum Scheitern der Regierungstaktik führten.

Das Kolonialministerium hatte vergebens versucht, einer derartigen Entwicklung vorzubeugen, indem es das mit der Nominierung de Brazzas eingegangene Risiko weitgehend zu mindern suchte. Nachdem de Brazza darauf bestanden hatte, die personelle Zusammensetzung der von ihm geleiteten zehnköpfigen Delegation überwiegend selbst zu bestimmen, wobei er eine möglichst große Unabhängigkeit der Delegation vom kolonialen Verwaltungsapparat anstrebte[210], setzten im Ministerium sogleich massive Bestrebungen ein, den Verlauf der Untersuchungen in die vorgesehenen Bahnen zu lenken. Zunächst war offenbar sogar daran gedacht worden, die "Mission Brazza" von einer zweiten Delegation begleiten zu lassen, welche ausschließlich aus Beamten des Kolonialministeriums bestehen und anscheinend die Aufgabe haben sollte, die Tätigkeit der "Mission Brazza" im Sinne des Ministeriums zu beeinflussen. Nach energischen Protesten de Brazzas mußte dieser Plan aufgegeben werden[211]. Wie in der Literatur verschiedentlich dargestellt, wurde statt dessen auf andere Weise versucht, die Tätigkeit der Untersuchungsdelegation zu kanalisieren beziehungsweise gar nicht erst zur Entfaltung kommen zu lassen. Die zuständigen Stellen im Pariser Kolonialministerium sowie die Funktionäre der Kolonialverwaltung im Kongo weigerten sich, angeforderte Unterlagen herauszugeben oder ließen brisante Dokumente rechtzeitig verschwinden, gaben keinerlei Informationen, versuchten Delegationsmitglieder absichtlich in die Irre zu führen, verzögerten die Bereitstellung von Transportmitteln und ließen somit unmißverständlich erkennen, daß sie zu keiner Kooperation bereit waren[212]. Es klang soeben schon an, daß diese Obstruktionstaktik letztlich zu einem dem angestrebten Zweck genau entgegensetzten Resultat führte, weil sie die Aufmerksamkeit der "Mission Brazza" nur um so nachdrücklicher auf die kritischen Punkte des im Kongo etablierten Kolonialsystems hinlenkte. Dabei hatte de Brazza zunächst keinen Anlaß gesehen, die von ihm voll und ganz mitgetragene außenpolitische Zielsetzung des Unternehmens in Frage zu stellen. So hatte er dem eigens vom Pariser Außenministerium abgestellten Delegationsmitglied Clinchant für dessen Aufgabenbereich zu Beginn der Untersuchungen vertrauliche Anweisungen übermittelt, die mit den ihm selbst von Kolonialminister Clémentel erteilten Geheiminstruktionen inhaltlich und sprachlich nahezu identisch sind und in denen er zu dem Schluß gelangt, vorrangiges Ziel der Mission sei es, die Politik der eigenen Regierung im Hinblick auf die internationale Kongofrage massiv zu unterstützen:

> "Il semble donc d'un haut intérêt d'étudier tous les arguments qui militent en faveur de notre régime économique du Congo français et qui permettent de réfuter les objections qu'ont pu faire les maisons de commerce anglaises établies sur le littoral du Congo français (213)."

Nach mehrmonatigen Recherchen kommt Clinchant freilich zu der Erkenntnis, daß die von der französischen Regierung vertretene Position angesichts der von ihr eingegangenen internationalen Verträge durch nichts zu rechtfertigen sei. So sieht er sich gezwungen, de Brazza in seinem abschließenden Untersuchungsbericht mitzuteilen, daß das den großen Landgesellschaften zugestandene Nutzungsmonopol die Handelsfreiheit in Französisch-Kongo faktisch aufgehoben habe: "celui qui possède le monopole des produits du sol possède le monopole du commerce." Das in der Berliner Generalakte festgeschriebene Freihandelsprinzip werde somit auf das Recht reduziert, sich auf dem nicht konzedierten Territorium frei bewegen zu können. Über das Konzessionssystem wird zusammenfassend ein für die Taktik des Kolonialministeriums höchst abträgliches Urteil gefällt: "Son application a été une violation des stipulations fondamentales de la conférence Africaine de 1885, sans qu'on puisse invoquer une seule circonstance qui vienne en atténuer la gravité[214]."

Mit dem soeben zitierten Ergebnis waren die auf einen positiven Ausgang der "Mission Brazza" zwingend angewiesenen Regierungspläne bereits auf ein ernstes Hindernis gestoßen. Wie nun noch gezeigt werden soll, sorgten aber auch die übrigen Nachforschungen der Untersuchungsdelegation dafür, daß nicht nur die Grundlagen und die Folgen des Konzessionssystems, sondern auch die damit unmittelbar verknüpften Praktiken der Kolonialverwaltung in aller Deutlichkeit zutage traten und somit das gesamte Ausmaß des im Kongo errichteten kolonialen Raubsystems in den Berichten der Delegation seinen entsprechenden Niederschlag fand. So stieß de Brazza im Zuge seiner Erkundungen auf die bereits in einem früheren Kapitel dargestellte Praxis der organisierten Geiselnahme mit all ihren mörderischen Konsequenzen und erkannte dabei den funktionellen Zusammenhang zwischen den Operationen der monopolistischen Landgesellschaften, der über die Kopfsteuer organisierten Zwangsarbeit und den brutalen Repressionspraktiken der Kolonialadministration[215], auf deren unmenschliche Methoden er auch in Verbindung mit der Organisation des administrativen Trägerwesens aufmerksam geworden war.

Den jeweiligen Stand seiner Ermittlungen kabelte er umgehend nach Paris. Dabei gab er zugleich zu verstehen, daß es aufgrund der von ihm ermittelten Tatbestände schwierig werden könnte, den ihm erteilten Auftrag zu erfüllen und die geplante Distan-

zierung vom Kongostaat zu erreichen. In Anbetracht der Tatsache, daß die von ihm aufgedeckten skandalösen Verhältnisse von der lokalen Kolonialadministration offensichtlich nicht nur toleriert, sondern auch aktiv begünstigt wurden, fügt er den kaum verhüllten Hinweis an, daß ihm ein personeller Wechsel an der Verwaltungsspitze des Kongo dringend geboten erscheine[216].
Am 21. August läßt de Brazza dem soeben erwähnten Kabeltelegramm einen ausführlichen Bericht über Art und Ausmaß der von ihm entdeckten unmenschlichen Repressionspraktiken folgen und hebt dabei auch die Tatsache hervor, daß die lokale Administration alles unternommen habe, um seine Erkundungen zu erschweren und die von ihm schließlich in der Gribingi-Region gleichwohl aufgedeckten Greuel vor ihm verborgen zu halten[217]. Diese Äußerungen lassen bereits deutlich anklingen, daß sich de Brazza angesichts der von ihm im Kongo vorgefundenen Situation nicht länger in der Lage sah, die ihm für seine Mission erteilte politische Zielvorgabe zu erreichen. Dieser Eindruck bestätigt sich in den nachfolgenden Ausführungen, in denen er unter Bezug auf sein vorweg abgeschicktes Kabeltelegramm noch einmal ausdrücklich darauf hinweist, daß die von der Regierung angestrebte Distanzierung von der belgischen Nachbarkolonie auf der Grundlage der von ihm ermittelten Untersuchungsergebnisse kaum zu erreichen sei:

> "C'est précisément le caractère général de ces faits qui m'a déterminé à vous adresser mon câblogramme no 127 du 26 Juillet; c'est ce caractère général qui, à mes yeux, rend difficile et dangereuse la comparaison que mes instructions me prescrivent de faire entre nos procédés et ceux de l'Etat Indépendant du Congo."

Zugleich erneuert und unterstreicht er seine massiven Vorbehalte gegen die Leitung der lokalen Kolonialadministration, der er vorwirft, das Ministerium über die "tatsächlichen Verhältnisse" im Kongo bewußt im unklaren gelassen zu haben[218].

Ihre abschließenden Eindrücke und Schlußfolgerungen faßte die
Untersuchungsdelegation in einem gesonderten Bericht zusammen,
dem sie den bezeichnenden Titel gab: "Rapport sur la situation
alarmante des possessions françaises du Congo et sur le danger
des actes de violence qui ont lieu". Dieses, für das Mißlingen der mit der "Mission Brazza" wesentlich verknüpften Regierungstaktik entscheidende Dokument soll im folgenden noch
etwas eingehender betrachtet werden. Warum die Situation der
Kolonie als alarmierend charakterisiert wird, ergibt sich bereits aus den einleitenden Feststellungen. Im Hinblick auf
das internationale Kongoproblem und in Erwartung einer neuen
Afrikakonferenz, so heißt es dort, müßten die von Frankreich
zu verantwortenden "Fehlinterpretationen" der Berliner Kongoakte "dringend" korrigiert werden. Erforderlich sei die Abkehr von der bisherigen Auffassung, die Respektierung geltender internationaler Verträge sei durch entsprechende Verwaltungsdekrete hinreichend dokumentiert: "cela encore, c'est la
lettre, c'est la théorie. De là à la pratique, il y a un
abîme." Worauf es in der Auseinandersetzung mit den übrigen
Mächten letztlich allein ankomme, sei etwas gänzlich anderes:
"pour nous, c'est la pratique, c'est la réalité des choses
qui doivent retenir notre attention, car c'est sur elles seules
que nous aurons à rendre compte à la prochaine consultation
des Puissances." Diese "réalité des choses" stehe trotz der anderslautenden Rechtsauffassung der Regierung sowohl mit dem
Freihandelsprinzip als auch mit dem Humanitätsgedanken in
krassem Widerspruch. Mit Blick auf die an einem besonders
spektakulären Beispiel aufgezeigte, nahtlose Kooperation zwischen Kolonialverwaltung und privaten Landgesellschaften und
die von beiden gleichermaßen ausgeübten Gewaltmethoden wird
als ein wesentliches Ergebnis festgehalten:

> "On voit bien que Société concessionnaire et administration
> n'ont rien à se reprocher dans leur conduite à l'égard des
> indigènes. Ces malheureux sont matière taillable et corvéable à merci. Ils ne trouvent de protection nulle part. Et
> leur sort est certainement plus misérable que celui des
> esclaves d'autrefois."

In einer dieser vernichtenden Kritik angefügten Schlußfolgerung
läßt der Bericht dann keinen Zweifel mehr daran, daß nach Ansicht seiner Autoren die in der französischen Kongokolonie praktizierten Raubmethoden sich von den im belgischen Kongostaat
angewandten skandalösen Praktiken kaum unterschieden:

> "A l'heure actuelle, l'Administration du Congo n'assure pas
> aux indigènes la protection, la sécurité et la liberté du
> travail auxquelles ils ont droit; elle ne tient dans la
> pratique aucun compte de leurs droits de premiers possesseurs
> du sol, elle viole constamment en faveur des sociétés con-
> cessionnaires la loi de l'offre et de la demande. Enfin,
> ce qui est plus grave encore, l'administration tend à se
> lier de plus en plus étroitement avec les sociétés conces-
> sionnaires. C'est par de telles mesures qu'ont été amenés
> les scandales retentissants de la société de l'Abir et de
> la (Name fehlt, J.M.), en territoire de l'Etat indépendant."

Diese in klarem Widerspruch zur Berliner Generalakte stehende
Situation, so der Bericht in seinen abschließenden Hinweisen,
verlange eine völlige Neuorientierung der in Französisch-Kongo
praktizierten Vorgehensweise:

> "Le remède à une telle situation? il existe. C'est une ad-
> ministration impartiale, assurant à tous blancs ou noirs
> la sécurité et la justice; c'est une administration favo-
> risant le commerce européen, respectant la liberté commer-
> ciale instituée par l'acte général de Berlin." (...)
> "Il est urgent que des sanctions sévères viennent indiquer
> à tous la ferme volonté du Gouvernement de la République
> de maintenir dans cette colonie, comme dans toutes les
> autres, nos traditions civilisatrices et les idées géné-
> reuses de justice et de liberté qui dominent nos insti-
> tutions (219)."

In einem kurz vor seiner Rückkehr nach Frankreich verfaßten,
an einen führenden Repräsentanten französischer Kolonialinteressen gerichteten Schreiben, das wenige Wochen später in der
Tageszeitung "Le Temps" veröffentlicht wurde, bekräftigt de
Brazza diese Einschätzung mit der Feststellung: "Je rentre
avec le sentiment que l'envoi de ma mission était nécessaire.
Autrement dans un laps de temps court, nous aurions eu des

scandales pires que ceux de l'Abir et de la Mongalla belges
(Konzessionsgesellschaften im belgischen Kongostaat, J.M.).
Nous en avions pris carrément le chemin[220]."

Bei der Beurteilung der von der "Mission Brazza" erbrachten
Ergebnisse und der von ihr daraus abgeleiteten Schlußfolgerungen kann es hier nicht darum gehen, den ideologischen Gehalt
der darin zum Ausdruck kommenden Vorstellungen zu untersuchen.
Für unsere Zwecke ist allein von Bedeutung, daß die von Kolonialminister Clémentel in den Kongo entsandte Mission mit
einem Ergebnis zurückkehrte, daß dem erwarteten Resultat diametral entgegenstand. Anstatt für die in der Kongofrage anstehenden internationalen Auseinandersetzungen mit dem dringend
benötigten Entlastungsmaterial versorgt zu werden, mußte die
Regierung nunmehr im Gegenteil befürchten, daß das von der
eigenen Untersuchungsdelegation zusammengetragene Material
den imperialistischen Konkurrenten willkommene Argumente liefern und somit den französischen Kolonialinteressen im Kongo
beträchtlichen Schaden zufügen könnte. Diesen Bumerangeffekt
galt es schnell und entschlossen zu neutralisieren. Dabei kaman der Regierung zwei Umstände sehr zustatten. So hatte de
Brazza zum einen die von ihm heftig kritisierten Zustände im
Kongo, wie es in den oben zitierten Stellungnahmen bereits anklang, in erster Linie auf das Versagen des Verwaltungschefs
Gentil zurückgeführt, wobei er irrtümlich davon ausging, das
Kolonialministerium sei von diesem über die Situation im Kongo
absichtlich im unklaren gelassen worden, so wie auch er selbst
sich gegen die von Gentil organisierte Obstruktionspolitik
erst habe durchsetzen müssen. Eine Ablösung Gentils, so sein
entschiedenes Resümee, sei absolut unumgänglich[221]. Dieser
Tatbestand erleichterte es der Regierung, die von de Brazza
gegen die Verwaltung des Kongo vorgebrachte Kritik vor der Öffentlichkeit als auf persönlichen Animositäten beruhende und
in der Sache weit überzogene Einwände abzutun. Neben dieser Tat-

sache konnte sich die Regierung den für sie im vorliegenden Zusammenhang noch bedeutsameren Umstand zunutze machen, daß de Brazza auf dem Seeweg, der die von ihm geleitete Delegation im September 1905 nach Frankreich zurückbrachte, an einer schweren Krankheit verstarb. Damit war sie der heiklen Aufgabe enthoben, das vor Beginn der Mission von ihr nach außen besonders herausgestellte Prestige de Brazzas nach Beendigung der Untersuchungen desavouieren zu müssen und somit zugleich ihre eigene Glaubwürdigkeit öffentlich in Frage zu stellen.

Während sich die Regierung sogar die demonstrative Geste erlauben konnte, den Verstorbenen mit einem Staatsbegräbnis zu ehren, bei dem freilich kein Mitglied der Untersuchungsdelegation das Wort ergreifen durfte, ließ sie es zugleich zu, daß die Untersuchungsdelegation und ihre Tätigkeit in einer von den organisierten Kolonialinteressen entfesselten Pressekampagne, einer "violente campagne d'hostilité orchestrée par le milieu concessionnaire" (Coquery-Vidrovitch), diffamiert wurden, nachdem sie zuvor den Delegationsmitgliedern durch ein ausdrückliches Redeverbot die Möglichkeit genommen hatte, sich gegen diese Angriffe öffentlich zur Wehr zu setzen[222].

Unter dem Vorwand, daß die einzelnen Untersuchungsergebnisse von de Brazza vor seinem Tode nicht mehr zu einer abschließenden Stellungnahme zusammengefaßt worden seien, ordnete Kolonialminister Clémentel an, daß die von der Untersuchungsdelegation zusammengetragenen Materialien hinter den verschlossenen Türen eines eigens dafür eingerichteten Untersuchungsausschusses verschwanden. Dieser Ausschuß, als "Kongo-Enquêtekommission" an früherer Stelle bereits mehrfach erwähnt und in der Literatur nach seinem Vorsitzenden als "Commission Lanessan" bezeichnet, nahm kein Mitglied der "Mission Brazza" in seine Reihen auf, sondern rekrutierte sich ausschließlich aus führenden Vertretern des Kolonialministeriums sowie hochrangigen Repräsentanten der Kolonialadministration[223]. Bei dieser personellen Zusammensetzung war zu erwarten, daß die Kolonialverwaltung des Kongo, einschließlich des von de Brazza als Hauptverantwortlicher für die dort konstatierten "alarmierenden" Zustände angegriffenen Verwaltungschefs Gentil, in mehr oder weniger deutlicher Form rehabilitiert werden würden. Der von der Kommission im Dezember 1905 fertiggestellte Bericht bestätigt diese Annahme vollauf. Soweit Verfehlungen der Kolonialverwaltung festgehalten sind, werden sie, wie auch Brunschwig (1977, S. 124) feststellt, in aller Regel als weit zurückliegende Einzelvorkommnisse dargestellt oder aber mit administrativen Organisationsmängeln sowie den besonderen Widrigkeiten des Verwaltungsdienstes in einer infrastrukturell ungenügend ausgestatteten Kolonie entschuldigt. Die zur Verbesserung der Situation vorgeschlagenen "Reformen" bewegen sich denn auch folgerichtig auf dieser Argumentationsebene[224]. Soweit es die Kolonialverwaltung selbst anging, hatte der Ausschuß die von der "Mission Brazza" vorgelegten Fakten und Einschätzungen also weitgehend neutralisiert und somit die vom Kolonialministerium gehegten Erwartungen durchaus erfüllt. Aus Gründen, welche die von der "Commission Lanessan" über das Konzessionssystem gemachten Ausführungen betreffen und die im nachfolgenden Abschnitt dieses Kapitels noch etwas näher erläutert werden sollen, war die Regierung gleichwohl nicht bereit, der vornehmlich von sozialistischer Seite erhobenen Forderung nachzukommen und der Öffentlichkeit, wenn schon nicht die von der "Mission Brazza" mitgebrachten Dokumente, so doch wenigstens diesen amtlichen Bericht zugänglich zu machen.

Obwohl die Regierung mithin von sich aus alles unternommen hatte, um die von der "Mission Brazza" aufgedeckten Tatbestände vor den Augen einer nur zu einem geringen Teil kritischen Öffentlichkeit zu verbergen, vermochte sie, wie im anschließenden Abschnitt noch etwas ausführlicher gezeigt werden soll,

gleichwohl nicht zu verhindern, daß im Verlaufe der auf die
Rückkehr der Untersuchungsdelegation folgenden Monate wesentliche Teile der von dieser faktenreich dokumentierten Kritik
in Teilen der Presse publiziert sowie im Parlament detailliert
erörtert wurden. So war es dem Kolonialministerium trotz einschlägiger Bemühungen letztlich doch nicht gelungen, den durch
den aus seiner Sicht mißglückten Verlauf der "Mission Brazza"
ausgelösten Bumerangeffekt erfolgreich abzuwehren. Anstatt
der Regierung die erhoffte politische Entlastung zu verschaffen, hatte die von ihr initiierte Mission die in Französisch-
Kongo herrschenden skandalösen Verhältnisse mehr denn je zuvor
in das Rampenlicht einer interessierten nationalen und internationalen Öffentlichkeit gerückt. Die Desinformationskampagne
des Kolonialministeriums war kläglich gescheitert[225]. Abgesehen von dem soeben zitierten Amédée Britsch, hatten an dieser
Entwicklung Vertreter der sozialistischen Partei einen entscheidenden Anteil.

3. Die sozialistische Kritik

Entgegen einer in der Literatur bis in die jüngste Zeit hinein
beharrlich beibehaltenen Betrachtungsweise speiste sich die im
Zusammenhang mit dem Kongoskandal laut gewordene innerfranzösische Kritik im wesentlichen nicht aus liberaler, sondern vor
allem aus sozialistischer Quelle. Im Zuge der in Teil II
der vorliegenden Arbeit untersuchten Pressekampagne vom Februar
1905 ist ja bereits gezeigt worden, daß die Initiative zu einer
parlamentarischen Behandlung des Skandalgeschehens nicht, wie
in der Literatur zuweilen fälschlich berichtet wird, von dem
bürgerlichen Abgeordneten Le Hérissé, sondern von dem sozialistischen Parlamentarier Rouanet ausging (Teil II, Kap. 3, 3).
Dieser Rouanet war es denn auch, der den weiteren Verlauf der
Affäre engagiert verfolgte und mit öffentlichen Stellungnahmen

begleitete. Neben ihm war es der ebenfalls den Sozialisten zugerechnete Félicien Challaye, der selbst an der "Mission Brazza" teilgenommen hatte und der in mehreren Publikationen sowie öffentlichen Auftritten die Untersuchungsergebnisse der Mission in ihren wesentlichen Teilen bekannt machte und sich für die Realisierung der von der Untersuchungsdelegation unterbreiteten Reformvorschläge einsetzte. Ich will im folgenden mit einigen wenigen Strichen grob zu umreißen versuchen, welche Leitvorstellungen dieser sozialistischen Kritik zugrunde lagen und auf welche Forderungen sie abzielte.

Wortführer der im Zusammenhang mit der Kongoaffäre geäußerten Kritik war der bereits mehrfach erwähnte sozialistische Parlamentsabgeordnete Gustave Rouanet, zugleich Mitarbeiter der "Humanité". In dieser Zeitung setzte er sich im September 1905, unmittelbar nach der Rückkehr der "Mission Brazza", in einer Serie täglich erscheinender Artikel für die Respektierung der von der Mission vorgelegten Fakten und Erkenntnisse ein und verteidigte sie mit einem zähen Engagement, mit dem die "Humanité" innerhalb der Riege der Tageszeitungen alleine stand, gegen die Angriffe fast der gesamten übrigen Presse. Die Tatsache, daß einzig die "Humanité" sich für die "Mission Brazza" nach deren Rückkehr öffentlich engagierte, wurde auch von dem politisch weit rechts stehenden ehemaligen Mitglied der Untersuchungsdelegation Saintoyant, wenn auch nur widerstrebend anerkannt: "un seul journal, 'l'Humanité', prit parti pour l'oeuvre de la mission, feuille socialiste et anti-coloniste ... Il y eut pour nous quelque amertume à vouloir édifier une colonisation saine et à aboutir à ce résultat" (Saintoyant 1960, S. 118).

Daß indes weder die "Humanité", noch die Mehrheit der sozialistischen Partei - ungeachtet des 1905 von Paul Louis vorgelegten Versuchs einer antikapitalistisch orientierten, systematischen Analyse der kolonialen Expansion (Louis 1905) - als antikolonialistisch bezeichnet werden können, sondern - ganz ähnlich wie etwa in Deutschland auch[226] - in der Kolonialfrage keine prinzipielle und in sich schlüssige Opposition betrieben, vielmehr dem Gedanken einer "colonisation saine" im Sinne einer als "zivilisatorisch" und "human" proklamierten "sage pénétration" (Jaurès) keineswegs fernstanden, ist in der Literatur im großen und ganzen übereinstimmend dargestellt worden und braucht hier nicht näher ausgeführt zu werden[227]. Die Auseinandersetzung mit der Kolonialfrage hatte innerhalb der sozialistischen Partei sowie auch bei den meisten ihrer Anhänger und im Bewußtsein der von ihr repräsentierten sozialen Schichten offenbar nur eine marginale Bedeutung und wurde somit zur Angelegenheit einiger weniger "Spezialisten" wie den genannten Rouanet und Challaye, die in der Kongoaffäre in erster Linie die sozialistische Position vertraten. Beide gehörten dem als "opportunistisch" bezeichneten reformistischen Parteiflügel an, der die Kolonialexpansion, wie eben schon angedeutet, als solche nicht in Frage stellt, sondern als notwendige historische Erziehungsaufgabe gegenüber den "races inférieures" (Challaye) begriff. In ihren Beiträgen zum Kongoskandal ist zu beobachten, daß ihnen dabei als dominierendes Leitbild offensichtlich die im Zusammenhang mit dem Inhalt der Berliner Kongoakte in einem vorhergehenden Kapitel näher erläuterte, bürgerliche Zivilisationsidee vorschwebte, die wie wir weiter oben gesehen haben, untrennbar mit dem Freihandelsgedanken verbunden war. So wird bezeichenderweise auch das im Kongo etablierte Konzessionssystem vor allem unter dem als letztlich entscheidend angesehenen Gesichtspunkt angegriffen, daß es dem Freihandelsprinzip zuwiderlaufe: "Le régime des grandes concessions est le plus sérieux obstacles au développement normal de ces races inférieures. Le bien-être et le progrès des indigènes sont intimement liés à la liberté du commerce" (Challaye 1906, S. 60). Die koloniale Penetration als solche wird auch aus sozialistischer Sicht nicht nur geduldet, sondern als angeblich unumgängliche Entwicklung ausdrücklich gerechtfertigt:

"La colonisation est un fait social nécessaire. Il est
fatal que les Européens aillent chercher au Centre de
l'Afrique le caoutchouc et l'ivoire dont ils ont besoin.
Il est fatal qu'ils superposent aux organisations indigènes
anciennes une société nouvelle, où soient possibles le
commerce et l'exploitation des richesses du sol."

Gegen die etablierte Kolonialpraxis wird freilich an der Forderung nach einer Humanisierung der Methoden festgehalten:

"Mais la justice exige que la domination des blancs n'entraîne pas pour les noirs les pires conséquences, esclavage,
vol, viol, torture, assassinat. La justice exige que les
indigènes tirent quelques avantages de notre présence parmi
eux. Il faut que le régime colonial se justifie moralement,
par ses bienfaits (228)."

Mit den hier zitierten Aussagen Challayes ist der allgemeine Rahmen abgesteckt, innerhalb dessen sich die sozialistische Kritik während der Kongoaffäre insgesamt bewegte. Führender Exponent dieser Kritik war, wie bereits gesagt, der Parlamentsabgeordnete Gustave Rouanet. In seiner, nach der Rückkehr der "Mission Brazza" im Herbst 1905 in der "Humanité" publizierten Artikelserie (26. September bis 26. Oktober 1905) schildert er im wesentlichen die von der Untersuchungsdelegation im Kongo vorgefundenen Zustände, die er als "barbarie coloniale" qualifiziert, womit er zugleich das durchgehende Motto seiner Artikelserie prägt. Der Inhalt geht über die im Rahmen dieser Arbeit verschiedentlich aufgezeigten Tatbestände und Zusammenhänge nicht hinaus und braucht an dieser Stelle deshalb nicht weiter ausgebreitet zu werden. Das gleiche gilt für seine im Februar 1906 vor der Abgeordnetenkammer gemachten Ausführungen, auf die später noch kurz zurückzukommen sein wird. In beiden Stellungnahmen lassen sich einige charakteristische Argumentationsmuster beobachten. So erklärt Rouanet die von ihm im Kongo konstatierte "Barbarei" nicht etwa als notwendige Folge eines auf kurzfristige Profitmaximierung angelegten Raub- und Plünderungskolonialismus, sondern deutet sie zum einen als Ausdruck

europäischer Rassenvorurteile ("Humanité", 26.9., S. 1; 16.10.,
S. 1) und führt sie, der Sicht de Brazzas folgend, zum anderen
auf das Versagen des lokalen Verwaltungschefs Gentil zurück.
Dieser trage wegen seiner bedingungslosen Kooperation mit den
Konzessionsgesellschaften die Hauptverantwortung für die Situation im Kongo. Die gegen Gentil und den von ihm geführten Verwaltungsapparat gerichteten Angriffe nehmen den weitaus größten
Raum in der erwähnten Artikelserie ein, während die Ausbeutungspraxis der großen Landgesellschaften lediglich in drei Artikeln
ausführlicher dargestellt wird (ebd., 23.10., S. 1; 24.10.,
S. 1; 25.10., S. 1 f). Aber auch in diesem letzteren Zusammenhang richtet sich die Kritik vor allem gegen Gentil, der den
Landgesellschaften bei ihren Operationen nicht genügend Zügel
angelegt, ihre Habgier nicht "auf das rechte Maß" beschränkt
habe. Eine stärkere Kontrolle der Gesellschaften, so betont
Rouanet, wäre nicht nur in deren eigenem und im Interesse der
Kolonie geboten gewesen, sondern hätte zugleich auch "die Rechte
der Eingeborenen mit den Erfordernissen der Ausbeutung in Über
einstimmung gebracht" (aurait concilié les droits des indigènes
avec les nécessités de l'exploitation) (ebd., 23.10., S. 1).
Durch das Versagen Gentils, so resümiert Rouanet seine Artikelserie, sei im Kongo das Gegenteil einer "colonisation sérieuse
et rationelle" bewirkt worden. Das Parlament müsse sich nunmehr
mit dieser Angelegenheit befassen und darüber entscheiden, ob
die von der "Humanité" in die Öffentlichkeit gebrachten Verhältnisse fortbestehen könnten, oder ob die "Kreaturen" der Konzessionsgesellschaften abgelöst, die begangenen Verbrechen gesühnt und die bestehenden Ausbeutungsmonopole beseitigt werden
müßten (ebd., 26.10., S. 2)[229].

Zu der von Rouanet angekündigten Parlamentsentscheidung kam es
erst einige Monate später, im Februar 1906. Wie schon in der
eben besprochenen Artikelserie der "Humanité", machte sich
Rouanet auch während der Debatte in der Abgeordnetenkammer,

die, wie in Teil II dargestellt, auf seinen Interpellationsantrag hin angesetzt worden war, zum Fürsprecher der "Mission Brazza", deren Mitglieder durch den zuständigen Minister zum Schweigen verpflichtet und deren Materialien den Blicken der Öffentlichkeit entzogen worden waren.

Obwohl die interessierte Öffentlichkeit sich trotz der Schweigetaktik des Ministeriums im Vorfeld der Parlamentsdebatte nicht nur in der "Humanité" über den in der Abgeordnetenkammer zu diskutierenden Sachverhalt informieren, sondern darüber hinaus auch durch den im Januar 1906 von Britsch für die Zeitschrift "Correspondant" verfaßten Beitrag tiefe Einblicke in den Untersuchungsverlauf und einige Hintergründe der "Mission Brazza" gewinnen konnte und schließlich auch noch Gelegenheit hatte, sich anhand einer eigens für die anstehende Parlamentsdebatte von Challaye vorgelegten Darstellung mit dem zu behandelnden Thema vertraut zu machen[230], breitete Rouanet vor der Kammer in aller Ausführlichkeit und mit dem erkennbaren Bemühen, die Abgeordneten von der Authentizität des von ihm zitierten Materials zu überzeugen, die um weitere Details angereicherte Schilderung der von der "Mission Brazza" zusammengetragenen Untersuchungsergebnisse aus. Wie schon in der "Humanité", orientierte sich seine Kritik dabei an zwei zentralen Forderungen: Veröffentlichung sämtlicher Dokumente der "Mission Brazza" und Ablösung von Generalkommissar Gentil, dem Verwaltungschef der Kolonie und laut Rouanet Hauptverantwortlichen der in Französisch-Kongo herrschenden "kolonialen Barbarei". Die Regierung hatte versucht, derartigen Forderungen vorsorglich den Boden zu entziehen, indem sie bereits einige Tage vor Beginn der Parlamentsdebatte, am 11. Februar 1906, für den Kongo ein sogenanntes "Reformprogramm" erlassen hatte, mit dessen Realisierung eben jener, von Minister Clémentel ausdrücklich rehabilitierte Gentil beauftragt wurde, dessen Ablösung Rouanet nachdrücklich forderte.

Das ministerielle "Reformprogramm" bestand aus einem Dekret
zur Reorganisation der lokalen Verwaltungsstruktur sowie einem
weiteren Dekret, das sich mit der Neuorganisation der lokalen
Kolonialjustiz befaßte, ohne daß dabei die tragenden Grundlagen des Systems im mindesten berührt wurden. Im Gegenteil, die
von der "Mission Brazza" aufgedeckten systematischen Repressionspraktiken wurden in den an Gentil ergangenen, begleitenden Instruktionen ausdrücklich als "fautes individuelles" umgedeutet, deren Wiederholung durch die erlassenen Dekrete ausgeschlossen sei. Im übrigen sei Gentil schon seit jeher gegen
derartige Vorkommnisse stets eingeschritten, sobald sie ihm
bekannt geworden seien. Deshalb sei ihm für solche "Einzelvergehen" keinerlei Verantwortung anzulasten[231].

Gegen diesen, aus der Arroganz der Macht gespeisten Zynismus
versucht Rouanet den Abgeordneten aufzuzeigen, daß es sich im
Kongo nicht um einzelne Übergriffe, sondern um ein blutiges
Unterdrückungssystem handele und daß man deshalb nicht etwa
einzelne "Sündenböcke" wie die vom Minister dazu bestimmten
Gaud und Toqué, sondern den Verwaltungschef der Kolonie zur
Verantwortung zu ziehen habe[232]. Dies sei ihm von Minister
Clémentel, so gibt Rouanet verschiedentlich zu erkennen, ursprünglich auch zugesagt worden, woraufhin er selbst bereit
gewesen sei, seinen Interpellationsantrag zurückzuziehen. Nachdem Clémentel sich nun aber doch anders entschieden habe, müsse
er auf seiner Interpellation bestehen, um dem Parlament die
Möglichkeit zu geben, in dieser Angelegenheit jetzt eine eigene
Entscheidung zu treffen[233].

Die Tatsache, daß Rouanet laut eigener Aussage dazu bereit war,
sich mit dem vom Kolonialminister erlassenen, selbst aus den
Reihen regierungstreuer Abgeordneter als "Palliativ" charakterisierten[234] "Reformprogramm" soweit zufrieden zu geben, daß
er sogar seinen Interpellationsantrag zurückgezogen hätte, wenn

nur ein Personenaustausch an der Spitze des lokalen Verwaltungsapparates in die Wege geleitet worden wäre, zeigt - bei allem respektgebietenden Engagement gegenüber einer übermächtigen Ablehnungsfront aus Regierung, Parlamentsmehrheit und Presse - die Brüchigkeit und Inkonsequenz der von ihm vertretenen und auch von Jaurès gegen Ende der Debatte auf gleicher Ebene unterstützten Opposition[235].

Angesichts des ihn offenbar überraschenden Umstandes, daß das Kolonialministerium nicht nur an Gentil als Generalkommissar der Kolonie festhielt, sondern auch nach der "Mission Brazza" weiterhin die Version verbreitete, im Kongo seien lediglich einige "fautes individuelles" zu verzeichnen und somit unmißverständlich zu verstehen gab, daß es an den in dieser Kolonie eingeführten Kolonialpraktiken nicht das mindeste zu ändern gedachte, legte Rouanet am Ende seiner, sich über zwei Sitzungen erstreckenden Ausführungen der Kammer einen Antrag zur Abstimmung vor, mit dem er den Verschleierungsversuchen der Regierung Einhalt zu gebieten versucht. Wie er zur näheren Begründung seines Antrags ausführt, will er damit erreichen, daß die wirklich Verantwortlichen (auteurs responsables) sich nicht auf Kosten kleiner Funktionäre, die man zu "Sündenbücken" gemacht habe (gemeint sind Gaud und Toqué), aus der Affäre ziehen könnten, daß das von Toqué gegen seine Verurteilung angestrengte Revisionsverfahren "auf reguläre und legale Weise" (par les voies régulières et légales) abgewickelt werde, und daß schließlich das Parlament "vor Frankreich und Europa" jenes "ehrenvolle Verhalten" zeige, das das Kolonialministerium in der Kongoaffäre bis dahin vermissen gelassen habe. In diesem Sinne fordert der Tagesordnungsantrag (ordre du jour), mit dem er seine Interpellationsbegründung abschließt, daß sämtliche von der "Mission Brazza" und von dem anschließend durch den Minister eingesetzten Untersuchungsausschuß zusammengetragenen bzw. erstellten Dokumente, Protokolle und Schlußfolgerungen nach erfolgter Drucklegung an die zuständige "commission des colonies" überwiesen werden sollen. Diese habe den Abgeordneten sodann mit dem Ziel einer parlamentarischen Entscheidungsfindung kurzfristig Bericht zu erstatten[236].

Nach ihm folgte als zweiter Interpellant und Gegenredner der Berichterstatter für den Kolonialhaushalt, der im Laufe der vorliegenden Arbeit bereits wiederholt erwähnte Le Hérissé. Er weist die gegen Gentil erhobenen Vorwürfe zurück, hält das vom Minister dekretierte "Reformprogramm" für angemessen und ausreichend und spricht sich daher für die Verabschiedung der einfachen Tagesordnung (ordre du jour pur et simple) aus[237].

Nachdem Le Hérissé die von Rouanet an der Regierung geübte Kritik im Rahmen einer längeren Ausführung in allen Punkten zurückgewiesen und sich ausdrücklich gegen den von seinem Vorredner eingebrachten Tagesordnungsantrag ausgesprochen hatte - was im übrigen noch einmal die an früherer Stelle getroffene Feststellung unterstreicht, daß die von Le Hérissé beantragte Interpellation kein anderes Ziel hatte, als den von Rouanet kurz zuvor eingebrachten Interpellationsantrag zu konterkarieren -, nach diesen Ausführungen Le Hérissés konnte sich der Minister bei seiner Antwort kurzfassen. Mehrmals lehnte er dabei die von Rouanet unter anderem verlangte Veröffentlichung des von der "Commission Lanessan" verfaßten Untersuchungsberichtes kategorisch ab, wobei er ausdrücklich auf die Zuständigkeit der "commission des affaires extérieures" verwies[238]. Erst als Jaurès gegen Ende der Debatte die von Rouanet erhobene Forderung nach Veröffentlichung aller mit der "Mission Brazza" zusammenhängender Dokumente erneut zur Diskussion stellte, sah sich Clémentel plötzlich zu einem verbalen Einlenken gezwungen. Der Vorsitzende der nach ihm benannten Kommission, der Abgeordnete de Lanessan, gab nämlich unvermittelt zu verstehen, daß er selbst für eine Veröffentlichung des unter seiner Leitung erstellten Untersuchungsberichtes stimmen würde. Daraufhin erklärte der irritierte Minister die somit innerhalb des Regierungslagers unvermutet zutage getretenen Differenzen flugs zu einem "Mißverständnis". Er habe sich lediglich gegen eine Veröffentlichung der von der "Mission Brazza" mitgebrachten Dokumente ausgesprochen; eine Publikation des von de Lanessan erstellten Berichtes könne von der Regierung hingegen akzeptiert werden. Diese Aussage wurde freilich nicht in den mit mehr als zwei Dritteln der abgegebenen Stimmen gegen den Antrag Rouanets verabschiedeten, einfachen Tagesordnungsantrag aufgenommen, sondern blieb als widerstrebend gegebene, unverbindliche Zusage im Raume stehen[239].

Obgleich der von Rouanet eingebrachte und von Jaurès unterstützte Tagesordnungsantrag auf Veröffentlichung sämtlicher Untersuchungsergebnisse mit dem Ziel einer anschließenden parlamentarischen Behandlung von der Abgeordnetenkammer mit überwältigender Mehrheit abgelehnt wurde, die von Rouanet engagiert verfolgte Absicht, die Politik des Kolonialministeriums mit Unterstützung des Parlaments wenigstens teilweise zu korrigieren mithin vollständig gescheitert war, hinderte dieser Umstand das Zentralorgan der SFIO, "Le Socialiste", das von der Kongoaffäre bis dahin keine Notiz genommen hatte, nicht daran, diese Niederlage in einen Erfolg umzudeuten. Unter der Überschrift "Le Socialisme à la Chambre" wurde über die Ausführungen Rouanets berichtet: "Son discours a été un long réquisitoire et a tellement impressionné la Chambre, que le ministre des colonies n'a pu s'en tirer qu'en abondonnant presque tout (sic!)". Der Minister, so heißt es weiter, habe - "après une rigoureuse intervention de Jaurès" - den einfachen Tagesordnungsantrag annehmen müssen (il a dû accepter l'ordre du jour pur et simple). Damit seien die Forderungen des "citoyen Rouanet" weitgehend erfüllt worden: "C'est en grande partie ce que demandait le citoyen Rouanet." Daß die sozialistischen Abgeordneten gleichwohl gegen den einfachen Tagesordnungsantrag stimmten, vermag den "Socialiste" nicht zu irritieren: "Malgré cela, et pour bien marquer leur opinion sur les pratiques coloniales, - tous les membres du groupe socialiste ont voté <u>contre</u> (Hervorhebung im Orig., J.M.) l'ordre du jour pur et simple" ("Le Socialiste", Nr. 44, 3.-10. März 1906, S. 1). Überflüssig zu betonen, daß eine derartige Konfusion in der Berichterstattung des Zentralorgans der SFIO einer kohärenten Einschätzung des Kolonialimperialismus und seiner konkreten Erscheinungsformen nicht gerade förderlich war.

Wie unangefochten es sich die Regierung bei der Behandlung der Kongoaffäre tatsächlich erlauben konnte, sich über die Bedenken und die Kritik der innerfranzösischen Opposition hinwegzusetzen, zeigt sich auch daran, daß die von Minister Clémentel in Aussicht gestellte Veröffentlichung des von der "Commission Lanessan" verfaßten Berichtes - diese ohnehin nur im Sinne eines momentanen taktischen Zugeständnisses gegebene Zusage - in der Folgezeit niemals realisiert wurde. Zwar wurde einer der Amtsnachfolger Clémentels, der damalige Kolonialminister Milliès-Lacroix, im Jahre 1907 sowohl vom "Comité de protection et de défense des indigènes", als auch von der "Ligue Française pour la Défense des Droits de l'Homme et du Citoyen", die beide bis dahin schon mehrere Protestveranstaltungen gegen die im Kongo angewandten Kolonialmethoden organisiert hatten[240], an das von Clémentel gegebene Versprechen erinnert. In beiden Fällen erteilte der Minister jedoch eine abschlägige Antwort mit der Begründung, die Abgeordnetenkammer habe die Veröffentlichung besagten Berichtes nicht förmlich beschlossen. Überdies habe er bei der Durchsicht der einschlägigen Schriftstücke festgestellt, daß die zu der damaligen Zeit amtierende Regierung in dieser Angelegenheit bereits eine abschließende Entscheidung getroffen habe. Danach könne der fragliche Bericht "pour des motifs d'ordre international", wenn überhaupt, nur

erheblich gekürzt publiziert werden, wodurch sein Aussagegehalt
andererseits so beträchtlich eingeschränkt werde, daß seine Veröffentlichung in dieser Form "uninteressant" sei. In Anbetracht
der inzwischen verflossenen Zeitspanne sei der Bericht ohnehin
nicht mehr als aktuell anzusehen, seine Veröffentlichung, die
unter Umständen nur neue Unruhe schaffen würde, mithin nicht
mehr "zu legitimieren[241]".

Die von Kolonialminister Milliès-Lacroix in seinem eben zitierten Antwortschreiben angesprochenen, aus der Amtszeit der beiden vorausgegangenen Regierungen stammenden Dokumente geben in
der Tat reichlich Aufschluß über die "motifs d'ordre international", welche einer Veröffentlichung des von der "Commission
Lanessan" vorgelegten Untersuchungsberichtes aus der Sicht der
französischen Regierung im Wege standen. Bereits unmittelbar
nach Beendigung der Kongodebatte, noch im Februar 1906, hatte
das Außenministerium eine Kabinettsvorlage erstellt, in der
die Möglichkeit einer Veröffentlichung jenes Berichtes strikt
ausgeschlossen wurde. In der detaillierten Begründung wurde
dabei auf die im Rahmen dieser Arbeit ausführlich behandelte
internationale Kongofrage hingewiesen. Der besagte Bericht, so
die Stellungnahme des Quai d'Orsay, zeige, daß Frankreich in
seiner Kongokolonie mit der Einführung des dort etablierten
Konzessionssystems, der Kopfsteuer und des Trägerwesens sämtliche einschlägige Bestimmungen der Berliner und der Brüsseler
Generalakte gröblich mißachtet habe. Im Hinblick auf die mit
England um die Handelsrechte britischer Firmen geführten Auseinandersetzungen sei angesichts dieser Befunde an eine Veröffentlichung des genannten Untersuchungsberichtes überhaupt
nicht zu denken:

> "il est à peine besoin de marquer combien le caractère
> d'exploitation commerciale privilégiée donné dans le
> rapport aux Concessions, et les critiques qui y sont di-
> rigées contre ce système vont à l'encontre de la position
> prise par nous dans notre débat avec l'Angleterre" (...)
> "nous serions nous-mêmes nos propres accusateurs et nous
> nous fermerions les voies à toute justification."

Auch die angestrebte Distanzierung vom belgischen Kongostaat
werde durch eine Publizierung des Berichtes völlig unmöglich
gemacht. Seine Veröffentlichung könnte im Gegenteil dazu führen, daß Frankreich anstelle des Kongostaates auf der Anklage-
bank Platz nehmen müßte. Dadurch würde aber, von allen anderen
nachteiligen Folgen abgesehen, Frankreichs Position als präsumtiver Erbe des Kongostaates ganz erheblich geschwächt werden. Selbst in gekürzter und teilweise revidierter Form dürfe
der Bericht nicht publiziert werden: "Même révisé et amendé
partiellement, le Rapport établit que nous avons fait ce que
ces actes nous interdisaient, mais que nous n'avons pas fait
ce qu'ils nous prescrivaient[242]." In einer vertraulichen Vorlage für den inzwischen neu ins Amt berufenen Minister Leygues
übernimmt der zuständige Abteilungsleiter im Kolonialministerium im März 1906 die Argumentation des Außenministeriums ohne
Einschränkung und hebt dabei ebenfalls die internationale Kongofrage als den entscheidenden Aspekt hervor[243].

Wenn es der vornehmlich von sozialistischer Seite mit bemerkenswertem Engagement der Akteure vorgetragenen Kritik somit
letztlich auch nicht gelungen war, die Regierung dazu zu zwingen, die von der "Mission Brazza" zutage geförderten Ergebnisse
- und sei es nur in Form des von der "Commission Lanessan"
verfaßten Untersuchungsberichtes - dem Parlament gegenüber of-
fenzulegen, um dieses damit zu einer eigenen Entscheidungsfindung über die im Kongo vorzunehmenden Veränderungen zu veranlassen, so hatten die vor allem von Rouanet in der "Humanité"
und in der Abgeordnetenkammer unterbreiteten Ausführungen, wie
auch die eben zitierte Kabinettsvorlage des Außenministeriums
ausdrücklich betont (s. Anm. 242), faktisch dennoch dazu geführt,
daß die wesentlichen Ergebnisse der "Mission Brazza" einer relativ breiten Öffentlichkeit zur Kenntnis gebracht wurden. Damit
war der vom Kolonialministerium in der mit England geführten
Auseinandersetzung und im Hinblick auf eine mögliche neue Kongo-

konferenz bis dahin verfolgten Taktik nunmehr definitiv der
Boden entzogen. Die angestrebte Distanzierung vom belgischen
Kongostaat war gescheitert. Im Gegenteil, Frankreich befand
sich jetzt mehr denn je im Zielbereich der von England aus
mit Unterstützung der USA gegen den Kongostaat geführten "Humanitätsintervention". Die französische Regierung war also gezwungen, einen anderen Lösungsweg zu beschreiten.

4. Die Beendigung der Affäre

Natürlich mußte man im Kolonialministerium nicht erst das Ende
der Parlamentsdebatte abwarten, um zu der Einsicht zu gelangen,
daß der unplanmäßige Verlauf der "Mission Brazza" das bei der
Behandlung der Kongofrage jahrelang vertretene taktische Konzept zu Fall gebracht hatte. Spätestens nachdem Rouanet im September/Oktober 1905 in der "Humanité" wesentliche Teile der
von der Untersuchungsdelegation detailliert dokumentierten
Tatbestände an die Öffentlichkeit gebracht hatte, war das Kolonialministerium gezwungen, sich schnellstens umzuorientieren.
Am Ende des vorigen Kapitels wurde bereits gezeigt, daß Kolonialminister Clémentel sich in dem dort zitierten Schreiben
vom 30. November 1905 der am Quai d'Orsay von Beginn des Kongokonflikts an eingenommenen Position nunmehr vorbehaltlos angeschlossen hatte. Jetzt, so hatte er den Ministerpräsidenten
und Außenminister Rouvier wissen lassen, sei auch er dafür,
die Einberufung einer neuen Kongokonferenz möglichst zu vermeiden und den um die Anerkennung im Kongo verletzter britischer
Handelsinteressen geführten Streit unter Leistung einer entsprechenden Entschädigungszahlung gütlich beizulegen.

Im Zeichen der im April 1904 mit Frankreich geschlossenen Entente und vor dem Hintergrund der seit dem Frühjahr 1905 immer
bedrohlicher werdenden Marokkokrise, der gegenüber die Kongo-

frage nur von minderer Bedeutung war, war auch die inzwischen neu gebildete britische Regierung daran interessiert, dem britisch-französischen Kongostreit die Spitze zu nehmen. Während noch auf der Algeciras-Konferenz über eine Lösung der Marokkofrage verhandelt wurde, unterbreitete der Amtsnachfolger Lord Lansdownes, Außenminister Grey, dem französischen Botschafter im März 1906 ein Angebot, das genau auf der nunmehr auch vom französischen Kolonialministerium verfolgten Linie lag. Die britische Offerte, die Botschafter Cambon seiner Regierung mit einer befürwortenden Stellungnahme sogleich nach Paris übermittelte, sah ein wechselseitiges Kompensationsgeschäft vor. Die britische Regierung war bereit, die bis dahin zurückgewiesenen Entschädigungsansprüche französischer Aktionäre an der von England im Zuge des Burenkrieges konfiszierten "Netherlands South African Railway Company" auf dem Kulanzweg zu befriedigen und verband dieses Angebot mit der Bitte, die französische Regierung möge gegenüber den britischen Handelshäusern im Kongo auf die gleiche Weise verfahren. Die gegenseitigen Rechtsstandpunkte sollten von einer derartigen wechselseitigen Regelung unberührt bleiben[244].

In Paris zögerte man nicht lange mit der Annahme der englischen Offerte. Bereits im April 1906 fanden in London, im Beisein zweier Vertreter des Foreign Office, erste Vorverhandlungen zwischen einem hohen Beamten des französischen Kolonialministeriums und den betroffenen britischen Händlern statt. Damit war der Weg für eine abschließende Regelung dieses Streites geebnet, die dann am 14. Mai 1906 in Paris vereinbart wurde. Die britischen Firmen John Holt und Hatton & Cookson erhielten jeweils eine Summe von 750.000 Francs, gleich 30.000 Pfund Sterling, als Entschädigung für die in den vergangenen Jahren erlittenen Verluste. John Holt bekam zudem 30.000 Hektar Grund und Boden in der Kolonie als Eigentum zugesprochen[245].

Wie bereits gesagt, waren mit diesem britisch-französischen Kompensationsgeschäft nur die jeweils konkreten Rechtsstreitigkeiten beendet worden, während der grundsätzliche Dissens in beiden Fällen fortbestand, somit also auch die internationale Kongofrage zunächst weiterhin in der Schwebe blieb. Die britische Kongoreformbewegung behielt deshalb auch ihren Druck auf die eigene Regierung unvermindert bei und forderte ungeachtet des erwähnten Abkommens vom 14. Mai 1906 neue Anstrengungen zur Öffnung des konventionellen Kongobeckens (Cookey 1966, S. 277). In der französischen Kongokolonie kam es unterdessen schon bald zu neuen, jahrelang anhaltenden Auseinandersetzungen zwischen einzelnen Konzessionsgesellschaften und den genannten sowie weiteren britischen Handelsfirmen. Der weiterhin schwelende Kongokonflikt gab dem Quai d'Orsay mehrmals Veranlassung, das Kolonialministerium zur Vorsicht zu mahnen und in Erinnerung zu rufen, daß die britischen Anstrengungen zur Änderung der von Belgien und Frankreich im Kongogebiet praktizierten Exploitationsmethoden an Zielstrebigkeit nichts eingebüßt hätten, die damit für die französischen Kongointeressen verbundenen Risiken auch nach Abschluß des mit John Holt und Hatton & Cookson getroffenen Abkommens mithin prinzipiell nicht geringer geworden seien. Es bestehe vielmehr die unverminderte Gefahr, daß Frankreichs Position im Kongobecken durch das anhaltende englische Bestreben nach einer Neuregelung des Kongostatus beträchtlichen Schaden erleiden könne[246].

In der Tat setzte England seine Bemühungen um die Wiederherstellung der Handelsfreiheit im Kongobecken weiterhin energisch fort. Nach dem Scheitern des französischen Versuchs, die eigenen Kolonialmethoden vom Kongostaat mit Hilfe der dargestellten Desinformationskampagne propagandistisch abzusetzen, war, wie gezeigt, mit einer Zustimmung Frankreichs zu einer neuen Kongokonferenz freilich nicht mehr zu rechnen[247]. Mit dieser Tatsache konnte sich England indes um so eher abfinden, als es nach dem Ausgang der im April 1906 beendeten Algeciras-Konferenz, welche die zwischen Deutschland auf der einen und den Entente-Mächten Frankreich und England auf der anderen Seite zunehmenden Spannungen kaum zu mildern vermocht hatte, an einer neuen Afrikakonferenz anscheinend selbst nicht mehr sonderlich interessiert war. Die Behandlung der Kongofrage wurde fortan vielmehr den Notwendigkeiten einer mit der drohenden Möglichkeit eines europäischen Krieges kalkulierenden außenpolitischen Gesamtstrategie untergeordnet (Cookey 1968, S. 186 ff). Unter diesen Umständen war England bei der Verfolgung seiner Kongopläne vor allem darauf bedacht, alles zu vermeiden, was Belgien an die Seite seines imperialistischen Hauptrivalen Deutschland treiben könnte. Mit Unterstützung der USA wurde deshalb vom Foreign Office die sogenannte "belgische Lösung" angestrebt, mit der auch Deutschland und Frankreich letztlich einverstanden sein konnten, weil der Status quo im imperialistischen Kräfteverhältnis auf diese Weise nicht in Frage gestellt wurde. Belgien sollte den Kongostaat von König Leopold übernehmen, das dortige Regime seiner parlamentarischen Kontrolle unterstellen und die verlangten Reformmaßnahmen zügig in die Wege leiten[248]. Unter dem gemeinsamen Druck Englands und der USA gelang es schließlich, diese Lösung gegen den Widerstand des belgischen Königs durchzusetzen. Im Jahre 1908 wurde der Kongostaat von Belgien annektiert. England und die USA ließen freilich keinen Zweifel daran, daß sie die Anerkennung dieser Annektion so lange verweigern würden, bis ihre Forderungen nach "freedom of trade, rights of missionaries and humane treatment of natives" im belgischen Kongo erfüllt sein würden (zit. bei Cookey 1968, S. 210).

Nachdem schon König Leopold im Jahre 1906 der Pression der beiden genannten Großmächte teilweise nachgegeben hatte, indem er neben französischen auch englischen und amerikanischen Kapitalgruppen den Zugang zum Kongo geöffnet hatte (ebd., S. 175 f), erreichte der fortgesetzte Druck der britisch-amerikanischen

"Humanitätsintervention", daß Belgien schließlich im Oktober 1909 zu erkennen gab, daß es zu einer etappenweisen Öffnung Belgisch-Kongos bereit war. Im Juli 1912 sollte die gesamte Kolonie dem Freihandel wieder offenstehen. Die belgischen Konzessionsgesellschaften erhielten als Kompensation für den Verlust ihres Ausbeutungsmonopols einen Teil des ihnen ehemals überlassenen Territoriums zur exklusiven Nutzung übereignet (ebd., S. 257,279).

Während sich somit die britisch-amerikanische "Humanitätsintervention" unaufhaltsam ihrem Ziele näherte, war man in Frankreich darum bemüht, der Gefahr eines direkten Übergreifens der Intervention auf die eigene Kongokolonie durch entsprechende Vorkehrungen die Spitze zu nehmen. Es wurde schon darauf hingewiesen, daß es im Anschluß an das britisch-französische Kompensationsgeschäft vom Mai 1906 in der französischen Kongokolonie erneut zu Auseinandersetzungen zwischen englischen Händlern und Konzessionsgesellschaften gekommen war, da die britischen Handelsfirmen auch nach der ihnen gewährten Entschädigungszahlung nicht bereit waren, ihren Anspruch auf freie Handelsausübung im Kongo aufzugeben. An unmittelbaren Anlässen für ein in Frankreich befürchtetes Ausgreifen der Intervention auf die eigenen Kongobesitzungen fehlte es also nicht. Sollte eine derartige Entwicklung tatsächlich eintreten, dies hatte der damalige Außenminister Pichon in einem bereits zitierten, im Februar 1908 an Kolonialminister Leygues gerichteten Schreiben noch einmal ausdrücklich hervorgehoben, so wäre, abgesehen von weiteren Schwierigkeiten, Frankreichs Position als präsumtiver Erbe der belgischen Kongokolonie erneut massiv bedroht[249]. Wie sehr dem Quai d'Orsay daran gelegen war, diese Option auf das belgische Kongoterritorium zu wahren, geht aus der Tatsache hervor, daß Frankreich sich sein inzwischen von England anerkanntes Vorkaufsrecht (Cookey 1968, S. 187, 191) auch von Belgien förmlich bestätigen ließ, nachdem dieses den ehemaligen

Kongostaat annektiert hatte[250]. Angesichts der zwischen den
führenden europäischen Imperialmächten damals ständig diskutierten Möglichkeit einer Neuaufteilung der belgischen Kongokolonie, besonders auch im Hinblick auf koloniale Kompensations-
geschäfte, wie sie im Zusammenhang mit den beiden Marokkokrisen
in den Jahren 1905 und 1911 erwogen wurden (Cookey 1968, S. 281-
290), stellte die erwähnte Option für Frankreich in der Tat
eine nicht zu vernachlässigende politische Größe dar.

Um seine Position im Kongobecken durch die anglo-amerikanische
"Humanitätsintervention" nicht gefährden zu lassen, war Frank-
deshalb auch weiterhin darauf bedacht, sich vom deklarierten
Zielobjekt dieser Intervention, der belgischen Kongokolonie,
nach außen sorgsam zu distanzieren. Diesem Ziel diente auch
die Umbenennung der eigenen Kongokolonie, die nach der belgischen Annektion des ehemaligen Kongostaates im Oktober 1909 vom
seinerzeitigen Verwaltungschef der Kolonie vorgeschlagen worden war[251]. Im Januar 1910 wurde per Dekret verfügt, daß die
französische Kongokolonie fortan die Bezeichnung "Afrique Equatoriale Française" (A.E.F.) tragen sollte[252]. Da Belgien sich,
wie oben erwähnt, mittlerweile dazu bereitgefunden hatte, das
Konzessionssystem in seiner ursprünglichen Form aufzuheben
und seine Kongokolonie, beginnend mit dem Jahre 1910, bis zum
Jahre 1912 dem Freihandel uneingeschränkt zu öffnen, konnte
es Frankreich bei einer bloßen Umbenennung seiner Kongokolonie
nicht belassen, sondern mußte sich nun auch seinerseits zu entsprechenden Reformmaßnahmen in der A.E.F. bereit finden.

Wiederum war es das Außenministerium, das den Anstoß zu dieser
Entwicklung gab. "C'est le départment des Affaires Etrangères,
d'une part, et l'opinion publique, d'autre part, qui nous
pressent de modifier notre régime des Concessions", teilte der
damalige Generalgouverneur der A.E.F., Merlin, der zuständigen
Kommission des Kolonialministeriums auf einer in dieser Angele-

genheit eigens einberufenen Sitzung mit. Unter Hinweis auf entsprechende Schreiben des Quai d'Orsay wurde weiter ausgeführt, das Außenministerium befürchte angesichts einer nicht abschwellenden Kongoagitation in England eine Verschlechterung der britisch-französischen Beziehungen und eine mögliche deutschenglische Annäherung in dieser Frage, zumal das Foreign Office in jüngster Zeit erst zugunsten einer im Kongo behinderten britischen Handelsfirma bei der französischen Regierung interveniert habe. Damit sei erneut die Gefahr gegeben, daß das französische Konzessionssystem prinzipiell in Frage gestellt werde: "faute d'une entente amiable, nous sommes à nouveau menacés d'un arbitrage où sera posée la question de principe." Vor diesem Hintergrund und angesichts der sich im belgischen Kongo vollziehenden Veränderungen sei es nach Ansicht des Quai d'Orsay unumgänglich, daß auch Frankreich sein in der A.E.F. etabliertes Konzessionssystem modifiziere[253]. Noch im gleichen Jahr 1910 übernahm die französische Regierung diesen Vorschlag ihres Außenministers und folgte dem belgischen Beispiel. Die Landgesellschaften verzichteten auf einen Teil des ihnen ursprünglich konzedierten Territoriums und beschränkten ihr Ausbeutungsmonopol zugleich auf ein einziges Produkt, sei es Holz oder Kautschuk. Dafür wurde ihnen für ein nach ihrer Wahl zu bestimmendes Areal das volle Eigentumsrecht zuerkannt. Auf diese Regelung konnten die Konzessionäre um so eher eingehen, als ihre gegenüber den freien Händlern privilegierte Situation dadurch kaum geschwächt wurde (Coquery-Vidrovitch 1972, S.263, 266).

Nachdem es somit gelungen war, die belgische und die französische Kongokolonie auch ohne vorhergehende Kongokonferenz[254] für den Freihandel wieder zu öffnen, hatte die britische Reformkampagne ihre Aufgabe erfüllt. Im April 1913 fand die letzte Sitzung der im Jahre 1904 unter führender Beteiligung Morels gegründeten "Congo Reform Association" (C.R.A.) statt.

Die wesentlichen Ziele der Reformkampagne, so wurde bei dieser Gelegenheit festgestellt, seien nunmehr erreicht (Cookey 1968, S. 301). Einer bis dahin verweigerten Anerkennung der belgischen Annektion des ehemaligen Kongostaates stand jetzt nichts mehr im Wege. Im Juli 1913 stellte die C.R.A. anläßlich eines dafür eigens angesetzten großen Festaktes ihre Tätigkeit offiziell ein. Im Beisein hoher Kirchenvertreter, Parlamentarier, Literaten und Geschäftsleute resümierte der von allen Seiten stürmisch beglückwünschte Morel das Ergebnis der von ihm maßgeblich gestalteten Reformkampagne mit der für den Charakter dieser Kampagne bezeichnenden Bemerkung: "under the Providence of God, we have struck a blow of human justice that cannot and will not pass away" (zit. ebd., S. 304). Dem Freihandelsprinzip war wieder Geltung verschafft, einer so verstandenen "menschlichen Gerechtigkeit" zum Durchbruch verholfen worden. Die "Humanitätsintervention" hatte ihr Ziel im Kongo erreicht, ohne daß sich an der Inhumanität der dort praktizierten Kolonialmethoden Wesentliches änderte[255].

Thesenhafte Zusammenfassung

Die vorliegende historisch-politische Einzelfalluntersuchung geht von der Tatsache aus, daß sich in der wissenschaftlichen Diskussion um den historischen Stellenwert der kolonialen Expansion für den Entwicklungsstand der heutigen Dritten Welt eine merkwürdige Ungleichzeitigkeit beobachten läßt. Auf der einen Seite der Bereich der vornehmlich von Sozial- und Wirtschaftswissenschaftlern geführten Entwicklungsdiskussion. Mit dem Scheitern herkömmlicher Entwicklungskonzepte hat die solchen Konzepten zugrunde liegende modernisierungstheoretische Betrachtungsweise hier bekanntlich seit längerem ihre dominierende Stellung eingebüßt. Demgegenüber hat sich im Zuge der Dependencia-Diskussion die These zunehmend Raum verschaffen können, daß Unterentwicklung nicht einfach auf eine mangelhafte Integration in die "moderne Welt" zurückgeführt werden könne. Vielmehr sei sie umgekehrt als Ergebnis eines jahrhundertelangen, durch verschiedene Etappen des Kolonialismus und Imperialismus bewirkten Eingliederungsprozesses in den kapitalistischen Weltmarkt zu begreifen, in dessen Verlauf die vorkolonialen Subsistenzökonomien für die Bedürfnisse der Metropolen umfunktioniert und somit eigenständiger Entwicklungsmöglichkeiten beraubt worden seien.

Auf der anderen Seite der Bereich der traditionellen Kolonialgeschichtsschreibung. Hier ist eine dem soeben nur ganz grob angedeuteten Diskussionprozeß vergleichbare Entwicklung nicht zu verzeichnen. Dabei wird die Fruchtbarkeit der Dependencia-Theorien, die der Kolonialgeschichtsschreibung "Auftrieb gegeben" hätten (Albertini 1978a, S. 347), auch von deren Vertretern nicht generell bestritten. So seien durch die Dependencia-Diskussion auch für die Historiker bis dahin vernachlässigte Problemaspekte in den Blick gerückt und ursprüngliche Grundannahmen zum Teil erschüttert worden.

Trotz solcher Zugeständnisse an den heuristischen Wert des dependenzanalytischen Erklärungsansatzes läßt sich eine grundlegende Neuorientierung im Bereich der traditionellen Kolonialgeschichtsschreibung, die zumindest in der Bundesrepublik bei den Historikern die einschlägige Diskussion weitgehend bestimmt, bis in die jüngste Zeit hinein nicht erkennen (vgl. Bade 1983), wie überhaupt die Dependencia-Diskussion "nur begrenzt die Aufmerksamkeit der Historikerschaft auf sich ziehen" konnte (Mommsen 1981, S. 172).

So wird denn auch die These eines kausalen Zusammenhangs zwischen kapitalistischer Expansion und Herausbildung von Unterentwicklung in den vom Kolonialismus durchdrungenen Peripherien nach wie vor ausdrücklich abgelehnt (Albertini 1982, S. 66). Aufgrund endogener Entwicklungsbarrieren seien die vorkolonialen Gesellschaften kaum in der Lage gewesen, aus eigener Kraft den Anschluß an die Moderne zu finden. Trotz heute deutlicher sichtbar gewordener Defizite und Mängel kolonialer Herrschaftspraxis und ihrer problematischen Folgen sei deshalb darauf zu bestehen, daß die administrative und ökonomische Durchdringung der Peripherien durch die europäischen Metropolen entscheidende Modernisierungseffekte ausgelöst hätten, die als eine wenn auch nicht ausreichende, so doch notwendige Voraussetzung für eine fortschrittliche Entwicklung traditioneller Gesellschaften zu begreifen seien.

Ungeachtet mancher Einschränkungen, Differenzierungen und Modifikationen herkömmlicher Erklärungsmuster, die sich in der traditionellen Kolonialgeschichtsschreibung beobachten lassen, wird der Vorgang der kolonialen Penetration - und dies ist für das hier behandelte Thema von besonderem Interesse - im Zuge der hier soeben noch einmal mit ganz groben Strichen angedeuteten Argumentation überwiegend als ein "intendierter Modernisierungsprozeß" (Albertini 1970, S. 20) interpretiert. So heißt es zum Beispiel, die Metropolen hätten eine nicht zu unterschätzende "Entwicklungsarbeit" (Albertini 1976, S. 402) geleistet. Laut Mommsen (1979, S. 250) "bemühten sich die Kolonialmächte, die Kolonien nach Maßgabe des Möglichen zu modernisieren, und vor allem wirtschaftlich zu entwickeln". Auch Bertaux (1983, S. 263) hält den Kolonialmächten zugute, in dieser Richtung erhebliche "Anstrengungen" unternommen zu haben, während Robinson (1972, S. 133) seinerseits feststellt, "good government and modern development were objectives of colonial rule", eine Behauptung, die Fieldhouse (1983, S. 77) wiederum folgendermaßen umschreibt: "Every aspect of imperial policy was intended to 'open up' the dependencies to economic development by market forces, relying on the dynamics of the capitalist system in an 'open economy' to transform 'backward' into 'modern' societies." Im Rahmen einer so verstandenen Kolonialpolitik hätten sich die Kolonialbeamten, inspiriert vom "Modernisierungswillen" der Metropole selbst als "Reformer" (Albertini 1976, S. 389), als Agenten einer planmäßig betriebenen Modernisierungspolitik verstanden. Andere Autoren gehen noch weiter und beziehen die Kolonisierten selbst in den Kreis der "Reformer" mit ein. Der "colonisé" sei im Verlaufe eines kolonialen Entwicklungsprozesses zu seinem eigenen "colonisateur" geworden. Ohne seine freiwillige Mitwirkung hätte der Einfluß der "westlichen Zivilisation" die in den kolonisierten Territorien ausgelöste tiefgreifende Transformation in Richtung auf die Herausbildung okzidental geprägter moderner Gesellschaften nicht bewirken können. Trotz mancher Ungerechtigkeiten und Gewaltakte, die es im übrigen in der vorkolonialen Periode mindestens im gleichen Ausmaß gegeben habe, hätte der kolonisierten Bevölkerung die "Öffnung zum Westen" nicht gewaltsam aufgezwungen werden müssen, sondern sei von dieser letztlich selbst gutgeheißen und mitgetragen worden: "Le débat colonial, en réalité, n'était pas entre Blancs et Noirs, mais entre tradition et innovation, et, sur place, les partisans de l'innovation ont souvent été des Noirs" (Brunschwig 1983, S. 212).

Die hier noch einmal beispielhaft aufgezeigte, bis in die gegenwärtige Diskussion hinein mehr oder minder ungebrochen anhaltende modernisierungstheoretische Grundorientierung herkömmlicher Kolonialgeschichtsschreibung, der zufolge die Penetration der Kolonien durch die Metropolen als ein planmäßiger Modernisierungsvorgang zu verstehen ist, zeigt sich exemplarisch verdichtet bei der Interpretation sogenannter Kolonialaffären. Wie im Einleitungsteil erwähnt, erscheinen solche Affären bzw. Skandale in aller Regel als Ausdruck vorübergehender krisenhafter Abweichungen vom Weg in die Moderne, die in der Metropole früher oder später selbst erkannt und durch gezielte Reformmaßnahmen im Sinne eines angeblich intendierten Modernisierungsprozesses korrigiert worden seien. Die für die hier untersuchte Kongoaffäre - einem in der internationalen Literatur häufig erwähnten Beispiel - beobachtbaren Varianten eines derartigen interpretatorischen Grundmusters sind im Verlaufe dieser Arbeit im Hinblick auf ihre Mängel und Schwächen detailliert kritisiert worden.

Gegenüber diesem charakteristischen Erklärungsmuster traditioneller Kolonialgeschichtsschreibung wird in der vorliegenden Arbeit zu zeigen versucht, daß der mehrdimensional angelegte, komplexe Geschehenszusammenhang der hier untersuchten Kolonialaffäre sich nicht in das von den herkömmlichen Deutungsversuchen - ungeachtet aller sonstigen Unterschiede - übereinstimmend unterstellte lineare Verlaufschema einzwängen läßt. Dabei geht es nicht primär um die naheliegende Frage, ob Kolonialskandale, wie dies eine traditionelle Lesart vorgibt, tatsächlich nur Ausdruck einer temporären Abweichung vom Weg in die Moderne waren, oder ob sie nicht vielmehr als Indiz für einen grundlegenden Widerspruch zwischen dem zivilisatorischen Legitimationsanspruch der Metropole auf der einen und dem realhistorischen Prozeß der kolonialen Penetration auf der anderen Seite zu begreifen sind. Inwieweit die im damaligen Französisch-Kongo angewandten Kolonialpraktiken zu sogenannten Modernisierungseffekten führten bzw. inwieweit diese Praktiken im Gegenteil Entwicklungsblockierungen zur Folge hatten, interessiert im Rahmen dieser Arbeit nur am Rande, zumal zu dieser Frage seit längerem einschlägige Untersuchungen vorliegen (Rey 1971, Coquery-Vidrovitch 1972). Statt dessen wird hier der mit diesem Problem allerdings eng zusammenhängenden Frage nachgegangen, welche politische Funktion der Skandal in der Metropole selbst hatte. Dabei konnte zunächst gezeigt werden, daß die französische Kongoaffäre nicht die ihr in der bisherigen Literatur zugeschriebene Funktion hatte, mit Hilfe einer humanitär inspirierten liberalen Öffentlichkeit in der Kolonie aufgetretene Mißstände ins öffentliche Bewußtsein zu heben und somit die am staatlichen Entscheidungsprozeß beteiligten Institutionen dazu zu bewegen, die notwendigen Mittel bereitzustellen und die erforderlichen Reformmaßnahmen zu ergreifen, um einem vorübergehend aus der Bahn geratenen Modernisierungsprozeß wieder in die vorgesehene Richtung zu steuern.

Eine eingehende Untersuchung der verschiedenen Etappen des Skandalverlaufs läßt vielmehr die dabei zutage tretenden Handlungen und Motive der beteiligten Akteure in einem gänzlich anderen Licht erscheinen. Zunächst ist festzuhalten, daß die einzige relevante politische Gruppierung, die aus humanitär inspiriertem Engagement heraus lautstark und nachdrücklich eine Reform der im Kongo angewandten Ausplünderungsmethoden verlangte, die Sozialisten waren, während die liberale Presse und die allermeisten Abgeordneten der bürgerlich-liberalen radikalen Partei sich gegenüber den vornehmlich von sozialistischer Seite erhobenen Reformforderungen gleichgültig bis ablehnend verhielten und sich dabei nicht scheuten, mit dem sogenannten Rechtsblock gemeinsam zu agieren. An dieser massiven Abwehrfront mußte die sozialistische Kritik wirkungslos abprallen. Da auch die Regierung - entgegen der von Brunschwig vertretenen und weiter oben ausgiebig erörterten These - zum Zeitpunkt des Skandals an wie auch immer gearteten Modernisierungsmaßnahmen in der Kongokolonie kein gezieltes Interesse hatte, bestand in der französischen Metropole selbst kein nennenswerter Reformdruck, der das Entstehen und das relativ breite Ausmaß der Affäre erklären könnte. Die somit naheliegende Hypothese, daß die Ursachen für die Auslösung des Kongoskandals im außenpolitischen Bereich anzusiedeln sind, ist in den Teilen II und III dieser Arbeit im·Wege einer eingehenden Untersuchung der einzelnen Phasen des Skandalverlaufs überprüft worden.

Im Verfolg der von der französischen Regierung detailliert geplanten Skandalinszenierung konnten dabei erste wegweisende Indizien für eine Bestätigung dieser Hypothese gewonnen werden. Wie die weiteren Untersuchungsschritte ergaben, stand die französische Regierung zum Zeitpunkt des Kongoskandals unter dem massiven Druck, ihre im Kongo praktizierten Kolonialmethoden gegenüber ihren imperialistischen Rivalen - in erster Linie gegenüber England - zu rechtfertigen. Dabei ging es nur vordergründig um die in der Berliner Kongoakte von 1885 und der Brüsseler Generalakte von 1890 von den Kolonialmächten im Sinne einer Legitimierung kolonialer Expansionspolitik übernommenen Verpflichtung, die "Eingeborenen", für deren Betreuung sie sich selbst zuständig erklärten, in die "Zivilisation" einzuführen mit dem Ziel, deren "geistige und materielle" Entwicklung zu fördern. Für den hier behandelten Konflikt war vielmehr die mit diesem "Humanitätsmandat" zugleich übernommene Verpflichtung entscheidend, im sogenannten konventionellen Kongobecken das Freihandelsprinzip zu respektieren.

Diese grundlegende Bestimmung der Kongokonvention, die den Interessen der ökonomisch stärksten Kolonialmächte entsprach, wurde im Zuge einer sich ständig verschärfenden Konkurrenz der imperialistischen Rivalen nicht nur im belgisch kontrollierten Kongostaat, sondern nach dessen Muster bald darauf auch in der französischen Kongokolonie faktisch unterlaufen. In beiden Kolonien wurde durch die Vergabe exklusiver Nutzungsrechte eine Monopolpolitik betrieben, die dazu führte, daß zwei bedeutende englische Handelsunternehmen ihre Aktivitäten in Französisch-Kongo einstellen mußten und von der befürchtet wurde, daß sie sich auf weitere Regionen des afrikanischen Kontinents ausdehnen könnte. Diese Entwicklung wurde in England als eine ernste Gefährdung eigener Expansionsinteressen angesehen und entsprechend heftig kritisiert. Um den Protesten gegen die Verletzung eigener Handelsinteressen die notwendige politische Durchschlagskraft zu verleihen, wurden diese in Anlehnung und unter bewußter Anknüpfung an die Antisklavereibewegung mit humanitären Motiven umkleidet.

Im Zuge dieser von England ausgehenden und später von den USA unterstützten sogenannten Kongo-Reformbewegung stellte die durch das damalige Völkerrecht ausdrücklich legitimierte Möglichkeit der sogenannten "Humanitätsintervention" vor allem für den von dem belgischen Monarchen Leopold II.

kontrollierten Kongostaat, aber auch für die französischen Kongointeressen eine ernste Gefahr dar. Da in beiden Kongokolonien nicht nur das in der Kongoakte verankerte Freihandelspostulat, sondern zugleich auch das damit unmittelbar verbundene "Humanitätsmandat" auf eklatante Weise verletzt worden waren, hatten die in diesen Territorien errichteten Kolonialsysteme nach den Grundsätzen der Kongoakte keinerlei legitimatorische Grundlage mehr. Dies gab den übrigen Mächten die völkerrechtliche Möglichkeit, über die Forderung nach einer grundlegenden Änderung der in den genannten Kolonien bestehenden Verhältnisse eigene Expansionsinteressen durchzusetzen. Vor diesem Hintergrund und im Hinblick auf die in der Berliner Kongoakte für das Jahr 1905 selbst vorgesehene Möglichkeit einer Neuregelung der gesamten Kongofrage, die - wie vor allem im französischen Außenministerium befürchtet wurde - zu einer deutlichen Schwächung der französischen Position in Zentralafrika führen könnte, ist die Funktion des von der französischen Regierung selbst ausgelösten Kongoskandals zu begreifen.

Mit Hilfe eines als Einzelfall dargestellten, ungewöhnlichen und spektakulären Vorkommnisses, das von Regierung und Kolonialjustiz demonstrativ verurteilt wurde, sowie einer im Zusammenhang damit eigens zusammengestellten Untersuchungsdelegation sollte angesichts einer drohenden "Humanitätsintervention" der Behauptung Glaubwürdigkeit verliehen werden, Frankreich habe sich keiner systematischen Verletzung des Kongostatuts schuldig gemacht, achte vielmehr von sich aus auf dessen strikte Einhaltung, indem es einzelne Übergriffe seiner Kolonialfunktionäre unnachsichtig und konsequent ahnde. Auf diese Weise hoffte das französische Kolonialministerium, die vornehmlich britische Kritik an der von Frankreich nach dem Vorbild des Kongostaates zum Schaden englischer Handelsinteressen betriebenen monopolistischen

Ausbeutungspraxis weitgehend abwehren und darüber hinaus Frankreichs Position im Hinblick auf eine mögliche Neuaufteilung der in der Kongoregion bestehenden Einflußsphären wahren zu können. Daß es in dieser Auseinandersetzung nicht etwa nur um spitzfindige völkerrechtliche Gedankenspiele ging, sondern daß dabei auf seiten Englands und Frankreichs jeweils durchaus gewichtige Interessen im Spiele waren, ist im Verlaufe der in Teil III ausgeführten Argumentation näher erläutert worden.

Zusammenfassend läßt sich feststellen, daß die in den vorangegangenen Untersuchungsteilen versuchte eingehende Analyse der hier behandelten Kolonialaffäre zu einem Ergebnis führt, das den traditionellen Deutungsmustern diametral entgegensteht:

- Der Kongoskandal war nicht das Resultat eines in der französischen Metropole vorhandenen Reformdrucks, sondern er wurde auf äußeren Druck hin ausgelöst.
- Der Skandal hatte also nicht die Funktion, die für die staatliche Entscheidungsfindung maßgeblichen Institutionen dazu zu bewegen, eine als revisionsbedürftig erkannte Kolonialpraxis zu korrigieren und somit der Kolonie über kurz oder lang den Weg in die Moderne wieder zu ebnen.
- Er bewirkte folglich auch keine über kosmetische Veränderungen hinausgehenden Reformen und liefert somit auch in dieser Hinsicht keinen Beleg für die These einer von der Metropole angeblich intendierten kolonialen Modernisierungspolitik.
- Die mit der Skandalinszenierung verfolgte Taktik zielte vielmehr darauf ab, die mit der Errichtung eines Systems monopolitischer Raubwirtschaft forciert betriebene Eingliederung der Kongokolonie in das Wirtschaftssystem der französischen Metropole gegenüber rivalisierenden imperialistischen Interessen zu legitimieren.

- Somit läßt sich die historische Funktion der hier untersuchten Kolonialaffäre letztlich darin sehen, daß sie als ein spezifisches Mittel in der Konkurrenz der Kolonialmächte zur politischen Absicherung eines Ausplünderungssystems dienen sollte, dessen besondere Brutalität der autochthonen Bevölkerung enorme humane und soziale Kosten auferlegte und dessen destruierende Auswirkungen das Entwicklungspotential der betroffenen Regionen nachhaltig beeinträchtigt haben.

- Entstehung und Verlauf der englischen Kongo-Reformkampagne lassen den ideologischen Charakter der im Zeichen der Zivilisationsidee geführten "Humanitätsintervention" deutlich zutage treten. Eine ideologiekritisch angelegte Untersuchung anscheinend ähnlich gelagerter Fälle, die in der Literatur erwähnt werden (Albertini 1976, S. 339; Piehl 1980) könnte über die Anwendungspraxis dieses Instruments imperialistischer Interessenpolitik zusätzliche Aufschlüsse erbringen. Angesichts der Tatsache, daß die "humanitarian intervention", wie im Verlaufe der obigen Ausführungen erwähnt, bis in die jüngste Zeit hinein bei der Legitimierung amerikanischer Interventionspolitik eine nicht unwichtige Rolle spielt, könnte es sinnvoll sein, den historischen Entstehungszusammenhang der "Humanitätsintervention" anhand weiterer einschlägiger Beispiele genauer zu bestimmen.

Die Tatsache, daß die hier untersuchte Kolonialaffäre in der bisherigen Literatur als angeblicher Ausdruck eines gegen institutionelle Zwänge und politische Widerstände sich letztlich durchsetzenden Modernisierungswillens der Metropole so gröblich fehltinterpretiert wurde, verweist auf eine in der traditionellen Kolonialgeschichtsschreibung trotz unterschiedlicher Ausprägung und ungeachtet eines uneinheitlichen Differenzierungsgrades durchgehend erkennbare Tendenz zu einem modernisierungstheoretisch inspirierten schematischen Evolutionsverständnis, dem die Vorstellung eines gradlinigen Aufstiegs von der Tradition in die Moderne zugrunde liegt. Diesem Grundverständnis entspricht eine bei einigen Autoren besonders deutlich wahrnehmbare Neigung zu einer harmonisierenden Betrachtungsweise. Das weiter oben wiedergegebene Zitat aus einer erst kürzlich von Henri Brunschwig (1983) vorgelegten Abhandlung bringt diese Tendenz beispielhaft zum Ausdruck. In Anlehnung an eine bereits vor längerer Zeit aus der Sicht eines Historikers an den Modernisierungstheorien geübten Kritik (Wehler 1975, S. 30, 55 f) kann auch gegen eine sich an solchen Theorien orientierende Kolonialgeschichtsschreibung der Vorwurf erhoben werden, inner- und zwischengesellschaftliche Konflikt- und Interessenlagen in ihrem jeweiligen sozial-ökonomischen Kontext nicht hinreichend zu thematisieren bzw. zu verharmlosen oder ganz auszublenden. So ist es denn wohl auch kaum als Zufall zu betrachten, daß die im Verlauf dieser Arbeit aufgezeigte Funktion der hier behandelten Kolonialaffäre als ein in der imperialistischen Konkurrenz der Kolonialmächte von der französischen Regierung mit bemerkenswertem Zynismus gehandhabtes Instrument kolonialer Interessenpolitik von der traditionellen Kolonialgeschichtsschreibung so beharrlich verkannt worden ist.

Wenn für diesen Bereich der historischen Forschung die bereits vor einigen Jahren getroffene Feststellung somit auch weiterhin zutreffen dürfte, daß eine in überkommenen Erklärungsmustern befangene Kolonialgeschichtsschreibung gegenüber sozialwissenschaftlichen Erklärungsansätzen zunehmend in eine Situation selbstverschuldeter Isolation geraten ist (siehe Helmut Bley, in: Emmer/Wesseling 1979, S. 160; vgl. für die weitere Entwicklung Mommsen 1981, S. 171 f und - aus anderer Sicht - Bade 1983), so sollte doch andererseits nicht übersehen werden, daß sich auch auf diesem Feld der Geschichtswissenschaft eine allmähliche Abkehr von herkömmlichen Positionen abzuzeichnen scheint. Für den deutschsprachigen Raum kann dafür die schon erwähnte Tatsache angeführt werden, daß ein so maßgebender Autor wie Albertini bereits seit längerem die Diskussion mit dem Dependencia-Ansatz aufgenommen hat. Obschon diese Auseinandersetzung aus modernisierungstheoretisch orientierter Sicht auf vornehmlich kritisch-ablehnende Weise erfolgt, kann sie der Geschichtsschreibung, indem sie sie mit alternativen Erklärungskonzepten konfrontiert, gleichwohl neue Perspektiven weisen.

Abkürzungen

AE	Archives du Ministère des Affaires Etrangères
A.E.F.	Afrique Equatoriale Française
AN	Archives Nationales
ANSOM	Archives Nationales, Section Outre-Mer
BCAF	Bulletin du Comité de l'Afrique Française
DDF	Documents Diplomatiques Français
Journal Officiel, Chambre	Journal Officiel, Chambre, Débats parlementaires
NS	Nouvelle Série
Protocoles et Acte Général	Protocoles et Acte Général de la Conférence de Berlin 1884-1885

Anmerkungen zu Teil I: EINLEITUNG

1   Zu den trotz dieser oder jener Nuancierung ingesamt weiterhin modernisierungstheoretisch ausgerichteten Erklärungsmustern in der traditionellen Geschichtsschreibung, soweit sie sich mit Problemen der kolonialen Expansion befaßt, siehe Albertini 1970, Einleitung, bes. S. 34 f; 1976, S. 13, 184, 385 ff, bes. S. 408; 1982, S. 65; Robinson 1972, S. 133, 135; Duignan/Gann 1975, S. 689 ff; Lüthy 1979; Mommsen 1979, S. 250; Brunschwig 1980, S. 134 ff; 1983, S. 209 ff; Bade 1982a, S. 12 f; 1982b, S. 41 f; Gründer 1982, S. 372; Bertaux 1983, S. 202 ff; 260 ff. Obwohl er nicht vollständig auf der von den hier genannten Autoren vertretenen Interpretationslinie liegt, kann auch Fieldhouse (1983, bes. S. 45 ff, 103 ff) zu ihnen gerechnet werden. Ohne daß seine Ausführungen an dieser Stelle diskutiert werden können, sei ausdrücklich vermerkt, daß sich Albertini, im Gegensatz zu den übrigen hier aufgeführten Autoren, in seinen nach 1970 erschienen Schriften aus modernisierungstheoretischer Perspektive eingehend mit dem dependenzanalytischen Ansatz auseinandersetzt. - Für eine kritische Überprüfung des modernisierungstheoretischen Ansatzes siehe Wehler 1975; Mansilla 1978, hier bes. S.125 ff; Eisenstadt 1979.

2   Für eine erste Orientierung siehe den Beitrag von Andreas Boeckh, in: Nohlen 1984, S. 137-144 sowie Nohlen/Nuscheler 1982, Einleitung.

3   Neben den in Anm. 2 genannten, nach 1970 publizierten Arbeiten Albertinis siehe auch dessen Ausführungen in: Blussé 1980, S. 42 ff sowie die übrigen Beiträge in diesem Band.

4   Sous-développement et histoire, le cas de l'Afrique, in: Blussé 1980, S. 137-145. Siehe auch den ebenfalls auf Afrika bezogenen Beitrag von Coquery-Vidrovitch im selben Band, S. 146-157.

5   Bosse 1979, S. 111. Siehe auch Mansilla 1978, S. 123. Mansilla richtet seinen Vorwurf einer ungenügenden Beachtung der "Einheit von Mitteln und Zwecken" in gleicher Weise gegen die Dependenztheorien, vor allem gegen deren marxistische Varianten. Spätestens seit dem Erscheinen der von Buro (1981) vorgelegten Untersuchung wird sich ein derartiger Vorwurf, soweit er sich auf den Dependencia-Ansatz bezieht, in dieser pauschalen Form wohl kaum länger vertreten lassen.

6   Bade 1982a, S. 13; 1982b, S. 41.

7   Beispiele für die Niederwerfung sogenannter "postprimärer" Widerstandsbewegungen in Albertini 1976, S. 19 (Indien), 135 (Java), 162 (Vietnam), 210 (Algerien). Beispiele für das hier aufgezeigte Deutungsschema: "temporäre Mißstände - Kritik in der Metropole - Reformen" finden sich für den Bereich des französischen Imperialismus ebd., S. 173, 179, 182, 285 (bezogen auf die Kolonien Vietnam und Französisch-Kongo); für den belgischen Kolonialismus ebd., S. 295-297; für den portugiesischen Kolonialismus ebd., S. 339 f; für den deutschen Kolonialimperialismus Schröder 1975, S. 197 f (im Vorwort zu der hier zitierten 2. Aufl. seiner Untersuchung hat sich der Autor von dieser Sichtweise allerdings inzwischen vorsichtig distanziert); Bade 1982a, S. 7-13; 1982b, S. 34 f, 39-42; Wirz 1976, S. 322 f, 326 f. Wirz läßt freilich eine gewisse Skepsis anklingen, ob die Interpretationslinie "Mißstände - Reformen - Fortschritt" sich tatsächlich durchhalten läßt.

8   So spielt im Rahmen der französischen Entwicklungspolitik, die - soweit sie nicht ohnehin die nationalen Überseebesitzungen betrifft - fast ausschließlich auf die ehemaligen Kolonien ausgerichtet ist, das sogenannte "Ausstrahlungsmotiv", d.h. der Versuch, die kulturelle Dominanz Frankreichs nach Kräften zu fördern, eine hervorragende Rolle bei der Aufrechterhaltung historisch gewachsener Dependenzverhältnisse. In seinem unlängst vorgelegten, sehr informativen Aufriß zu den Problemen von Entwicklungsländern und Entwicklungshilfe hebt auch Albertini diesen Aspekt besonders hervor: "Kritiker sprechen von einer Form des 'kulturellen Imperialismus', der die afrikanischen Eliten von der Masse der Bevölkerung trennt und an Paris bindet, die nationale Identifikation der jungen Staaten erschwert und die ökonomischen Interessen hinter der französischen Entwicklungshilfe verschleiert". Eine derartige Politik "bindet (die ehemaligen Kolonien) an die ehemalige Metropole, verbaut oder erschwert eine auf 'self reliance' gerichtete Politik und kann als erfolgreicher, neokolonialistischer Versuch gelten, alte Machtpositionen in den unabhängig gewordenen Staaten Schwarzafrikas aufrechtzuerhalten" (Albertini 1981, S. 456/457). Siehe daneben den Beitrag von Rainer Hahn, in: Nohlen 1984, S. 188 f. Vgl. des weiteren Wolfgang Mayer, Die Absicherung von Penetration und Dependenz im Überbau, in: Gantzel 1976, S. 82-102.

9   Julien, in: Saintoyant 1960, S. 9.

10 Ebd. sowie Suret-Canale 1964, S. 53.

10a Julien, in: Saintoyant 1960, S. 9; Julien 1979, S. 193; vgl. auch Girardet 1979, S. 157. Zur Verbreitung der Kolonialideologie in den Schulen siehe auch Ageron 1978, S. 235 ff.

11 Der Direktor der "Lanterne" hatte als Teilhaber zweier im Kongo etablierter Konzessionsgesellschaften ein unmittelbares Interesse an der Aufrechterhaltung des dortigen Kolonialsystems. Auch bei der Tageszeitung "Le Temps" gab es personelle Verflechtungen mit dem Konzessionssystem im Kongo (Coquery-Vidrovitch 1972, S. 172, 276). Trotz ihrer geringen Auflage von 5000 (im Jahre 1898) bis 8000 (im Jahre 1913) Exemplaren war die "Dépêche Coloniale" die wichtigste kolonialistische Tageszeitung und zugleich das Sprachrohr der einflußreichen kolonialistischen Interessengruppe, dem "parti colonial". Dazu Grupp 1980, S. 239. Zur Rolle des "parti colonial" siehe ebd., S. 11-46.

12 Deschamps 1971, S. 394; Cohen 1971, S. 30 f; Coquery-Vidrovitch 1972, S. 171; Betts 1978, S. 81.

13 Hardy 1953, S. 185; Julien, in: Saintoyant 1960, S. 17 ff; Thompson/Adloff 1960, S. 14 f; Roberts 1963, S. 355 ff; Suret-Canale 1964, S. 52 ff; Ganiage 1968, S. 334; mit Einschränkungen auch Coquery-Vidrovitch 1972, S. 176; Hallet 1974, S. 446; Albertini 1976, S. 285; Julien 1979, S. 194; Elleinstein 1980, S. 171 (hier wird der Skandal nur indirekt angesprochen).

14 Die von Deschamps (1971, S. 394) und von Albertini (1976, S. 285 f) erwähnten Maßnahmen der Jahre 1909 (Kredit) und 1910 (Reform des Konzessionssystems) lassen sich nicht auf den Kongoskandal zurückführen, sondern haben andere Ursachen, auf die im weiteren Verlauf der vorliegenden Untersuchung noch näher einzugehen sein wird (Teil II, Kap. 6; Teil III, Kap. 5, 4).

15 Thompson/Adloff (1960, S. 15) und Roberts (1963, S. 356) sehen die Reformdekrete als Ergebnis der Parlamentsdebatte vom 19. bis 21. Februar 1906 (bei Roberts fälschlich: 20. bis 22.2.) und datieren sie unkorrekt auf den 22. Februar 1906. Coquery-Vidrovitch (1972, S. 274) gibt dagegen das korrekte Datum an, den 11. Februar 1906. Die besagten Reformdekrete wurden also bereits vor der Parlamentsdebatte und unabhängig von ihrem Ergebnis erlassen.

16 Roberts 1963, S. 356. Ähnlich überschwenglich auch schon Hardy 1953, S. 185 f.

17 Hallet 1974, S. 446. Fast gleichlautend schon Ganiage 1968, S. 334. Neben Suret-Canale ist Julien der einzige der hier zitierten Autoren, der eine kathartische Wirkung des Skandals auf die französische Kolonialpolitik im Kongo verneint. Allerdings fehlt bei ihm eine Einschätzung der im Februar 1906 erlassenen Reformdekrete; sie werden bei ihm überhaupt nicht erwähnt. Sein Resümee bezieht sich auf die Tatsache, daß die Tätigkeit der erwähnten Untersuchungsdelegation von 1905 in Frankreich überwiegend auf Ablehnung stieß, was schließlich auch im Parlamentsvotum vom 21. Februar 1906 seinen Niederschlag fand. Angesichts dessen kommt er zu dem Schluß: "Elle (la commission d'enquête) montre la vanité d'efforts qui se heurtent aux pouvoirs publics et à la population coloniale". Und in Anspielung auf die Zustände während des Algerienkrieges: "Qui dit colonisation dit comportement arbitraire et qui ne supporte pas de contrôle" (Julien, in: Saintoyant 1960, S. 23). Außer bei den bereits zitierten Autoren findet sich das in den vorhergehenden Ausführungen vorgestellte ältere Deutungsmuster in Ansätzen auch bei Cookey 1966, S. 275 f und bei Paczensky 1979, S. 147.

18 Für die Situation in Französisch-Westafrika - um nur diesen einen Bereich zu nennen - siehe z.B. Albertini 1976, S. 272, 277.

19 Augagneur 1927, S. 189 f, 199. Die Ursachen der von ihm detailliert beschriebenen Revolte resümiert er wie folgt: "Dans tous ces points d'où partit la rébellion, là où elle s'accompagna de sévices, voire de massacres, où elle dura le plus longtemps, on trouve à son origine les mêmes causes, les mêmes griefs des indigènes. Partout ils se sont plaints de l'accroissements de l'impôt, des procédés de recouvrement et surtout des abus d'autorités, des brutalités des agents de l'administration, civils ou militaires, des agissements tyranniques de certains colons." (...) "dans tous les districts insurgés la rébellion connut les mêmes causes, celles que je viens d'indiquer, d'autant que perception des impôts, réquisitions de travailleurs, désarmement, furent exécutés au mépris des prescriptions les plus élémentaires de justice et d'humanité" (S. 147, 156). Vgl. auch Boiteau 1958, S. 215 f; Ralaimihoatra 1969, S. 221; Brown 1978, S. 255, 299.

20 Coquery-Vidrovitch 1972, S. 171-219; 271-279. Siehe auch Roberts 1963: "such abuses were by no means local or due to the individuals concerned: they were the order of the day in the Congo, and it was the general administration that was at fault."

21 Coquery-Vidrovitch 1972, S. 271 f.

22 Jaugeon 1961, S. 388 ff.

23 Ebd., S. 391.

24 Siehe z.B. Deschamps 1971, S. 394.

25 Die starke Position, die der "parti colonial" sowohl dem Außen-, als auch dem Kolonialministerium gegenüber innehatte, wird bei Grupp (1980, S. 11-46) detaillierter beschrieben (bes. S. 33).

26 Jaugeon 1961, S. 414.

27 Eugène Etienne war bis zum Ersten Weltkrieg "le chef 'incontesté' du parti colonial". Siehe dazu Andrew/Grupp/Kanya-Forstner 1975, S. 650. Zur Rolle Etiennes siehe auch Sieberg 1968. Nach Sieberg wurde die Zeitung "La Dépêche Coloniale" ab 1901 allgemein als "Presseorgan Etiennes" bezeichnet (S. 26). Seit dem Jahre 1907 saß Etienne auch im Verwaltungsrat einer der im Kongo operierenden Konzessionsgesellschaften (Coquery-Vidrovitch 1972, S. 276).

28 Jaugeon 1961, S. 413.

29 Andrew/Grupp/Kanya-Forstner 1975, S. 661.

30 Jaugeon 1961, S. 416 ff; Saintoyant 1960, S. 118.

31 Jaugeon 1961, S. 424.

32 Ebd., S. 436.

33 Ebd., S. 413.

34 Julien vermutet eher das Gegenteil: "Le peuple de France aspirait éperdument à être rassuré pour ne pas prendre position sur le problème colonial" (in: Saintoyant 1960, S. 10).

35 So zitiert Saintoyant (1960, S. 117 f) in diesem Zusammenhang z.B. den Direktor von "Le Matin", welcher den Mitgliedern der Untersuchungsdelegation auf ihre Bitte hin, sich in seinem Blatt gegen die Angriffe der übrigen Presse verteidigen zu dürfen, folgende Antwort zugehen ließ: "'Le Matin' a soulevé l'affaire pour en avoir la priorité, car elle ne pouvait manquer d'éclater, mais le public ne s'intéresse pas aux questions qui se prolongent sur plus de deux ou trois articles; le 'Matin' ne veut pas prendre parti dans la campagne en cours."

36 Brunschwig 1974, S. 295. Vgl. auch Rebérioux 1974, S. 222, Ageron 1978, S. 297 ff; Andrew/Kanya-Forstner 1981, S. 18.

37 Ageron 1973, S. 44.

38 Brunschwig 1974, S. 295; weiterhin Rebérioux 1975, S. 148 ff; Azéma/Winock 1978, S. 180 ff; Girardet 1979, S. 167 ff.

39 Die von Thompson/Adloff (1960, S. 15) und von Roberts (1963, S. 356) gegebene Darstellung, nach der die Reformdekrete als Ergebnis der Parlamentsdebatte erscheinen, ist irreführend und bedarf der Korrektur. Das korrekte Datum besagter Dekrete ist der 11. Februar 1906. Vgl. dazu Anm. 15.

40 Die offizielle Regierungsinterpretation des Skandalgeschehens findet sich in jenem Teil der am 13. März 1905 für die amtliche Untersuchungsdelegation herausgegebenen Instruktionen, der für die Öffentlichkeit bestimmt war. Darauf wird später im einzelnen noch einzugehen sein (siehe dazu Teil III, Kap. 5, 1). Diese Version ist auch von kritischen zeitgenössischen Beobachtern bzw. Zeugen der Ereignisse in wesentlichen Teilen unbesehen übernommen worden. Vgl. dazu Pressensé, in: "Comité de protection et de défense des indigènes" 1905, S. 108; Hoarau-Desruisseaux 1911, S. 359; Morel 1920, S. 133 f; Chavannes 1937, S. 382.

Anmerkungen zu Teil II: DIE INSZENIERUNG DES SKANDALS

1   Wie im Einleitungsteil bereits erläutert, wird im Rahmen dieses Kapitels nur auf jene Ausführungen des Autors Bezug genommen, die sich mit den Ursachen der im Februar 1905 ausgelösten Pressekampagne beschäftigen. Eine weitergehende kritische Auseinandersetzung mit den Thesen Brunschwigs, die den Gesamtzusammenhang seiner Argumentation einbezieht, findet sich in einem späteren Kapitel (Teil II, Kap. 6).

2   Brunschwig 1977, S. 113.

3   Ebd.

4   Ebd., S. 114.

5   Ebd., S. 115.

6   Ebd., S. 116.

7   Ebd.

8   Das hier zitierte Schreiben befindet sich nicht an dem von Brunschwig (ebd., S. 129) angegebenen Ort, sondern in: AN, Papiers Gentil, 275 Mi, 1-3, hier: 3 (1905).

9   Duchêne an Gentil, 25. Juli 1905, zitiert in: Brunschwig 1977, S. 116.

10 Brunschwig 1977, S. 116.

11 Ebd., S. 117.

12 Ebd.

13 Ebd.

14 Ebd., S. 117. Einige Seiten vorher wird als Datum der 25. Februar 1905 angegeben (ebd., S. 113).

15 Ebd., S. 118.

16 Zum "parti colonial" mit namentlicher Auflistung seiner einzelnen Repräsentanten siehe Andrew/Grupp/Kanya-Forstner 1975. Zu der hier angesprochenen Erwähnung des Abgeordneten Le Hérissé, der im Zusammenhang mit seinen während des Kongoskandals entwickelten Aktivitäten von dem die Skandalereignisse engagiert und kritisch verfol-

genden Sozialisten Challaye als "l'un des principaux représentants du groupe colonial" und "défenseur de l'administration congolaise" gekennzeichnet wird, siehe Mille/Challaye 1906, S. 34.

17 Brunschwig 1977, S. 117.

18 Siehe Anm. 10.

19 Ebd., S. 118.

20 Ebd., S. 114.

21 Ebd., S. 113.

22 Ebd., S. 117.

23 Ebd.

24 Ebd.

25 Ebd., S. 118.

26 Ebd., S. 115.

27 Ebd., S. 116 f.

28 Der Autor verweist selbst auf die mit der Veröffentlichung des sogenannten Casement Reports seit dem Februar 1904 zunehmende internationale, vor allem englische Kritik am Kongostaat. Wegen dieser, im Verlaufe des Jahres 1904 anwachsenden Proteste habe sich bei französischen Diplomaten und Politikern die Befürchtung verstärkt, es könne, ähnlich wie im Kongostaat, auch in der benachbarten französischen Kolonie zu einer ausländischen Intervention kommen (ebd., S. 114).

29 Ebd., S. 117.

30 Ebd., S. 113.

31 Azéma/Winock 1978, S. 168.

32 Ebd., S. 171: "Puisque la laicité était le véritable ciment idéologique du bloc républicain, la bourgeoisie républicaine, dont le parti radical était devenu la base, fut naturellement tentée, même après la séparation de l'Eglise et de l'Etat en 1905, d'entretenir une querelle fondamentale. Le combat laique tourna en laicisme; la législation sociale demeura particulièrement attardée."

33 Vgl. Rebérioux 1975, S. 83. Vgl. des weiteren Touchard 1981, S. 72 ff.

34 Vgl. z.B. Rebérioux 1975, S. 42 ff.

34a Siehe Anm. 239.

35 Coquery-Vidrovitch 1972, S. 176.

36 Vgl. dazu zusammenfassend : Ebd., S. 174-176.

37 Ebd., S. 174.

38 Ebd., S. 175.

39 Ebd., S. 176.

39a Ebd., S. 175/176.

40 Challaye 1909, S. 108 ff.

41 Vgl. Julien, in: Saintoyant 1960, S. 9 und Julien 1979, S. 193; vgl. des weiteren Suret-Canale 1964, S. 53 und Brunschwig 1977, S. 113.

42 Ministère des Colonies, Rapport de la commission d'enquête du Congo, Paris, Impr. Nat., 1907, ANSOM, Gabon-Congo XIX, 4b, S. 27.

43 BCAF, Nr. 1/1905, S. 34; Challaye, 1909, S. 228.

44 Neben der in Anm. 42 genannten Quelle (S. 27 f) vgl. außerdem Coquery-Vidrovitch 1972, S. 187 ff; Saintoyant 1960, S. 46 ff, 71 ff, 86 ff; Alfred Fourneau, Deux années dans la région du Tchad, in: BCAF, Supplément Nr. 5/1904, S. 121 ff; BCAF, Nr. 1/1905, S. 34 f.

45 Coquery-Vidrovitch 1972, S. 191; Saintoyant 1960, S. 75 f; BCAF, Nr. 1/1905, S. 34.

46 BCAF, Nr. 1/1905, S. 35.

47 Gentil an Kolonialminister, Brazzaville 8. August 1904, zitiert in: Journal Officiel, Chambre, 20. Februar 1906, S. 895.

48 Coquery-Vidrovitch 1972, S. 190.

49 Fourneau 1904, S. 122; vgl. auch Saintoyant 1960, S. 87; Rapport de la commission d'enquête du Congo 1907, ANSOM, Gabon-Congo XIX, 4b, S. 28; Coquery-Vidrovitch 1972, S. 189.

50 Saintoyant 1960, S. 49.

51 Ebd., S. 88.

52 Rapport de la commission d'enquête du Congo 1907, ANSOM, Gabon-Congo XIX, 4b, S. 28.

53 Bericht des Milizinspektors Mounier "sur la partie Nord et Est de la région de Bangui", Libreville, 29. Dezember 1902, ANSOM, Gabon-Congo IV, 19a. Der Bericht wurde von Gentil dem Kolonialministerium zur Kenntnisnahme übersandt. Auch dieses Dokument zeigt also, daß das Ministerium über die Auswirkungen des im Ober-Schari-Gebiet eingerichteten Transportsystems lange vor der Gaud-Toqué-Affäre im einzelnen informiert war.

54 Coquery-Vidrovitch 1972, S. 190.

55 Toqué 1907, S. 58; vgl. auch Saintoyant 1960 (S. 88), der schätzt, daß auf diese Weise etwa 800 solcher Gewehre in die Hände der Mandja gelangten; vgl. des weiteren Fourneau 1904, S. 122 und Gaud 1911, S. 497.

56 Fourneau 1904, S. 122; Gaud 1911, S. 504.

57 Gaud 1911, S. 504.

58 Ebd., S. 497.

59 Fourneau 1904, S. 122 f.

60 Coquery-Vidrovitch 1972, S. 191.

60a Saintoyant 1960, S. 90.

61 Cyr. van Oberbergh, Vorwort in: Gaud 1911, S. X; vgl. auch Challaye 1909, S. 112.

62 Van Oberbergh in: Gaud 1911, S. XI; vgl. auch Challaye 1909, S. 124.

63 Bruel an Toqué, Fort Archambault, 14. März 1904, ANSOM, Gabon-Congo XI, 22.

64 Bruel an "Mr. le Chef de Battaillon, Commandant p.i. le Territoire du Tchad", Fort Archambault, 23. April 1904, ANSOM, Gabon-Congo XI, 22.

65 Ebd. - Auch Challaye stellt als Beobachter des gegen Gaud und Toqué geführten Prozesses fest, der letztere sei bei den Afrikanern "eher populär" gewesen und habe sich darum bemüht, die gängigen Kolonialpraktiken abzumildern (Challaye 1909, S. 140 f).

66 Bruel an "Mr. le Chef de Bataillon...", 23. April 1904 (Anm. 64), ANSOM, Gabon-Congo XI, 22; vgl. auch Challaye 1909, S. 124.

67 Toqué 1907, S. 56.

68 Fourneau 1904, S. 123.

69 Ebd.

70 Toqué 1907, S. 56.

71 Ebd., S. 57.

72 Challaye 1909, S. 113.

73 Ebd., S. 114.

74 Toqué 1907, S. 154.

75 Ebd., S. 60.

76 Ebd.

77 Toqué an Poiret, Fort Crampel, 15. Februar 1902, ANSOM, Gabon-Congo XI, 22.

78 Emile Merwart, Rapport d'Enquête au sujet de faits reprochés à deux Officiers, Oubangui, 12. Nobember 1907, ANSOM, Gabon-Congo IV, 20b.

79 Toqué an Gaud, Fort Crampel, 1. Januar 1903, ANSOM, Gabon-Congo XI, 22.

80 Toqué 1907, S. 154.

81 Pujol an Toqué, Krébedjé, 5. Mai 1903, ANSOM, Gabon-Congo XI, 22; vgl. auch Toqué 1907, S. 154 f, wo als Datum der 3. Mai 1903 angegeben wird. Vgl. des weiteren Challaye 1909, S. 114 f, der als Quelle auf das Buch von Toqué verweist.

82 Toqué 1907, S. 155.

83 Ebd., S. 105.

84 Journal Officiel, Chambre, 20. Februar 1906, S. 884.

85 Aussage Bruel für das Gericht in Brazzaville, Paris, 11. Mai 1905, ANSOM, Gabon-Congo XI, 22.

86 Toqué, Notes de route, Brazzaville, 11. Mai 1905, Nachtrag für den 5. Mai 1903 (Dossier supplémentaire), ANSOM, Gabon-Congo XI, 22; vgl. auch Toqué 1907, S. 155.

87 Schreiben Toqués ohne Adressat und Datum (es ist nur die zweite Seite des Schreibens im Dossier auffindbar), ANSOM, Gabon-Congo XI, 22 (Nr. B 41); Toqué 1907, S. 161; vgl. auch die Aussage Gauds, in: Challaye 1909, S. 121.

88 Aussage Toqué vor dem Gericht in Brazzaville, 26. Juni 1905, ANSOM, Gabon-Congo XI, 22; vgl. auch Challaye 1909, S. 122.

89 Aussage Toqué vor dem Gericht in Brazzaville, 26. Juni 1905, ANSOM, Gabon-Congo XI, 22; Challaye 1909, S. 123. Laut Challaye soll Toqué auf die Mitteilung Gauds mit folgenden Worten reagiert haben:"Vous êtes fou! Si ça se savait!" (ebd., S.122).

90 Challaye 1909, S. 123.

91 Es sei an dieser Stelle noch einmal daran erinnert, daß Toqué für seinen kämpferischen Einsatz bei der Niederschlagung von Revolten aus den Reihen des kolonialen Offizierskorps für das Kreuz der Ehrenlegion vorgeschlagen wurde. Ein Tagesbefehl der Kolonialtruppen würdigte sein Verhalten als vorbildlich (Challaye 1909, S. 124). Von besonderer Bedeutung ist in diesem Zusammenhang auch die Tatsache,daß Toqué anläßlich des gegen ihn und Gaud im August 1905 geführten Prozesses im Falle der oben erwähnten, von ihm befohlenen Erschießung des Afrikaners Pikamandij vom Gericht ausdrücklich als nicht schuldig befunden wurde. Vgl. dazu Challaye 1909, S. 114 f und S. 137.

92 Ebd., S. 136.

93 Laut Toqué war die Stimmung im Verwaltungskorps des Ober-Schari im zweiten Halbjahr 1903 in besonderem Maße von persönlichen Konflikten, Intrigen sowie Denunziantentum gekennzeichnet (Aussage vom 24. März 1905 vor dem Gericht in Brazzaville, ANSOM, Gabon-Congo XI, 22).

94 Ebd. - Vgl. auch Toqué 1907, S. 181.

95 Journal Officiel, Chambre, 20. Februar 1906, S. 893.

96 Ebd.

97 "Le Journal", 17. Februar 1905, S. 3.

98 Aussage Toqué vom 26. Juni 1905 vor dem Gericht in Brazzaville, ANSOM, Gabon-Congo XI, 22.

99 Vgl. die bereits erwähnte Aussage Bruels für das Gericht in Brazzaville vom 11. Mai 1905, ANSOM, Gabon-Congo XI, 22. Vgl. des weiteren zwei Briefe Gauds mit entsprechenden Hinweisen, in: "Le Journal", 19. Februar 1905, S. 3.

100 Toqué 1907, S. 227.

101 Aussage Toqué vor dem Gericht in Brazzaville, 26. Juni 1905, ANSOM, Gabon-Congo XI, 22.

102 Ebd.

103 Ebd.

104 Bruel an Toqué, Fort Archambault, 14. März 1904, ANSOM, Gabon-Congo XI, 22.

105 Aussage Toqué vor dem Gericht in Brazzaville, 26. Juni 1905, ANSOM, Gabon-Congo XI, 22 und Toqué 1907, S. 227.

106 Aussage Toqué vom 24. März 1905 vor dem Gericht in Brazzaville sowie Toqué an Gentil, Brazzaville, 2. April 1905, ANSOM, Gabon-Congo XI, 22.

107 Aussage Toqué vom 6. April 1905 vor dem Gericht in Brazzaville, ANSOM, Gabon-Congo XI, 22.

108 Toqué 1907, S. 229.

109 Challaye 1909, S. 111; Toqué 1907, S. 244.

110 Aussage Toqué vom 6. April 1905 vor dem Gericht in Brazzaville,ANSOM, Gabon-Congo XI, 22; vgl. auch Toqué 1907, S. 244.

111 Aussage Toqué vom 6. April 1905 vor dem Gericht in Brazzaville,ANSOM, Gabon-Congo XI, 22.

112 Vgl. BCAF, Nr. 1/1905, S. 34.

113 Challaye 1909, S. 108 und S.115; Toqué 1907, S. 245.

114 Toqué 1907, S. 245. Vgl. auch Duchêne an Gentil, 25. Juli 1905: "Or, par malheur, il se trouvait que vous aviez émis l'opinion de ne pas donner à l'affaire une sanction judiciaire. On pouvait, à ce point de vue, épiloguer contre vous naturellement." (Papiers Gentil, AN, 275 Mi (3), auch zit. in: Brunschwig 1977, S. 116).

115 Toqué 1907, S. 245. Toqué gibt für die Intervention Doumergues kein Datum an. Auch in den übrigen vorliegenden Quellen ließ sich hierfür keine Datumsangabe ausfindig machen. Wie ein in der Zeitung "Le Journal" abgedruckter Brief Gauds belegt, kann das Eingreifen des Ministers jedoch erst in der zweiten Hälfte des Monats Dezember erfolgt sein, erst vier Monate, nachdem ihn Gentil - wie noch zu zeigen sein wird - in einem Bericht vom 8. August 1904 über den Vorfall vom 14. Juli 1903 informiert hatte. Aus dem erwähnten Brief Gauds, der das Datum vom 14. Dezember 1904 trägt, geht hervor, daß Gaud zu diesem Zeitpunkt noch fest damit rechnete,

nach Frankreich zurückkehren zu können und sich sogar schon darauf eingestellt hatte, sich dort in wenigen Monaten endgültig niederzulassen. Siehe dazu: "Le Journal", 19. Februar 1905, S. 3.

116 Vgl. Coquery-Vidrovitch 1972, S. 174, Anm. 4.

117 Brunschwig 1977 gibt hierfür irrtümlich den 4. August 1904 an (S. 116). Für das korrekte Datum und den Wortlaut des genannten Berichtes siehe Journal Officiel, Chambre, 20. Februar 1906, S. 895.

118 Ebd., S. 896.

119 Ebd.

120 Ebd., S. 895.

121 Le Hérissé, ebd., S. 896.

122 BCAF, Nr. 1/1905, S. 35. - Coquery-Vidrovitch (1972), die den Erlaß vom 2. Dezember 1904 nicht erwähnt, nennt de Brazza als den Urheber dieser Maßnahme (S. 191). Von Le Hérissé wird dagegen Gentil als deren Schöpfer bezeichnet (Journal Officiel, Chambre, 21. Februar 1906, S. 915). Auch Toqué sieht Gentil als den Initiator des zitierten Erlasses. Er mokiert sich nachträglich über dieses "Steckenpferd" Gentils (le "dada" favori de M. Gentil), welches dieser laut Toqué lieber zugunsten einer "weniger scheinheiligen Refom" hätte aufgeben sollen, zumal der Minister, so Toqué weiter, einer ernsthaften Lösung des Problems nicht abgeneigt gewesen zu sein schien (Toqué 1907, S. 226). - Von wem die Idee für den Reformerlaß ursprünglich stammte, ist letztlich nicht von Belang. Für die hier entwickelte Überlegung sind Zeitpunkt und Zusammenhang der erwähnten Maßnahme wesentlich.

123 Le Hérissé, in: Journal Officiel, Chambre, 21. Februar 1906, S. 915.

124 Vgl. Coquery-Vidrovitch 1972, S. 192.

125 Zitate aus: Erlaß vom 2.Dezember 1904, BCAF, Nr. 1/1905, S. 35.

126 Journal Officiel, Chambre 20. Februar 1906, S. 896.

127 Siehe oben, S. 52 f.

128 Journal Officiel, Chambre, 20.Februar 1906, S. 896.

129 Siehe oben, S. 52 f.

130 Ein illustratives Beispiel liefert hierfür der von Kolonialminister Clémentel im Laufe der Kongoaffäre eingesetzte Untersuchungsausschuß, der - ausschließlich aus hochgestellten Mitgliedern des kolonialen Verwaltungskorps und des Ministeriums zusammengesetzt - die im Kongo etablierte Terrorherrschaft, soweit diese als solche in den Blick genommen wird, einerseits auf eine angeblich mangelhafte Finanzausstattung der Kolonie und andererseits auf die Methoden der privaten Konzessionsgesellschaften zurückführt. Dagegen werden die lokale Administration und die Person Generalkommissar Gentils in so gut wie allen behandelten Punkten ausdrücklich von jeglicher ernsthaften Kritik ausgenommen. Vgl. Rapport de la commission d'enquête du Congo 1907, ANSOM, Gabon-Congo XIX, 4b.

131 Journal Officiel, Chambre, 20. Februar 1906, S. 896.

132 Ebd.

133 Ebd.

134 "Le Matin", 22. Februar 1905, S. 1.

135 Ebd.

136 Ebd.; vgl. auch, allerdings ohne Datumsangabe, Toqué 1907, S. 245.

137 Siehe oben, S. 35.

138 Kolonialminister Clémentel an Toqué, Paris, 26. Januar 1905, ANSOM, Gabon-Congo XI, 22.

139 Toqué an seinen Anwalt, Maître Joseph Ménard, Paris, 8. Februar 1905, Gabon-Congo XI, 22.

140 In diesem Schreiben wird der 26. Februar 1905 als Tag der geplanten Hochzeit angegeben.

141 Toqué an Kolonialminister, ohne Datum, abgedruckt in: "Le Petit Parisien", 17. Februar 1905, S. 2. Vgl. auch "Le Figaro", 18. Februar 1905, S. 3. "Le Petit Parisien" vermerkt kommentierend: "Cette lettre dénote, il faut le reconnaître, une certaine quiétude d'esprit."

142 "Le Petit Parisien", 17. Februar 1905, S. 2.

143 "Le Figaro", 18. Februar 1905, S. 3. Die wörtlich zitierten Formulierungen sind diesem Bericht entnommen.

144 Ebd.

145 Toqué an Ménard, Paris, 8. Februar 1905, ANSOM, Gabon-Congo XI, 22; vgl. auch "Le Figaro", 18. Februar 1905, S. 3.

146 Toqué an Ménard, Paris, 8. Februar 1905, ANSOM, Gabon-Congo XI, 22.

147 Ebd.; Toqué 1907, S. 246.

148 Toqué an Ménard, Paris, 8. Februar 1905, ANSOM, Gabon-Congo XI, 22.

149 Toqué und Proche an den Generalsekretär im Kolonialministerium, Méray, Paris, 11. Februar 1905, ANSOM, Gabon-Congo XI, 22; vgl. auch Rouanet, in: Journal Officiel, Chambre, 19. Februar 1906, S. 865.

150 Toqué an Ménard, Paris, 8. Februar 1905, Gabon-Congo XI, 22.

151 Toqué 1907, S. 246.

152 Polizeipräfekt von Paris an Kolonialminister, Paris, 24. Februar 1905, ANSOM, Gabon-Congo XI, 22. Für die Observierungsmaßnahme stellte der Polizeipräfekt dem Kolonialministerium eine Summe von exakt 544,65 Francs in Rechnung.

153 Ménard, in: "La Petite République socialiste", 16. Februar 1905, S. 1; vgl. auch "Le Journal" vom gleichen Tag, S. 3.

154 Kolonialminister an Staatsanwaltschaft (Procureur de la République), Paris, 13. Februar 1905, ANSOM, Gabon-Congo XI, 22. In der Anlage befindet sich der Brief Toqués an Gaud mit dem irritierenden Datum vom 25./XI./MCXIV. Offenbar wurde der Brief am 25. November 1903 geschrieben (Challaye 1909, S. 117).

155 Daß Kolonialminister Clémentel im Besitz des erwähnten Dossiers war und dieses dann zur weiteren Verwendung an den regierungsnahen Abgeordneten Le Hérissé weiterreichte, geht, wie im ersten Kapitel dieses Teils bereits dargestellt, aus dem dort zitierten Brief des leitenden Kolonialbeamten Duchêne eindeutig hervor. Siehe oben, S. 35.

156 Siehe Anm. 154; vgl. auch "Le Matin", 22. Februar 1905, S. 1; Toqué 1907, S. 195 ff (dort ohne Zeichnungen und ohne Datum).

157 "La Petite République socialiste", 23. Februar 1905, S. 4; vgl. auch Challaye 1909, S. 135.

158 Diese Einschätzung wird im übrigen selbst von einem der bedeutensten Organe kolonialer Interessenpolitik, dem "Bulletin du Comité de l'Afrique Française", ausdrücklich geteilt. Die "berühmten Briefe" Toqués, so heißt es hier,

ließen allein schon von ihrer Aufmachung her (par leur allure même) eindeutig erkennen, daß sie nichts anderes darstellten als pubertäre "Prahlereien" eines mitten im Busch allein gelassenen Halbwüchsigen (collégien), dem sein Amt zu Kopfe gestiegen sei (BCAF, Nr. 5/1905, S. 206 f).

159 Toqué 1907, S. 197.

160 Aussage Bruel für das Gericht in Brazzaville, Paris, 11. Mai 1905, ANSOM, Gabon-Congo XI, 22.

161 Ebd.

162 Challaye 1909, S. 109-144.

163 Staatsanwaltschaft an Untersuchungsrichter, Paris, 13. Februar 1905, ANSOM, Gabon-Congo XI, 22.

164 Protokoll (Procès-Verbal de Transport) von Untersuchungsrichter Boucard, Paris, 13. Februar 1905, ANSOM, Gabon-Congo XI, 22.

165 Ebd.; vgl. auch Toqué 1907, S. 247.

166 Protokoll Boucard, Paris, 13. Februar 1905, ANSOM, Gabon-Congo XI, 22; Toqué 1907, S. 248.

167 Vernehmungsprotokoll (Procès-Verbal de première comparution) vom 13. Februar 1905, 18 Uhr, ANSOM, Gabon-Congo XI, 22.

168 Protokoll Boucard, Paris, 13. Februar 1905, ANSOM, Gabon-Congo XI, 22; Toqué 1907, S. 248.

169 Verfügung (Ordonnance) von Untersuchungsrichter Boucard, Paris, 14. Februar 1905, ANSOM, Gabon-Congo XI, 22.

170 Untersuchungsrichter Boucard an Untersuchungsrichter in Brazzaville, Paris, 14. Februar 1905, ebd.

171 Nach eigenen Angaben mußte Toqué Handschellen tragen (Toqué 1907, S. 250).

172 Polizeipräfekt von Paris an Kolonialminister, Paris, 24. Februar 1905, ANSOM, Gabon-Congo XI, 22.

173 Toqué 1907, S. 251.

174 Brunschwig 1977, S. 116 f.

175 "l'une de mes premières décisions en arrivant au ministère fut pour hâter la comparution des condamnés de Brazzaville devant leurs juges." (Clémentel, in: Journal Officiel, Chambre, 21. Februar 1906, S. 921).

176 Siehe Teil I, Kap. 2,1.

177 Bellanger 1972, S. 305, S. 301, S. 315, S. 311. Die bei Brunschwig (1977, S. 113) enthaltenen Angaben sind demnach unkorrekt.

178 Bellanger 1972, S. 297.

179 Ebd., S. 300.

180 Ebd.

181 Ebd., S. 298; vgl. auch für "Le Matin" S. 313.

182 Ebd., S. 307 f; Rebérioux 1975, S. 54.

183 Bellanger 1972, S. 308.

184 Ebd., S. 302 f.

185 Auch hier wareneigene materielle Interessen unmittelbar beteiligt. So profitierte z.B. der Direktor des "Matin", Bunau-Varilla, als leitender Teilhaber (administrateur) der im Kongostaat etablierten Eisenbahngesellschaft auf direkte Weise von dem dortigen kolonialen Raubsystem (ANSOM, A.E.F. XII, 1 (2)).

186 Bellanger 1972, S. 298.

187 Ebd., S. 347 u. S. 355.

188 Ebd., S. 307; S. 373 ff.

189 Elleinstein 1980, S. 99; Lefranc, 1977, S. 144.

190 Im Februar 1905 erreichte die verkaufte Auflage der "Humanité" 15.000, im Oktober 1906 30.000 Exemplare, davon 10.0000 in Paris (Bellanger 1972, S. 376).

191 1898-1900 = 100.000 Exemplare, 1910 = 67.000 und 1912 = 47.000 Exemplare (ebd., S. 373 f).

192 Die Auflage des "Figaro" betrug 1904 = 32.000 und 1910 = 37.000 Exemplare (ebd., S. 350); die von "Le Temps" war 1904 = 35.000, 1910 = 36.000 und 1912 = 45.000 Exemplare stark (ebd., S. 353).

193 So rühmt sich im Jahre 1905 der geschäftsführende Direktor des "Figaro" seiner Abonnenten mit folgenden Worten: "nos listes d'abonnés qui s'allongent de mois en mois et qui constituent le Livre d'or de l'aristocratie, de la bourgeoisie la plus riche, du grand commerce, de la

haute industrie, de l'armée, de la société étrangère la plus élégante. Avec cette clientèle admirable,. la voie à suivre était tout indiquée sur le terrain politique et sur le terrain social." (Ebd., S. 350). "Le Temps" galt vor 1914 als "le plus grand journal de la République". Die Autorität dieses "bis zur Fadheit seriösen" Blattes galt als unangreifbar (ebd., S. 352 f).

194 Ebd., S. 310; S. 313 f.

195 Ebd., S. 312. Auch Saintoyant spricht im Zusammenhang mit der von "Le Matin" im September 1905 noch einmal angeheizten Kampagne von einem "style journalistique qui surexcite l'opinion publique" (Saintoyant 1960, S. 116).

196 Bellanger 1972, S. 313.

197 Ebd., S. 312.

198 Coquery-Vidrovitch 1972, S. 172.

199 Siehe dazu Teil I dieser Arbeit.

200 "Le Petit Journal", S. 1; "L'Humanité", S. 3; "Le Petit Parisien", S. 1; "Le Journal", S. 4 (alle Ausgaben vom 15. Februar 1905).

201 "Le Journal", 15. Februar 1905, S. 4.

202 "Le Petit Parisien", 15. Februar 1905, S. 1.

203 "Le Matin", 16. Februar 1905, S. 1.

204 Ebd., 17. Februar 1905, S. 1.

205 Ebd.

206 "Le Matin", 19. Februar 1905, S. 2.

207 Andrew/Grupp/Kanya-Forstner 1975, S. 672.

208 "Le Matin", 19. Februar 1905, S. 2.

209 Ebd.

210 Ebd., 20. Februar 1905, S. 1 u. 2.

211 Ebd., 21. Februar 1905, S. 1.

212 Ebd.

213 "Le Petit Parisien", 16. Februar 1905, S. 1.

214 Ebd., 17. Februar 1905, S. 1 u. 2.

215 Ebd., 18. Februar 1905, S. 3 u. 4.

216 Ebd., 19. Februar 1905, S. 1

217 Ebd., 20. Februar 1905, S. 2

218 Vgl. "Le Journal", 15. Februar (S. 4), 16. Februar (S. 3), 17. Februar (S. 3), 18. Februar (S. 1), 19. Februar 1905 (S. 3).

219 "Le Petit Journal", 17. Februar 1905, S. 1. Für die übrigen Berichte dieser Zeitung im Februar 1905 vgl. 15. Februar (S. 1), 16. Februar (S. 1), 17. Februar (S. 1 u. 2), 28. Februar (S. 1).

220 Vgl. dazu "Le Petit Journal", 16. Februar 1905, S. 1.

221 Vgl. "Le Figaro", 16. Februar (S. 3), 18. Februar (S. 3), 21. Februar 1905 (S. 3).

222 Vgl. "La Petite République socialiste" vom 16. Februar (S. 1), 23. Februar (S. 4), 25. Februar (S. 4), 26. Februar 1905 (S. 2).

223 Vom 15. bis zum 23. Februar 1905 berichtete "L'Humanité" in ununterbrochener Reihenfolge.

224 Vgl. "L'Humanité" vom 16. Februar (S. 1) und 17. Februar 1905 (S. 1).

225 Ebd., 23. Februar 1905, S. 2.

226 Ebd., 18. Februar 1905, S. 2.

227 Vgl. z.B. "Le Matin", 17. Februar 1905, S. 1.

228 Vgl. z.B. "Le Journal", 17. Februar 1905, S. 3: "Le cas de l'administrateur Toqué (...) doit être (...) rangée parmi les cas de folie." (Gramm. Fehler im Original, J.M.). Etwas später heißt es noch einmal ausdrücklich: "Son cas est isolé; il a commis des actes individuels, épouvantables." Vgl. auch "Le Petit Parisien", 19. Februar 1905, S. 1: "On n'arrive pas à comprendre comment nos compatriotes ont pu arriver à une pareille mentalité de cannibales. Il y a là un problème intellectuel sans explication possible; à moins d'admettre que le soleil des tropiques amène une sorte de folie sanguinaire." Etwas weiter unten wird noch einmal auf das Klima als mögliche Ursache von Übergriffen hingewiesen: "ce climat dévorant qui éveille les passions sanguinaires."

229 Vgl. z.B. das in "Le Journal" abgedruckte Interview mit einem namentlich nicht genannten Gesprächspartner, "qui a occupé de très hautes fonctions coloniales", in dem das Problem des Trägerwesens (portage) zwar angeschnitten, als entscheidende Ursache für die Anwendung brutaler Gewalt aber nicht akzeptiert wird. Man müsse sich eben mit den in Afrika gegebenen Bedingungen arrangieren, dürfe von den Afrikanern nicht mehr verlangen, als diese geben könnten. Dann käme es zu keinen Widerstandshandlungen und folglich auch nicht zu blutigen Repressionen (17. Februar, S. 3).

230 Vgl. z.B. die Äußerungen des Senators von Oran, Saint-Germain, in: "Le Matin", 19. Februar 1905, S. 2; vgl. weiter die Ausführungen des Vertreters der Staatsanwaltschaft in Brazzaville, Longue, in derselben Zeitung, Ausgabe vom 23. Februar 1905, S. 2.

231 Bellanger 1972, S. 356.

232 Ebd., S. 355.

233 "Le Temps", 18. Februar 1905, S. 1.

234 Ebd.

235 Dieser Passus richtet sich vermutlich gegen die "Humanité", in der am 16. Februar als ein vereinzelter kritischer Ausdruck einer ansonsten überwiegend konformistischen Berichterstattung gefordert wurde, den Kolonialgouverneuren seien "andere Methoden und andere Verwaltungspraktiken" vorzuschreiben, damit künftige Kolonialaffären vermieden werden könnten (16. Februar 1905, S. 1).

236 Für den vollständigen Wortlaut des Kommentars vgl. "Le Temps", 18. Februar 1905, S. 1: "L'Affaire Toqué".

237 "Le Matin" beginnt bereits am 17. Februar damit, seine Schilderungen auf andere Vorfälle im Kongo auszudehnen, wie oben schon gezeigt worden ist. "Le Petit Parisien" und "L'Humanité" folgen diesem Beispiel wenig später. Vgl. "Le Petit Parisien", 20. Februar (S. 2), 24. Februar (S. 2) u. 1. März 1905 (S. 2); "L'Humanité", 18. Februar (S. 2), 20. Februar (S. 5), 21. Februar (S. 2) und 22. Februar 1905 (S. 2). Diese ausgreifende Art der Skandalvermarktung widerspricht nicht nur dem von "Le Temps" an den Tag gelegten Berichtsstil, sondern stößt auch auf den Unmut der einschlägigen Kolonialpresse. Vgl. dazu "La Quinzaine Coloniale" vom 25. Februar 1905, S. 108 ff.

238 Brunschwig 1977, S. 115.

238a Entsprechende Presseausschnitte aus Provinzzeitungen (sowie ausländischen Blättern) finden sich in: ANSOM, P.A. 16, VI, 5.

239 Wie erwähnt, ist bei "Le Figaro" und "Le Temps" im Februar 1905 von einer "Affaire Toqué" die Rede, in den übrigen Blättern von "Scandales Coloniaux" bzw. "Crimes Coloniaux". Im "Petit Parisien" wird der Vorgang am 2. März 1905 als "scandale Toqué-Gaud" bezeichnet (2. März 1905, S. 1). Unter der Rubrik "Affaire Gaud-Toqué" erscheint der Skandal erst im September 1905, als in "Le Temps" über den gegen Gaud und Toqué in Brazzaville geführten Prozeß berichtet wird. Vgl. "Le Temps", 23. September 1905, S. 1. In der Literatur taucht die Bezeichnung "Affaire Toqué-Gaud" zuerst bei Challaye auf, der für "Le Temps" aus Brazzaville über den Prozeß berichtet hatte (Challaye 1909, S. 108). Das entsprechende Dossier in ANSOM trägt die Bezeichnung "Affaire Gaud et Toqué" (ANSOM, Gabon-Congo XI, 22).

240 Brunschwig 1977, S. 117.

241 "Le Petit Parisien", 15. Februar 1905, S. 1; vgl. auch "Le Journal" des gleichen Tages, S. 4.

242 "Le Petit Parisien", 17. Februar 1905, S. 1; "L'Humanité", 17. Februar 1905, S. 1. In der "Humanité" wird allerdings fälschlich behauptet, die besagten Briefe seien von Toqué an Freunde in Paris geschickt, unterwegs abgefangen und an Kolonialminister Doumergue weitergeleitet worden. Diese irrtümliche Meldung dient dann, wie sich gleich zeigen wird, dem Ministerium als Aufhänger für die Behauptung, es sei niemals im Besitz derartiger Briefe gewesen.

243 "Le Figaro", 18. Februar 1905, S. 3; "Le Matin", 18. Februar 1905, S. 2.

244 "Le Petit Parisien", 17. Februar 1905, S. 1.

245 "Le Matin", 16. Februar 1905, S. 1. Auch "Le Journal" spricht bedauernd von einer "extrême discrétion observée par le cabinet de M. Clémentel" (16. Februar 1905, S. 3).

246 "L'Humanité", 17. Februar 1905, S. 1.

247 "Le Matin", 16. Februar 1905, S. 1.

248 "Le Matin", 18. Februar 1905, S. 2. Vgl. auch "L'Humanité", die sich ihrerseits auf eine "personne qui paraît

connaître à fond toute cette vilaine histoire" bezieht (17. Februar 1905, S. 1).

249 "Le Petit Parisien", 15. Februar (S. 1), 16. Februar (S. 1) u. 17. Februar 1905 (S. 1).

250 Vgl. oben Kapitel 2, 4.

251 "Le Journal", 17. Februar 1905, S. 3.

252 "Le Petit Journal", 17. Februar 1905, S. 2. Vgl.auch Auszüge dieser Stellungnahme in: "L'Humanité", 18. Februar 1905, S. 2.

253 "Le Petit Journal", 17. Februar 1905, S. 2.

254 Ebd.

255 Die von Doumergue in diesem Zusammenhang kritisierte Titelzeile "Crime Colonial" findet sich als Untertitel in "Le Matin", 16. Februar 1905, S. 1 und bildet in der Pluralform "Crimes Coloniaux" vom 17. Februar an die ständige Schlagzeile der in der "Humanité" erscheinenden Artikel.

256 "L'Humanité", 18. Februar 1905, S. 2.

257 Ebd., 19. Februar 1905, S. 2.

258 "Le Matin", 19.Februar, S. 2.

259 "Le Petit Parisien", 20.Februar 1905, S. 2.

260 "Le Journal", 19.Februar 1905, S. 3.

261 "L'Humanité", 20. Februar 1905, S. 5.

262 "Le Matin", 20. Februar (S. 1 u. 2) u. 21. Februar 1905 (S. 1).

263 "Le Matin", 21. Februar 1905, S. 1; "L'Humanité" vom gleichen Tag, S. 2. Am 21. Februar bestätigte der Präsident der Abgeordnetenkammer offiziell den Eingang der Interpellationsgesuche von Rouanet und Le Hérissé (Journal Officiel,Chambre, 21. Februar 1905, S. 453).

264 "Le Petit Parisien", 22. Februar 1905, S. 2.

265 Ebd.

266 "Le Matin", 22. Februar 1905, S. 1.

267 Journal Officiel,Chambre, 19. Februar 1906, S. 860.

268 Ebd., S. 862.

269 Siehe oben, Kap. 1.

270 So verweist Le Hérissé in dem hier besprochenen Artikel des "Matin" selbst auf einige Bemerkungen, die er bereits am 2. Februar 1905 in der Abgeordnetenkammer mit Blick auf die Situation im Kongo abgegeben habe: "une série de lettres reçues du Congo m'avaient démontré la déplorable situation dans laquelle se débat cette colonie". Er habe vor den Abgeordneten keinen Zweifel daran gelassen "que l'administration saurait sévir et faire tout son devoir si des fautes avaient été commises." ("Le Matin", 22. Februar 1905, S. 1). Die hier zitierten Äußerungen stehen im Zusammenhang mit Ausführungen, die Le Hérissé anläßlich der Debatte über das Kolonialbudget für das Jahr 1905 als zuständiger Berichterstatter (rapporteur) im Rahmen allgemeinerer kolonialpolitischer Betrachtungen abgab, ohne dabei freilich die sich bereits hinter den Kulissen anbahnende, vom Kolonialministerium zielstrebig vorbereitete und von ihm selbst wenige Wochen später in der Presse hochgespielte Gaud-Toqué-Affäre an dieser Stelle auch nur andeutungsweise zu erwähnen. Le Hérissé benützt seinen Auftritt vor der Abgeordnetenkammer vielmehr dazu, dem kolonialen Verwaltungspersonal im Vorgriff auf die der Öffentlichkeit erst vierzehn Tage später durch die Massenpresse unterbreiteten Skandalmeldungen aus dem Kongo das ausdrückliche Vertrauen der Regierung auszusprechen sowie etwaige Mißstände als Einzelfälle darzustellen, die den hervorragenden Ruf des Verwaltungskorps in keiner Weise beeinträchtigen könnten und im übrigen von den zuständigen Behörden unnachsichtig verfolgt würden. Die entsprechende Passage hat insgesamt folgenden Wortlaut:

> "M. le rapporteur. (...) Vous connaissez ce personnel colonial. On peut dire sans crainte d'être démenti qu'il est admirable...
>
> M. Français Deloncle. Très bien!
>
> M. le rapporteur. ... et qu'il remplit sa tâche avec un zèle et un esprit d'abnégation qui ne laissent rien à désirer. Si quelques exceptions et quelques faiblesses se sont produites, le corps lui-même est à l'abri de tout soupçon et ne saurait être rendu responsable des fautes de quelques-uns, fautes contre lesquelles je suis sûr que l'administration saurait sévir s'il en était nécessaire." (Journal Officiel, Chambre, 2. Februar 1905, S. 139).

Durch diese vorsorgliche Einstimmung auf die bevorstehende Pressekampagne und die Versicherung, auf etwaige vereinzelte "Schwächen" und "Fehler" werde die Kolonialverwaltung von sich aus angemessen reagieren, sollten die Parlamentarier offenbar auf den Skandal vorbereitet und von unkontrollierten Reaktionen, die das Konzept des Kolonialministeriums hätten stören können, abgehalten werden. Der parlamentarische Vorstoß Rouanets machte dann freilich eine kurzfristige Änderung der Regierungstaktik notwendig und führte dazu, daß le Hérissé dann seinerseits mit einer entsprechenden parlamentarischen Initiative nachzog.

271   Siehe Anm. 264.

272   "Le Matin", 22. Februar 1905, S. 1.

273   Ebd.

274   Ebd. Daß diese Aussage in deutlichem Widerspruch steht zu der im gleichen Artikel aufgestellten Behauptung, auf die oben schon hingewiesen wurde, Clémentel habe sich nach seiner Amtsübernahme erst einige Zeit lang mit der Materie vertraut machen müssen, bevor er seine Entscheidungen habe treffen können, bestätigt den fadenscheinigen Charakter der von Le Hérissé vorgetragenen Argumentation.

275   "Le Matin", 22. Februar 1905, S. 1.

276   Ebd.

277   Vgl. L'Humanité", 23. Februar 1905, S. 2; "La Petite République socialiste" desselben Tages S. 4. Eine Ausnahme im Gleichklang der veröffentlichten Meinungen stellt die Auskunft dar, die einer der Pioniere des Kolonialismus, der erste Generalkommissar Französisch-Kongos, de Brazza, einem Vertreter der Zeitung "Le Matin" gab. De Brazza weigert sich, eine Beurteilung der in der Presse geschilderten Ereignisse vorzunehmen, mit der naheliegenden Begründung, daß dies Aufgabe der Justizbehörden sei. Die in den Zeitungen abgedruckten Berichte könnten von ganz anderen Impulsen geleitet sein als von der Liebe zur Wahrheit, gibt er sibyllinisch zu verstehen. Eindringlich spricht er sich gegen jede Vorverurteilung aus, bleibt mit dieser Mahnung aber allein ("Le Matin", 21. Februar 1905, S. 1). Erst lange nach Beendigung der Kampagne gab es weitere krische Einwände gegen das als allzu massiv und rechtlich höchst fragwürdig empfundene Vorgehen der Kampagnentreiber, insbesondere gegen die Art und Weise "de traiter en coupables ceux qui ne sont que des inculpés" (BCAF, Nr. 5/1905, S. 206 f).

278 "Le Matin", 28. Februar 1905, S. 1.

279 ANSOM, Gabon-Congo XI, 22 (Affaire Gaud et Toqué). Vgl. Abschnitt 3 des vorangegangenen Kapitels.

280 Gaud an Untersuchungsrichter in Brazzaville, Brazzaville, 25. März 1905, ANSOM, Gabon-Congo XI, 22.

281 Toqué 1907, S. 260.

282 Ebd., S. 261.

283 Ebd.

284 Ebd., S. 262.

285 Ebd.

286 Ebd., S. 263.

287 Ebd.

288 Ebd.

289 Ebd., S. 264.

290 "La Petite République socialiste", 25. Februar 1905, S. 4.

291 Vgl. "Le Petit Journal", 28. Februar (S. 1) und 1. März 1905 (S. 1); "L'Humanité", 1. März (S. 1), 2. März (S. 2) u. 4. März 1905 (S. 1); "Le Figaro", 11. März 1905, S. 3.

292 "Le Petit Parisien", 2. März 1905, S. 1.

293 Ebd., 24. Februar 1905, S. 1.

294 Ebd.

295 Ebd., 2. März 1905, S. 1.

296 Auf die anderslautenden, teilweise bereits diskutierten Thesen Henri Brunschwigs wird an späterer Stelle im Rahmen eines Zwischenresümees, noch einmal abschließend einzugehen sein. Siehe unten, Kapitel 6.

297 Diese Bezeichnung wird von dem sozialistischen Abgeordneten Rouanet während der Darlegung seiner Interpellation in der Abgeordnetenkammer benutzt, als er sich gegen die von seiten des Kolonialministeriums unablässig wiederholte Behauptung wendet, bei den zu diskutierenden Tatbeständen handele es sich um isolierte Vorkomm-

nisse: "les fautes soi-disant individuelles dont a parlé M. le ministre (...) sont en réalité des fautes collectives. Ces fautes individuelles, on les relève seulement contre quelques fonctionnaires, dont on fait les boucs émissaires du système." (Journal Officiel, Chambre, 20. Februar 1906, S. 884).

298 Siehe Anm. 270.

299 Siehe Kap. 2.

300 Coquery-Vidrovitch 1972, S. 171 ff; Albertini 1976, S. 285.

301 Note en réponse au Contrôle touchant la réorganisation judiciaire du Congo Français, Brazzaville, 24. Dezember 1907, ANSOM, Gabon-Congo VIII, 8. Vgl. in diesem Zusammenhang auch Coquery-Vidrovitch 1972, S. 271-273: La justice difficile.

302 So enthält z.B. ein Bericht des damaligen Generalgouverneurs des Kongo, Merlin, aus dem Jahre 1911 eine detaillierte Aufstellung sämtlicher von Agenten der Konzessionsgesellschaften begangenener Verbrechen und Vergehen, von denen die örtlichen Kolonialbeamten bis dahin offiziell Kenntnis genommen hatten. Diese Liste zeigt zweierlei. Zum einen fällt auf, daß die Anzahl der von der Kolonialadministration festgestellten massiven Terrorakte der Konzessionäre (meurtres, atrocités, violences, détente arbitraire, exactions) mit dem Jahre 1906 - ein Jahr nach dem Kongoskandal also - schlagartig zunahm. Zum anderen zeigt der Ausgang der entsprechenden Strafverfahren, daß die Kolonialverwaltung regelmäßig darauf verzichtete, diese Gewaltakte ernsthaft zu sanktionieren. Soweit die Verfahren nicht niedergeschlagen wurden, was in einer Vielzahl der aufgelisteten Fälle geschah, endeten sie mit der Verhängung geringfügiger Geldbußen oder kurzfristiger Gefängnisstrafen, die überdies nicht selten zur Bewährung ausgesetzt wurden (Bemerkungen (observations) von Generalgouverneur Merlin zum Rapport fait au nom de la Commission du Budget chargé d'examiner le projet de loi portant fixation du budget général de l'excercice 1912 (Budgets locaux des colonies, No 1252). Première partie: A.E.F., par M. Albert Métin, Député, ANSOM, A.E.F. XIX, 3).

303 Siehe den 5. Abschnitt des vorhergehenden Kapitels.

304 Note (ohne Adressatenangabe), Paris, 20. Februar 1905, ANSOM, Gabon-Congo XI, 22.

305 Toqué 1907, S. 267-285.

306 Gaud 1911. Daß sich Gaud, im Gegensatz zu Toqué, anscheinend sehr viel resignierter mit seiner Rolle als "Sündenbock" (bouc émissaire) abfand, hängt vermutlich sehr eng mit der von ihm begangenen Mordtat vom 14. Juli 1903 und dadurch ausgelösten Schuldgefühlen zusammen.

307 "Le Temps" vom 23. September (S. 1 u. 2) und vom 26. September 1905 (S. 1 u. 2).

308 Challaye 1909, S. 108-144; vgl. auch Challaye 1935, S. 61-78.

309 Journal Officiel, Chambre, 20. Februar 1906, S. 886 f.

310 Auf die von Challaye selbst und insgesamt von sozialistischer Seite entwickelten Einschätzungen des Kongoskandals sowie daraus zu ziehender Konsequenzen wird in Teil III dieser Arbeit noch näher einzugehen sein.

311 Coquery-Vidrovitch 1972, S. 272.

312 Challaye 1909, S. 110.

313 Toqué 1907, S. 275 u. 283; Rouanet, in: Journal Officiel, Chambre, 20. Februar 1906, S. 887.

314 Toqué 1907, S. 276 f; Challaye 1909, S. 125-129.

315 Toqué 1907, S. 283 f.

316 Challaye 1909, S. 116 f u. S. 142.

317 Ebd., S. 142.

318 Ebd., S. 143.

319 Ebd.

320 Ebd., S. 143 f.

321 Toqué 1907, S. 281.

322 Challaye 1935, S. 77 f.

323 Challaye 1909, S. 144; vgl. auch Challaye 1935, S. 78: "J'eus parfois le sentiment d'assister à quelque drame de Maeterlinck, où les héros sentent peser sur eux une écrasante Fatalité."

324 Journal Officiel, Chambre, 20.Februar 1906, S. 887 u. 21. Februar 1906, S. 922.

325 Ebd., 20. Februar 1906, S. 886.

326 "il (der vorsitzende Richter, J.M.) a dirigé les débats avec l'impartialité la plus louable et la ferme volonté de faire toute la lumière." (Challaye 1909,S. 142).

327 Journal Officiel, Chambre, 20.Februar 1906, S. 886.

328 Ebd., S. 887.

329 Ebd.

330 Ebd.

331 Challaye 1909, S. 108.

332 Siehe oben, Kap. 3, 4.

333 Toqué 1907, S. 280.

334 Ebd., S. 275.

335 Challaye 1909, S. 143.

336 Siehe oben, Kap. 3,4.

337 Toqué 1907, S. 270.

338 Rouanet am 20. Februar 1906 (Journal Officiel, Chambre, S. 886); Jaurès am 21. Februar 1906 (ebd., S. 926), als er diese Vereinbarung wie folgt umschreibt: "Ainsi, messieurs, il serait intervenu entre les accusés et la haute administration coloniale cette sorte de marché: 'Vous n'alléguerez pas, vous n'invoquerez pas pour vous défendre le vice général du système; vous ne direz pas que ce qu'on vous accuse d'avoir fait, d'autres l'ont fait; vous renoncerez pour vous défendre à faire le procès général de l'administration coloniale, et si vous y renoncez, si vous êtes sages, si vous êtes discrets, il y aura des indulgences d'état."

339 Toqué 1907, S. 269.

340 Ebd., S. 270.

341 Ebd., S. 269.

342 Ebd., S. 272.

343 Toqué an Pelletier, Brazzaville, 17. März 1905, ANSOM, Gabon-Congo XI, 22.

344 Toqué 1907, S. 258.

345 Siehe oben, Kap. 2,2.

346 Der hier interessierende Textauszug aus Toqués Schreiben hat folgenden Wortlaut: "Je me vois dans la pénible nécessité de dévoiler les faits pour lesquels j'avais donné ma parole d'honneur à M. l'administrateur de Roll de garder le secret, sous la seule condition que mon silence ne me porte <u>personnellemen</u> (Hervorhebung i.Orig., J.M.) préjudice. Comme c'est le cas: je n'hésite pas. Je me conforme d'ailleurs à la ligne de conduite tracée par mon avocat. Je vous prie, Monsieur le Procureur, de recevoir la plainte ci-inclus et de m'en accuser réception. Je dois vous faire connaître que dans un mémoire remis à M. Joseph Ménard, le 10 février, j'ai parlé de ces faits. Copie de ce mémoire a été remis au ministre le 11 et soumis au conseil des ministres. Différentes copies ont été soumises à des personnalités politiques et principalement M.M. Etienne, Doumergue et Saint-Germain. Signé: G. Toqué." In der Anlage beigefügt findet sich ein Strafantrag gegen Destenave wegen der Errichtung von "camps secrets d'otages" (Toqué an Staatsanwalt von Brazzaville, Brazzaville, 18. März 1905, AN, Papiers Gentil, 275 Mi, 1-3, hier: 3 (1905)).

347 Toqué 1907, S. 258.

348 Laut Toqués Angaben hatte dieses Schreiben folgenden Wortlaut: "Parquet de Brazzaville. - No 136. - Note. - En réponse à votre lettre de ce jour, je vous ferai remarquer que le procureur de la République n'a pas à délivrer de reçu des plaintes où dénonciations qu'il reçoit... Par ailleurs, je n'ai jamais eu connaissance d'une plainte ou dénonciation concernant M. le lieutenant-colonel Destenave. Vous devez faire erreur. - 19 mai 1905. - Signé: Roul de la Hellière.", zit. n. Toqué 1907, S.259.

349 Ebd.

350 Siehe z.B. ebd., S. 279.

351 Ebd., S. 269.

352 Aussage vor dem Gericht in Brazzaville, 24. März 1905, ANSOM, Gabon-Congo XI, 22.

353 Aussage vor dem Gericht in Brazzaville, 14. April 1905, ebd.

354 Aussage vor dem Gericht in Brazzaville, 6. April, ebd.

355 Toqué an Generalkommissar Gentil, Brazzaville, 2. April 1905, ebd.

356 Toqué 1907, S. 271.

357 Toqué an Untersuchungsrichter in Brazzaville, Brazzaville, 4. August 1905 (in der Anlage: Pujol an Toqué, Krébedjé, 5. Mai 1903; Bruel an Toqué, Fort Archambault, 14. März 1904), ANSOM, Gabon-Congo XI, 22.

358 Toqué an Untersuchungsrichter in Brazzaville, Brazzaville, 4. August 1905 (in der Anlage: Violet an Toqué, 19. Mai 1905), ebd.

359 Haftbefehl (arrêt de dépot) des Untersuchungsrichters von Brazzaville gegen Toqué, Brazzaville, 5. August 1905, ebd.

360 Toqué 1907, S. 267.

361 Ebd., S. 267 ff; vgl. auch Rouanet, in: Journal Officiel, Chambre, 20. Februar 1906, S. 887.

362 Toqué 1907, S. 271 f.

363 Ebd., S. 272.

364 Ebd., S. 270 f.

365 Challaye 1909, S. 143 f; Rouanet, in: Journal Officiel, Chambre, 20. Februar 1906, S. 887.

366 Toqué 1907, S. 284.

367 Das von den Kolonialbehörden unterbreitete Angebot konnte zudem dazu beitragen, die in der europäischen Kolonie Brazzavilles über den Prozeßverlauf und das als völlig unverständlich angesehene Urteil entstandene Irritation zu dämpfen. Daß eine solche Irritation spürbare Ausmaße angenommen hatte, wird sowohl von Challaye als auch von Toqué berichtet. Toqué spricht dabei von einer "opinion publique (...) violemment déchaînée contre les juges du Congo" (Challaye 1909, S. 138 ff; Toqué 1907, S. 284). Die große Verunsicherung, die der Prozeß im Verwaltungskorps des Kongo offenbar ausgelöst hatte, zeigt sich im übrigen auch an einem Tatbestand, der einerseits recht kurios anmutet, für den Historiker aber andererseits eher ärgerlich ist. So mußte nämlich im Jahre 1909 der damalige Generalgouverneur des Kongo, Merlin, dem Kolonialminister in einem vertraulichen Schreiben mitteilen, daß in den Archiven der Kolonie wichtige Aktenstücke häufig nicht mehr aufzufinden seien. Offenbar, so Merlins eigene Erklärung, hatten sich verschiedene Kolonialfunktionäre auf diese Weise vorsorglich mit Verteidigungsmaterial versorgt, falls sie selbst einmal we-

gen irgendwelcher Gewalttaten zur Rechenschaft gezogen werden sollten (Generalgouverneur Merlin an Kolonialminister, Brazzaville, 2. September 1909, vertraulich (Confidentiel), ANSOM, A.E.F.-Concessions VIII, A).

368 Toqué 1907, S. 284.

369 Rouanet, in: Journal Officiel, Chambre, 20. Februar 1906, S. 887 und Clémentel, ebd., 21. Februar 1906, S. 922.

370 Ebd., 21. Februar 1906, S. 922.

371 Ebd.

372 Note pour le Secrétariat Général, 6. November 1905, ANSOM, Gabon-Congo XI, 22.

373 In der Literatur wird vermerkt, Gaud und Toqué seien nach Beendigung der Affäre vorzeitig auf freien Fuß gesetzt worden, ohne daß dabei erwähnt wird, ob dies aufgrund eines erfolgreichen Revisionsverfahrens oder eines Gnadenerweises geschah (Suret-Canale 1964, S. 55; Betts 1978, S. 81). Aller Wahrscheinlichkeit nach ist letzteres anzunehmen. Ein Revisionsverfahren, noch dazu ein erfolgreiches, hätte unweigerlich die obskuren Praktiken der Kolonialjustiz und der gesamten Kolonialadministration des Kongo ans Licht gebracht, während ein Gnadenerweis eben diese Möglichkeit ausschloß. Diese Annahme kann sich im übrigen auch auf einen an relativ abgelegener Stelle aufgefundenen Hinweis stützen, in dem es heißt, Toqué sei im Mai 1907 aus der Haft entlassen worden, nachdem die gegen ihn ausgesprochene Gefängnisstrafe auf zwei Jahre reduziert worden sei. Ein daraufhin sofort von ihm eingereichter Antrag auf Annulierung des gegen ihn ergangenen Urteils sei abgelehnt worden (France 1953, S. 134, Fußnote).

374 Toqué 1907, S. 282: "M. Challaye tint parole et fit plus: un mois après (d.h. nach dem Prozeß, J.M.), deux hommes s'élevaient au-dessus des partis pour dire ce qu'ils savaient de la vérité. M. Challaye était un de ceux-là; l'autre était M. Rouanet, député de Paris." Toqué spielt hier auf die Prozeßberichte an, die Challaye, wie schon gesagt, im September 1905 in "Le Temps" veröffentlicht hatte sowie auf jene Artikelserie, die Rouanet unter der Titelzeile "Barbarie Coloniale" vom 26. September 1905 an einen Monat lang täglich in der "Humanité" publiziert hatte.

375 Toqué 1907.

376 Bereits im Jahre 1964 hatte Suret-Canale in seiner Darstellung der Gaud-Toqué-Affäre festgestellt, daß Toqués Buch in "keiner Bibliothek" aufzufinden sei (Suret-Canale 1964, S. 55). Im Rahmen der vorliegenden Arbeit ist diese Feststellung nur für die Pariser Nationalbibliothek überprüft worden, wo das Buch in den offiziellen Katalogen tatsächlich nicht verzeichnet ist. Das von mir benützte Exemplar findet sich in der Bibliothek der Überseeabteilung des Nationalarchivs in der Rue Oudinot (ANSOM, Autorenkatalog).

377 Bericht von Binger, "Directeur des Affaires d'Afrique" im Kolonialministerium, an Kolonialminister, Paris, 15. Juni 1906, ANSOM, Gabon-Congo II, 9.
Daß das Kolonialministerium generell bestrebt war, Publikationen zum Thema: koloniale Expansion im Sinne einer präventiven Zensur zu beeinflussen, ergibt sich deutlich aus drei weiteren einschlägigen Fällen, die sich in seinen ehemaligen Aktenbeständen ebenfalls archiviert finden: 1) Delmas an Kolonialminister, Tarbes (Hautes Pyrénée), 23. Dezember 1897, ANSOM, Gabon-Congo II, 5; 2) Directeur des Affaires d'Afrique, Binger, an Secrétariat Général (Service Géographique), Paris, 15. März 1904, ANSOM, Gabon-Congo II, 7a; 3) Kolonialminister an die 1. Direktion des eigenen Hauses, Paris, 9. März 1905, ANSOM, Gabon-Congo I, 65c.

378 Toqué 1907, Vorwort mit Datum vom September 1907.

379 Ebd., S. 116 f.

380 Ebd., S. 203.

381 Ebd., S. 206 f.

382 Ebd., S. 207.

383 Ebd., S. 208.

384 Ebd.

385 "Quel mensonge ou quel affreux malentendu que pareille colonisation, que cet abandon de quelques hommes au milieu des difficultés, sans moyens, sans le moindre soutien pratique ou seulement intelligent, sans le moindre effort loyal de l'Administration supérieure (ebd., S. 206).

386 Ebd., S. 116.

387 S. 207.

388 Ebd.

389 Ebd., S. 206.

390 Ebd., S. 230 f.

391 Ebd., S. 270.

392 Ebd., S. 56.

393 Ebd., S. 57.

394 Ebd.

395 Ebd., S. 59; vgl. auch ebd., S. 122.

396 Vgl. Coquery-Vidrovitch 1972, S. 175 f u. S. 188.

397 Ebd., S. 176; vgl. auch Julien, in: Saintoyant 1960, S. 16 und Julien 1979, S. 195, wo von den Geisellagern als "Prototypen Dachaus und Ravenbrücks" gesprochen wird.

398 Rapport de la commission d'enquête du Congo 1907, ANSOM, Gabon-Congo XIX, 4b, S. 26 f.

399 Siehe dazu: Journal Officiel, Chambre, 21. Februar 1906, S. 927.

400 Kriegsminister an Kolonialminister, Paris, 9. März 1906, ANSOM, Gabon-Congo IV, 20b; Kolonialminister an Kriegsminister, Paris, 21. Juni 1906, ANSOM, Gabon-Congo IV, 19b. Vgl. auch ebd. die Schreiben vom 12. Juli 1906 (Kriegsminister an Kolonialminister) und vom 24. Juli 1906 (Kolonialminister an Generalkommissar des Kongo).

401 Emile Merwart, Lieutenant-Gouverneur de l'Oubangui-Chari-Tchad, Rapport d'Enquête au sujet de faits reprochés à deux Officiers, Oubangui, 12. November 1907, ANSOM, Gabon-Congo IV, 20b. Nach Angaben seines Verfassers beruht der Bericht auf gründlichen Studien in den lokalen Archiven sowie eingehenden Zeugenbefragungen. Als Anlage war ein Dossier mit 122 Einzeldokumenten beigefügt.

402 Ebd., S. 26 ff.

403 Ebd., S. 30 f.

404 Ebd., S. 38 f.

405 Ebd., S. 52.

406 Ebd.

407 Ebd., S. 54 f; vgl. auch ebd., S. 67.

408 Ebd., S. 56.

409 Capitaine Thomasset (Commandant de Cercle) an den "Chef de poste" von Nana, Fort-Crampel (Cercle de Gribingui), Confidentielle Nr. 5, 16. Oktober 1901, ANSOM, Gabon-Congo XI, 22.

410 Ebd.

411 Merwart, Rapport d'Enquête au sujet de faits reprochés à deux Officiers, Oubangui, 12. November 1907, ANSOM, Gabon-Congo IV, 20b, S. 90 f.

412 Ebd., S. 91.

413 Ebd., S. 96 f. In dem Begleitschreiben, das der damals amtierende Generalkommissar des Kongo, Martineau, dem Untersuchungsbericht Merwarts bei der Übersendung an das Kolonialministerium beilegte, wird die Einrichtung von Geisellagern in diesem Sinne als "opération de guerre toute naturelle" umschrieben und als solche auch ausdrücklich und vorbehaltlos gebilligt (Generalkommissar Martineau an Kolonialminister, Brazzaville, 16. Mai 1908, ANSOM, Gabon-Congo IV, 20b).

414 In dem Bericht der "Kongo-Enquêtekommission" wird freilich in widersprüchlicher Weise versucht, die geläufige Praxis der Geiselnahme als Ausdruck individuellen Verhaltens erscheinen zu lassen und den genannten Offizieren Destenave und Thomasset persönlich anzulasten: "Il paraît établi que depuis 1901, dans le territoire du Chari l'arrestation d'otages était <u>couramment pratiquée</u> (Unterstreichung von mir, J.M.) afin de contraindre les populations à payer l'impôt ou à effectuer le portage. Cette pratique est admise dans les instructions données aux agents placés sous ses ordres par M. le colonel Destenave, commandant du territoire du Tchad et M. le capitaine Thomasset commandant du cercle de Gribingui." Zusammenfassend heißt es dann im Gegensatz dazu: "Ces faits lui (der Kommission, J.M.) semblent s'être produits, du reste à titre d'<u>actes individuels</u>" (Unterstreichung von mir, J.M.).(Rapport de la commission d'enquête du Congo 1907, ANSOM, Gabon-Congo XIX, 4b, S. 26).

415 Ebd.; Merwart, Rapport d'Enquête au sujet de faits reprochés à deux Officiers, Oubangui, 12. November 1907, ANSOM, Gabon-Congo IV, 20b, S. 66 f u. S. 91; Generalkommissar Martineau an Kolonialminister, Brazzaville, 16. Mai 1908, ANSOM, Gabon-Congo IV, 20b.

416 Rapport sur la situation alarmante des possessions françaises du Congo et sur le danger des actes de violence qui ont lieu; mise à jour du scandale des femmes

emprisonnées, ANSOM, P.A. 16, V (3). Vgl. auch Coquery-Vidrovitch 1972, S. 176.

417 Coquery-Vidrovitch 1972, S. 176/177.

418 Toqué 1907, S. 59.

419 Challaye 1909, S. 113.

420 Journal Officiel, Chambre, 2. Februar u. 3. Februar 1905, S. 123 ff u. S. 147 ff.

421 Dies ergibt sich auch aus der offiziellen Reihenfolge, in der die eingegangenen Interpellationsanträge in der Abgeordnetenkammer registriert wurden. So trägt der Antrag Rouanets die Nummer 29, derjenige Le Hérissés die Nummer 30 (Journal Officiel, Chambre, Table des débats parlementaires, Session ordinaire et Session extraordinaire de 1905, Tables des noms et des matières, S. 19). Folglich wurde während der Parlamentsdebatte im Februar 1906 der von Rouanet eingebrachte Interpellationsantrag auch als erster behandelt und erst anschließend daran der von Le Hérissé gestellte Antrag. Neben diesen beiden lagen zu demselben Thema noch die Interpellationsanträge der Abgeordneten Ursleur und Ballande vor, die sich während der Debatte aber nicht zu Wort meldeten (Journal Officiel, Chambre, 19. Februar 1906, S. 860).

422 Siehe Journal Officiel, Chambre, 19. bis 21. Februar 1906, hier: 20. Februar, S. 893-896 u. 21. Februar, S. 912-917. Besondere Beachtung verdient dabei die Schlußfolgerung, die Le Hérissé aus seiner Interpellation zieht. Dort erklärt er nämlich seine ausdrückliche Zustimmung für die bereits vor der besagten Parlamentsdebatte vom Kolonialminister erlassenen Reformdekrete, in denen keinerlei Kreditprogramm für den Kongo vorgesehen ist, und verzichtet erklärtermaßen auf irgendwelche Änderungen oder Zusätze (ebd., S. 917).

423 Journal Officiel, Chambre, 19. Februar 1906, S. 862. Vgl. dazu Kap. 3, 3b.

424 Brunschwig 1977, S. 125.

425 Ebd., S. 124 f.

426 Rapport de la commission d'enquête du Congo 1907, ANSOM, Gabon-Congo XIX, 4b, S. 115, zit. in: Brunschwig 1977, S. 125.

427 Brunschwig 1977, S. 124.

428 Ebd.; vgl. auch Coquery-Vidrovitch 1972, S. 173 f.

429 Le Hérissé 1905.

430 Ebd., S. 2.

431 Ebd., S. 6.

432 Ebd., S. 7.

433 Ebd., S. 12.

434 Ebd., S. 12/13.

435 Ebd., S. 13.

436 Journal Officiel, Chambre, 21. Februar 1906, S. 915.

437 "il conviendra, le moment venu, d'examiner si le sacrifice auquel nous consentirons de ce chef sera compensé par ce que nous pourrons trouver dans les régions du Tchad, du Ouadai et du Kanem." (Ebd.).

438 Ebd., S. 921.

439 Ebd., S. 922.

440 Ebd.

441 Ebd.

442 Ebd., S. 923. Vgl. dazu auch die entsprechenden Erfolgsberichte über die Erprobung dieser Ausweichrouten: Mission Niger-Bénoué-Tchad. Capitaine Lenfant an Kolonialminister, Paris, 4. Mai 1904, ANSOM, Fonds Brazza. Mission 1905, P.A. 16, V (4) und: Kolonialministerium, Note pour le Bureau Militaire, Paris, 21. Januar 1907 sowie einen entsprechenden Vermerk vom 11. Mai des gleichen Jahres, ANSOM, Gabon-Congo XII, 29.

443 Journal Officiel, Chambre, 21. Februar 1906, S. 915.

444 Ebd., S. 923.

445 Ebd.

446 Journal Officiel, Chambre, 29. März 1909, S. 899 ff.

447 Ebd., S. 902.

448 Ebd., S. 902 f.

449 Ebd., S. 903 u. S. 905.

450 Brunschwig 1977, S. 125.

451 Journal Officiel, Chambre, 29. März 1909, S. 904.

452 Ebd., S. 905.

453 Brunschwig 1977, S. 124.

454 Ebd., S. 116 f.

455 Ebd., S. 117.

456 Saint-Mart 1912,S. 46/47. Siehe auch den auf Saint-Mart fußendenden Beitrag in: Herre 1923, S. 851.

457 Zumal es im vorliegenden Fall nicht nur einmal, sondern gleich dreimal zu einer mehrmonatigen Terminverzögerung kann. So dauerte es zunächst einmal bis zum Juli 1905, also fast fünf Monate, bis die von Rouanet, Le Hérissé und anderen zu den Vorgängen im Kongo eingebrachten Interpellationsanträge im Parlament zur Diskussion aufgerufen wurden. An diesem ersten Termin kam es freilich noch nicht zu einer inhaltlichen Debatte. Angesichts der wegen der bevorstehenden parlamentarischen Sommerferien nur spärlich besetzten Abgeordnetenreihen erklärten sich die Interpellenten am 11. Juli 1905 im Einvernehmen mit dem Kolonialminister vielmehr dazu bereit, die Diskussion auf einen noch zu bestimmenden Termin nach den Sommerferien unter der Bedingung zu vertagen, daß der Minister in der Zwischenzeit keine präjudizierenden Schritte unternehme (Journal Officiel, Chambre, 11. Juli 1905, S. 2851 f). Bei dieser Gelegenheit verwies Rouanet bereits nachdrücklich auf den internationalen Charakter der mit seinem Interpellationsantrag aufgeworfenen "höchst wichtigen Frage", indem er feststellte, es gehe dabei um nichts geringeres als "die Existenz" französischer Kolonialbesitzungen: "il y va en ce moment de l'existence de notre domaine colonial" (ebd., S. 2851). Ende Oktober wurde in der Abgeordnetenkammer dann beschlossen, daß die Diskussion aller zum Bereich der Kolonialangelegenheiten vorgelegten Interpellationsanträge im Rahmen der über den kommenden Kolonialhaushalt zu führenden Debatte stattfinden solle (ebd., 30. Oktober 1905, S. 2959 f). Diese begann, wie schon erwähnt, am 19. Februar 1906, dem Datum, an dem Rouanet dann schließlich mit der Begründung seiner Interpellation beginnen konnte.

458 Journal Officiel, Chambre, 19. Februar 1906, S. 860. Siehe auch die Entgegnung des Abgeordneten Le Hérissé, der die Tragweite des von Rouanet angedeuteten internationalen Kongokonfliktes indirekt bestätigt, indem er ihn seinerseits mit einigen groben Strichen zu erläutern versucht, um Rouanet vorzuhalten, er schade mit seiner Interpretation der Konfliktlage französischen Interessen (ebd., 21. Februar 1906, S. 916 f).

Anmerkungen zu Teil III: DIE INTERNATIONALE KONGOFRAGE ALS
                         URSACHE DER SKANDALINSZENIERUNG

1   Siehe hierzu als Einführung die zusammenfassende Darstellung von Mommsen 1980 (daneben auch Mommsen 1971, 1977 u. 1979) sowie Wehler 1979 und Ziebura 1974. Neuerdings auch Bade 1982b, S. 7 ff u. 13 ff und 1982a, S. 1 ff. Weiterhin: Emmer/Wesseling 1979 und Blussé 1980. Speziell zum französischen Imperialismus vor 1914 siehe Bouvier/Girault 1976 sowie Ziebura 1975.

2   Die Tatsache, daß die Strategie der direkten Kontrolle imperialistisch beherrschter Territorien für die Metropolen gesamtwirtschaftlich gesehen unrentabel war, schließt natürlich nicht aus, daß ökonomische Einzelinteressen von dieser Strategie durchaus profitierten. Dies wird auch im Verlaufe des hier zu behandelnden Themas noch deutlich werden.

3   Die hier angedeuteten Gedanken sind ausgeführt bei: Krippendorff 1982, S. 115 ff; Tetzlaff 1975; Ziebura 1975; Coquery-Vidrovitch 1976a, S. 96 ff sowie 1976b, S. 29 und 1978, S. 244; Bouvier 1976, S. 326 ff. Vgl. auch Mommsen 1979, S. 58 ff; Wehler 1979, Einleitung.

4   "Stern" Nr. 31 (1983), S. 50 (Die Geschichte der deutschen Kolonien - Der Wahn vom Weltreich). Auch in der Literatur finden sich zuweilen Formulierungen, die die zitierte Auffassung nahelegen. So heißt es z. B. an einer Stelle, die Berliner Konferenz von 1884/85 habe die "Balgerei um Afrika" beendet (Tetzlaff 1975, S. 168). An anderer Stelle wird gesagt, auf der Berliner Konferenz sei Afrika "gleich einem Kuchen" aufgeteilt worden (Loth 1976, S. 39).

5   In der Zusammenschau der konkurrierenden imperialistischen Interessen am besten, wenn auch vornehmlich unter Berücksichtigung der Bismarckschen Politik bzw. der deutschen Expansionsinteressen: Wehler 1972, S. 373-390; siehe auch die dort angegebene Literatur. Inzwischen auch Emerson 1980, S. 73-110; daneben Stengers 1971; weiterhin: Gann/Duignan 1979, S. 24 ff; Okoth 1979, S. 78 ff; ferner: Brunschwig 1971 und Loth 1981, S. 260 ff.

6   Gann/Duignan 1979, S. 5-13 u. S. 24 ff; Merlier 1962, S. 15.

7   Emerson 1980, S. 76.

8   Merlier 1962, S. 16.

9   Davidson 1966, S. 71 ff. Vgl. auch die entsprechenden
    Anmerkungen von Wallerstein, in: Senghaas 1982, S. 55 f
    sowie Frank 1980, S. 93. Auch Wirz, der in seiner soeben
    vorgelegten Untersuchung allerdings meint, daß "die ver-
    stärkte Ausrichtung nach Afrika (...) weniger Ursache
    als Folge der Abolition (war)", bestätigt das Vorliegen
    "struktureller Zusammenhänge zwischen Abolition und ka-
    pitalistischer Entwicklung in der Metropole" und stellt
    hierzu fest: "Wenn die neueren Forschungen keinerlei
    einfache Aussage mehr über das Warum der Abolition zu-
    lassen, so haben sie doch sichtbar gemacht, daß sich
    Philantropie, Politik und Profitstreben bestens ergänz-
    ten" (Wirz 1984, S. 197 u. 194). Recht plakativ dagegen:
    Loth 1981, S. 199 ff.

10 Miers 1967, S. 83 f.

11 "Britain's antislavery policy played a distinct part in
    the growth of her 'informal empire'. It was the basic
    and the justification for the exertion of her naval pre-
    dominance along the east and west coasts of Africa, and
    it provided her with a constant excuse to interfere with
    native rulers, watch the affairs of other colonial powers,
    and promote her own commercial and political interests"
    (ebd., S. 85).

12 Bülck 1953, S. 22 f.

13 Ebd., S. 22-28.

14 Emerson 1980, S. 73 ff. Für die Leopoldschen Afrikapläne
    siehe außer der in Anm. 5 genannten Literatur auch: Momm-
    sen 1977, S. 179 ff; Merlier 1962, S. 15 ff; Albertini
    1976, S. 292 f.

15 "La France, toujours frappée d'une angoisse pathologique
    à l'idée d'une éventuelle expansion anglaise, craignait
    surtout que Léopold fût trop faible pour empêcher les
    Britanniques de prendre un jour sa place" (Emerson 1980,
    S. 106).

16 Stengers 1971, S. 153 ff; Emerson 1980, S. 106 f; Thomson
    1933, S. 163 ff. Der entscheidende Satz in der zitierten
    Erklärung lautet wie folgt: "Toutefois, l'Association
    désirant donner une nouvelle preuve de ses sentiments
    amicaux pour la France, s'engage à lui donner le droit
    de préférence, si, par des circonstances imprévues,
    l'Association était amenée un jour à réaliser ses posses-
    sions" (Thomson 1933, S. 163, Fußnote).

17 Protocoles et Acte Général, S. 4.

18 Ebd., S. 7.

19 Ebd., S. 9.

20 Ebd., S. 382 f.

20a Ebd., S. 386 f.

21 "Pour les libres-échangistes britanniques et allemands, il était clair que le Congo risquait de tomber entre les mains des protectionnistes français et portugais" (Emerson 1980, S. 113). Um den französischen Einfluß im Kongo nach Möglichkeit zu begrenzen, entschied sich die britische Delegation im Verlauf der Konferenz schließlich, dem deutschen Beispiel folgend, auch für eine Anerkennung der AIC und damit für den künftigen Kongostaat. Vgl. dazu auch Louis 1971, S. 200.

22 Protocoles et Acte Général, S. 388.

23 Ebd., S. 388 f.

24 Ebd., S. 390.

25 Dort heißt es: "Afin de donner une garantie nouvelle de sécurité au commerce et à l'industrie et de favoriser par le maintien de la paix, le développement de la civilisation dans les contrées mentionées à l'article 1 et placées sous le régime de la liberté commerciale, les Hautes Parties signataires du présent Acte (...) s'engagent à respecter la neutralité des territoires dépendant desdites contrées" (ebd.).

26 Ebd., S. 391.

27 Wörtlich lautet Artikel 36 der Kongoakte wie folgt: "Les Puissances signataires du présent Acte général se réservent d'y introduire ultérieurement et d'un commun accord les modifications ou améliorations dont l'utilité serait démontrée par l'expérience" (ebd., S. 402).

28 Ebd., S. 388.

29 Ebd., S. 90. Vgl. auch Bülck 1953, S. 25 ff; Louis 1971, S. 218 f; Loth 1981, S. 267.

30 Der ideologische Einfluß, den die Zivilisationsidee auf das damalige europäische Denken ausübte, scheint dessenungeachtet ganz beträchtlich gewesen zu sein. So huldigte etwa selbst der sozialdemokratische Parteiführer Bebel den in der Kongoakte niedergelegten Grundsätzen und

sah in ihnen den Ausdruck "einer konfliktfreien, nichtmilitärischen Kolonisation", welche die alte, "auf das Recht der Eroberung, der Okkupation" gestützte Kolonialpolitik abgelöst habe (zit. bei Schröder 1975, S. 115).

31 Siehe dazu Bülck 1953, S. 27 f; Loth 1966, S. 39 ff; Miers 1967; Loth 1981, S. 277 ff. Für den Wortlaut der Brüsseler Generalakte siehe Macey 1912, S. 101 ff; Buell 1928, S. 108 ff.

32 Macey 1912, S. 101.

33 Bülck 1953, S. 28.

34 Macey 1912, S. 142 f.

35 BCFA, Nr. 8/1902, S. 298.

36 Vgl. dazu Coquery-Vidrovitch 1976b, S. 27 ff; Tetzlaff 1975, S. 168 f. Als Gegenposition zu dem dort vertretenen dependenzanalytischen Ansatz siehe Albertini 1982, S. 49 ff.

37 Zur Planung dieses Eisenbahnprojektes siehe Emerson 1980, S. 140 ff.

38 Schreiben des französischen Generalkonsuls in Antwerpen (Annexe de la dépêche No 737), ANSOM, Gabon-Congo XIII, 14.

39 Piehl 1980, S. 228.

40 Schreiben des französischen Generalkonsuls in Antwerpen (Annexe au No 739), ANSOM, Gabon-Congo XIII, 14; "L'Economiste Français" vom 4. Februar 1899, S. 138.

41 Emerson 1980, S. 238; Piehl 1980, S. 231.

42 Emerson 1980, S. 234 f. Man hat die Gewinne, die allein aus den von der belgischen Krone unmittelbar ausgebeuteten Territorien herausgezogen wurden, zwischen 1896 und 1905 auf 70 bis 80 Mill. Francs geschätzt, was einem jährlichen Durchschnitt von 7 Mill. Francs entsprechen würde (Challaye 1909, S. 252 f).

43 Vgl. hierzu im einzelnen Challaye 1909, S. 248 ff u. S. 259 ff; Loth 1966, S. 70 ff; Albertini 1976, S. 292 ff; Cookey 1968, S. 7 ff; Emerson 1980, S. 139 ff u. S. 232 ff; Loth 1976, S. 59 ff. Vgl. auch die Auszüge des offiziellen Untersuchungsberichtes aus dem Jahre 1905, in: BCAF Nr. 3/1906; S. 94 ff, besonders S. 97-99.

44 Cookey 1968, S. 18.

45 Zit. in: BCAF, Nr. 3/1906, S. 99.

45a Coquery-Vidrovitch 1972, S. 29; Challaye 1909, S. 286 f; Wirz 1976, S. 314 u. 317.

46 Coquery-Vidrovitch 1972, S. 48 f; Brunschwig 1977, S. 115; Rabut 1979, S. 274.

47 Coquery-Vidrovitch 1972, S. 281.

47a So beklagt sich die offizielle Untersuchungskommission des Kolonialministeriums ausdrücklich darüber, daß die allgemeinen Verwaltungskosten durch die Operationen der Landgesellschaften weit über das normale Maß hinausgingen, ohne daß die Administration dafür irgendeinen Ausgleich erhielte (Rapport de la Commission d'enquête du Congo 1907, ANSOM, Gabon-Congo XIX, 4b, S. 79).

48 Coquery-Vidrovitch 1972, S. 285.

49 Ebd., S. 62 ff.

50 Ebd., S. 62 u. S. 64.

51 Zit. bei J.-C. Nardin, Soutenance de thèse. Mme Catherine Coquery: Le Congo français au temps des sociétés concessionnaires (1898-1930), in: Revue française d'Histoire d'Outre-Mer, Bd. LVIII (1971), Nr. 211, S. 254.

52 Siehe die Dossiers der einzelnen Gesellschaften in: ANSOM, Gabon-Congo XV, 22 ff. Vgl. damit auch die Namen der Präsidenten und Verwaltungsratsmitglieder der einzelnen Gesellschaften, in: "Union Congolaise Française" 1906, S. 119 ff.

53 Braudel/Labrousse 1979, S. 285 ff. Vgl. auch Elleinstein 1980, S. 207. Daß es vor allem die "alten" Industrien waren, die an geschützten Kolonialmärkten interessiert waren (neben dem Textilsektor z.B. auch Schnapsbrennereien), wird auch von Elsenhans (1984, S. 23) betont.

54 Rede des Abgeordneten Flayelle, Journal Officiel Chambre, 2. Febr. 1905, S. 140 ff, hier: S. 141.

55 Ebd., S. 142.

56 So anläßlich der Beratungen über die - letztlich verneinte - Frage, ob das kurz zuvor in Französisch-Kongo ein-

geführte Konzessionssystem auf die westafrikanischen Besitzungen Frankreichs ausgedehnt werden sollte. Dabei begründete ein Antragsteller sein Konzessionsgesuch u. a. wie folgt: "Si l'on nous accorde le monopole de fait ou de droit dont je parle, il aura sa contre-partie dans l'écoulement des marchandises provenant de la métropole. J'ai essayé de faire fabriquer en France des tissus légers, des guinées et autres étoffes, mais je n'y suis parvenu que pour une partie. Les Anglais fabriquent cette marchandise à meilleur compte parce que chez eux le charbon est à plus bas prix (...) Par conséquent la liberté commerciale en Afrique a pour conséquence, suivant moi, l'avilissement des prix". (Ministère des Colonies 1900, S. 34-36, ANSOM, A.E.F.-Concessions LIII sowie Généralités 344). Auch über die einschlägigen Bibliotheken, wie z. B. die Bibliothèque Nationale, ist besagter Bericht zugänglich. Vgl. in diesem Zusammenhang auch "Comité Républicain du Commerce et de l'Industrie": Rapport sur la nécessité de mettre en valeur nos colonies africaines (1900), ANSOM, Généralités 344 (2140).

56a Das durch die Konzessionen verliehene Handelsmonopol brachte den an diesen Gesellschaften beteiligten Textilunternehmen beim Warenaustausch mit den Afrikanern einen doppelten Extragewinn: einmal über ihre überteuerten Textilprodukte, zum anderen über die weit unter ihrem jeweiligen Marktwert erworbenen natürlichen Ressourcen des Landes (Coquery-Vidrovitch 1972, S. 143 ff). Zu den profitablen Transaktionen eines im Kongo engagierten, führenden Textilfabrikanten aus Nordfrankreich wird z.B. festgestellt: "Le groupe Gratry de Roubaix écoulait sur sa concession de la M'Poko le résidu de ses manufactures métropolitaines; la moindre de ces opérations était bénéficiaire, puisque la mévente de ces tissus de qualité inférieure aurait entraîné, sinon, une perte sèche." (Ebd., S. 144).

57 "L'Economiste Français" vom 16. Mai 1908, S. 723.

58 Ebd., 9. Juli 1904, S. 48.

59 Bericht des französischen Generalkonsuls in Antwerpen (Annexe au No 739), ANSOM, Gabon-Congo XIII, 14.

60 Vgl. "La Quinzaine Coloniale" vom 10. Juni 1903, S. 324.

61 ANSOM, Généralités 53 (487).

62 Generalkommissar p. i.; Merlin, an Kolonialminister, Libreville, 20. März 1899, ebd.

63 So drängte das Kolonialministerium die Konzessionsgesellschaften beständig, ihre Kautschukverkäufe in Bordeaux zu tätigen. Bei diesen Bemühungen konnte es einen wachsenden Erfolg verzeichnen. Siehe dazu ein Schreiben des Kolonialministers an den Präsidenten der "Union Congolaise", Paris, 26. Jan. 1906 sowie das dazu als Anlage beigefügte Schreiben eines Konzessionsgesellschaft, ANSOM, A.E.F.-Concessions XXV, D (1).

64 "L'Economiste Français" vom 9. Juli 1904, S. 46 ff, hier: S. 47. Für das soeben Gesagte siehe auch "La Quinzaine Coloniale", vom 10. Juni 1903, S. 324 f sowie vom 25. Juni 1906, S. 339 f und vom 10. Febr. 1907, S. 90 f.

65 "La Quinzaine Coloniale" vom 10. Febr. 1907, S. 91.

66 Sociétés (Les) 1909, S. 76.

67 Gouvernement Général de L'Afrique Equatoriale Française 1913, S. 16.

68 Rapport de la Commission d'enquête du Congo 1907, ANSOM, Gabon-Congo XIX 4b, S. 42.

69 Coquery-Vidrovitch 1972, S. 295 u. S. 302.

70 Rapport de la Commission d'enquête du Congo 1907, ANSOM, Gabon-Congo XIX, 4b, S. 43.

71 Rapport transmettant au ministre un projet de décret et de cahier des charges-types, Paris, 15. Nov. 1898 (Annexes au procès-verbal de la séance du 14 décembre 1899), ANSOM, A.E.F. XV, 7 sowie A.E.F.-Concessions LIII.

72 Ebd.

73 Ebd.

74 Ebd.

75 Ebd.

76 Artikel 1 des Konzessionsdekrets vom 28. März 1899, abgedruckt in: BCAF, Nr. 5/1899 (Supplément), S. 81.

77 So z. B. die folgende Formulierung aus besagtem Artikel 1, die sich angesichts der tatsächlichen Auswirkungen des Konzessionssystems wie reiner Hohn ausnimmt: "Les moeurs, coutumes, religion et organisation des populations indigènes devront être rigoureusement respectées. Les agents

du concessionnaire signaleront à l'administration les actes contraires à l'humanité dont ils seraient les témoins" (ebd., S. 82). Des weiteren wird jedem einzelnen Konzessionär in Artikel 31 der Verfall der Nutzungsrechte angedroht "s'il recourt, pour l'exploitation de sa concession, et notamment pour se procurer de l'ivoire ou du caoutchouc, à la violence ou à des actes ayant causé l'exode ou la révolte des indigènes" (ebd., S. 87). Fast überflüssig zu betonen, daß auch diese Bestimmung niemals praktiziert wurde, hätte ihre konsequente Anwendung doch dem Konzessionssystem als Ganzem ein alsbaldiges Ende bereitet.

78 Siehe dazu die Serie amtlicher Berichte aus dem Jahre 1902, in: ANSOM, Gabon-Congo IV, 19a. Vgl. auch Balandier 1963, S. 44 ff u. S. 162 ff.

79 Siehe als Beispiel der gleichlautenden Erklärungen das Schreiben der Gesellschaft "Vergnes, Lindeboom et Cie" an Kolonialminister, Paris, 25. Mai 1899, ANSOM, A.E.F.-Concessions II. Zwei Jahre später wurde der Wortlaut dieser Erklärungen an die Öffentlichkeit gebracht und in der Kolonialpresse publiziert, die dazu anmerkte, der zitierte Text beweise "que la question des droits des tiers a été résolu un peu hâtivement" und sich über die im Kolonialministerium offensichtlich herrschende Vorstellung mokierte, mit derartigen verbalen Zusicherungen hätten die Auseinandersetzungen mit den ausländischen Händlern vermieden werden können (BCAF, Nr. 11/1901, S. 379).

80 Dekret vom 23. Nov. 1899, BCAF, Nr. 12/1899, S. 425 f; Dekret vom 19. Dez. 1900, BCAF, Nr. 1/1901, S. 19.

81 BCAF, Nr. 6/1899, S. 189; Cookey 1968, S. 57.

82 BCAF, Nr. 11/1900, S. 372 f; Cookey 1968, S. 57.

83 BCAF, Nr. 1/1901, S. 17 ff.

84 Cookey 1966, S. 266 f; Note pour le Ministre, Paris, 7. Dezember 1908, Nr. 58, ANSOM, Gabon-Congo XV, 89c.

85 So z. B. Zivilgericht von Libreville, Urteil vom 11. Januar 1902, in: BCAF, Nr. 5/1902, S. 110 ff; ebenso das Urteil desselben Gerichts vom 28. Juni 1902, in: BCAF, Nr. 10/1902, S. 360 ff. Vgl. auch Cookey 1966, S. 267 f; Coquery-Vidrovitch 1972, S. 239 f; Cookey 1968, S. 57 f.

86 Generalkommissar an Kolonialminister (Dépêche télégraphique), Libreville, 3. Juli 1902, ANSOM, Gabon-Congo IV, 19a. Siehe auch BCAF, Nr. 10/1902, S. 361.

87   Piehl 1980.

88   Für die nachfolgenden Ausführungen siehe Coquery-Vidrovitch 1972, S. 117 ff; Rapport de la Commission d'enquête du Congo 1907, ANSOM, Gabon-Congo XIX, 4b, S. 75 ff.

89   Generalkommissar p. i., Lemaire, an Kolonialminister, Libreville, 29. Oktober 1900, ANSOM, Gabon-Congo I, 59a. Vgl. auch Bericht der Konzessionsgesellschaft "Ibenga" vom 16. Juli 1903, ANSOM, Gabon-Congo XV, 30e; des weiteren Rapport de la Commission d'enquête du Congo 1907, ANSOM, Gabon-Congo XIX, 4b, S. 79; Coquery-Vidrovitch 1972, S. 166; Piehl 1980, S. 234.

90   Lieutenant Rouyer an Generalkommissar des Kongo, N'Djolé, 10. Febr. 1901, ANSOM, A.E.F.-Concessions XIV, B.

91   Coquery-Vidrovitch 1972, S. 166. Für den Ablauf des zwangsweisen Tauschhandels im einzelnen siehe ebd., S. 143 ff.

92   Ebd., S. 181 f. Siehe auch das gesamte Kapitel, S. 171 ff.

93   Piehl 1980.

94   Rapport de la Commission d'enquête du Congo 1907, ANSOM, Gabon-Congo XIX, 4b, S. 79 f, Zitat: S. 80.

94a Zu den zwischen dem Kongostaat und Französisch-Kongo bestehenden Unterschieden bezüglich der Intensität der dort installierten Ausbeutungssysteme siehe Harms 1975, S. 76 f.

95   Außenminister an Kolonialminister, Paris, 16. Juli 1901, ANSOM, A.E.F.-Concessions XX (1).

96   Cookey 1966, S. 264.

97   Ebd., S. 268 ff.

98   Cookey 1968, S. 43. Für die folgenden Ausführungen stütze ich mich im wesentlichen auf die von Cookey vorgelegte Untersuchung.

99   Ebd., S. 50.

100 Ebd., S. 51 ff.

101 Vgl. ebd., S. 56.

101a Cookey 1968, S. 61 f. Die von Morel geplante publizistische Kampagne zielte auf eine umfassende Mobilisierung der britischen Öffentlichkeit: "Public opinion as a whole was to be captured". Um dieses Ziel zu erreichen, hatte sich die Agitation nach Morels Vorstellungen auf vier grundsätzliche Aspekte zu konzentrieren: "That attack (gegen den Kongostaat) to be driven home by an appeal addressed to four principles: human pity the world over: British honor: British Imperial responsabilities in Africa: international commercial rights <u>coincident with and inseparable from native economic and personal liberties</u>" (zit. in: Louis/Stengers 1968, S. 67/68; Hervorhebung i. Orig.).

102 In seinem 1902 publizierten Buch "Affairs of West Africa" führt Morel z. B. aus: "The African cancer has attacked both banks of the Congo, and wherever spreads the fell disease, liberty, legitimate commerce, free trade, alike for white man and black, disappear. The Belgian conception of development in Tropical Western Africa is observed a little late in the day to have another side to it. It is not merely an institution for earning dividends and reducing the African population. It stands for as a menace to all legitimate European interests in West Africa. What England and Germany could not agree to do when humanitarian considerations alone were in question, they can no longer ignore with safety to their interests in Africa. The tentacles of the Belgian octopus are flung wider and wider, French Congo, Fernando Po, the Muni Territory, Dahomey, the Ivory Coast and South West Abyssinia are all alike either threatened, or victims to the insidious embrace which breeds death and devastation to the natives of Africa." (Morel 1902, S. 307).

103 Cookey 1968, S. 59.

104 Ebd., S. 62; Louis/Stengers 1968, S. 76.

105 Wortlaut in: Morel 1903a, S. 189 ff.

106 Ebd., S. 192.

107 Rabut 1979, S. 275 ff; siehe auch BCAF, Nr. 4/1900 (Supplément), S. 73 ff.

108 Louis/Stengers 1968, S. 84.

109 Ebd., S. 85 ff; Cookey 1968, S. 72.

110 Cookey 1968, S. 72 f; Loth 1966, S. 84-104.

111 Louis 1964, S. 100. Siehe auch Cookey 1968, S. 72 f.

112 Louis 1964, S. 101.

113 Cookey 1968, S. 73.

114 Ebd., S. 73 f.

115 Morel 1903a, S. 205 f.

116 Ebd., S. 207; Cookey 1968, S. 79.

117 Cookey 1968, S. 82; Louis/Stengers 1968, S. 129 f; Emerson 1980, S. 241.

118 Cookey 1968, S. 83; Emerson 1980, S. 241.

119 Louis/Stengers 1968, S. 130.

120 Cookey 1968, S. 84.

121 Vgl. ebd.

122 Foreign Office, 8. August 1903, ANSOM, A.E.F.-Concessions XIII, B (3).

123 Ebd.

124 Ebd.

125 Ebd.

126 Bülck 1953, S. 28-32, hier: S. 28. Siehe auch Loth 1966, S. 76.

126a Siehe dazu im einzelnen Rougier 1910, S. 496 f.

127 Bennouna 1974, S. 173 f.

128 So spielte der Begriff der "humanitarian intervention" bei der Invasion der Dominikanischen Republik im Jahre 1965 ebenso eine zentrale ideologische Rolle wie bei der Intervention der USA in Vietnam (Vincent 1974, S. 203, 321; O'Brien 1979, S. 23, 37 ff) und bildet weiterhin einen legitimatorischen Stützpfeiler US-amerikanischer Außenpolitik (O'Brien 1979). In diesem Sinne konnte der deutsche Politiker Franz Josef Strauß seinerzeit die Behauptung aufstellen, daß die USA bei ihrer Intervention in Grenada im Oktober 1983 "gemäß den Grundsätzen des Völkerrechts gehandelt" hätten (Frankfurter Rundschau, 5. Nov. 1983, S. 2).

129 "Par définition l'intervention d'humanité est désintéressée. Le désintéressement est une condition essentielle

chez l'intervenant dont l'action tend à faire respecter une règle de droit générale et non à poursuivre la réalisation d'un avantage individuel" (Rougier 1910, S.502).

130 Ebd., S. 512.

131 Ebd., S. 513.

131a Bülck 1953, S. 31 f.

132 Rougier 1910, S. 510.

133 Ebd.

134 Ebd., S. 472.

135 Stowell 1921, S. 173 f; Bülck 1953, S. 30; Cookey 1968, S. 198. Nach Loth 1966, S. 78 bestand "überhaupt im Stadium des Imperialismus durch die 'humanitäre' Agitationskampagne latent die Gefahr einer Neuaufteilung des Kongostaates".

136 Zum Inhalt des Berichtes siehe Cookey 1968, S. 99 ff.

137 Ebd., S. 106.

138 Ebd., S. 128 ff; Emerson 1980, S. 246 f.

139 Cookey 1968, S. 118 ff; Emerson 1980, S. 247.

140 Cookey 1968, S. 148 ff; Emerson 1980, S. 250 f.

141 Cookey 1968, S. 139; Emerson 1980, S. 249.

142 Cookey 1968, S. 173 f.

143 So erklärte der zuständige Beamte im französischen Kolonialministerium, Binger, den britischen Händlern, die französische Regierung sehe bis auf weiteres keinen Weg, ihre finanziellen Forderungen zu befriedigen: "Binger indicated to the British firms that the French Government had no funds to indemnify them, and held out little hope of the Chamber agreeing to vote money for the purpose unless compelled by an arbitration tribunal" (Cookey 1966, S. 269).

144 Außenminister an Kolonialminister, Paris, 16. Juli 1901, ANSOM, A.E.F.-Concessions XX (1).

145 Ebd.

146 Ebd.

147 Aide-mémoire der deutschen Regierung, Anlage zum Schreiben des französischen Außenministers an den französischen Kolonialminister, Paris, 3. Mai 1901 (Très confidentiel et réservé), ANSOM, A.E.F.-Concessions XX (1).

148 Ebd.

149 Außenminister an Kolonialminister, Paris, 24. Dez. 1901, ANSOM, A.E.F.-Concessions XX (1).

150 Ebd., Zusatz vom 25. Dez. 1901.

151 Außenminister an Kolonialminister, Paris, 31. Aug. 1902 (Confidentiel), ANSOM, A.E.F.-Concessions XX (1).

152 Außenminister an Kolonialminister, Paris, 22. Aug. 1903, ANSOM, A.E.F.-Concessions XIII,B(3).

153 Vermerk für die "Direction politique" im Außenministerium, 22. April 1904, A.E., A.E.F., NS, Dossier 17.

154 Französischer Botschafter in London an französischen Außenminister, London, 6. April 1904, ebd.

155 Note des britischen Außenministers Lansdowne an den französischen Botschafter in London, Cambon, London, 17. Juni 1904, ebd.

156 Ebd.

157 Kolonialminister an Außenminister, Paris, 30. Juli 1904, ebd.

158 Ebd. Das französische Angebot eines Schiedsverfahrens, das sich aber, wie gesagt, strikt auf die Regelung des zwischen den betroffenen englischen Händlern und französichen Konzessionären fortdauernden Streites beschränken sollte (sur des espèces précises et sur des faits pertinents), war der britischen Regierung vom Quai d'Orsay bereits am 11. Febr. 1903 in der Hoffnung unterbreitet worden, den lästigen Konflikt auf diese Weise rasch beenden zu können (siehe dazu: Kolonialminister Clémentel an Außenminister Delcassé, Paris, 22. Febr. 1905, A.E., A.E.F., NS, Dossier 18). Das britische Foreign Office antwortete darauf mit der zitierten Note vom 17. Juni 1904, in der es den französischen Vorschlag einerseits aufgriff, andererseits aber zugleich auf eine prinzipielle Fragestellung erweiterte, ein Gedanke, den wiederum das französi-

sche Kolonialministerium, wie soeben dargestellt, auf keinen Fall akzeptieren mochte.

159 Außenminister Delcassé an französischen Botschafter in London, Paris, 7. Dez. 1904, A.E., A.E.F., NS, Dossier 17.

160 Außenminister an Kolonialminister, Paris, 5. Dez. 1904, ANSOM, A.E.F.-Concessions XX (2).

161 Außenminister Lansdowne an Botschafter Cambon, London, 25. Jan. 1905, ebd.

162 Kolonialminister an Außenminister, Paris, 22. Febr. 1905, Confidentiel, ANSOM, A.E.F.-Concessions XX (2) und A.E., A.E.F., NS, Dossier 18.

163 Note sur l'échéance en 1905 et en 1906 de la Déclaration annexée à l'acte Général de Bruxelles du 2 Juillet 1890 et de l'article IV de l'acte Général de la Conférence Africaine signé à Berlin le 26 Février 1885, Février 1905, Annexe No 2 à la Dépêche aux Colonies du 4 mars 1905, A.E., A.E.F., NS, Dossier 18 und ANSOM, Afrique VI, 181.

164 Ebd., S. 28: "on raisonnera dans l'hypothèse de la réunion d'une Conférence. Ce serait, en effet, la procédure la plus naturelle et la plus expéditive."

165 Ebd., S. 36/37.

166 Ebd., S. 37. Um dem belgischen Parlament die Zustimmung zu einem dringend benötigten Kredit über 25 Millionen Francs zu erleichtern, hatte König Leopold im Jahre 1890 die Erbrechte am Kongostaat an Belgien übertragen (Emerson 1980, S. 146).

167 Note sur l'échéance ... (Anm. 163), S. 37/38.

168 Ebd., S. 43 f.

169 Für eine komprimierte Zusammenfassung der im französischen Außenministerium zu dieser Frage vertretenen Position vgl. auch einen internen Bericht des Kolonialministeriums vom April 1905: Note résumant le litige entre maisons anglaises et Sociétés concessionnaires au Congo Français, 14. April 1905, ANSOM, P.A. 16, V (3). Dort findet sich ebenfalls ein knappes Resümee der vom Kolonialministerium vertretenen gegensätzlichen Auffassung.

170 Ebd.

171 Kolonialminister an Außenminister, Paris, 19. April 1905, Confidentiel, ANSOM, A.E.F.-Concessions XX (2) und A.E., A.E.F., NS, Dossier 18.

172 Ebd.

173 Ebd.

174 Ebd.

175 Siehe dazu: Botschafter Cambon an Ministerpräsident und Außenminister Rouvier, London, 20. Oktober 1905 sowie das diesem Schreiben als Anlage beigefügte Memorandum des britischen Foreign Office vom Oktober 1905, in dem der britisch-französische Notenaustausch vom Februar 1903 bis zum Oktober 1905 resümiert wird, ANSOM, A.E.F.-Concessions XX (2).

176 Memorandum des Foreign Office, Oktober 1905, ebd. und A.E., A.E.F., NS, Dossier 18.

177 Ministerpräsident und Außenminister Rouvier an Kolonialminister Clémentel, Paris, 30. Okt. 1905, ANSOM, A.E.F.-Concessions XX (2).

178 Kolonialminister an Außenminister, Paris, 30. Nov. 1905, A.E., A.E.F., NS, Dossier 18.

179 Ebd.

180 Ebd.

181 Ebd.

182 Teil II, Kap. 6 (Anm. 458). Siehe auch die Ausführungen Rouanets in der "Humanité" vom 22. Okt. 1905, S. 1: "A brève échéance la France va se trouver prise entre les réclamations de l'Europe et les prétentions insolentes de concessionnaires cupides et sans scrupules. C'est par centaines de millions que se chiffrera l'objet du litige". Zwei Tage später beziffert Rouanet die Höhe der von den Konzessionären drohenden Schadenersatzforderungen auf mehr als 200 Millionen Francs, wobei er sich auf entsprechende Angaben aus dem Kolonialministerium beruft ("L'Humanité", 24. Okt. 1905, S. 1). Daß die Konzessionsgesellschaften mit ihren Schadenersatzforderungen im Kolonialministerium einen nachhaltigen Eindruck hinterließen, konnte selbst vom zuständigen Minister Clémentel vor der Abgeordnetenkammer angesichts kritischer Fragen des Abgeordneten Rouanet letztlich nicht bestritten wer-

den (Journal Officiel, Chambre, 19. Febr. 1906, S. 862/ 863); siehe auch Mille/Challaye 1906, S. 24 f.

183 BCAF, Nr. 10/1904, S. 314 u. Nr. 2/1905, S. 78 f.

184 Abgeordneter Charles Dumont, in: Journal Officiel, Chambre, 3. Febr. 1905, S. 164.

185 Ebd., S. 164 f.

186 "La Petite République socialiste", 25. Febr. (S. 4) u. 26. Febr. 1905 (S. 2); Brunschwig 1977, S. 118 f.

187 Saintoyant 1960, S. 105; Brunschwig 1977, S. 119.

188 Challaye 1935, S. 188; Coquery-Vidrovitch 1969, S. 16. Siehe auch Suret-Canale 1968, S. 237 ff.

189 So spricht Suret-Canale (1968, S. 237) in bezug auf de Brazza ironisch von dem "letzten Idol der Kolonialhagiographie". Jüngster Ausdruck einer solchen verklärenden Betrachtungsweise ist das von Henri Brunschwig verfaßte Vorwort zum Katalog für die 1980 im Pariser Marinemuseum inszenierte und de Brazza eigens gewidmete Ausstellung (Exposition Savorgnan de Brazza). Die dort gegebene Charakterisierung de Brazzas (un des plus populaires de nos héros nationaux) sowie die ihm zugeschriebenen Eigenschaften (humanitaire, courageux, désintéressé, charismatique) folgen den tradierten Darstellungsmustern (Katalog in ANSOM erfragen).

190 "Le Petit Journal", 1. März 1905, S. 1; "Le Petit Parisien", 2. März 1905, S. 1; "Le Matin", 6. März 1905, S. 1; "Le Journal", 20. März 1905, S. 1. Als Beispiel für die gleichlautende Berichterstattung in der Kolonialpresse siehe auch "La Quinzaine Coloniale", 25. März 1905, S. 169 f sowie BCAF, Nr. 3/1905, S. 114. Ausschnitte von weiteren Presseartikeln in ANSOM, P.A.16, VI, 5.

191 BCAF, Nr. 3/1905, S. 114. Wie in dem hier wiedergegebenen Zitat angedeutet, hatte Kolonialminister Clémentel in der Tat in öffentlichen Stellungnahmen seinen unmittelbaren Beitrag zur propagandistischen Vorbereitung und zur Einstimmung auf das von der Regierung erwartete Ergebnis des angekündigten Untersuchungsvorhabens geleistet. So zum Beispiel in einer anläßlich eines "Kolonialbanketts" gehaltenen Rede, in der er unter deutlicher Anspielung auf den Kongoskandal unter anderem wörtlich ausführte: "Peuple essentiellement éducateur et humain, nous sommes mieux armés que qui que ce soit pour faire de bonne politique indigène et, en dépit de quelques égare-

ments ou de quelques défaillances personnelles, heureusement rares, et que la justice réprime toujours comme elles le méritent, nous pouvons dire sans crainte que mieux que quiconque nous avons réussi" ("La Petite République socialiste", 2. März 1905, S. 4).

192 "The Aborigines Friend", April 1905, ANSOM, Papiers Brazza, P.A. 16, VI, 5.

193 "The West African Mail", 24. Febr. 1905, S. 1130-1132.

194 Ebd., S. 1146.

195 Ebd., 3. März (S. 1166) u. 10. März 1906 (S. 1179).

196 Ebd., 10. März 1905, S. 1178 f.

197 Ebd., S. 1189.

198 Siehe Anm. 171.

199 Journal Officiel, Chambre, 19. April (S. 1584) u. 20. April 1905 (S. 1606).

200 Ausführlich in: "La Quinzaine Coloniale", 10. April 1905, S. 216-219; BCAF, Nr. 4/1905, S. 174-176; kürzere Auszüge mit Angabe des Datums in: "Le Matin" (S. 2), "L'Humanité" (S. 2), "Le Petit Parisien" (S. 2), "Le Journal" (S. 3) sowie "La Petite République socialiste" (S. 2), alle vom 30. März 1905.

201 "La Quinzaine Coloniale", 10. April 1905, S. 216.

202 Ebd., S. 217 ff.

203 Ebd., S. 219.

204 Ebd., S. 217.

205 "The West African Mail", 7. April 1905, S. 27.

206 Kolonialminister an Brazza, Mission spéciale, Instructions confidentielles, Paris, 13. März 1905, ANSOM, P.A. 16, V (3); offizieller Teil: S. 1-15, 19-20; vertraulicher Teil: S. 15-19.

207 Ebd., S. 15-17. Die vereinzelten Wechsel in der Groß- und Kleinschreibung sowie einzelne orthographische beziehungsweise grammatische Fehler wurden unverändert vom Original übernommen.

208 Ebd., S. 17-19.

209 Saintoyant 1960, S. 105; Sieberg 1968, S. 133.

210 Coquery-Vidrovitch 1972, S. 172, dort auch Namen und Funktionen der zehn Delegationsmitglieder.

211 Notes sur la responsabilité ministérielle, ANSOM, P.A. 16, V (3). Siehe auch Britsch 1906a, S. 8 und Britsch 1906b, S. 8.

212 Britsch 1906a und Britsch 1906b; Hoarau-Desruisseaux 1911, S. 360 f; Saintoyant 1960, S. 107-114; zuletzt: Brunschwig 1977, S. 119 f. Die Darstellung von Britsch beruht im wesentlichen auf den von de Brazza im Verlauf der Mission verfaßten und in einem gesonderten Register festhaltenen Telegrammen und Briefen, archiviert in ANSOM, Régistre de sortie, P.A. 16, V (1). Vgl. auch Notes sur la responsabilité ministérielle, ebd. (3).

213 Brazza an Clinchant, Instructions confidentielles, 22. Mai 1905, ANSOM, Régistre de sortie, Nr. 74, P.A. 16, V (1).

214 Clinchant an Brazza, en mission, Mayumba, 1. Sept. 1905: "Le système des concessions territoriales au Congo Français et l'Acte de Berlin. La liberté commerciale et les droits des indigènes", ANSOM, Supplément Afrique, Rapports de la mission Brazza, 1905 (noch nicht inventarisiert).

215 In einem an das Kolonialministerium adressierten Bericht konstatiert er zum Beispiel "la liaison étroite" zwischen den Vertretern der Kolonialverwaltung und den Landgesellschaften, "liaison qui n'est pas sans danger quand il s'agit de la perception de l'impôt en nature." Der Steuereintreibung gelte das fast ausschließliche Interesse der lokalen Administration: "L'impôt, c'est la question capitale, c'est celle qui domine tout, devant laquelle doivent disparaître toutes les autres préoccupations des fonctionnaires dont l'avancement est subordonné au rendement de l'impôt" (Brazza an Kolonialminister, 21. August 1905, Confidentiel, ANSOM, Régistre de sortie, Nr. 149, P.A. 16, V (1)).

216 Brazza an Kolonialminister, Câblogramme chiffré, Fort-Possel, 26. Juli 1905, Secret, ebd., Régistre de sortie, Nr. 127 sowie dasselbe Telegramm als dépêche télégraphique, Nr. 127, Brazzaville, 14. August 1905 (Eingang in Paris: 19. August 1905), ANSOM, Gabon-Congo III, 22.

217 Brazza an Kolonialminister, Brazzaville, 21. August 1905, Confidentiel, ANSOM, Régistre de sortie, Nr. 148, P.A. 16,

V (1). Siehe auch Britsch 1906a, S. 18/19 sowie Brazzas Brief an Paul Bourde, in: "Le Temps", 27. Sept. 1905, S. 1.

218 Ebd.

219 Note ohne Absender, Adressat und Datum, im Archivinventar des ANSOM betitelt als "Rapport sur la situation alarmante des possessions françaises du Congo et sur le danger des actes de violence qui ont lieu; mise à jour du scandale des femmes emprisonnées, ANSOM, P.A. 16, V (3).

220 Brief an Paul Bourde, in: "Le Temps", 27. Sept. 1905, S. 1; auch als gesonderter Druck, Paris 1906, ANSOM, P.A. 16, V (3).

221 "On a ici (im Kongo, J.M.) la prétention de tout cacher et on n'admet pas que le ministre puisse envoyer au Congo français une mission dont le but est de voir et de le renseigner, lui ministre. Cette constation générale et un fait dont je saisis le ministre par un dossier complet et qui prouve que nous n'avons plus rien à envier aux Belges en matière de moyens employés pour recevoir l'impôt du caoutchouc m'ont amené à faire des réserves à mon premier télégramme au sujet du maintien de M. Gentil à la tête de la colonie, dans une dépêche envoyée du Haut-Oubangui, il y a un mois, au département. Je rentre avec le sentiment que nulle réforme n'est possible sans un changement auquel il doit être procédé avec toutes les formes et tous les ménagements que comportent la reconnaissance pour les services rendus par M. Gentil, aussi bien que le souci de notre dignité" (ebd.).

222 Zum Staatsbegräbnis vom 3. Okt. 1905 und den dort gehaltenen Reden siehe BCAF, Nr. 10/1905, S. 376-378 sowie weitere Presseausschnitte in ANSOM, Papiers Brazza, P.A. 16, VI, 6; zum Verbot, am Grabe Brazzas für die Untersuchungsdelegation das Wort zu ergreifen, siehe Hoarau-Desruisseaux 1911, S. 360; zum Redeverbot für die Delegation allgemein siehe ebd. sowie Clémentels eigene Ausführungen in "Le Temps", 27. Sept. 1905, S. 1; zu der gegen die "Mission Brazza" im September 1905 entfachten Pressekampagne aus der Sicht von Delegationsmitgliedern: Hoarau-Desruisseaux 1911, S. 360 f; Saintoyant 1960, S. 117; in der übrigen Literatur: Jaugeon 1961, S. 412 ff und Coquery-Vidrovitch 1972, S. 172. Presseausschnitte aus der Kampagne vom September/Oktober 1905 finden sich in ANSOM, P.A. 16, VI, 7 u. 8.

223 Notes sur la responsabilité ministérielle, P.A. 16, V (3); Clémentel, in: "Le Temps", 27. Sept. 1905, S. 1; Britsch 1906b, S. 22; Jaugeon 1961, S. 414; Namen und Funktionen der Mitglieder des Untersuchungausschusses in: Coquery-Vidrovitch 1972, S. 173; Brunschwig 1977, S. 124.

224 Ministère des Colonies, très confidentiel, Rapport de la commission d'enquête du Congo, Paris 1907 (115 Seiten, nur in zehn numerierten Exemplaren gedruckt), ANSOM, Gabon-Congo XIX, 4b, "Réformes proposées" auf S. 106-115.

225 Dieser Sachverhalt wird von Amédée Britsch mit beißender Schärfe kommentiert. Unter Bezugnahme auf die Schlußpassage der an Brazza ergangenen Geheiminstruktionen heißt es dort: "'Le rôle de la France dans le monde', chantaient encore ces instructions, 'n'a cessé de se confondre avec une oeuvre de progrès intellectuel et d'amélioration sociale; ce serait un démenti donné à nos traditions civilisatrices s'il en était autrement du Congo français.' Aujourd'hui, le démenti éclate. L'administration de M. Gentil n'a-t-elle pas violé tous les beaux principes arborés par ces instructions? N'a-t-elle pas contraint les indigènes à se mettre au service d'entreprises privées? N'a-t-elle pas organisé la violence, par les camps d'otages? N'a-t-elle pas recouru, pour percevoir l'impôt en caoutchouc, à des procédés de tyrannie méthodique, de connivence avec les compagnies concessionnaires? Tout le mal réside dans cette alliance louche de l'administration publique et des sociétés privées pour la perception de l'impôt" (Britsch 1906a, S. 32).

226 Zur vergleichbaren Position der deutschen Sozialdemokratie gegenüber dem Kolonialimperialismus siehe Schröder 1975, vor allem Kapitel IV sowie Schröder 1979.

227 Am besten Rebérioux 1974, S. 220-223, 228 (siehe auch Rebérioux 1975, S. 172 f); daneben Azéma/Winock 1978, S. 183-186; Girardet 1979, S. 134 f, 139, 156-171; Ageron 1973, S. 21-32; Suret-Canale 1964, S. 162-168. Siehe auch den älteren Aufsatz von Thomas (1960). Siehe des weiteren Ziebura 1975 und die dortigen Literaturangaben (S. 316 f, 329).

228 Challaye 1909, S. 313. Später ist Challaye bei seiner Beurteilung des Kolonialismus dann freilich zu einer grundlegend anderen Position gelangt: "Le régime colonial n'est pas l'entreprise humanitaire que célèbrent ses apologistes; il est essentiellement un régime de domination

politique aux fins d'exploitation économique." (...)
"les avantages de la colonisation ne suffisent pas à
compenser les injustices, les violences, les crimes de
toute sorte qu'elle entraîne. Le passif l'emporte in-
finiment sur l'actif." Folgerichtig setzt er sich für
eine etappenweise Entwicklung ein, an deren Ende das
Selbstbestimmungsrecht der kolonisierten Völker stehen
sollte (Challaye 1935, S. 194, 201, 202 ff).

229 Neben den hier zitierten Schlußfolgerungen stellt Rouanet
in der "Humanité" besonders die Notwendigkeit einer gegen das "systematische Schweigen" gerichteten, rückhalt-
losen Aufklärung über die im Kongo ausgeübte "willkürliche" und "grausame Kolonialherrschaft" heraus. Dies
sei die wesentliche Voraussetzung für eine Reform der
dort beobachtbaren "administration défectueuse" ("L'Humanité", 19. Okt., S. 1). In diesem Sinne attackiert er
auch Kolonialminister Clémentel wegen dessen Entscheidung,
die Dokumente der "Mission Brazza" nicht zu veröffentli-
chen, sondern einem, somit in eigener Sache ermittelnden
administrativen Untersuchungsausschuß zu übergeben (ebd.,
5. Okt., 6. Okt., 8. Okt., 9. Okt., jeweils S. 1) und er-
gießt Hohn und Spott über die ihre eigenen liberalen Prinzipien verleugnende, weil Clémentels Machenschaften dek-
kende radikale Partei samt ihrer Presse (ebd., 7. Okt.
1905, S. 1).

230 Britsch, in: "Correspondant", 10. Jan. 1906, gesondert
erschienen als Britsch 1906b; Challaye, in: "Cahiers de
la Quinzaine" (Challaye 1906; Mille/Challaye 1906, S. 23-
46). Ungeachtet der Tatsache, daß sich die Redaktion des
"Correspondant" in einem distanzierenden Vorwort beeilte,
die französische Kolonialexpansion im Stile der herrschenden Kolonialideologie ausdrücklich zu rechtfertigen und
die Ereignisse des Kongoskandals als isolierte Vorkommnisse darzustellen, ist der von Britsch verfaßte Beitrag
besonders informativ, weil er unter anderem Auszüge aus
den an Brazza ergangenen ministeriellen Geheiminstruktionen enthält und somit die tatsächlichen politischen Hintergründe der "Mission Brazza" zumindest erahnen läßt,
wenngleich Britsch selbst die mit dieser Mission verknüpfte Taktik des Kolonialministeriums nicht zu erkennen vermag, sondern sich die offizielle Version zu eigen
macht, der zufolge die "Mission Brazza" als Ergebnis einer
aufgebrachten "öffentlichen Meinung" in den Kongo entsandt worden sei (Britsch 1906b, S. 3-8). Im übrigen darf
die öffentliche Breitenwirkung der von Britsch und Challaye
publizierten Beiträge schon deshalb nicht sehr hoch angesetzt werden, weil die entsprechenden Zeitschriften nur
über eine geringe Auflage verfügten, die im Falle der
"Cahiers de la Quinzaine" gerade 2000 Exemplare betrug
(Challaye 1906, S. 119).

231 Journal Officiel de la République Française,
    14. Febr. 1906, S. 981-987; auch abgedruckt in:
    BCAF, Nr. 3/1906 (Supplément), S. 77-86.

232 Journal Officiel, Chambre, 20. Febr. 1906, S. 886 f, 890 f.

233 Ebd., 19. Febr. 1906, S. 860, 863, 866 f; 20. Febr. 1906,
    S. 893.

234 Abgeordneter Joseph Caillaux, ebd., 21. Febr. 1906, S. 925.

235 Obgleich Jaurès ausdrücklich versichert, die in der Kammer diskutierten Tatbestände nicht auf eine "question de personne" reduzieren zu wollen, sieht auch er eines der vorrangigen Probleme letztlich doch auch wieder in der personellen Besetzung der lokalen Verwaltungsspitze, wobei er seine Vorbehalte gegen Generalkommissar Gentil viel zurückhaltender ausdrückt, als Rouanet dies tut (ebd., S. 925 f). Challaye bringt diesen, angesichts ihrer extrem minoritären politischen Basis nicht unverständlichen, gebrochenen Charakter der sozialistischen Kritik prägnant zum Ausdruck, wenn er am Ende seines Kommentars über den Verlauf der Parlamentsdebatte zu der Feststellung gelangt, ein wesentliches Hindernis für die Realisierung der von "der Metropole gewünschten" (sic!) Reformen liege in der personellen Besetzung der Verwaltungsspitze des Kongo: "Telle est la situation actuelle. En somme, du bon et du mauvais. Des réformes politiques (gemeint ist das von dem bürgerlichen Abgeordneten Caillaux als "Palliativ" bezeichnete Clémentelsche "Reformprogramm", J.M.) qui seraient, dans l'ensemble, satisfaisantes, si l'administration locale les accomplissaient telles que les souhaite la métropole; mais il est douteux qu'elles soient réalisés exactement, dans un esprit d'humanité et de justice, tant que le haut personnel de la colonie ne sera pas changé." Die zweite entscheidende Voraussetzung zur Lösung des Kongoproblems sieht er in der Wiederherstellung der Handelsfreiheit, die langfristig gegen die Interessen der Konzessionäre durchgesetzt werden müsse. Daß dies bis dahin noch nicht gelungen sei, schreibt Challaye wiederum vornehmlich charakterlichen Mängeln zu, die er diesmal nicht beim Generalkommissar der Kolonie, sondern beim zuständigen Minister - "servilement soumis au plus influent des concessionnnaires" - ausmacht, dem er vorwirft, er weiche vor jeder Forderung der Konzessionäre "feige" zurück: "la lâcheté ministérielle était toute prête à sacrifier l'avenir de la colonie, le progrès et la vie même des indigènes, à de misérables intérêts d'argent" (Mille/Challaye 1906, S. 46).

236 Der Antrag Rouanets hat folgenden Wortlaut: "Voici cet ordre du jour que je dépose sur le bureau de la Chambre. 'La Chambre, convaincu que l'honneur et l'intérêt de la France veulent que la lumière soit faite sur les résultats de la mission de Brazza, ordonne l'impression de tous les documents et pièces annexes de toute nature rapportés par cette mission, l'impression des procès-verbaux et conclusions de la commission substituée à la mission de Brazza, que ces documents seront l'objet d'un rapport à bref délai de la commission des colonies, et passe à l'ordre du jour'" (Journal Officiel, Chambre, 20. Februar 1906, S. 893). Im Laufe der anschließenden Debatte verdeutlicht Rouanet dem Minister noch einmal den Inhalt und die Zielrichtung seines Antrags: "Je vous demande l'impression des documents sur lesquels la commission (des colonies, J.M.) fera un rapport qui permettra ensuite à la Chambre de statuer en toute connaissance de cause sur des questions aussi importantes, à la fois d'ordre intérieur, politique, colonial et d'ordre extérieur" (ebd., 21. Februar 1906, S. 921).

237 Ebd., 20. Febr. (S. 893-896) u. 21. Febr. 1906, S. 912-917. Nach dem damaligen französischen Interpellationsrecht wurde die nach erfolgter Interpellationsbegründung und der Antwort des zuständigen Ministers einsetzende Debatte in der Regel mit einem "orde du jour" abgeschlossen. Während der von Rouanet vorgelegte Tagesordnungsantrag von seinem Inhalt her als ein gegen den zuständigen Minister gerichteter Mißtrauensantrag (ordre du jour motivé de défiance) anzusehen ist, bedeutet der von Le Hérissé im Gegenzug verlangte "ordre du jour pur et simple", daß das Parlament nach der Erklärung des Ministers zur Tagesordnung übergehen möge (Saint-Mart 1912, S. 51 f).

238 Journal Officiel, Chambre, 21. Febr. 1906, S. 921 f u. 927.

239 Ebd., S. 927. Das korrigierte Abstimmungsergebnis findet sich auf der Seite 929 und lautet präzise: abgegebene Stimmen: 487; für den "ordre du jour pur et simple": 335; dagegen: 152. Nach Pierrard (1968, S. 10) waren die Parlamentssitze des regierenden "Linksblocks" wie folgt verteilt: "Radikale und Radikalsozialisten": 233; "Linksrepublikaner" und "Progessisten": 189; "Sozialisten": 43. Eine andere Aufschlüsselung der damaligen parlamentarischen Sitzverteilung gibt Bonnefous (1965, S. 19). Danach ergibt sich folgendes Bild: "Rechtsblock": "Reaktionäre": 84; "Nationalisten": 53; "Progressisten": 95 - "Linksblock": "Linksrepublikaner": 83; "Radikale": 96; "Radikalsozialisten": 119; "Vereinigte Sozialisten": 41; "Unabhängige Sozialisten": 14. Challaye erläutert das genannte Abstimmungsergebnis wie folgt:"La majorité comprend

la plupart des radicaux, les progressistes, la droite"
(...) "La minorité comprend les socialistes, un certain
nombre de radicaux et de radicaux-socialistes (...), en-
fin quelques individualités isolées de différents partis.
Plusieurs députés n'ont pas pris part au vote" (Mille/
Challaye 1906, S. 26). Das im vorliegenden Fall gezeigte
Abstimmungsverhalten bestätigt somit die von Rouanet in
der erwähnten Artikelserie der "Humanité" getroffene
Feststellung (Anm. 229), daß die liberale "radikale und
radikalsozialiste Partei" mehrheitlich über die Block-
grenzen hinweg eine Allianz mit dem Rechtsblock eingegangen war.

240 "Comité de protection et de défense des indigènes" 1905;
Challaye 1909, S. 299; France 1953, S. 133-140.

241 "Comité de protection et de défense des indigènes" an
Kolonialminister, Paris 1. März 1907 sowie das Antwortschreiben des Ministers vom 2. März 1907; "Ligue Française pour la Défense des Droits de l'Homme et du Citoyen" an Kolonialminister, Paris, 26. Juni 1907 und
das Antwortschreiben des Ministers vom 2. Juli 1907,
ANSOM, Gabon-Congo XIX, 4b.

242 Note au sujet de la publication du rapport de la Commission instituée en 1905 au Ministère des Colonies
pour examiner la situation du Congo Français. Note
préparée par le Département des Affairs Etrangères et
destinée à M. le Président du Conseil, 27. Febr. 1906,
ebd.

243 Die zentralen Passagen dieser Vorlage lauten wie folgt:
"le rapport de la commission offre contre nous des armes
dont il sera certainement fait usage à notre détriment,
soit devant un arbitre, soit dans une conférence internationale nouvelle, à l'occasion notamment du litige
ouvert depuis quelques années entre des sociétés concessionnaires et des commerçants britanniques." Sollte
dennoch eine Veröffentlichung in Erwägung gezogen werden, so seien mindestens 47 Streichungen oder Veränderungen notwendig. Unter diesen Umständen erscheine es
sinnvoller, auf eine Veröffentlichung gänzlich zu verzichten. Als Begründung gegenüber der Opposition im
eigenen Lande könne man sich dabei auf das Argument zurückziehen, die von Clémentel gegebene Zusage sei für die
Mitglieder der mittlerweile neu ins Amt gekommenen Regierung nicht bindend (Note pour le Ministre, Confidentiel, Rapport de la Commission du Congo - Publication
éventuelle, 23. März 1906, ebd.).

244 Botschafter Cambon an Außenminister Bourgeois, London, 21. März 1906, AE, A.E.F., NS, Dossier 18. Siehe auch die Schreiben von Außenminister Bourgeois an Kolonialminister Leygues vom 28. März 1906 (ebd.) sowie vom 29. April 1906 (ANSOM, A.E.F.-Concessions XX (3)). Vgl. weiterhin Cookey 1966, S. 276.

245 Ministère des Colonies, Convention relative au règlement des Affaires Holt et Hatton et Cookson, 14. Mai 1906, ANSOM, A.E.F.-Concessions XX (3) und Gabon-Congo XV, 89b (Kopie); siehe auch Kolonialminister an Außenminister, 14. Mai 1906, AE, A.E.F., NS, Dossier 19. Vgl. auch Cookey 1966, S. 277; Coquery-Vidrovitch 1972, S. 243.

246 Außenminister an Kolonialminister, 21. Dez. 1906, DDF, 2e série, Bd. X, Nr. 373 (S. 584); weiterhin: Außenminister an Kolonialminister, 19. Dez. 1907 und 29. Febr. 1908, ANSOM, A.E.F.-Concessions XX (3). Siehe auch: Ministère des Colonies, Note pour le Ministre (Copie), 7. Dez. 1908 (Nr. 58), ANSOM, Gabon-Congo XV, 89c. Für die nach dem Jahre 1906 weitergehende Auseinandersetzung mit den britischen Firmen John Holt und Hatton & Cookson siehe ANSOM, A.E.F.-Concessions XX (3A); für die Streitigkeiten mit dem britischen Handelsunternehmen Taylor & Dennet siehe ebd., (3B).

247 Vgl. dazu auch das in Anm. 246 genannte Schreiben des französischen Außenministers vom 21. Dez. 1906.

248 Am ausführlichsten, dabei aber vor allem aus englischem Blickwinkel: Cookey 1968, S. 170 ff; daneben Louis/Stengers 1968, S. 189 ff; vornehmlich aus der belgischen Perspektive: Emerson 1980, S. 254 ff; speziell für die amerikanischen Reaktionen: Stowell 1921, S. 162 ff.

249 Außenminister an Kolonialminister, 29. Febr. 1908, ANSOM, A.E.F.-Concessions XX (3) (Anm. 246).

250 Zum Wortlaut des Abkommens: Arrangement portant règlement du droit de préférence de la France sur les territoires de l'Etat du Congo, 23. Dez. 1908, in: Macey 1912, S. 253-255 sowie DDF, 2e série, Bd. XI, Nr. 591 (S. 1004 f).

251 In der Begründung wird das Streben nach Distanzierung von der, nach der Annektion durch die belgische Metropole unter der Bezeichnung "Belgisch-Kongo" firmierenden Nachbarkolonie evident: "Jusqu'en 1908 il n'y avait en présence sur les rives du fleuve Congo, d'une part le 'Congo Français', d'autre part l'Etat indépendant, les dénominations étaient suffisamment différentes pour qu'aucune confusion ne fût possible." Seit der Umbenennung der belgischen Kolonie bestehe zum Schaden Frankreichs die Gefahr einer Verwechslung der beiden Kongokolonien: "Il est

impossible (...) de perdre de vue que le Statut international, le régime politique, administratif et économique des deux colonies sont complètement différents et qu'il ne peut y avoir par suite que des inconvénients à ce que l'opinion publique attribue solidairement aux deux pays des errements, des résultats et des méthodes, qui ne leur sont pas communs." (Generalgouverneur an Kolonialminister, Rapport à l'appui de la réorganisation de l'A.E.F., Brazzaville, 7. Oktober 1909, ANSOM, A.E.F. VII, 4).

252 Dekret vom 15. Jan. 1910, in: BCAF, Nr. 1/1910 (Supplément), S. 22.

253 "Commission des Concessions Coloniales", Sitzung vom 13. Mai 1910, 2e délibération sur la transformation du régime des Concessions en Afrique Equatoriale Française, ANSOM, A.E.F.-Concessions LIII.

254 Erst nach dem Ersten Weltkrieg wurde im Rahmen der Pariser Friedensverhandlungen eine zwischen den USA, Belgien, Großbritannien, Frankreich, Italien, Japan und Portugal vereinbarte "Konvention zur Revision der Berliner und der Brüsseler Generalakte" verabschiedet, in der die in den genannten Abkommen niedergelegten "allgemeinen Grundsätze der Zivilisation" den "modernen Anforderungen" angepaßt werden sollten, wie es im Schlußsatz der Präambel heißt. In dieser Konvention wurde für die betreffenden Unterzeichnerstaaten sowie sämtliche Mitglieder des Völkerbundes erneut das uneingeschränkte Freihandelsprinzip, einschließlich des freien Schiffsverkehrs, bekräftigt. Neu ist die Bestimmung, nach der das Recht auf die Vergabe von Konzessionen ausdrücklich anerkannt wird, freilich mit dem Zusatz, daß es hierbei zu keiner unterschiedlichen Behandlung von Angehörigen der Unterzeichner- sowie der Mitgliedstaaten des Völkerbundes kommen dürfe (Artikel 4). Die jetzt ausdrücklich mit dem Fortschrittsgedanken verknüpfte Zivilisationsidee (leading the natives in the path of progress and civilisation) lebt in Artikel 11 ungebrochen fort (Konvention von Saint-Germain-en-Laye, 10. September 1919, abgedruckt in englischer Sprache in: Buell 1928, S. 936-941). Vgl. auch Bülck 1953, S. 36 f.

255 Für die auch nach der Reform des Konzessionssystems in der A.E.F. fortbestehende Zwangsarbeit und die sowohl von den Privatgesellschaften, als auch von der Kolonialadministration weiterhin praktizierten Terrormethoden und die dadurch ausgelösten Revolten siehe Coquery-Vidrovitch 1972, S. 184-187; 194 f; 210-219; 516-518. Für die im belgischen Kongo auch nach der Umwandlung des Konzessionssystems fortgesetzt angewandten Zwangsmethoden siehe Merlier 1962, S. 37-42; 79-103; Albertini 1976, S. 298 ff.

Quellen- und Literaturverzeichnis

ARCHIVE

(Zu den im folgenden aufgeführten Aktenserien vgl. auch:
Guide des Sources de l'Histoire de l'Afrique, Bd. 3: Sources
de l'Histoire de l'Afrique au Sud du Sahara dans les Archives
et Bibliothèques françaises, I - Archives, Zug 1971)

I. Archives du Ministère des Affaires Etrangères

Afrique Equatoriale Française, Nouvelle Série
- März 1903 bis Dezember 1907: Dossier général 17-19

II. Archives Nationales

Fonds Particuliers: Papiers du Gouverneur Général Emile
Gentil, 275 Mi (= Mikrofilm), 1-3
- 1905: 3

III. Archives Nationales, Section Outre-Mer

A. Généralités

- Zu den Bemühungen der französischen Regierung, mit Hilfe
  der Kolonien eine national eigenständige Kautschukversor-
  gung sicher zu stellen: 53 (487)

- Zur Interessenkonkurrenz bei der Entscheidung über Kon-
  zessionsvergaben: 344

B. Afrique

VI Affaires diplomatiques
- 1902-1905: VI, 181

C. Gabon-Congo

I Correspondance générale
- 1899-1900: I, 54-59
- 1900-1902: I, 64-65

II Mémoires, publications, expositions
- 1887-1898: II, 5
- 1904-1908: II, 7
- 1898-1910: II, 9

III Explorations et missions
- Mission Brazza 1905: III, 22

IV Expansion territoriale et politique indigène
- 1900-1910: IV, 18-20

VI Affaires diplomatiques
- 1885-1905; 1909-1913 Congo indépendant: VI, 22

VIII Justice
- Organisation judiciaire 1890-1910: VIII, 6-8

XI Police, hygiène et assistance
- Affaire Gaud-Toqué: XI, 22

XII Travaux et communications
- Ravitaillement du Kanem-Tschad: XII, 29

XIII Agriculture, commerce, industrie
- Commerce 1887-1898: XIII, 14

XV Entreprises particulières
- Aktionäre der einzelnen Konzessionsgesellschaften; deren Exploitationsmethoden: XV, 22-90
- Compagnie de la N'Goko-Sangha: Différend entre la Compagnie et les maisons anglaises John Holt et Co et Hatton-Cookson: XV, 89

XIX Contrôle et inspection
- Commission d'enquête du Congo (1905). Rapport de Lanessan: Suites données au rapport: XIX, 4[b]

D. Afrique Equatoriale Française

IV Expansion territoriale et politique indigène
- 1902-1906: IV, 1

VII Administration générale et municipale
- Rapport à l'appui de la réorganisation de l'A.E.F. (1909): VII, 4

XII Travaux et communications
- Chemin de fer du Congo belge 1896-1901: XII, 1 (2)

XIV Travail et main-d'oeuvre
- 1898-1910: XIV, 3

XV Entreprises particulières
- Les grandes concessions en A.E.F. (1910). Rapport transmettant au ministre un projet de décret et de cahier des charges-types (Annexes au procès-verbal de la séance du 14 décembre 1899): XV, 7

XIX Contrôle et inspection
- 1911-1913: XIX, 2-5

E. Direction des Affaires politiques: A.E.F.-Concessions

(Die im folgenden genannten Dossiers befinden sich in der Serie Afrique Equatoriale Française. Siehe dazu das detaillierte Verzeichnis im Archiv)

1. Zur Errichtung und Funktionsweise des Konzessionssystems:

- Für die Versuche, die Exploitationsmethoden der Landgesellschaften einer administrativen Kontrolle zu unterwerfen: VIII

- Für die Anwendungspraxis der Kopfsteuer als ein System monopolistischer Zwangsarbeit: XIV, B

- Für Produktion und Vermarktung des Kautschuks: XXV

- Für den politisch-ökonomischen Interessenhintergrund sowie die Modalitäten bei der Errichtung des Konzessionssystems: LIII

2. Zur Auseinandersetzung mit den ausländischen Händlern im Zusammenhang mit der internationalen Kongofrage:

- Für die anfängliche taktische Rücksicht auf die ausländischen Händler: II
- Für den Verlauf des Konfliktes mit den ausländischen Händlern. XIII, B
- Das gleiche, speziell auf die Affäre John Holt und Hatton & Cookson bezogen: XX (1-3)

F. <u>Papiers d'Agent, B: Série P.A.</u>

P.A. 16 Papiers Savorgnan de Brazza
- Fonds Brazza. Mission 1905: P.A. 16, V (1-4)
- Papiers Brazza: P.A. 16, VI, 5-9

G. <u>Supplément Afrique (noch nicht inventarisiert)</u>

Rapports de la mission Brazza 1905

GEDRUCKTE QUELLEN

I. Tageszeitungen

- La Dépêche Coloniale
- Le Figaro
- L'Humanité
- Le Journal
- Le Matin
- Le Petit Journal
- Le Petit Parisien
- La Petite République socialiste
- Le Temps

II. Periodika

- Bulletin du Comité de l'Afrique Française (BCAF)
- Cahiers de la Quinzaine
- Le Correspondant
- L'Economiste Français
- Journal Officiel, Chambre, Débats parlementaires (Journal Officiel, Chambre)
- Journal Officiel de la République Française
- Questions diplomatiques et coloniales
- La Quinzaine Coloniale
- La Revue Indigène
- La Revue Socialiste
- Le Socialiste
- The West African Mail

III. Akteneditionen, Berichte, Reden, Briefe etc. einschließlich der Schriften zeitgenössischer Autoren, soweit sie als Quellen benutzt wurden

Aktenstücke betreffend die Kongofrage nebst einer Karte von Zentralafrika von L. Friedrichsen in Hamburg. Dem Bundesrath und dem Reichstag vorgelegt im April 1885, Hamburg 1885

Augagneur, Victor 1927: Erreurs et brutalités coloniales, Paris

Brazza, Savorgnan de 1905: Lettre à M. Paul Bourde, écrite de Brazzaville, à la veille de son retour en France, sur les impressions et les conclusions de l'enquête qu'il vient de terminer au Congo (24. August 1905), Paris

Bourne, H.R. Fox 1903: Civilisation in Congoland. A Story of International Wrongdoing, London

Britisch, Amédée 1906a: Histoire de la dernière mission Brazza d'après les documents authentiques, Paris o.J. (1906)

- 1906b: Pour le Congo Français. Histoire de la dernière Mission Brazza d'après le régistre de correspondance inédit de P. Savorgnan de Brazza et les communications de sa famille, Extrait du Correspondant (10 Janvier 1906), Paris

Challaye, Félicien 1906: Le Congo français, in: Cahiers de la Quinzaine, douzième cahier de la septième série, Paris

- 1909: Le Congo français. La question internationale du Congo, Paris

- 1935: Souvenirs sur la colonisation, Paris

Chavannes, Charles de 1937: Le Congo Français. Ma collaboration avec Brazza (1886-1894) - Nos relations jusqu'à sa mort (1905), Paris

Comité de protection et de défense des indigènes 1905: Les Illégalités et les Crimes au Congo. Meeting de protestation (31 Octobre 1905), Paris

Documents Diplomatiques Français (1871-1914), 2e série (1901-1911), Bd. X-XII, Paris 1948, 1950, 1954

Forville, Robert 1900: Annuaire des Sociétés Coloniales 1900, Paris

Fourneau, Alfred 1904: Deux années dans la région du Tchad, in: Bulletin du Comité de l'Afrique Française, Nr. 5/1904 (Supplément), S. 121-123

France, Anatole 1953: Vers les temps meilleurs. Trente ans de vie sociale commentés par Claude Aveline, II, 1905-1908, Paris

Gaud, Fernand 1911: Les Mandjas (Congo français) avec la collaboration de Cyr van Overbergh, Brüssel

Gouvernement Général de l'Afrique Equatoriale Française 1913: L'évolution économique des possessions françaises de l'Afrique équatoriale, Paris

Hoarau-Desruisseaux, Ch. 1911: Aux colonies, impressions et opinions, Paris

Le Hérissé 1905: Rapport fait au nom de la commission du budget chargée d'examiner le projet de loi portant fixation du Budget général de l'exercice 1906 (Ministère des Colonies), Chambre des Députés, Nr. 2674, Paris

Louis, Paul 1905: Le colonialisme, Paris

Macey, Paul 1912: Statut international du Congo, Paris

Mangin, Général 1936: Souvenirs d'Afrique. Lettres et Carnets de route, Paris

Mille, Pierre 1905: Le Congo léopoldien, in: Cahiers de la Quinzaine, sixième cahier de la septième série, Paris

Mille, Pierre/Challaye,Félicien 1906: Les deux Congos devant la Belgique et devant la France, in: Cahiers de la Quinzaine, seizième cahier de la septième série, Paris

Ministère des Colonies 1900: Commission des Concessions coloniales. Procès-verbaux des séances des 1er, 7, 8, 14, 15, 22, 29, 30 mai et 11 juin 1900, contenant les dépositions des différentes personnes entendues par la commission sur la question de savoir s'il y a lieu d'accorder ou non des concessions territoriales dans les colonies de la côte occidentale d'Afrique autres que le Congo, Paris

Morel, Edmund D. 1901: Trading Monopolies in West Africa - A Protest against Territorial Concessions, Liverpool

- 1902: Affairs of West Africa, London

- 1903a: The British Case in French Congo - The Story of a Great Injustice, its Causes and its Lessons, London

- 1903b: The Congo Slave State. A Protest against the New African Slavery; And an Appeal to the Public of Great Britain, of the United States, and of the Continent of Europe, Liverpool

- 1903c: Les concessions au Congo. Réponse à Charles Bos, in: Questions diplomatiques et coloniales, XVI (1903), S. 426-429

- 1904a: The Treatment of Women and Children in the Congo State 1895-1904. An Appeal to the Women of the British Empire, and of the United States of America, Liverpool

- 1904b: The New African Slavery; or, King Leopold's Rule in Africa, London

- 1904c: The Scandal of the Congo - Britain's Duty, Liverpool

- 1904d: La question congolaise, in: Questions diplomatiques et coloniales, XVII (1904), S. 433-442

- 1906: Red Rubber - The Story of the Rubber Slave Trade Flourishing on the Congo in the Year of Grace 1906, New York (Neudruck New York 1969)

- 1910: Die Zukunft des Belgischen Congo, Berlin

- 1920: The Black Man's Burden - The White Man in Africa from the Fifteenth Century to World War I, New York/London (Neudruck New York 1969)

Protocoles et Acte Général de la Conférence de Berlin 1884-1885, o.O., o.J.

Rougier, Antoine 1910: La théorie de l'intervention d'humanité, in: Revue générale de Droit international public, 1910, S. 468-526

Saint-Mart, Pierre de 1912: Etude historique et critique sur les interpellations en France, Paris

Saintoyant, Jules 1960: L'affaire du Congo 1905 (mit einem Vorwort des Herausgebers Charles-André Julien), Paris

Sociétés (Les) 1909: Les sociétés concessionnaires du Congo Français depuis 1905, Paris

Twain, Mark 1907: King Leopold's Soliloquy - A Defence of his Congo Rule (mit einem Vor- und einem Nachwort von E.D. Morel), London

Toqué, Georges 1907: Les massacres du Congo. La terre qui ment, la terre qui tue, Paris

Union Congolaise Française 1906: Association syndicale des Sociétés concessionnaires du Gouvernement du Congo. Rapport d'ensemble sur les opérations des Sociétés concessionnaires 1899-1904, Paris

FACHLITERATUR

Ageron, Charles Robert 1973: L'anticolonialisme en France de 1871 à 1914, Paris

- 1978: France coloniale ou parti colonial?, Paris

Albertini, Rudolf von (Hg.) 1970: Moderne Kolonialgeschichte, Köln/Berlin

- 1976: Europäische Kolonialherrschaft 1880-1940, Zürich/Freiburg i.Br. (amerikanische Ausgabe: Westport, Conn. 1982)

- 1980: Colonialism and Underdevelopment: Critical Remarks on the Theory of Dependency, in: Blussé 1980, S. 42-52

- 1981: Probleme der Entwicklungsländer, Entwicklungshilfe und Nord-Süd-Konflikt, in: Benz/Graml 1981, S. 394-472

- 1982: Kolonialherrschaft und Unterentwicklung, in: Führnohr 1982, S. 49-67

Amin, Samir/Coquery-Vidrovitch, Catherine 1969: Histoire économique du Congo 1880-1968, Paris

Amin, Samir 1973: Le développement inégal. Essai sur les formations sociales du capitalisme périphérique, Paris (deutsch: Die ungleiche Entwicklung, Hamburg 1975)

- 1980: Sous-développement et histoire, le cas de l'Afrique, in: Blussé 1980, S. 137-145

Andrew, Christopher 1968: Théophile Delcassé and the Making of the Entente Cordiale. A Reappraisal of French Foreign Policy 1898-1905, New York

Andrew (C.M.)/Grupp (P.)/Kanya-Forstner (A.S.) 1975: Le mouvement colonial français et ses principales personnalités, 1890-1914, in: Revue Française d'Histoire d'Outre-Mer, LXII (1975), S. 640-673

Andrew (C.M.)/Kanya-Forstner (A.S.) 1981: The Climax of French Imperial Expansion 1914-1924, Stanford (Calif.)

Azéma, Jean Pierre/Winock, Michel 1978: La troisième République (1870-1940), 2. überarbeitete Aufl. (1. Aufl. 1970), Paris

Bade, Klaus J. (Hg.) 1982a: Imperialismus und Kolonialmission. Kaiserliches Deutschland und koloniales Imperium, Wiesbaden

- 1982b: Die deutsche Kolonialexpansion in Afrika: Ausgangssituation und Ergebnis, in: Führnohr 1982, S. 13-47

- 1983: Imperialismusforschung und Kolonialhistorie, in: Geschichte und Gesellschaft 9 (1983), S. 138-150

Balandier, Georges 1963: Sociologie actuelle de l'Afrique noire. Dynamique sociale en Afrique centrale, Paris

Bellanger, Claude (Hg.) 1972 (zusammen mit: Jacques Godechot, Pierre Guiral und Fernand Terrou): Histoire générale de la presse française, Bd. III: Von 1871 bis 1940, Paris

Bennouna, Mohamed 1974: Le consentement à l'ingérence militaire dans les conflits internes, Paris

Benz, Wolfgang/Graml, Hermann (Hg.) 1981: Weltprobleme zwischen den Machtblöcken. Das Zwanzigste Jahrhundert III (Fischer Weltgeschichte, Bd. 36), Frankfurt

Bertaux, Pierre 1983: Afrika. Von der Vorgeschichte bis zu den Staaten der Gegenwart (Fischer Weltgeschichte, Bd. 32), 7. Aufl. (1. Aufl. 1966), Frankfurt

Betts, Raymond F. (Hg.) 1966: The 'Scramble' for Africa. Causes and Dimensions of Empire, Boston

- 1975: The False Dawn. European Imperialism in the Nineteenth Century (Europe and the World in the Age of Expansion, Bd. VI), Minneapolis

- 1978: Tricouleur. The French Overseas Empire, London

Bley, Helmut 1978: Deutscher Imperialismus in Afrika. Einführung Helmut Bley (Mitverf.: Holger Nissen, Carina Müller-Burbach), 3. Aufl., Hamburg (Ergebnisse 1)

Blussé, L. (Hg.) 1980 (zusammen mit: H.L. Wesseling und G.D. Winius): History and Underdevelopment - Histoire et sous-développement. Essays on Underdevelopment and European Expansion in Asia and Africa, Leiden

Boiteau, Pierre 1958: Contribution à l'histoire de la nation malgache, Paris

Bonnefous, Georges 1965: Histoire politique de la Troisième République, Bd. 1: L'Avant-Guerre (1906-1914), 2. Aufl., Paris

Bosse, Hans 1979: Diebe, Lügner, Faulenzer. Zur Ethno-Hermeneutik von Anhängigkeit und Verweigerung in der Dritten Welt, Frankfurt

Bouvier, Jean 1976: Les traits majeurs de l'impérialisme français avant 1914, in: Bouvier/Girault 1976, S. 305-333

- 1980: Encore sur l'impérialisme: Des rapports entre banque et industrie dans l'expansion française au dehors (1880-1914), in: Revue Française d'Histoire d'Outre-Mer, LXVII (1980), Nr. 248/249, S. 217-226

Bouvier, Jean/Girault, René (Hg.) 1976: L'impérialisme français d'avant 1914. Recueil de textes, Paris/Den Haag

Braudel, Fernand/Labrousse, Ernest (Hg.) 1979: Histoire économique et sociale de la France, Bd. IV/1: L'ère industrielle et la société d'aujourd'hui (siècle 1880-1980), Paris

Brown, Mervyn 1978: Madagascar rediscovered. A history from early times to independence, London

Brunschwig, Henri 1971: Le Partage de l'Afrique noire, Paris

- 1974: Vigné d'Octon et l'anticolonialisme sous la Troisième République (1871-1914), in: Cahiers d'Etudes Africaines, 54, XIV, 2 (1974), S. 265-298

- 1977: Brazza et le scandale du Congo Français (1904-1906), in: Académie Royale des Sciences d'Outre-Mer, Bulletin des Séances 1977 (2), Brüssel, S. 112-129

- 1980: L'Afrique noire atlantique et l'Europe, in: Blussé 1980, S. 129-136

- 1982: Mélanges Brunschwig (Henri) - Etudes africaines: offertes à Henri Brunschwig, Ed. de l'Ecole des Hautes Etudes en Sciences Sociales, Paris

- 1983: Noirs et blancs dans l'Afrique noire française ou comment le colonisé devient colonisateur (1870-1914), Paris

Bülck, Hartwig 1953: Die Zwangsarbeit im Friedensvölkerrecht. Untersuchung über die Möglichkeit und Grenzen allgemeiner Menschenrechte, Göttingen

Buell, Raymond Leslie 1928: The Native Problem in Africa, Bd. 2, New York

Buro, Andreas 1981: Autozentrierte Entwicklung durch Demokratisierung? Lehren aus Vietnam und anderen Ländern der Dritten Welt, Frankfurt/New York

Cohen, William B. 1971: Rulers of Empire. The French Colonial Service in Africa, Stanford (Calif.)

Cookey, S.J.S. 1966: The Concession Policy in the French Congo and the British Reaction, 1898-1906, in: Journal of African History, VII, 2 (1966), S. 263-278

- 1968: Britain and the Congo Question 1885-1913, London

Coquery-Vidrovitch, Catherine 1965: Les idées économiques de Brazza et les premières tentatives de compagnies de colonisation au Congo Français 1885-1898, in: Cahiers d'Etudes Africaines, 17 (1965), S. 57-82

- 1969: Brazza et la prise de possession du Congo. La mission de l'ouest africain 1883-1885, Paris/Den Haag

- 1972: Le Congo au temps des grandes compagnies concessionaires 1898-1930, Paris/Den Haag

- 1976a: De l'impérialisme britannique à l'impérialisme contemporain: l'avatar colonial, in: Bouvier/Girault 1976, S. 85-124

- 1976b: La mise en dépendance de l'Afrique noire: essai de périodisation, 1800-1970, in: Cahiers d'Etudes Africaines, 61/62 (1976), S. 7-58

- 1978 (Hg.): Connaissance du Tiers Monde-Approche pluridisciplinaire (Cahiers Jussieu Nr. 4), Paris

- 1980: Où se situe l'Afrique noire dans l'histoire du système mondial?, in: Blussé 1980, S. 146-157

Crowe, Sybil E. 1942: The Berlin West African Conference 1884-1885, New York (Neudruck: Westport, Conn. 1970)

- 1966: The Scramble and the Berlin West African Conference, in: Betts 1966, S. 23-29

Datta, Asit 1984: Welthandel und Welthunger, München

Daus, Ronald 1983: Die Erfindung des Kolonialismus, Wuppertal

Davidson, Basil 1966: Vom Sklavenhandel zur Kolonisierung. Afrikanisch-europäische Beziehungen zwischen 1500 und 1900, Reinbek

Deschamps, Hubert (Hg.) 1971: Histoire Générale de l'Afrique Noire, de Madagascar et des Archipels, Bd. 2, Paris

Dictionnaire biographique du mouvement ouvrier français, 3. Teil: 1871-1914, Bd. 14 (1976), Bd. 15 (1977), Paris

Dictionnaire de la IIIe République, hg. v. Pierre Pierrard, Paris 1968

Dictionnaire des parlementaires français. Notices sur les ministres, députés et sénateurs français de 1889-1940, 8 Bde, hg. v. Jean Jolly, Paris 1960-1977

Droz, Jacques (Hg.) 1974: Histoire générale du socialisme, Bd. 2: 1875-1918, Paris

Duby, Georges 1977: Histoire de la France, 2. Aufl. (1. Aufl. 1970), Paris

Duignan, Peter/Gann, L.H. (Hg.) 1975: Colonialism in Africa 1870-1960, Bd. 4: The Economics of Colonialism, Cambridge

Eisenstadt, S.N. 1979: Tradition, Wandel und Modernität, Frankfurt

Elleinstein, Jean (Hg.) 1980: Histoire de la France contemporaine 1789-1980, Bd. 4 (1871-1918), Paris

Elsenhans, Hartmut 1984: Nord-Süd-Beziehungen. Geschichte - Politik - Wirtschaft, Stuttgart/Berlin/Köln/Mainz

Emerson, Barbara 1980: Léopold II. Le royaume et l'empire, Paris/Gembloux

Emmer, P.C./Wesseling, H.L. (Hg.) 1979: Reappraisals in Overseas History. Essays on Post-war Historiography about European Expansion (Comparative Studies in Overseas History, Bd. 2), Leiden

Fage, John Donelly/Verity, Maureen 1978: An Atlas of African History, 2. Aufl. (1. Aufl. 1958), London

Fieldhouse, David K. 1982: The Colonial Empires. A Comparative Survey from the Eighteenth Century (2. überarbeitete Fassung der Erstausgabe von 1965: Die Kolonialreiche seit dem 18. Jahrhundert, Fischer Weltgeschichte, Bd. 29, Frankfurt), London/Basingstoke

- 1983: Colonialism 1870-1945. An Introduction, London/Basingstoke

Frank, Andre Gunder 1980: Abhängige Akkumulation und Unterentwicklung, Frankfurt

Führnohr, Walter (Hg.) 1982: Afrika im Geschichtsunterricht europäischer Länder. Von der Kolonialgeschichte zur Geschichte der Dritten Welt, Minerva-Publikation (Politik, Recht, Gesellschaft, Bd. 4), München

Ganiage, Jean 1968: L'expansion coloniale de la France sous la Troisième République (1871-1914), Paris

- 1975: L'expansion coloniale et les rivalités internationales, Bd. 2, Centre de documentation universitaire, Paris

Gann, L.H./Duignan, Peter 1979: The Rulers of Belgian Africa 1884-1914, Princeton (New Jersey)

Gantzel, Klaus Jürgen (Hg.) 1976: Afrika zwischen Kolonialismus und Neo-Kolonialismus, Hamburg: Sektion Intern. Politik der Deutschen Vereinigung für Polit. Wissenschaft (DVPW)

Gavin, R.J./Betley, J.A. (Hg.) 1973: The Scramble for Africa - Documents on the Berlin West African Conference and Related Subjects 1884-1885, Ibadan

Gallagher, John/Robinson, Ronald 1979: Der Imperialismus des Freihandels, in: Wehler 1979, S. 183-200

Gerwin, Jos/Mergner, Gottfried (Hg.) 1982: Innere und äußere Kolonisation. Zur Geschichte der Ausbreitung Europas auf die übrige Welt. Vorträge, Referate und Diskussionen vom Internationalen Workshop im Rahmen des Kooperationsvertrages der Universitäten Groningen und Oldenburg, Bibliotheks- und Informationssystem der Universität, Oldenburg

Gerwin, Jos/Mergner, Gottfried/Koetsier, Jos (Hg.) 1983: Alltäglichkeit und Kolonisierung. Zur Geschichte der Ausbreitung Europas auf die übrige Welt (II). Vorträge, Referate und Diskussionen vom internationalen Workshop im Rahmen des Kooperationsvertrages der Universitäten Groningen und Oldenburg (Dez. 1982), Bibliotheks- und Informationssystem der Universität, Oldenburg

Gifford, Prosser/Louis, WM. Roger (Hg.) 1967: Britain and Germany in Africa. Imperial Rivalry and Colonial Rule, New Haven/London

- 1971: France and Britain in Africa. Imperial Rivalry and Colonial Rule, New Haven/London

Girardet, Raoul 1979: L'idée coloniale en France de 1871 à 1962, 2. Aufl. (1. Aufl. 1972), Paris

Gollwitzer, Heinz 1982: Geschichte des weltpolitischen Denkens, Bd. II: Zeitalter des Imperialismus und der Weltkriege, Göttingen

Grevemeyer, Jan-Heeren (Hg.) 1981: Traditionale Gesellschaften und Kolonialismus, Frankfurt

Gründer, Horst 1982: Christliche Mission und deutscher Imperialismus. Eine politische Geschichte ihrer Beziehungen während der deutschen Kolonialzeit (1884-1914) unter besonderer Berücksichtigung Afrikas und Chinas, Paderborn

Grupp, Peter 1980: Deutschland, Frankreich und die Kolonien. Der französische "Parti Colonial" und Deutschland von 1890-1914, Tübingen

Guiral, Pierre/Temime, Emile (Hg.) 1977: L'idée de race dans la pensée politique française contemporaine, Paris

Hablützel, Peter/Tobler, Werner/Wirz, Albert (Hg.) 1983: Dritte Welt: Historische Prägung und politische Herausforderung. Festschrift zum 60. Geburtstag von Rudolf von Albertini, Wiesbaden

Hallet, Robin 1974: Africa since 1875. A modern history, Michigan

Hammer, Karl 1981: Weltmission und Kolonialismus. Sendungsideen des 19. Jahrhunderts im Konflikt, München

Hardy, Georges 1953: Histoire sociale de la colonisation française, Paris

Harms, Robert 1975: The End of Red Rubber: A Reassessment, in: Journal of African History XVI, 1 (1975), S. 73-88

Herre, Paul (Hg.) 1923: Politisches Handwörterbuch, Bd. 1, Leipzig

Jaugeon, Renée 1961: Les sociétés d'exploitation au Congo et l'opinion française de 1890 à 1906, in: Revue Française d'Histoire d'Outre-Mer, XLVIII (1961), S. 353-437

Jolly, Jean 1960-1977: Dictionnaire des parlementaires français. Notices sur les ministres, députés et sénateurs français de 1889-1940, 8 Bde, Paris

Julien, Charles-André 1979 (unter Mitarbeit von Magali Morsy): Une pensée anticoloniale. Positions.1914-1979, Paris

Kaké, Baba Ibrahima 1978: L'Afrique coloniale. De la Conférence de Berlin (1885) aux indépendances, Paris

Ki-Zerbo, Joseph 1981: Die Geschichte Schwarzafrikas (Histoire de l'Afrique noire, deutsch), Frankfurt

Königk, Georg 1938: Die Berliner Kongo-Konferenz 1884-1885. Ein Beitrag zur Kolonialpolitik Bismarcks, Essen

Kriegel, Annie 1974: La IIe Internationale (1889-1914), in: Droz 1974, S. 555-584

Krippendorff, Ekkehart 1977: Internationale Beziehungen als Wissenschaft. Einführung 2, Frankfurt/New York

- 1982: Internationales System als Geschichte. Einführung in die internationalen Beziehungen 1, 2. Aufl. (1. Aufl. 1975), Frankfurt/New York

Lefranc, Georges 1977: Le mouvement socialiste sous la troisième république, Bd. 1 (1875-1919), Bd. 2 (1920-1940), 2. Aufl. (1. Aufl. 1963), Paris

Loth, Heinrich 1966: Kolonialismus und "Humanitätsintervention". Kritische Untersuchung der Politik Deutschlands gegenüber dem Kongostaat (1884-1908), mit einer Karte, Berlin (DDR)

- 1979: Geschichte Afrikas. Von den Anfängen bis zur Gegenwart. Teil II: Afrika unter imperialistischer Kolonialherrschaft und die Formierung der antikolonialen Kräfte 1884-1945, Köln

- 1981: Sklaverei. Die Geschichte des Sklavenhandels zwischen Afrika und Amerika, Wuppertal

Louis, William Roger 1964: Roger Casement and the Congo, in: Journal of African History, V, 1 (1964), S. 99-120

- 1967: Great Britain and German Expansion in Africa, 1884-1919, in: Gifford/Louis 1967, S. 3-46

- 1971: The Berlin Congo Conference, in: Giffort/Louis 1971, S. 167-220

- (Hg.) 1976: Imperialism. The Robinson and Gallagher Controversy, New York/London

Louis, William M. Roger/Stengers, Jean 1968: E.D. Morel's History of the Congo Reform Movement, Oxford

Lüthy, Herbert 1979: Die Kolonisation und die Einheit der Geschichte, in: Wehler 1979, S. 42-55

Lutz, Hermann (Hg.) 1925: E.D. Morel. Der Mann und sein Werk. Ein Gedenkbuch, Berlin

Maitron, Jean (Hg.) 1976-1977: Dictionnaire biographique du mouvement ouvrier français, 3. Teil: 1871-1914, Bd. 4 (1976), Bd. 15 (1977), Paris

Mansilla, Hugo C.F. 1978: Entwicklung als Nachahmung. Zu einer kritischen Theorie der Modernisierung, Meisenheim am Glan

Mayeur, Jean-Marie 1973: Les débuts de la IIIe République (1871-1898), Nouvelle histoire de la France contemporaine, Bd. 10, Paris

Merlier, Michel 1962: Le Congo de la colonisation belge à l'indépendance, Paris

Miers, Suzanne 1967: The Brussels Conference of 1889-1890: The Place of the Slave Trade in the Policies of Great Britain and Germany, in: Gifford/Louis 1967, S. 83-118

Mommsen, Wolfgang J. (Hg.) 1971: Der moderne Imperialismus, Stuttgart

- 1977: Imperialismus. Seine geistigen, politischen und wirtschaftlichen Grundlagen. Ein Quellen- und Arbeitsbuch, Hamburg

- 1979: Der europäische Imperialismus. Aufsätze und Abhandlungen, Göttingen

- 1980: Imperialismustheorien. Ein Überblick über die neueren Imperialismusinterpretationen (2., ergänzte Aufl.), Göttingen

- 1981: Gegenwärtige Tendenzen in der Geschichtsschreibung der Bundesrepublik, in: Geschichte und Gesellschaft 7(1981), S. 149-188

- 1983: Das Zeitalter des Imperialismus (Fischer Weltgeschichte, Bd. 28), 12. Aufl. (1. Aufl. 1969), Frankfurt

Nishikawa, Masao 1976: Zivilisierung der Kolonien oder Kolonisierung durch Zivilisation? Die Sozialisten und die Kolonialfrage im Zeitalter des Imperialismus, in: Radkau/Geiss 1976, S. 87-112

Nohlen, Dieter (Hg.) 1984: Lexikon Dritte Welt. Länder, Organisationen, Theorien, Begriffe, Personen, Reinbek

Nohlen, Dieter/Nuscheler, Franz (Hg.) 1982: Handbuch der Dritten Welt, Bd. 1: Unterentwicklung und Entwicklung: Theorien - Strategien - Indikatoren (völlig überarb.u. erw. Neuaufl.), Hamburg

Nuscheler, Franz/Ziemer, Klaus u.a. 1980: Politische Herrschaft in Schwarzafrika. Geschichte und Gegenwart, München

O'Brien, William V. 1979: U.S. Military Intervention: Law and Morality (The Washington Papers, Bd. 68), Beverly Hills/London

Okoth, Assa 1980: A History of Africa 1885-1914 (Repr.), Nairobi

Owen, Roger/Sutcliffe, Bob (Hg.) 1972: Studies in the Theory of Imperialism, London

Paczensky, Gert von 1979: Weiße Herrschaft. Eine Geschichte des Kolonialismus, Frankfurt

Piel, Jean 1980: Le caoutchouc, la Winchester et l'Empire, in: Revue Française d'Histoire d'Outre-Mer, LXVII (1980), Nr. 248/249, S. 227-252

Pierrard, Pierre (Hg.) 1968: Dictionnaire de la IIIe République, Paris

Rabut, Elisabeth 1979: Le mythe parisien de la mise en valeur des colonies africaines à l'aube du XXe siècle: La commission des concessions coloniales 1898-1912, in: Journal of African History, 20 (1979), S. 271-287

Radkau, Joachim/Geiss, Immanuel (Hg.) 1976: Imperialismus im 20. Jahrhundert. Gedenkschrift für George W.F. Hallgarten, München

Ralaimihoatra, Edouard 1969: Histoire de Madagascar, Tananarive

Rebérioux, Madeleine 1974: Le socialisme français de 1871 à 1914, in: Droz 1974, S. 133-236

- 1975: La République radicale? (1898-1914), Nouvelle histoire de la France contemporaine, Bd. 11, Paris

Rey, Pierre Philippe 1971: Colonialisme, néo-colonialisme et transition au capitalisme - Exemple de la "Comilog" au Congo-Brazzaville, Paris

Roberts, Stephen H. 1963: The History of French Colonial Policy 1870-1925 (1. Aufl. 1929), London

Robinson, Ronald 1972: Non-european foundations of European imperialism: sketch for a theory of collaboration, in: Owen/Sutcliffe 1972, S. 117-140

Rodney, Walter 1981: How Europe underdeveloped Africa. Mit einem Nachwort von A.M. Babu, Washington, D.C. (deutsch: Afrika. Die Geschichte einer Unterentwicklung, Berlin 1980)

Senghaas, Dieter (Hg.) 1974: Peripherer Kapitalismus. Analysen über Abhängigkeit und Unterentwicklung, Frankfurt

- 1977: Weltwirtschaftsordnung und Entwicklungspolitik. Plädoyer für Dissoziation, Frankfurt

- (Hg.) 1982: Kapitalistische Weltökonomie. Kontroversen über ihren Ursprung und ihre Entwicklungsdynamik, 2. Aufl. (1. Aufl. 1979), Frankfurt

Sieberg, Herward 1968: Eugène Etienne und die französische Kolonialpolitik (1887-1904), Köln/Opladen

Suret-Canale, Jean 1964: Afrique noire occidentale et centrale. L'ère coloniale (1900-1945), Paris (deutsch: Schwarzafrika, Bd. II: Geschichte West- und Zentralafrikas 1900-1945, Berlin (DDR) 1969)

- 1968: Afrique noire occidentale et centrale. Géographie - Civilisation - Histoire (Vorwort von Jean Dresch), 3. überarbeitete Aufl., Paris (deutsch: Schwarzafrika, Bd. I: Geographie - Bevölkerung - Geschichte West- und Zentralafrikas, Berlin (DDR) 1966)

Schröder, Hans-Christoph 1973: Sozialistische Imperialismusdeutung. Studien zu ihrer Geschichte, Göttingen

- 1975: Sozialismus und Imperialismus. Die Auseinandersetzung der deutschen Sozialdemokratie mit dem Imperialismusproblem und der "Weltpolitik" vor 1914, Teil I (Schriftenreihe des Forschungsinstituts der Friedrich-Ebert-Stiftung, Bd. 62), 2. Aufl. (1. Aufl. 1968), Bonn/Bad Godesberg

- 1979: Gustav Noske und die Kolonialpolitik des Deutschen Kaiserreichs, Berlin/Bonn

Stengers, Jean 1971: King Leopold and Anglo-French Rivalry, 1882-1884, in: Gifford/Louis 1971, S. 121-166

Stowell, Ellery Cory 1921: Intervention in International Law, Washington, D.C.

Tetzlaff, Rainer 1975: Die Ursachen von Unterentwicklung in der Dritten Welt und das Problem ihrer Überwindung. Eine Einführung, in: Friedensanalysen I, Frankfurt, S. 150-181

Thomas, R. 1960: La politique socialiste et le problème colonial de 1905 à 1920, in: Revue française d'Histoire d'Outre-Mer, XLVII (1960), S. 213-245

Thompson, Virginia/Adloff, Richard 1960: The Emerging States of French Equatorial Africa, Stanford (Calif.)

Thomson, Robert Stanley 1933: Fondation de l'Etat Indépendant du Congo. Un chapitre de l'histoire du partage de l'Afrique, Brüssel

Touchard, Jean 1981: La gauche en France depuis 1900, 2. überarbeitete Aufl. (1. Aufl. 1977), Paris

Vincent, R.J. 1974: Nonintervention and International Order, Princeton

Wehler, Hans-Ulrich 1972: Bismarck und der Imperialismus, 3. Aufl. (1. Aufl. 1969), Köln

- 1975: Modernisierungstheorie und Geschichte, Göttingen

- (Hg.) 1979: Imperialismus (überarbeiteter Nachdruck der 3. Aufl. von 1976), Königstein i.Ts./Düsseldorf

- 1980: Historische Sozialwissenschaft und Geschichtsschreibung. Studien zu Aufgaben und Traditionen deutscher Geschichtswissenschaft, Göttingen

Wesseling, H.L. (Hg.) 1978: Expansion and Reaction. Essays on European Expansion and Reactions in Asia and Africa (Comparative Studies in Overseas History, Bd. 1), Leiden

Willequet, Jacques 1962: Le Congo Belge et la Weltpolitik (1894-1914), Brüssel

- 1967: Anglo-German Rivalry in Belgian and Portuguese Africa?, in: Gifford/Louis 1967, S. 245-273

Wirz, Albert 1976: Die deutschen Kolonien in Afrika, in: Albertini 1976, S. 302-327

- 1982: Transatlantischer Sklavenhandel, Industrielle Revolution und die Unterentwicklung Afrikas. Zur Diskussion um den Aufstieg des kapitalistischen Weltsystems, in: Geschichte und Gesellschaft 8 (1982), S. 518-537

- 1984: Sklaverei und kapitalistisches Weltsystem, Frankfurt

Ziebura, Gilbert 1974: Sozialökonomische Grundfragen des deutschen Imperialismus vor 1914, in: Hans-Ulrich Wehler (Hg.), Sozialgeschichte Heute. Festschrift für Hans Rosenberg zum 70. Geburtstag, Göttingen 1974, S. 495-524

- 1975: Interne Faktoren des französischen Hochimperialismus 1871-1914. Versuch einer gesamtgesellschaftlichen Analyse, in: Gilbert Ziebura/Heinz-Gerhard Haupt (Hg.): Wirtschaft und Gesellschaft in Frankreich seit 1789, Gütersloh 1975, S. 282-330 (zuerst in: Mommsen 1971, S. 85-139)

- 1976: Neue Forschungen zum französischen Kolonialismus - Ergebnisse und offene Fragen, in: Neue Politische Literatur, Bd. 21, Nr. 2 (1976), S. 156-181

Ziegler, Jean 1980: Afrika: Die neue Kolonisation, Darmstadt/ Neuwied